第3辑

中国心学

浙江省稽山王阳明研究院
中华孔子学会阳明学研究会 编

商务印书馆
The Commercial Press

图书在版编目（CIP）数据

中国心学. 第3辑 / 浙江省稽山王阳明研究院，中华孔子学会阳明学研究会编. —北京：商务印书馆，2023
ISBN 978-7-100-22579-3

Ⅰ.①中… Ⅱ.①浙… ②中… Ⅲ.①王守仁（1472-1528）—心学—研究 Ⅳ.① B248.25

中国国家版本馆 CIP 数据核字（2023）第 102660 号

权利保留，侵权必究。

中国心学
（第3辑）
浙江省稽山王阳明研究院 编
中华孔子学会阳明学研究会

商 务 印 书 馆 出 版
（北京王府井大街36号 邮政编码100710）
商 务 印 书 馆 发 行
北京艺辉伊航图文有限公司印刷
ISBN 978 - 7 - 100 - 22579 - 3

2023年9月第1版　　开本 787×1092　1/16
2023年9月北京第1次印刷　印张 20¼
定价：98.00元

《中国心学（第3辑）》编委会

顾　　　问：许嘉璐　陈　来　郭齐勇
编委会主任：杨国荣
主　　　编：董　平
执 行 主 编：钱　明
编辑委员会（以姓名首字笔画为序）：

丁为祥	干春松	史光辉	〔日〕早坂俊广
〔美〕伊莱瑞	李存山	〔新〕李晨阳	吴　震
何　俊	〔韩〕辛正根	张志强	张学智
张新民	陈卫平	陈立胜	欧阳祯人
〔韩〕金世贞	〔俄〕科布杰夫	顾　久	〔美〕倪培民
黄　勇	〔韩〕崔在穆	景海峰	〔德〕谢林德
潘建国	潘承玉		

目 录

儒家心学研究

心不违仁与富贵为人之所欲——孔子心学与共同富裕的理想 …… 陈卫平　汤　颖　3

中国心学工夫论中的"实事" ……………………………………………… 陈立胜　16

宋明儒学名称概念的历史演变及其关系考辨 ……………………………… 连　凡　45

杨慈湖的心学特色 ………………………………………………………… 徐儒宗　69

阳明心学研究

论王阳明心学格局的形成 ………………………………………………… 李承贵　87

心之本体与成德境界——从"孔颜乐处"看阳明心学的"乐"与"学" …… 李　旭　120

试析王阳明的"说贞之道" ……………………………………………… 王永年　149

"天泉证道"在王畿思想中的位置 ……………………〔日〕山路裕 著　徐修竹 译　163

从阳明心学看当代"心灵领导"的趋势及其意义 ………………………… 张崑将　176

近代心学研究

罗泽南对朱子、阳明二学的辨析 ………………………………………… 张天杰　197

论阳明心学在近代中国的重振与发展——以"心力"为核心的考察 ····· 朱义禄 220

东亚心学研究

王阳明学说与东亚文明的发展
　——2021阳明心学大会"天泉会讲"开幕致辞 ················· 徐兴庆 243
西田哲学中的阳明心学影响考——以《善的研究》为中心 ········· 赵熠玮 249
性理学中本性实体化的远因及其样状 ············〔韩〕辛正根 著　陈　涵译 262
阳明学在朝鲜半岛的传播及其思想内容 ···························· 李红军 279

学术信息

传承阳明心学　助力共同富裕
　——2022世界阳明学大会会议综述 ····························· 余柯嘉 303
立足时代潮流　弘扬阳明心学
　——2022阳明心学大会"天泉会讲"综述 ······················ 韩书安 309

编辑后记 ··· 钱　明 316

儒家心学研究

心不违仁与富贵为人之所欲

——孔子心学与共同富裕的理想

陈卫平　汤　颖

内容摘要：心学不只是作为特殊形态的阳明心学，它存在于中国哲学各个历史阶段，和"性与天道"息息相关，应当由此形成"中国心学"的研究视野和领域。从不违仁之心与欲富贵之心在孔子思想中的关联，揭示其关于共同富裕的理想。从国家治理层面来看，孔子的思考可以概括为德政礼治与德本财末、先富后教，并从四个方面的哲学理论为实现共同富裕提供支撑；从个人发展层面来看，孔子的思考可以概括为修己志仁与得其应得、公利即义，并把见利思义作为个人全面发展的起点，揭示了共同富裕的终极的人文关怀。

关键词：中国心学　孔子　心不违仁　共同富裕

中国人民自古以来就有对共同富裕的追求，这为在中国式现代化道路上实现共同富裕提供了丰厚的思想资源，而先秦诸子是其历史源头。孔子作为先秦诸子中最早建立体系的哲学家，在要求心不违仁的同时，又说："富与贵，是人之所欲也。"（《论语·里仁》，以下引《论语》只注篇名）此"欲"乃心向往之。这里阐述不违仁之心与欲富贵之心在孔子思想中的关系，揭示其关于共同富裕的思考。

一、"中国心学"与孔子论"心"

本文将孔子的不违仁之心与欲富贵之心联系起来考察其共同富裕的思想，有意强调"中国心学"的研究范围不应局限于阳明心学。南宋真德秀曾将儒家经典论"心"的格言以及北宋以来理学家"心"论文字汇编成《心经》，表明了在阳明心学之前，儒家已有历史悠久的心学。

中国传统哲学围绕"性与天道"而展开，而"心"正是其中极为重要的观念。所谓天道，即天地万物的普遍原理，其中关于世界统一性原理的探讨集中于心和物的关系，这里包含气（物质存在）、心（主观精神）、理（概念范畴）三项，因而最后经过儒、释、道的相互作用，形成了张岱年所说的三个主要潮流："唯理的潮流，始于程颐，大成于朱熹"，"主观唯心论的潮流，导源于程颢，成立于陆九渊，大成于王守仁"，"唯气的潮流亦即唯物的潮流，始于张载"而王夫之"加以发扬"。① 所谓性，一方面指向人的本质是什么这个人生普遍原理的根本问题，另一方面指向如何化本性为德性即造就理想的自我。而心与性密切相关，儒、道、释都将两者并举，形成各自的心性论，对此已有很多相关的研究成果。所以，论心之学贯穿于中国传统哲学。康有为曾说："心学固吾孔子旧学哉！颜子三月不违，《大学》正心，《孟子》养心，宋学尤畅斯理。当晚明之季，天下无不言心学哉！"佛教"三藏言心，未有精微渊异如《楞伽》者也"。② 他认为心学是从孔子到阳明的儒学固有之学，而佛教也以"言心"为宗。这里缺失了道家，实际上先秦老庄因物"游心"而逍遥、破除"成心"以齐物、"心斋"涤欲为真人，一直成为后来道家心性论、心物论的重要命题。心学也是中国近代（1840—1949）哲学的重要内容。贺麟指出，从清末康有为始到1945年抗战胜利的50年间，中国哲学值得"大书特书"的一点，就是"陆王之学得了盛大的发扬"③，他以此为主线论述了康有为及以后的谭嗣同、梁启超、章太炎、欧阳竟无、梁漱溟、熊十力、马一浮等人的心学。从整个中国近代哲学来讲，在这思想队列"头"上，应有龚自珍的"自尊其心"④和魏源的"事必本夫心"⑤，而在这思想队列的"尾"上，则需续之贺麟

---

① 张岱年著：《中国哲学大纲》，中国社会科学出版社，1982年，第26—27页。
② 康有为：《日本书目志》，康有为撰，姜义华、张荣华编校：《康有为全集》第3集，中国人民大学出版社，2007年，第293页。
③ 贺麟著：《五十年来的中国哲学》，上海人民出版社，2012年，第17页。
④ 〔清〕龚自珍：《尊史》，〔清〕龚自珍著，王佩铮校：《龚自珍全集》，上海古籍出版社，1999年，第81页。
⑤ 〔清〕魏源：《皇朝经世文编叙》，《古微堂外集》卷3，〔清〕魏源撰：《魏源全集》第13册《古微堂内外集》，岳麓书社，2011年，第172页。

自己的"新心学"。以心学的盛大发扬来概括中国近代哲学显然是片面的，不过陆王心学对中国近代哲学确有重要影响。传统哲学的心物和心性问题在近代继续得到关注，"唯物论""唯心论"成为近代哲学家分析和构建哲学理论的常用概念，而心性论同样是他们分析和构建哲学理论的重要内容，这在贺麟上述列出的哲学家中表现得尤为突出。

以上从中国传统哲学的主题和从古代到近代的历史，简略地说明了从古代到近代存在着一脉相承的"中国心学"，而且心学还有着当代形态。就是说，心学不应局限于作为哲学一种特殊形态的阳明心学，而是应当拓展于整个中国哲学的各个历史发展阶段以及诸多层面、诸多问题。

康有为说心学为孔子所固有，不过《论语》中孔子直接论心之言并不多，其中最重要的是如下两段话："吾十有五而志于学，三十而立，四十而不惑，五十而知天命，六十而耳顺，七十而从心所欲，不逾矩。"（《为政》）"回也，其心三月不违仁，其余则日月至焉而已矣。"（《雍也》）两段话均与修身进德有关，"违"与"逾"意思相近，把它们联系起来，可以理解为不逾之"矩"即不违之"仁"。就是说，颜回之"心"长年累月坚守仁德已属不易，而最完美的则是达到随心所欲而不逾越仁德的自由境界。虽然孔子对心的论述较少，但他之后的孟子和荀子却是先秦诸子中论心之言说最多的。

孔子上述两段话开启了孟、荀心论的不同进路。孟子主要从伦理学上论心，"君子所性，仁义礼智根于心"（《孟子·尽心上》）。显然这是由心不违仁开其端的。荀子论心亦有伦理道德的含义，如"以仁心说"（《荀子·正名》），但他更多是从认识论上着眼的，如《解蔽》《正名》等篇，以"心"为认识"物之理"的"天君"，对"心何以知"的认识过程做了详尽的考察，注重"解蔽"以去除"心术之公患"，论述以"心知道"的思维方法等。这与孔子的从心所欲不逾矩有关，因为心不逾矩是以心对"矩"的认识和把握为前提。"子入太庙，每事问。"（《八佾》）这就是要了解清楚太庙祭礼之"矩"。荀子曾将礼比喻为"规矩"："规矩者，方圆之至；礼者，人道之极"，而这规矩由心之思虑而得，"礼之中焉能思索，谓之能虑"（《荀子·礼论》）。可以说，荀子的心论大力开显了"从心所欲不逾矩"的认识论意蕴。

最近有学者著文，从《说文解字》的"凡心之属，皆从心"的训诂为出发点，认为《论语》中孔子使用过的有"心"偏旁或"从心"的字（词、概念），都有着"心学"内涵，对此全面进行考察，才能把握孔子的"心学"。①这有一定道理。本文以孔子不违仁之心与欲富贵之心来论述其共同富裕的理想，是对孔子"心学"的某个侧面的展现。

二、德政礼治与德本财末、先富后教

从国家治理层面来看，孔子关于共同富裕的思考，可以概括为德政礼治和德本财末、先富后教，而这都是心不违仁的展开，如梁启超所说"儒家言道言政，皆植本于仁"。②

孔子指出有两种治国方略："道之以政，齐之以刑，民免而无耻；道之以德，齐之以礼，有耻且格。"（《为政》）他以为前者治标而后者治本。"道之以德"，就是用道德来训导民众的思想，即"为政以德"（《为政》）的德政；"齐之以礼"，就是用礼教来规范民众的行为，即"为国以礼"（《先进》）的礼治。德政礼治统一于仁：孔子以仁为全德之称，是一切道德的总纲③；礼以仁为内核和依据，"人而不仁，如礼何？"（《八佾》）所以，德政礼治正是心不违仁在治国方略上的体现。于是后来孟子把这样的治国方略称为"仁政"。孔子以"爱人"来回答樊迟的问仁（《颜渊》），德政礼治就以此为核心价值。所以，孔子赞扬"古之为政，爱人为大；所以治爱人，礼为大"（《孔子家语·大婚解》），而与之相对立的苛政则犹如吃人的虎狼："苛政猛于虎。"（《礼记·檀弓下》）"夫政之不平而吏苛，乃等于虎狼矣。"④德政礼治的仁爱最主要表现在两个方面：

一是关注民生，使百姓的生活逐步富裕。子张问如何从政，孔子告之须以"因民之所利而利之"（《尧曰》）；他还叙述了尧禅让时对舜的命辞"四海困穷，天禄永终"（《尧曰》），使天下百姓穷困，天赐的禄位就会永远终结。以后《易传·系辞下》发挥了孔子的思想："圣人之大宝曰位，何以守位曰仁，何以聚人曰财。"圣人以仁爱执掌

---

① 参见高华平、康丹芸：《孔子"心学"初探》，《孔子研究》，2022年第2期。
② 梁启超著：《先秦政治思想史》，东方出版社，1986年，第81页。
③ 参见冯友兰著：《中国哲学史》，华东师范大学出版社，2000年，上册，第62页。
④ 〔汉〕刘向：《新序·杂事第五》，〔汉〕刘向编著，石光瑛校释：《新序校释》，中华书局，2017年，第717页。

权位，就要依靠财富团聚民众。

二是注重教化，让民众都具有明德向善的精神追求。"季康子问政于孔子曰：'如杀无道，以就有道，何如？'孔子对曰：'子为政，焉用杀？子欲善而民善矣。君子之德风，小人之德草，草上之风，必偃。'"（《颜渊》）以教化作为为政的主要手段，就会形成如从德风到德草即社会上下共同尊德为善的氛围。因此，孔子把民间教化和出仕为政看作同一回事，"或谓孔子曰：'子奚不为政？'子曰：'《书》云：孝乎惟孝，友于兄弟，施于有政。是亦为政，奚其为为政？'"（《为政》）

上述两个方面意味着德政礼治追求的共同富裕，既有物质的也有精神的。这同样反映在孔子如何把握上述两个方面关系的思考中。《颜渊》记载："子贡问政。子曰：'足食，足兵，民信之矣。'"然而，如果必须在食和信之间选择其一，孔子主张"去食，自古皆有死，民无信不立"。他认为就治国理政而言，取信于民是比足食、足兵更为重要的立足根基。《大学》将这样的思想概括为："有德此有人，有人此有土，有土此有财，有财此有用。德者，本也；财者，末也。"行德政就会得民心，得民心就能拓展国土，有了土地才能生产财富，有了财富就能用以经世济民，因而德本财末。这样的价值观存在着道德决定论的偏颇，但其中也有在清贫的物质生活中坚守德本的正能量。著名的"孔颜之乐"就是如此："子曰：'饭疏食，饮水，曲肱而枕之，乐亦在其中矣。不义而富且贵，于我如浮云'。"（《述而》）"一箪食，一瓢饮，在陋巷，人不堪其忧，回不改其乐。贤哉，回也。"（《雍也》）这里的"乐"蕴含着因物质生活之穷困而反衬的精神富裕的意义。如果说德本财末是就价值观而言，那么从施政路径来说则是先富后教。据《孔子家语·贤君》记载，鲁哀公问政于孔子，孔子对曰："政之急者，莫大乎使民富且寿。"鲁哀公说："怎么能做到呢？"孔子曰："省力役，薄赋敛，则民富矣；敦礼教，远罪疾，则民寿矣。"这里明确地表示在为政的实际操作上，最先需要解决的急迫之事，是使得民众富起来，为此需要采取"省力役，薄赋敛"的政策；然而，在"富口袋"的同时不能忽略了"敦礼教，远罪疾"的"富脑袋"，而"民寿"则是"富口袋"和"富脑袋"的综合结果。这是将共同富裕最终落实于全民健康的生命价值上，孔子把这样的施政路径概括为先富后教。孔子到卫国，冉有为他驾车，沿途看到人烟稠密，"子曰：'庶矣哉。'冉有曰：'既庶矣，又何加焉？'曰：'富之。'曰：'既富矣，又何加焉？'曰：'教之。'"（《子路》）在当时的农业生产中，人口众多（"庶"）为发展生产提供了最重要的劳动力的保证，而发展生产是为了使民众生活富裕，在此基础上还要对民众进行教化，抓好精神文明。《说苑·建本》有类似更简洁的记载："子贡问为政。孔子曰：'富之。既富，乃教之也，此治国之本也。'"①这包含着道德教化要以物质基础为依托的正确认识。关于"富之"的"省力役，薄赋敛"，孔子给出了具体内容："十一而税，用民之力，岁不过三日，入山泽以其时而无征，关讥市廛皆不收赋。"（《孔子家语·王言解》）即实行十分之一的税率，民众服役每年不超过三天，让百姓进山泽伐木渔猎而不滥征税，交易场所都不滥收赋税，他强调"此则生财之路"（《孔子家语·王言解》），即民众致富之路。关于"教之"，孔子提出"有教无类"（《卫灵公》），即无论何种社会地位、职业身份的人都有接受教育的权利，以此打破"学在官府"对于教育资源的垄断，为精神共同富裕提供制度保证。同时，他把传统文明的结晶"六艺"（《易》《诗》《书》《礼》《乐》《春秋》）传授于民众，"以六艺教一般人，使六艺民众化，实始于孔子"，而且"孔子之以六艺教人，亦时有新意"。②这样的"教之"是要大众把传统文明作为共同的精神财富继承下来，并予以发展和创新，以形成实现共同精神富裕需要依赖的共同的文明根柢。与德本财末显露的道德决定论偏颇相比，先富后教则包含着道德教化要以物质基础为依托的正确认识。然而，无论是本末关系还是先后关系，孔子都是试图把物质和精神的富裕相联结。

更值得注意的，是孔子为德政礼治爱人之仁的共同富裕提供了哲学理论的支撑，这主要有以下四个方面：

第一，天地无私的形上根据。《礼记·孔子闲居》记载："孔子曰：'天无私覆，地无私载，日月无私照。奉斯三者以劳天下，此之谓三无私。'"他认为天地覆载万物、日月普照万物，对它们一视同仁而无偏私，让它们共同生育繁衍，君王的德政就应该如此对待天下百姓，使他们都能过上美好的生活。孔子称颂尧为效法天道的典范："大哉！尧之为君也。巍巍乎！唯天为大，唯尧则之。"（《泰伯》）让百姓富足，是尧则天而行的重要表现。上面所引的"四海困穷，天禄永终"是从反面反映了这一点。以下这段对话则从正面反映了这一点："子贡曰：'如有博施于民而能济众，何如？可谓仁乎？'子曰：'何事于仁，必也圣乎！尧舜其犹病诸！'"（《雍也》）在孔子看来，尧以崇高无私的天地为榜样，朝着"博施于民而能济众"的圣人事业而努力。这表明天地

---

① 〔汉〕刘向：《说苑·建本》，〔汉〕刘向撰，向宗鲁校证：《说苑校证》，中华书局，1987年，第73页。
② 《中国哲学史》，上册，第45、56页。

无私是理应让百姓过上共同富裕生活的形上天道之根据。

第二，舟水之喻的民本思想。《荀子·哀公》记载，鲁哀公问孔子，怎样防止政权被颠覆的危机，孔子回答："丘闻之，君者，舟也；庶人者，水也。水则载舟，水则覆舟。君以此思危，则危将焉而不至矣。"这里以舟水之喻强调民为君本，即庶民是君王政权能否永续稳固的基础。在孔子看来，解决民生问题，使下层百姓摆脱贫穷困苦，是这个基础最重要的奠基石。《荀子·哀公》还记载了颜渊对政治的考察，更具体地反映了这一点：鲁定公问颜渊，何以能够预料善于驾驭马车的东野毕的那些马很快会逃逸，颜渊答道："臣以政知之。昔舜巧于使民，而造父巧于使马。舜不穷其民，造父不穷其马，是以舜无失民，造父无失马也。"而东野毕不顾"马力尽矣"，依然驱使它们驰骋不已，由此判断这些马匹将不堪忍受而离开。鲁定公请他说得再详细一点，颜渊对曰："臣闻之：鸟穷则啄，兽穷则攫，人穷则诈。[1]自古及今，未有穷其下而能无危者也。"孔子对此予以肯定。[2]这是把舟水之喻的以民为本作为"自古及今"的历史规律，故此，为政富民可谓体现了对于历史规律的自觉顺应。

第三，先予后取的互惠伦理。《孔子家语·贤君》记载，鲁哀公表示愿意按照孔子"使民富且寿"的话去做，但又"恐吾国贫矣"，孔子回应道："《诗》云：'恺悌君子，民之父母。'未有子富而父母贫者也。"这是认为民众对于统治者的服从，是基于先予后取的互惠伦理，犹如先是父母辛劳抚养子女成人，而后子女尽其所能回报父母。孔子的学生有若进一步阐述了这样的道理。鲁哀公问有若：年景饥荒，财政困难，怎么办？有若建议用十分抽一的税法。哀公说，即使十分抽二，我还是感到不能解决问题。有若对曰："百姓足，君孰与不足？百姓不足，君孰与足？"（《颜渊》）只有先让百姓富足了，君主才会获得足够的财源。这样的先予后取的互惠互利，是君主承担利民富民责任的伦理依据。

第四，大同小康的社会理想。《礼记·礼运》篇孔子对于大同小康的论述，实际上提供了实现共同富裕在不同阶段的目标。小康的基础是"天下为家"，施展能力是为了各自家庭获得温饱，"各亲其亲，各子其子，货力为己"。然而，这些"未有不谨于礼者也"。于是，不仅家庭和睦，而且民众通过努力做事而得其应得，"礼之先币帛也，

---

[1] 《孔子家语·颜回》在"人穷则诈"后面有"马穷则佚"。
[2] 据《孔子家语·颜回》记载，孔子听闻此事后评价道："夫其所以为颜回者，此之类也。岂足多哉？"即他之所以是颜回，就在于常有这类表现，不足以过多赞扬。

欲民之先事而后禄也"(《礼记·坊记》)。而且"古之明王行礼"的重要方面是"与民同利"(《孔子家语·问礼》),所以"天下为家"又必以"与民同利"为基本诉求。这是共同富裕的初级阶段。大同作为共同富裕的最高阶段,实行"天下为公"的"大道",在物质财富上人人共建共享。"货,恶其弃于地也,不必藏于己;力,恶其不出于身也,不必为己",而且使"矜寡孤独废疾者"得其所需。在精神面貌上,消除了小康阶段的阴谋算计、武力抢夺等,实现了"选贤与能"的政治文明和"讲信修睦"的社会和谐。可以说,大同小康作为理想社会是孔子为实现共同富裕奠定的信念基础。

上述四个方面的思想都是心不违仁的表现。在前引关于博施济众的对话中,孔子接着就以"仁之方"来回答子贡的何谓仁,表达了天地无私般地博施济众,其出发点是"己欲立而立人,己欲达而达人"的仁之方。程颢对此就是这样理解的,认为"'博施济众',乃圣之功用",即圣人之"仁之体"的发用。[1]颜渊将以民为本作为历史规律,孔子对此的评论表达出这样的含义:这对于出自心不违仁的颜回而言,是很自然的。关于互惠伦理,《阳货》记载:子张问仁,孔子曰:"能行五者于天下为仁矣",而"惠"列于其中。统治者在"养民也惠"(《公冶长》)的同时,也得到了让百姓更好地为其服务的回报,"惠则足以使人"(《阳货》)。在孔子眼里,这样的互惠伦理是"为仁"的重要表现。关于天下为公,孔子视其为志士仁人的崇高境界和人格。微子、箕子、比干不顾身家性命,心忧天下,忠诚奉公,孔子赞许道:"殷有三仁。"(《微子》)因此,后来儒家普遍以公释仁,如程颐在回答"如何是仁"时说:"只是一个公字。学者问仁,则常教他将公字思量。"[2]这四个方面的思想意味着德政礼治建立在心不违仁基础上的共同富裕,具有丰富的思想内涵。

三、修己志仁与得其应得、公利即义

就个人发展层面而言,孔子关于共同富裕的思考,可以概括为修己志仁与得其应得、公利即义。这无疑是心不违仁的表现。因为修己志仁如下所说,就是要成为"无终食之间违仁"(《里仁》)的君子;而君子的"九思"之一是"见得思义"(《季氏》),

---

[1] 〔宋〕程颢:《二先生语二上》,《河南程氏遗书》卷2上,〔宋〕程颢、程颐著,王孝鱼点校:《二程集》,中华书局,2004年,上册,第15页。

[2] 〔宋〕程颐:《伊川先生语八上》,《河南程氏遗书》卷22上,《二程集》,上册,第285页。

意味着循"义"而行是内心之仁在面对利益时的外在表现,得其应得和公利即义是其所思之义的重要方面。

孔子认为作为个体的为政者应当修己志仁以成君子,否则不可能把满足百姓对美好生活的向往作为施政目标。《宪问》记载:"子路问君子。子曰:'修己以敬。'曰:'如斯而已乎?'曰:'修己以安人。'曰:'如斯而已乎?'曰:'修己以安百姓。修己以安百姓,尧舜其犹病诸!'"把为政者的"修己"和所为之政的"安百姓"归于何为君子的问题,实际上指出了为政者只有是"修己"成德之君子,才有可能安乐天下百姓。君子作为孔子的理想人格是仁德的化身:"君子去仁,恶乎成名?君子无终食之间违仁,造次必于是,颠沛必于是。"(《里仁》)因此,修己以成就君子的过程,就是始终不渝追求仁德的过程:"苟志于仁矣,无恶也。"(《里仁》)将志于仁之君子与修己、安百姓联系在一起,意味着志于仁既指向何者可以为政,又指向为政为何。孔子以为要使百姓都能安乐,即使尧舜恐怕也颇为犯难,因为能安乐百姓的是高于仁德的圣人,这在前面引用的博施济众的话语中已有揭示。然而,没有修己志仁,绝不可能把超乎仁德之上的安乐百姓当作为政的追求。就是说,修己志仁是为政者以安乐百姓为己任的基本前提,如后来黄宗羲所言:"志仁者从民生起见。"[1]

孔子对其弟子的告诫和教诲始终贯穿了这一观点。在此略举两例。其一,冉雍使南面。孔子说"雍也可使南面"(《雍也》),认为冉雍可以居官治民。之所以可以,从何者为政而言,"恭己正南面"(《卫灵公》),冉雍恭己即修己而有仁德,在孔子十大杰出弟子中被列为"德行"的佼佼者。时人称其有仁德而没有口才,"雍也仁而不佞",孔子反问道:何必要有口才呢?(《公冶长》)因为冉雍是修己志仁之人,所以他明确地以安乐百姓作为为政的目的。"仲弓问仁。子曰:'出门如见大宾,使民如承大祭。己所不欲,勿施于人。在邦无怨,在家无怨。'"冉雍(字仲弓)表示将努力以百姓无怨之仁作为为政的方向(《颜渊》)。其二,曾点之志。孔子请子路、曾点、冉有、公西华四位学生"各言其志"。子路志在三年内使"千乘之国"的民众有勇知义;冉有志在三年内使疆土纵横五六十里或六七十里的小国民众富足;公华西志在成为掌握祭祀、外交礼仪等专门技能的"小相"即小司仪;而曾点的志向则是"暮春时节,换上春装,

---

[1] 〔明〕黄宗羲:《孟子师说》卷6,《哲学·经学·政治学》,〔明〕黄宗羲著,吴光主编:《黄宗羲全集》,浙江古籍出版社,2012年,第1册,第136页。

约上五六个青年、六七个少年,在沂水河边洗洗澡,在舞雩坛上吹吹风,然后唱歌而归"。孔子喟然叹曰:"吾与点也。"(《先进》)朱熹《四书集注》解释此章时指出:曾点言志是"即其所居之位,乐其日用之常"①,即身居普通人的地位,以在日常生活中修己为乐。在孔子看来,子路、冉有、公西华要去管理公共政治事务,其前提是要像曾点那样修己志仁,这是他在子路、冉有、公西华面前表示赞同曾点之志的重要原因。如果我们注意到《公冶长》篇中孔子专门评论子路、冉有、公西华三人的第八章,就可以理解这一点。在此章孔子说子路具有管理"千乘之国"兵赋的才干,冉有具有让"千室之邑、百乘之家"民众富足的能力,公西华"可使与宾客言"即有掌握外交礼仪的本领,但这三人均"不知其仁也",意谓他们在修己志仁上还有待努力。将此章与"曾点之志"章相比照,便不难看出孔子所要表达的和冉雍"可使南面"所要表达的思想是一致的,即为政者能否心念天下黎民,首要的是能否修己志仁而不是才能的高下。

  孔子还通过评说古今的人物事件来强调这一点。《宪问》记载:孔子说:"齐桓公正而不谲",之所以做出这样的评价,是因为齐桓公所任用的管仲,"一匡天下",国强民富,"民到于今受其赐",因而孔子否定了对于管仲"未仁乎""非仁者与"的疑虑,肯定他"如其仁,如其仁"。臧文仲是鲁国执政集团的核心成员,孔子指责他为"窃位者"(《卫灵公》),批评其"三不仁",即"下展禽,置六关,妾织蒲"(《孔子家语·颜回》)。就是排斥贤者柳下惠,设置关卡以阻碍人们贸易,指使小妾"织蒲"与民争利。学界对于孔子对于臧文仲如此评价有不同意见,但从中可以看到孔子强调不仁的为政者不可能关心百姓的民生问题。无论是对弟子的教诲,还是列举古今的人物事件,孔子都在强调实现民众的共同富裕,不只是发展经济的问题,为政者能否修己志仁即不断自我净化,提升为天下苍生造福的境界才是关键。因此,孔子把"举贤才"(《子路》)作为为政的重要举措,认为"举逸民,天下之民归心焉"(《尧曰》),举用隐逸的贤人必能赢得民心。这表现了儒家贤能政治与富民裕民的关联性。②

  个体的社会性表现于其活动受到制度的制约。孔子对于以修己志仁作为为政者之

---

  ① 〔宋〕朱熹:《论语集注》,《四书章句集注》,〔宋〕朱熹撰:《朱子全书》,上海古籍出版社、安徽教育出版社,2002年,第6册,第165页。

  ② 孟子在儒家中最先讲"尊贤使能"(《孟子·公孙丑上》),认为贤能政治是君主与民同甘共苦的基础。《孟子·离娄下》指出,孔子对执掌国政的禹、稷和贫而乐的颜回都许以"贤",孟子以为这意味着如果后者担任前者的职位,也同样会对天下百姓的苦难感同身受,以拯救他们脱离苦难为己任。

前提的理念提出了制度设想,这就是"学也,禄在其中"(《卫灵公》),通过努力学习而后出仕获得俸禄,即先学习而后步入仕途。这在《论语》中可以找到不少例证,如"子曰:'三年学,不至于穀,不易得也。'"(《泰伯》)"子路使子羔为费宰。子曰:'贼夫人之子。'子路曰:'有民人焉,有社稷焉,何必读书,然后为学?'子曰:'是故恶夫佞者。'"(《先进》)孔子讲的"志于学"(《为政》)以"志于仁"为导向,他对颜回的评价就反映了这一点。他肯定颜回为其弟子中的"好学"者,其死后再无如此的好学者,"今也则亡"(《先进》)。因为颜回能长久坚守仁心,其他弟子则做不到,"其心三月不违仁,其余则日月至焉而已矣"(《雍也》)。子夏进一步阐发了老师的"仕"与"学"的关系:"仕而优则学,学而优则仕。"(《子张》)春秋之际,仕者多为贵族世袭,未学而仕者大有人在,子夏的前半句是针对这种状况而言的,有亡羊补牢之意;而后半句则反映了孔子的主张,即要将其作为制度而确定下来,保障为政者必须是修己志仁者,这样才有可能使其致力于济世安民。

在孔子看来,实现共同富裕离不开价值观的引导。共建共享是共同富裕之"共同"的重要内涵,但如果没有用共同的价值观来凝聚人们,那么共建共享就只能是空谈。对此,孔子提出了以"见利思义"(《宪问》)作为共同价值观。这里的"义"是指行为的当然之则,即一般的道德原则;"利"则是指功利即利益和功效;见利思义就是要求人们对于利的取舍,以是否合乎义为标准。从实现共同富裕来说,主要是两方面:得其应得和公利即义。

通常将孔子的义利观称之为"重义轻利",这并不妥帖。因为它容易导致人们以为孔子拒斥功利。其实不然。前面所讲的先富后教,就有见于物质生活是道德教化的基础。孔子承认功利对于个人有着不可忽视的价值,因为"富与贵,是人之所欲也""贫与贱,是人之所恶也"(《里仁》),功利追求具有满足个人自身需要的正当性。因此孔子认为,在一定条件下,人们应当积极设法获取财富,"邦有道,贫且贱焉,耻也"(《泰伯》)。政治清明的时代,就应当让每个人皆以改变贫困走向富裕为光荣。孔子还用略带自嘲的口吻说道:"富而可求也,虽执鞭之士,吾亦为之。"(《述而》)如果可以求得财富,即使是执鞭之士的贱职,我也会主动为之。若联系到孔子说过的"吾执御矣"(《子罕》),表示愿意掌握驾车技能,则足见孔子是主张人可以用某种技能来实现自主求富的。子贡具有这种精神,因而孔子赞赏他不受束缚而在商业领域屡创奇迹:"赐,不受命而货殖焉,亿则屡中。"(《先进》)就是说,孔子希望人人各尽其能而发财致富。

但是，社会成员中每个人的利益是不尽一致的，而且物质财富是有限的，因而如果放纵每个人对于物质利益的追求，那么社会成员之间就会因争夺物质财富而引发普遍性的冲突，"放于利而行，则怨"（《里仁》）。很显然，在一个充满怨恨的社会里是不可能实现共建共享之共同富裕的。孔子认为，唯有以"义"来化解利益冲突，"义然后取，人不厌其取"（《宪问》），合乎义之取，才会得到社会的普遍认可。而所取合乎义的重要内涵是公正地分配财富，由此才能使社会成员避免怨恨而转为皆大欢喜，即所谓"公则悦"（《尧曰》）也。为此，孔子还提出了公正分配的原则："丘也闻有国有家者，不患寡而患不均，不患贫而患不安，盖均无贫，和无寡，安无倾。"（《季氏》）这里的"均"不是说每个人获得相等的财富即同等富裕，而是指每个人依据自己的名分等级而获其所应得，名分等级不同，所获得的财富当然有差异。在孔子看来，这样的有差异的共同富裕，体现了"和而不同"（《子路》）的精神。他反对冉有为季氏敛财，是因为"季氏富于周公"（《先进》），即季氏所得财富超过了其名分等级所应得的。孔子对卫公子荆赞赏道："善居室。始有，曰：'苟合矣。'少有，曰：'苟完矣。'富有，曰：'苟美矣。'"（《子路》）就是卫公子荆对财产拥有程度的"始有""少有""富有"都表现出知足的心态，而这种心态就是对符合自身名分等级之应得的满足。孔子以卫公子荆和季氏作为正反典型，意在强调合义之取就是得其应得，此即后来荀子说的"当取而取"（《荀子·法行》）。

公利即义是见利思义的另一重要含义。所谓"君子喻以义，小人喻以利"，将义和利与君子和小人相匹配，已经表露了这个意思。因为小人所喻之利是个人的实惠，"小人怀惠"（《里仁》），而君子则以替群体谋利为担当，"可以托六尺之孤，可以寄百里之命"（《泰伯》），"因民之所利而利之"（《尧曰》）。因此，公利即君子所喻之义，见利思义就是把公利置于私利之上。后来宋明儒家也明确指出了这一点："义与利，只是个公与私也。"[1]"义也者，天下之公也；利也者，一己之私也。"[2]孔子强调公利即义是有见于个人不能脱离群体而生存，他曾对那些劝其离群隐居的人说："鸟兽不可与同群，吾非斯人之徒与而谁与？"（《微子》）作为个体的自我不能与鸟兽为伍，只能生活于同类的

---

[1] 〔宋〕程颐：《伊川先生语三》，《河南程氏遗书》卷17，《二程集》，上册，第176页。
[2] 〔明〕刘宗周：《证人会约》，〔明〕刘宗周著，吴光主编，何俊点校：《语类十四》，《刘宗周全集》，浙江古籍出版社，2012年，第3册，第440页。

群体之中，因而这个群体的每个成员犹如是兄弟，"四海之内，皆兄弟也"（《颜渊》）。显然，实现共同富裕就是这种以兄弟般关系共处共存之共同体的必然要求。但是，人们往往不满足于得其应得而存有非分之想，往往只顾及私利甚至以私损公，所以必须把见利思义确立为共同的价值观，将道德原则的价值视为至上，即"义以为上"（《阳货》），并做一个遵照"义"来修养自己品性的君子，"君子义以为质"（《卫灵公》），从而达到"不义而富且贵，于我如浮云"的境界。就是说，共同富裕的共建共享必须以"共义"即共同的"见利思义"的价值观为根基。这表现了"见利思义"与修己志仁的关联，也表现了共同富裕在物质和精神两个层面上的联系。

　　孔子还把确立见利思义的价值观与成人之道，即每个人的全面发展相联系。对于共同富裕的向往，从根本上说就是追求合乎人性发展的生活，而个人的全面发展则是其核心。孔子认为这要以见利思义为基础。"子路问成人。子曰：'若臧武仲之知，公绰之不欲，卞庄子之勇，冉求之艺，文之以礼乐，亦可以为成人矣。'曰：'今之成人者何必然？见利思义，见危授命，久要不忘平生之言，亦可以为成人矣。'"（《宪问》）从中可见，"成人"就是全面发展的人：像臧武仲那样的睿智、孟公绰那样的不贪婪、卞庄子那样的勇敢、冉求那样的多才多艺，再用礼乐予以文饰，而今要成为这样的人首先要能够做到见利思义。这是希望每个人都能在见利思义价值观的引导下获得全面发展，揭示了实现共同富裕的终极的人文关怀。

　　一斑见豹，通过孔子上述的思想，可以看到心学包含着实现共同富裕的追求。对此作进一步的研究和阐发，应当是中国心学的题中之义。

（作者陈卫平系华东师范大学中国现代思想文化研究所暨哲学系教授，汤颖系华东师范大学哲学系博士生）

中国心学工夫论中的"实事"

陈立胜

内容摘要：作为为己之学的儒学，其根本性质即是"实"学。自陆象山开始心学一系即着重"此地""此身"这一"实事"，阳明学更是进一步提出"见在良知"，彰显心学工夫的切身性与当下性，在泰州学派尤其罗近溪处，其只论"目前实事"的说法则突显出心学一系工夫论述的"紧迫性"。心学工夫论中的"实事"及其"反思"（面向实事）与现象学标举的"面向实事本身"及现象学反思精神虽有共通之处，但也存在着本质差别。

关键词：心学　阳明学　工夫论　事实

一、"生命的学问"中的"实事"

儒家的学问是"生命的学问"，它不只是关于生命的学问，更是在生命中体现与证成的学问。

孔子说："知之者不如好之者，好之者不如乐之者。"（《论语·雍也》）又说："我欲仁，斯仁至矣。"（《论语·述而》）夫子之仁学未尝不可以说是立足"当下"的学问。《孟子·离娄上》说："仁之实，事亲是也；义之实，从兄是也；智之实，知斯二者弗去是也。礼之实，节文斯二者是也。乐之实，乐斯二者。乐则生矣，生则恶可已也。恶可已，则不知足之蹈之，手之舞之。"这种"有诸己""诚于中形于外"的"充实"之学说明崇实行、重体证是儒学一贯的精神。朱子指出孟子此段文字紧要处在五个"实"字上："实"之一字，"有对名而言者，谓名实之实；有对理而言者，谓事实之实；有对华而言者，谓华实之实。今这实字不是名实、事实之实，正是华实之实。仁之实，本只是事亲，推广之，爱人利物，无非是仁。义之实，本只是从兄，推广之，忠君弟长，无非是义。事亲从兄，便是仁义之实；推广出去者，乃是仁义底华采。"① 儒学作为一种"为己之学"，在本质上就是一种"实学"。朱子曾以"知五谷之可食""食而知其味"与"食而饱"，来说明儒家学问是一落实于个体身心之过程。

不唯儒学如此，中西任何生命学问概莫能外。据《箭喻经》，有哲学癖好的鬘童子向世尊提出十四个诸如世界是有限的还是无限的"无记"难题，世尊避而不答。他讲了一个故事：有人中毒箭，中箭人非要弄清楚射箭者姓名是谁，是高是矮，是黑是白，是武士还是贱民，箭从何方射出，箭镞、箭弓、箭弦都是何种材料所制等等问题，方可让人拔出毒箭。无疑，此种种"理论"问题与当下性命没有任何关系。"此时此地"紧要的是拔出"此身"之毒箭，这才是真正的性命问题！要言之，生命学问中的"实事"即是成就生命、安顿身心的实践活动。六祖引《净名经》曰："即时豁然，还得本心。"（《坛经·般若品第二》）并自称："与诸人移西方于刹那间，目前便见。"又说："西方只在目前。"（《坛经·疑问品第三》）"即时""目前"都是立足于此时、此地、此身，是要"此在"，在"此处见"，"言下识自本心"，否则，终日口念般若，犹如说食不饱，也不得见性。陆王心学一系工夫论说中的"实事"，显然与此种"目前"基调若合符节。

二、陆象山："千虚不博一实"

象山论学始终聚焦于这个"此时此地"之"此身"。象山论学语之中，"此也"一类词汇频频出现：

> 此天之所以予我者，非由外铄我也。思则得之，得此者也；先立乎其大者，立此者也；积善者，积此者也；集义者，集此者也；知德者，知此者也；进德者，进此者也。同此之谓同德，异此之谓异端。②

---

① 〔宋〕朱熹：《孟子六》，《朱子语类》卷56，〔宋〕朱熹撰：《朱子全书》，上海古籍出版社、安徽教育出版社，2002年，第15册，第1820—1821页。

② 〔宋〕陆九渊：《与邵叔谊》，〔宋〕陆九渊著，钟哲点校：《陆九渊集》卷1，中华书局，1980年，第1页。

仁即此心也，此理也。求则得之，得此理也；先知者，知此理也；先觉者，觉此理也；爱其亲者，此理也；敬其兄者，此理也；见孺子将入井而有怵惕恻隐之心者，此理也；可羞之事则羞之，可恶之事则恶之者，此理也；是知其为是，非知其为非，此理也；宜辞而辞，宜逊而逊者，此理也；敬此理也；义亦此理也；内此理也，外亦此理也；……此吾之本心也，所谓安宅、正路者，此也；所谓广居、正位、大道者，此也。古人自得之，故有其实。言理则是实理，言事则是实事，德则实德，行则实行。①

所谓格物致知者，格此物致此知也，故能明明德于天下。《易》之穷理，穷此理也，故能尽性至命。《孟子》之尽心，尽此心也，故能知性知天。②

《论语》中多有无头柄的说话，如"知及之，仁不能守之"之类，不知所及、所守者何事；如"学而时习之"，不知时习者何事。非学有本领，未易读也。苟学有本领，则知之所及者，及此也；仁之所守者，守此也；时习之，习此也。说者说此，乐者乐此，如高屋之上建瓴水矣。学苟知本，《六经》皆我注脚。③

心只是一个心，某之心，吾友之心，上而千百载圣贤之心，下而千百载复有一圣贤，其心亦只如此。心之体甚大，若能尽我之心，便与天同。为学只是理会此。④

"此"类文本不胜枚举。杨儒宾指出，所谓"此也"乃是陆象山的特殊用语习惯，它背后预设着"去语言化、直接觌面相照"的意涵。"这样的指示词必须当下体验，就像禅师'指月'的隐喻一样，学者必须顺着此词的指示，指向所指者。'此''这个'乃是'此心此理'语言化伤害最小的代称。"⑤不过，任何比喻都是有限制的，月亮还是一个"摆在"那儿的一个"现成物"。陆象山的这个"此"并不是一个摆在这儿的现成物，"这儿""此"必须通过"自反"和通过本心的觉醒才能明确其意指。这个"此"

---

① 《与曾宅之》，《陆九渊集》卷1，第5页。
② 《武陵县学记》，《陆九渊集》卷19，第238页。
③ 《语录》，《陆九渊集》卷34，第395页。
④ 《语录》，《陆九渊集》卷35，第445页。
⑤ 杨儒宾著：《从〈五经〉到〈新五经〉》，台湾大学出版中心，2013年，第83页。

把儒家典要之中的天道、性命、本心、天理这类"大词"统统定格在此时、此地、此身的活生生的体验之当下，由"此"，门人弟子习以为常的名相问题遂被扭转为当下的心境及当下的生存体验问题，外向的、理论性的好奇目光亦随之被扭转为内向的、生存性的自我关注。

对于那些从"哲学教科书"中搬弄理论问题的鬈童子们，陆象山一概拒绝给出"正确答案"。有学者终日听话，忽请问曰："如何是穷理尽性以至于命？"陆象山答曰："吾友是泛然问，老夫却不是泛然答。"漂浮不实曰"泛"，"泛然问"即与当下自家心性没有紧密联系的、浮泛无根的名相之问，此种问题纵然是性命问题，亦不过是数人之财而实与自家真性命了无关涉。真实的修身问题必须扎根于个体生存处境中，才能得到解决。先圣的智慧、圣经之中的观念，必须与此时、此地、此身的实际理解状况和生存体验联系在一起，才能真正被"激活"、被"兑现"，否则只是枝蔓芜杂，只是"空头支票"。

门人李伯敏请教陆象山，孟子之"性""情""心""才"概念如何分别。此类问题无论从传统的儒家义理学抑或今天的"哲学"立场看，都是重要的理论问题。然而陆象山对于此种纯粹的理论问题、"解字"问题，不仅不予"泛然答"，而且就直接斥之是"枝叶"，是"腾口说"，是"为人不为己"。他明确要求提问者须"理会自家实处"：

> 只与理会实处，就心上理会。俗谚云："痴人面前不得说梦。"又曰："狮子咬人，狂狗逐块。"以土打狮子，便径来咬人。若打狗，狗狂，只去理会土。圣贤急于教人，故以情、以性、以心、以才说与人，如何泥得？若老兄与别人说，定是说如何样是心，如何样是性、情与才。如此分明说得好，划地不干我事。须是血脉骨髓理会实处始得。

又说，如始终在自家身心上理会，总有一天会明白：

> 若必欲说时，则在天者为性，在人者为心，此盖随吾友而言，其实不须如此。只是要尽去为心之累者，如吾友适意时，即今便是。①

---

① 《语录》，《陆九渊集》卷35，第444—445页。

这段对话蕴含着以下几层意思：

第一，一切名相问题即便是"根本"的理论问题，倘不跟自家当下的心性世界产生联系，则亦是"枝叶"问题。

第二，概念、名相问题自身有自己的系统，其间自有其相互区别与相互勾连之处，自可以辨析明白清楚（"如此分明说得好"）。但这个"明白清楚"只是概念上的了别，而非自家生命世界"内在的理解"（"血脉骨髓理会实处"），所以与个人的实际心性生活毫无关系（"划地不干我事"）。

第三，由当下的生命体验激发的生存论问题，只要始终在自家身心上用功，只要用心理会，总会得到解决。[①]

第四，问题的解决在根本上是要"尽去为心之累"，也就是要解决真实的心灵不安、焦虑一类的生存问题，其目标即在当下的心灵的安顿（"如吾友适意时，即今便是"）。经陆象山一顿棒喝，李伯敏自此学问大进，并赋诗曰："纷纷枝叶漫推寻，到底根株只在心。莫笑无弦陶靖节，个中三叹有遗音。"[②]

陆象山认定，做得工夫实，则所说就是"实事"，所指人病就是"实病"[③]，否则就是"闲议论""闲说话""意见""儿戏"。这引起了朱子的强烈不满："某向与子静说话，子静以为意见。某曰：'邪意见不可有，正意见不可无。'子静说：'此是闲议论。'某曰：'闲议论不可议论，合议论则不可不议论。'"又说："除意见"三字"误天下学者。自尧舜相传至历代圣贤，书册上并无此三字"。[④]朱子以"意见""议论"本身是非合乎法度、义理而分判邪正，陆象山则取生存论立场，以为"意见""议论"只要与当下讨论人之实际生存无关（此处所说生存，包括理解状态、心性气质、修身实际状况，等等），即是谬悠无根之谈，即是"浮论虚说"。换言之，一切论学之话语必须与自家道德性命的豁醒联系在一起，成为"就己向实的工夫"，才有其正当性。"就己向实"，所言即是"实事"，即非"议论"与"意见"：

[①] "大抵为学，但当孜孜进德修业，使此心于日用间戕贼日少，光润日著，则圣贤垂训，向以为盘根错节未可遽解者，将涣然冰释，怡然理顺，有不加思而得之者矣。"（《与刘深父》，《陆九渊集》卷3，第34页）
[②] 《语录》，《陆九渊集》卷35，第445页。
[③] 《语录》，《陆九渊集》卷35，第457页。
[④] 《陆氏》，《朱子语类》卷124，《朱子全书》，第18册，第3880页。

古人质实，不尚智巧，言论未详，事实先著，知之为知之，不知为不知。所谓"先知觉后知，先觉觉后觉"者，以其事实觉其事实，故言即其事，事即其言，所谓"言顾行，行顾言"。周道之衰，文貌日胜，事实湮于意见，典训芜于辨说，揣量模写之工，依仿假借之似，其条画足以自信，其习熟足以自安。①

通观陆象山论学之"实"，常言"实行""实事""实理""实地""实处""笃实""朴实""真实"，其内涵大致可概之如下：

第一，注重修身工夫之切己性、为己性。义理之学如不扎根于当下生命的安顿即沦为"对塔说相轮"，沦为"戏说"。"实"即是"实有诸己"，故自立、自信、自主、自得、自觉、自省、自修才是第一义。有人问工夫从何处入手，陆象山答曰："不过切己自反，改过迁善。"②又尝引经典语曰："诚者自诚也，而道自道也。""君子以自昭明德。""人之有是四端，而自谓不能者，自贼者也。"暴谓"自暴"，弃谓"自弃"，侮谓"自侮"，反谓"自反"，得谓"自得"，"祸福无不自己求之者"，"圣贤道一个'自'字煞好"。③

第二，注重修身工夫之"根本"。象山论学屡屡强调要有"根本"意识，最负盛名的说法是"学苟知本，《六经》皆我注脚"。④大本即是本心，"知本"即是"本心"之"自觉"。在象山看来，根本工夫须是简易工夫："学无二事，无二道，根本苟立，保养不替，自然日新。所谓可久可大者，不出简易而已。"⑤根本工夫亦须是所有人皆可践行的工夫："仁义忠信，乐善不倦，此夫妇之愚不肖，可以与知能行。圣贤所以为圣贤，亦不过充此而已。学者之事当以此为根本。若夫天文、地理、象数之精微，非有绝识，加以积学，未易言也。"⑥根本工夫也是自我作主的工夫："伯敏云：'伯敏于此心，能刚制其非，只是持之不久耳。'先生云：'只刚制于外，而不内思其本，涵养之功不至。

---

① 《与曾宅之》，《陆九渊集》卷1，第5页。
② 《语录》，《陆九渊集》卷34，第400页。
③ 《语录》，《陆九渊集》卷34，第427页。
④ 《语录》，《陆九渊集》卷34，第395页。
⑤ 《与高应朝》，《陆九渊集》卷5，第64页。
⑥ 《与陶赞仲二》，《陆九渊集》卷15，第193页。

若得心下明白正当，何须刚制？'"①"存养是主人，检敛是奴仆。"②"人精神在外，至死也劳攘，须收拾作主宰。收拾得精神在内时，当恻隐即恻隐，当羞恶即羞恶。谁欺得你，谁瞒得你？"③阳明心学的"根本工夫""第一工夫"意识显然可以溯源于此。

第三，注重修身工夫的当下性。"且据见在，朴实头自作工夫。"④"只今明白时，便不须更推如何如何。"⑤著名的《鹅湖和教授兄韵》一诗结尾即点出学问之真伪就在"辨只今"（"欲知自下升高处，真伪先须辨只今"⑥），"见在""只今"其义都是"当下"。针对象山"合下便是""当下便是"，朱子反驳说，儒家经书并无此种教人之法，"圣人教人，皆从平实地上做去"。⑦吴震指出：正是这句"辨只今"诗引发了朱子的强烈不满，可见"只今"与"见在"早在朱、陆的时代，便已作为一项重要的思想议题而被凸显出来，成为理学与心学分庭抗礼的一个标志。⑧

三、朱子与象山："实事"之异同

值得关注的是，陆象山以"实事"标榜自己为学之真实性、切己性，朱子则同样以"实事"刻画圣学工夫的基本性质：

> 圣人教人，都是教人实做，将实事教人。如格物、致知以至洒扫应对，无非就实地上拈出教人。⑨
>
> 更就实事上看，心不与物交，非谓太深，盖无此理。虽大圣人之心，亦不能不交物也。⑩

---

① 《语录》，《陆九渊集》卷35，第438页。
② 《语录》，《陆九渊集》卷35，第450页。
③ 《语录》，《陆九渊集》卷35，第454页。
④ 《与陶赞仲二》，《陆九渊集》卷15，第195页。
⑤ 《语录》，《陆九渊集》卷35，第458页。
⑥ 《鹅湖和教授兄韵》，《陆九渊集》卷25，第301页。
⑦ 《陆氏》，《朱子语类》卷124，《朱子全书》，第18册，第3890页。严格意义上说，"合下便是""当下便是"或是朱子门人对象山教法的概括语，今《陆九渊集》并未见此二语。
⑧ 参见吴震著：《阳明后学研究》，上海人民出版社，2016年，第5页。
⑨ 《论语九》，《朱子语类》卷27，《朱子全书》，第15册，第974页。
⑩ 《论语十三》，《朱子语类》卷31，《朱子全书》，第15册，第1133页。

朱子还以"实事"论述儒佛之异同。儒家讲尽心养性与佛教明心见性不同，尽心、养性不过是尽人之职责这一"实事"而已："盖尝譬之，命字如朝廷差除，性字如官守职业。故伊川先生言：'天所赋为命，物所受为性'，其理甚明。故凡古圣贤说性命，皆是就实事上说。如言尽性，便是尽得此君臣父子、三纲五常之道而无余；言养性，便是养得此道而不害。"①"儒者之言性，止是仁义礼智，皆是实事"，释氏之言性"只是虚见"，儒释之分，"只争虚实而已"。②

显然朱子对"实事"的理解与象山有别。朱子的实事是"实有其事"，是日常生活中待人接物之实际行动，此种种"实事"展示出不同的应对之路数（"理"），故须一一穷究（"即物穷理"）。"理"是实事之理，不是"悬空底物"："《大学》不说穷理，只说个格物，便是要人就事物上理会，如此方见得实体。所谓实体，非就事物上见不得。且如作舟以行水，作车以行陆。今试以众人之力共推一舟于陆，必不能行，方见得舟果不能以行陆也，此之谓实体。"③针对陆象山发明本心的问学路径，朱子反复强调孟子"求放心"之说、"存心养性"之说不如孔子教人直接在实事上用功来得切实、平实与稳妥：

《论语》不说心，只说实事。《孟子》说心，后来遂有求心之病。……《孟子》言存心养性，便说得虚。至孔子教人"居处恭，执事敬，与人忠"等语，则就实行处做功夫，如此则存心养性自在。④

或问："静时见得此心，及接物时又不见。"曰："心如何见得？接物时只要求个是。应得是，便是心得其正；应得不是，便是心失其正，所以要穷理。且如人唱喏，须至诚还他喏。人问何处来，须据实说某处来。即此便是应物之心，如何更要见此心？浙间有一般学问，又是得江西之绪余，只管教人合眼端坐，要见一个物事如日头相似，便谓之悟，此大可笑。夫子所以不大段说心，只说实事，便自无病。至孟子始说'求放心'，然大概只要人不驰骛于外耳，

---

① 《答陈卫道》，《晦庵先生朱文公文集》卷59，《朱子全书》，第23册，第2843页。
② 《陆氏》，《朱子语类》卷124，《朱子全书》，第18册，第3884页。
③ 《大学二》，《朱子语类》卷15，《朱子全书》，第14册，第469页。
④ 《论语一》，《朱子语类》卷19，《朱子全书》，第14册，第646页。

其弊便有这般底出来，以此见圣人言语不可及。"①

朱子这种种对孟子心学工夫之微词，实则均是对陆象山、湖湘学派以及禅宗的修行工夫不满而发。在朱子看来，孔子教人都是就日用伦常的"实事"指点，注重由"实处"行，而孟子言"存心养性""知性知天"，严格讲并不是指点工夫的话语，而是孟子本人工夫践履所得的"效验"，以之教人则有"虚泛不实"之弊。毕竟此类体验是孟子用功而得，学人未到孟子"田地"，"如何知得他滋味"，勉强行之，亦未有"入头处"。②

纵观朱子与象山的论学过程，朱子虽对象山"尊德性"方面不无肯定，称其人"八字着脚"，有"精神"，亦承认其学"先于情性持守上用力"之合理性（"大抵其学于心地工夫，不为无所见"），但朱子并不认同象山所标榜的"实事"。相反，他径斥象山之学"不肯就实"③，又称"子静底是高，只是下面空疏，无物事承当"④。在他看来，象山"实事"之"切己""根本"与"见在"三义均大有问题，具体而言：

第一，象山将"切己""反求"与讲论、博观对峙，尽废讲论、博观而专务践履、反求，殊不知学不讲则理不明，理不明则难免认欲作理、师心自用。依朱子，圣人立言垂教，"自本至末，所以提撕诲饬于后人者无所不备。学者正当熟读其书，精求其义，考之吾心，以求其实，参之事物，以验其归，则日用之间，讽诵思存，应务接物，无一事之不切于己矣"。⑤既曰无一事不切于己，则凡修己安人所涉之事，如天文地理、礼乐制度、军旅刑法、六艺之教等皆是"着实有用之事业"，都是"自己本分内事"。⑥

第二，象山标榜的"切己"之"己"过于狭窄，忽视"己"之复杂性与动态性。象山标举"切己"与"自得"，认定学唯有"自得于己"，不为文义牵制方是"集义"，方是"实事"，不然只是"意见""议论""义袭"。殊不知"己"之性质不同，鲁钝者、困知勉行者之"己"虽不见得很多道理，但别人说出道理，倘能反之于心，明白其理，

---

① 《朱子十八》，《朱子语类》卷121，《朱子全书》，第18册，第3834—3835页。
② 《陆氏》，《朱子语类》卷124，《朱子全书》，第18册，第3876页。
③ 《朱子十八》，《朱子语类》卷121，《朱子全书》，第18册，第3839页。
④ 《朱子十八》，《朱子语类》卷121，《朱子全书》，第18册，第3836页。
⑤ 《答许生中应》，《晦庵先生朱文公文集》卷60，《朱子全书》，第23册，第2875页。标点略有改动。
⑥ 《答谢成之》，《晦庵先生朱文公文集》卷58，《朱子全书》，第23册，第2755页。

久之，道理与"己"合二为一，此亦是"义内"。象山则将"己"当作"生知安行"之己，不以循序渐进为阶梯，特以一超直入为究竟，于是"学知以下"一切实事皆摒弃不顾。①这不仅会滋生自以为是、师心自用之弊，也与以心求心的禅宗无从区分。②

第三，象山之"实事"注重"知本"，"先立乎其大"，朱子则针锋相对，对门人"大本""根本"工夫之问一概痛加贬抑。凡主张学不在简编、脱略文字而"惟统宗会元之求"、直趋本根者，在朱子看来皆难免厌繁就简、忽下趋高，而有悖于儒学"学、问、思、辨、行"之工夫阶梯，最终必沦为高蹈空虚、猖狂妄行而不自知。③有弟子问朱子："先生教人，有何宗旨？"朱子答曰："某无宗旨，寻常只是教学者随分读书。"④如所周知，朱子与陆象山皆以"一贯"标榜自家学问（象山云"我说一贯，彼亦说一贯"），然而在朱子看来，象山只有"一根空绳索"，何贯之有？万事万物皆有其理，事事理会，才能一贯："忠是一，恕是贯。忠只是一个真实，自家心下道理，直是真实。事事物物接于吾前，便只把这个真实应副将去。自家若有一毫虚伪，事物之来，要去措置他，便都不实，便都不合道理。若自家真实，事物之来，合小便小，合大便大，合厚便厚，合薄便薄，合轻便轻，合重便重，一一都随他面分应副将去，无一事一物不当这道理。"⑤朱子更是反复叮咛得意弟子陈淳曰：所谓"一贯"只是"圣贤论到极处"之语，"圣贤千言万语，便只是其中细碎条目"。⑥

第四，针对象山的"合下便是""当下便是"说，朱子反复指出，圣人无这般说话，经书中无此样语，圣人教人"皆从平实地上做去"⑦。对于陆氏兄弟津津乐道的"只今""在于今"，朱子亦很反感。如所周知，寻孔颜乐处是理学工夫论中很重要的一个

---

① 《陆氏》，《朱子语类》卷124，《朱子全书》，第18册，第3885页。
② 自二程开始就强调"天下无实于理者"，朱子于《中庸章句》（第25章）更是明确提出"天下之物，皆实理之所为"。在程朱一系看来，"性即理"之命题是儒学区别于禅宗"明心见性"之义理的根本所在。
③ 《答吕子约》，《晦庵先生朱文公文集》卷47，《朱子全书》，第22册，第2190页；《答颜子坚》，《晦庵先生朱文公文集》卷55，《朱子全书》，第23册，第2622页。又参《朱子十二》，《朱子语类》卷115，《朱子全书》，第18册，第3647页。
④ 《朱子十八》，《朱子语类》卷121，《朱子全书》，第18册，第3811页。
⑤ 《论语九》，《朱子语类》卷27，《朱子全书》，第15册，第967页。另参《论语二十七》，《朱子语类》卷45，《朱子全书》，第15册，第1584—1585页；《朱子语类》卷117，《朱子全书》，第18册，第3702—3703页。
⑥ 《朱子十四》，《朱子语类》卷117，《朱子全书》，第18册，第3694页。
⑦ 《陆氏》，《朱子语类》卷124，《朱子全书》，第18册，第3890—3891页。按：今遍检象山文集，并未见"当下便是""合下便是"语，想必是朱子门人转述之词。

话头，象山之兄陆复斋在鹅湖寺初会诗中即有"珍重友朋勤切磋，须知至乐在于今"一句。门人问"与点说"一段如何，朱子答曰："某平生便是不爱人说此话。"朱子始终主张学者须从万事万理中理会，舍此而只管说"与点""颜子之乐"如何，则只是"闲说"与"空想象"。[1]朱子对一度从学于象山的包显道（名扬，字显道）说："今江西人皆是要偷闲自在，才读书，便要求个乐处，这便不是了。某说：若是读书寻到那苦涩处，方解有醒悟。"[2]门人廖德明辞别，临行求一安乐法，朱子答曰："圣门无此法。"[3]另一弟子辞行，朱子叮咛说："当从实处作工夫。"[4]

朱子之所以不认可象山之"实事"，是因为象山将"实事"完全限定于此心当下之境况，只有与当下"己"之心相关之"事"才是根本之事、切己之事。"事"的内心化、当下化势必导致"事"的狭隘化与虚化。有鉴于此，朱子明确提出"理无内外"的命题：

> 但是既为人，则于天地之间物理，须要都知得方可。[5]
>
> 圣贤教人有定本，如"博学、审问、明辨、笃行"是也。其人资质刚柔敏钝，不可一概论，其教则不易。……圣贤之教无内外本末上下，今子静却要理会内，不管外面，却无此理。[6]
>
> 然圣人之所以教，不使学者收视反听，一以反求诸心为事，而必曰"兴于诗，立于礼，成于乐"，又曰"博学、审问、谨思、明辨而力行之"，何哉？盖理虽在我，而或蔽于气禀物欲之私，则不能以自见。学虽在外，然皆所以讲乎此理之实，及其浃洽贯通而自得之，则又初无内外精粗之间也。[7]
>
> 做工夫处，左右前后、内外本末无不周密，所谓盛水不漏。[8]

---

[1] 《朱子十四》，《朱子语类》卷117，《朱子全书》，第18册，第3691—3692页。
[2] 《朱子十六》，《朱子语类》卷119，《朱子全书》，第18册，第3751页。
[3] 《朱子十》，《朱子语类》卷113，《朱子全书》，第18册，第3594页。
[4] 《朱子十八》，《朱子语类》卷121，《朱子全书》，第18册，第3778页。
[5] 《朱子十六》，《朱子语类》卷119，《朱子全书》，第18册，第3754页。
[6] 《陆氏》，《朱子语类》卷124，《朱子全书》，第18册，第3882页。
[7] 《鄂州州学稽古阁记》，《晦庵先生朱文公文集》卷80，《朱子全书》，第24册，第3800页。
[8] 《朱子十》，《朱子语类》卷113，《朱子全书》，第18册，第3599页。

所以在朱子那里是，"实事"涵括了内外、本末、大小、上下、精初，而有别于象山偏于"内""本""大""精""上"之一端的"实事"。要言之，"致广大""极高明""温故"而"敦厚"为"尊德性以全其大"，"尽精微""道中庸""知新"而"崇礼"为"道问学以尽其小"，两端"各自加功"，但又不是"判然两事"。①此诚如钱穆所说："象山重内重本……朱子则主内外本末之相通合一，不若象山之落一边。"②

基于这种"无内外本末上下"的"实事"观，朱子提出了类似于明儒湛甘泉"随处体认天理"的为学主张：

> 只从今日为始，随处提撕，随处收拾，随时体究，随事讨论。但使一日之间整顿得三五次、理会得三五事，则日积月累，自然纯熟、自然光明矣。③

> 但于日用之间，随时随处提撕此心，勿令放逸，而于其中随事观理，讲求思索，沉潜反复，庶于圣贤之教渐有相契处。④

需要补充的是，朱子讲"实事"虽有事事理会之意思，但却又不是不分轻重缓急泛然之理会："格物致知，乃是就此等实事功夫上穷究，非谓舍置即今职分之所当为而泛然以穷事物之理，待其穷尽，而后意自诚、心自正、身自修也。"⑤《中庸》之博学、审问、谨思、明辨、笃行与《大学》之格、致、诚、正、修，虽是工夫节目、秩序，但又是"无先后，有缓急"，"不可谓博学时未暇审问，审问时未暇谨思，谨思时未暇明辨，明辨时未暇笃行"。⑥朱子还强调涵养、致知与力行三事"本不可先后，又不可无先后"。⑦

朱子与象山对"实事"理解的异同，折射出二人对"心"与"理"之关系理解的

---

① 《玉山讲义》，《晦庵先生朱文公文集》卷74，《朱子全书》，第24册，第3591—3592页。另参《与王龟龄书》，《晦庵先生朱文公文集》卷37，《朱子全书》，第21册，第1613页；《朱子十五》，《朱子语类》卷118，《朱子全书》，第18册，第3742—3743页。
② 钱穆著：《朱子新学案》，九州出版社，2011年，第3册，第479页。
③ 《答周南仲》，《晦庵先生朱文公文集》卷60，《朱子全书》，第23册，第2873页。
④ 《答度周卿》，《晦庵先生朱文公文集》卷60，《朱子全书》，第23册，第2898页。
⑤ 《答郑子上》，《晦庵先生朱文公文集》卷56，《朱子全书》，第23册，第2680页。
⑥ 《朱子十八》，《朱子语类》卷121，《朱子全书》，第18册，第3839页。
⑦ 《朱子十二》，《朱子语类》卷115，《朱子全书》，第18册，第3631页。

异同，对修身工夫中"认知""动力"与"意志"向度孰轻孰重的理解之异同，以及对自我转化过程中"本质的关键"与"助缘工夫"之关系理解的异同等一系列复杂问题，此类问题容另文讨论。就知识社会学而论，二人对"实事"理解的异同，既关乎两种不同的知识类型，亦关乎两种不同的人群类型。

在朱子时代，儒学内部基本上有三种不同的学问类型（学脉）：浙派史学（东莱学、婺学、浙学）、陆派心学（抚学、江西之学）与朱子理学（闽学）。三派皆推崇"实学"，皆标榜自家学脉是着眼于"实事"。在朱子看来，东莱"失之多"，"有尾无首"①；象山"失之寡"，"有首无尾"②。撇开有尾无首的浙学不论，象山学有首无尾系指其偏重尊德性而无道问学：

> 只偏在"尊德性"上去，拣那便宜多底占了，无"道问学"底许多工夫。恐只是占便宜自了之学，出门动步便有碍，做一事不得。……时变日新而无穷，安知他日之事，非吾辈之责乎？若是少间事势之来，当应也只得应。若只是自了，便待工夫做得二十分到，终日不足以应万变。……一日之间，事变无穷，小而一身有许多事，一家又有许多事，大而一国，又大而天下，事业恁地多，都要人与他做。不是人做，却教谁做？不成我只管得自家？若将此样学问去应变，如何通得许多事情，做出许多事业？③

此条为陈淳所记，时朱子年已七十，可谓晚年定论！显然在朱子看来，儒家工夫不应只是偏在"自我转化""转化人"上面，而是要在此基础上将人转化为"做事的人""事业人"。此即意味着朱子张扬的"实事"拥有一种"事业意识"。于是，看史书、考治乱、理会典章制度、探究天地阴阳事物之理、修身事亲齐家治国平天下，皆是实事，圣贤言行、古今得失、礼乐名数、食货源流、兵刑法制等皆含"实理"。此实

---

① 《朱子十九》，《朱子语类》卷122，《朱子全书》，第18册，第3850页。
② 《陆氏》，《朱子语类》卷124，《朱子全书》，第18册，第3896页。"吕伯恭向来教人亦云：'《论语》皆虚言，不如论实事。'便要去考史。如陆子静又只说个虚静，云：'全无许多事。'……"（《论语二十七》，《朱子语类》卷45，《朱子全书》，第15册，第1585页）按今本《陆象山全集》，"全无许多事"当为"初无许多事"。
③ 《朱子十四》，《朱子语类》卷117，《朱子全书》，第18册，第3696—3697页。又："天下甚么事不关自家身己。极而至于参天地，赞化育，也只是这个心，都是自家分内事。"（《朱子十七》，《朱子语类》卷120，《朱子全书》，第18册，第3783页）

事、实理"莫非吾之度内,有不可得而精粗者"。① 通过做如此"实事"工夫,方能培育一种参赞化育的能力、一种滋润于身心而实现于家国天下的实际工作能力:"惟德也者,得于心而充于身,刑于家而推于乡党,而达于朝廷者也。"②

与此相对,象山过于狭隘化的"实事"观只限于单纯地转化人,朱子亦坦认说象山"精神紧峭,其说分明,能变化人,使人旦异而晡不同"。又说:"陆氏之学虽是偏,尚是要去做个人。"③然而这只限于将人转换为一个简单的好人("为一乡善士"),而对于传承儒学经业、对于治国平天下则不免有所限制:

江西一种学问,又自善鼓扇学者,其于圣贤精义皆不暇深考。④

显道云:"江西之学,大要也是以行己为先。"先生曰:"如孝弟等事数件合先做底,也易晓,夫子也只略略说过。……若是后面许多合理会处,须是从讲学中来。不然,为一乡善士则可;若欲理会得为人许多事,则难。"⑤

象山论根本工夫时,亦自觉强调"仁义忠信,乐善不倦"是上智下愚共同的工夫。象山更有"不识一个字"也可以"堂堂地做个人"的说法,但要不识一字之人传承儒学经业、担负治国平天下的重任,显然是难乎其难的。王阳明在论及其工夫之根本性时,也同样强调上自圣贤、天子、公卿,下至童稚、愚夫愚妇、贩夫走卒均可用"致良知"工夫。"虽至愚下品,一提便省觉。若致其极,虽圣人天地不能无憾。"⑥就此而论,朱子与象山"实事"异同确乎会造成两种不同的社会效应,由象山阳明心学一系最终开出平民学派的泰州之学,显然与这种对修身"实事"的不同理解有关。而在朱子的"实事"观中,天下书都是"合读",天下事都是"合作",不读一书就少了一书道理,不做一事就少了一事的道理,此种一切事均有当知之理的观念不仅于普罗大众自是不可实现的梦想,即便对于读书人亦是可望而不可即的任务。但

---

① 《福州州学经史阁记》,《晦庵先生朱文公文集》卷80,《朱子全书》,第24册,第3813页。
② 《上黄端明》,《晦庵先生朱文公文集》卷37,《朱子全书》,第21册,第1610页。
③ 《朱子十九》,《朱子语类》卷122,《朱子全书》,第18册,第3859—3860页。
④ 《朱子十八》,《朱子语类》卷121,《朱子全书》,第18册,第3838页。
⑤ 《朱子十六》,《朱子语类》卷119,《朱子全书》,第18册,第3755页。
⑥ 〔明〕王守仁:《寄邹谦之三》,〔明〕王守仁撰,吴光、钱明、董平、姚延福编校:《王阳明全集》卷6,上海古籍出版社,1992年,第204页。

朱子又讲格物须讲轻重缓急之序，入手处自应从身边事、当务之急事始。由此我们可以设想：每个人均根据其材质与兴趣，依其轻重缓急之序，做其所当做之实事，知其所当知之实理，并分工合作，互通有无。此即意味着"朱子之言天下之物之理皆当知，即涵人在学术上当分工之义。故后之为朱子之学者，乃自然倾向于所谓专门专家之学"。①

四、"见在之实事"：阳明学"良知见成"四义

如上所述，陆象山始终对"意见""议论"持贬抑态度，脱离当下的实证、实悟、实行，"意见"与"议论"只会让人依凭空言，玩弄光景，不知自反，非徒无益于身心、无补于实行，反增骛外、躐等、凌节之弊。不唯如此，陆象山还特别指出，学者只有两途：一者"朴实"；一者"议论"。而"意见"与"议论"则是学者的特有之"蔽"："愚不肖者之蔽在于物欲，贤者智者之蔽在于意见。高下污洁虽不同，其为蔽理溺心而不得其正，则一也。"②学者迷失于"意见""议论""辨说"的语词丛林之中，自认为理得，而实则其所谓"理"不过是"助胜崇私""重其猖忿"而已。

在陆象山看来，夫子为己之学集中体现于一个"实"字："道理只是眼前道理，虽见到圣贤田地，亦只是眼前道理。"③"古人皆是明实理，做实事。"④"千虚不博一实。吾平生学问无他，只是一实。"⑤"一实了，万虚皆碎。"⑥

牟宗三在描述陆象山语言风格时指出："他的语言大抵是启发语，指点语，训诫语，遮拨语，非分解地立义语。""他是非分解地以启发、指点、训诫、遮拨之方式继

---

① 唐君毅著：《中国哲学原论·原教篇》，中国社会科学出版社，2006年，第182页。唐君毅还进一步指出朱子学原有一种向学术上分工而发展之义，此义可统于王阳明所谓"四民异业而同道"之论。朱子陆王之学共有此"四民异业而同道""学者异学而同道"，异学、异业是现代意义上的学术分工、职业分工，而"同道"则确保异学、异业之人不为其学、其业所囿，而能相济相成，共同优入圣域。
② 《与邓文范二》，《陆九渊集》卷1，第11页。
③ 《语录》，《陆九渊集》卷34，第395页。
④ 《语录》，《陆九渊集》卷34，第396页。
⑤ 《语录》，《陆九渊集》卷34，第399页。
⑥ 《语录》，《陆九渊集》卷35，第448页。

承之①，此则更警策而有力，足以豁醒人。因为他一眼看到《孟子》所昭显者皆是实事实理，坦然明白，只须吾人以真生命顶上去，不落于虚见虚说，不落于文字纠缠、粘牙嚼舌之闲议论，便自然能洞悟那坦然明白之实事实理而内外洞朗，进而更能真切相应地呈现之而挺立吾人之人品。"②可以说，陆象山以"此""即今""只今""眼前"等切身之词，将当事者心目之视野直接面向性命实事之本身，也奠定了中国心学一系工夫论的基调。

陆象山的"此""只今""即今""眼前"之工夫论，实含有两个不言自明的前提：（1）道德本心的呈现是一切工夫论的终极旨趣；（2）在此时、此地的"此在"处即可体验此道德本心之存在。而此两点必意味着道德本心乃是随时随地可以呈现的，此正是阳明心学一系"良知见在"说基本精神之所在。

王阳明称：

只存得此心常见在，便是学。过去未来事，思之何益？徒放心耳！③

盖良知只是一个天理，自然明觉发见处，只是一个真诚恻怛，便是他本体。……良知只是一个，随他发见流行处当下具足，更无去求，不须假借。④

良知无前后，只知得见在的几，便是一了百了。若有个前知的心，就是私心，就有趋避利害的意。⑤

"见在良知"其根本义在于"良知本有，可随时呈露"⑥，而此根本义又涵盖以下诸义：（1）良知之存有义，良知是人人同具之本体，愚夫愚妇与圣人良知无异，此是成圣之先天根据。（2）良知可随时呈现，且是"当下具足"，此是良知之活动义，也是致良知实践动力之所在。"良知见在"即强调无论现实生命如何昏蔽，良知总可当下呈现，放下屠刀立地成佛。（3）"见在良知"又称"现成良知"，显示良知是先天的心

---

① 此处指孟子。
② 牟宗三著：《从陆象山到刘蕺山》，吉林出版集团有限责任公司，2010年，第1、3页。
③ 《传习录上》，《王阳明全集》卷1，第24页。
④ 《答聂文蔚二》，《传习录中》，《王阳明全集》卷2，第84—85页。
⑤ 《传习录下》，《王阳明全集》卷3，第109页。
⑥ 《从陆象山到刘蕺山》，第335页。

体，且其活动具有其实践上的"完整性"。①（4）良知既是"见在"，则致良知工夫只能于"见在""当下"入手，离开"见在"、离开"当下"，修身工夫不仅会被延宕，而且不免沦为着空不实。"簿书讼狱""声色货利""人情事变"皆是用功实地，故"良知见在"还具有在当下（此时、此地、此心）实地用功之义。

阳明弟子辈中，王龙溪擅长发挥见在工夫义，他称圣学只论"见在功夫"。《维扬晤语》记载他指出好友唐荆川致良知工夫中的种种掺入现象（掺入"意见""典要""拟议安排""气魄""格套"与"能所"），就是当下指点工夫的著名例证。②邹东廓亦注重"见在工夫"，他于《复濮工部致昭》中指出：

> 过去未来之思，皆是失却见在功夫，不免借此以系此心。缘平日戒惧功疏，此心无安顿处，佛家谓之胡孙失树，更无伎俩。若是视于无形，听于无声，洞洞属属，执玉捧盈，精神见在，兢业不暇，那有闲功夫思量过去、理会未来？故憧憧往来，朋从尔思，此是将迎病症。思曰睿，睿作圣，此是见在本体工程，毫厘千里，更祝精察！③

值得指出的是，邹东廓之孙邹聚所深得心学一系当下指点之神髓：

> 问："如何是本心？"曰："即此便是。"又问："如何存养？"曰："常如此便是。"
>
> 有疑于"当下便是"之说者，乃举孟子之扩充为问。先生曰："千年万年只是一个当下，信得此个当下，便信得千个、万个。常如此际，何有不仁不义无礼无智之失？孟子所谓'扩充'，即子思'致中和'之'致'，乃是无时不然，不可须臾离意思，非是从本心外要加添些子，加添些子，便非本心，恐不免有

---

① 对良知见在义之阐释以及其争论，详见林月惠著：《良知学的转折：聂双江与罗念庵思想之研究》，台湾大学出版中心，2005年，第278—282、499—513页。彭国翔著：《良知学的展开——王龙溪与中晚明的阳明学》，生活·读书·新知三联书店，2005年，第71—72页。吴震著：《阳明后学研究》（增订本），上海人民出版社，2016年，第1—52页。张卫红著：《由凡至圣：阳明心学工夫散论》，生活·读书·新知三联书店，第92—149页。
② 〔明〕王畿：《维扬晤语》，吴震编校整理：《王畿集》卷1，凤凰出版社，2007年，第7—8页。
③ 〔明〕邹守益：《复濮工部致昭》，董平编校整理：《邹守益集》卷11，凤凰出版社，2007年，第536页。

画蛇添足之病。"①

邹聚所这里指点本心的工夫，让我们想起泰州学派的奠定者王艮。有学者问王艮放心难求，王艮呼之，问者即起而应，王艮喝曰："尔心见在，更何求心乎！"②

不过，将象山的"此"与阳明的"见在""当下"熔为一炉，从而将心学"面向实事"这一工夫论原则发挥至极致者，当首推泰州学派的传人罗近溪。

五、罗近溪："工夫紧要，只论目前"

罗近溪称"只在当下"一语为"救世人学问无头，而驰求闻见，好为苟难者，引归平实田地，最为进步第一义也"。③"学问无头"指学问工夫没有"头脑"，"驰求闻见"指泛观博览而不知自反、切己，"好为苟难"指好高骛远而不平实，与此相对，"只在当下"的工夫则是头脑工夫、切己工夫、平实工夫。通观罗近溪的工夫论述，"实事""此时""目前""当下"一类字眼频频出现，一句"工夫紧要，只论目前"可涵括其工夫之当下性。

第一，"只在当下""只论目前"意味着工夫论从过往的议论转向当下在场的身心生活，这类似于现象学悬搁、截断众流，原来的意见、原来的旧习乃至典册格套统统被搁置，而直面此时此地自家真实的体验自身。面对文字之分歧、名相之争执，近溪往往不予置评，而是直接让问者回到其此时、此地、此身，从自家身上看道理："吾人此身，与天下万世原是一个，其料理自身处，便是料理天下万世处。""目前"与"当下"究其实质，就是我们的生活世界，就是端茶、饮水、侍奉父母的日用伦常生活。故工夫只需在"日用常行""性情喜怒"上用。④质言之，一切工夫最后都必须落实于

---

① 〔明〕邹德涵撰：《邹聚所先生语录》卷下，齐鲁书社，1997年，第516页。

② 〔明〕王艮：《语录》，〔明〕王艮撰，陈祝生等点校：《明儒王心斋先生遗集》卷1，《王心斋全集》，江苏教育出版社，2001年，第17—18页。

③ 〔明〕罗汝芳：《安湖书院记》，方祖猷等编校整理：《罗汝芳集》卷4，凤凰出版社，2007年，第118页。近溪高足杨复所曾引北方王门张后觉的话说："天下之道，只在当下，圣人之学，只求当下。"（〔明〕杨起元：《宏山先生语录序》，〔明〕杨起元撰，谢群洋点校：《证学编》卷4，上海古籍出版社，2016年，第205页）

④ 《近溪子集》，《罗汝芳集》卷1，第11页。

此心的宁静、平和、恭敬、感通、专一、清明、广大上面。

西方基督教传统中有两部圣书的说法，一部是《新旧约全书》，另一部是大自然之书。依照罗近溪的意思，儒家也有两部圣书，一部是儒家的圣书，另一部则是我们每个人的自身生命之书。一友远来相见，近溪问其近时工夫如何？友曰："于心犹觉有疑。""许多书旨，尚未得明白。"近溪曰："子许多书未明，却才如何吃了茶，吃了饭？今又如何在此，立谈了许久时候耶？"傍一生笑曰："渠身上书，一向尽在明白，但想念的书，尚未明白耳。"其生恍然有悟。① "身外书"只是作为典册的圣书，"身上书"才是真实的性命书。不将典册之书与身上书打通，读典册之书所得之见就是"虚见"，所得之理就是"空理"，所言典册之谈就是"闲话"。诸友对《中庸》书中"天命""率性""修道""戒慎"诸义议论纷纷，近溪曰：

> 古人著书，都是直述目前实事。今且将书本姑置，只论吾辈相聚在此，为着甚的来？岂非讲究身心灵明，原日天地为何均赋？人物如何同体？今日身心灵明，如何方与天地相通？如何方与人物为一？精光透露，神气昭临，使身心之灵者不失其为灵，明者不失其为明。所以说"莫见乎隐，莫显乎微"，而不见不闻之地，无非戒谨恐惧之功，此无他，盖天地之灵明洞彻，则身心之敬畏自严。贤人固以是而入，圣人亦以是而纯。分位稍有不同，工夫实无二致。②

显然，在近溪看来，作为典册的圣书究其根本也是圣书作者自身面向其自身的"实事"所观所感之"实得""实见"，故紧要的问题都是自家性命当下之问题：自家身心灵明如何与天地万物感通，这才是"目前"真实问题之所在！云南大理诸生讲论《论语》"颜渊问仁""司马牛问仁""樊迟问仁""子路问政""子贡问师与商也孰贤"等章，郡守莫君请罗近溪为诸生启迪，近溪进令登堂环聚，顾诸生语曰：

> 适讲说许多书，俱是敷陈世间道理。今大众聚于一堂，如此坐立，如此相问，却是面前实事。诸生各以方才口中谈的道理，与今身子上的行事打个对

---

① 《近溪子集》，《罗汝芳集》卷1，第123—124页。
② 《近溪子集》，《罗汝芳集》卷1，第195页。

同，果浑然相合耶？抑尚不免有所间隔也？①

"目前实事"与圣书所启示的"世间道理"浑然相合，圣书便成为体现于自己生命中的性命书，准确地说，圣书便成了"肉身"（incarnation）。从典册圣书转向生命这本大书，"道理"便成为根于心髓、发于形色、见于行动的"体知"。罗近溪善于在大众中宣讲《中庸》一书的宗旨，指点中庸工夫，最终众人"方晓得中庸是个人"，而不只是一部书！②

第二，"只在当下""只论目前"体现出罗近溪工夫指点之随机、随时、随事、随处性。近溪尝提出"无非是事，则无非是心"的主张：

> 时俗每外事为以求心体，至求心体，则又不悟真几而落景象，更不思天体物而不违，仁体事而无不在。故流俗外事观心，则所观皆成见，所见皆着迹。……盖心者，天地之生理，即心即事，生生不息。③

这是将象山的"实事"与朱子的"实事"绾合在一起，以为目视耳听、口言身动、日用饮食、出入起居，要之生活世界中的待人接物都是"实事"，在随身遭遇的各种"实事"中，当下心是何心？当下是否有种种私念？在全然由当下生活场景引发的心灵实事中体验到的"道理"才有真正的"理趣"。

> 问："今早，复如何见示？"罗子曰："今在天日之下，正好仰观天文。"曰："果然都在吾目中矣。"罗子曰："如此便叫做观耶？"曰："既说着观，便即是观了，又更有何言说？"罗子曰："如何若是快当？"曰："弟子心目原也明见天日，今遇师提撕，便自觉是仰观也已。"罗子曰："吾子此语，似知当下理趣，但于圣训全欠顺妥。盖他文句原说：仰观天文，据汝初说都在吾目中，是精光之照察广处；次说：观即观了，是心目之感应神处；次又说：得我师提撕而然，是人己之相通无间然处。其发挥底蕴，总是观目之文，而非观天之文

---

① 《近溪子集》，《罗汝芳集》卷1，第161页。
② 《近溪子集》，《罗汝芳集》卷1，第56页。
③ 《近溪罗先生一贯编》，《罗汝芳集》卷1，第362页。

也。此无他，盖由平时习气已熟，开口多作浑话，却不知圣贤精神不离当下。其称物如衡星，分厘不至差爽，应响如空谷，洪纤互相低昂，问天便答以天，问人便答以人，念念点水滴冻，而言言掷地金声也。"①

"今在天日之下，正好仰观天文"，此体现出近溪工夫指点之随地、随机性。弟子述其仰观所得，念念不忘"吾目""心目"，本是仰观"天之文"，到头来却是内观"目之文"。在近溪看来，此种离开当下实事而掺入"非显现"的理论话头就是"浑话"。这一师徒对话的场景，让我们想起禅宗野鸭子飞过去的公案。百丈大师随师父马祖道一到郊外，见一群野鸭飞过。马祖问："是什么？"百丈云："野鸭子。"马祖再问："什么处去也？"百丈答："飞过去也。"马祖回头扭住百丈的鼻子，百丈负痛失声。马祖说："又道飞过去也。"百丈因于言下大悟。②马祖问是什么，百丈答"野鸭子"，此是"目前实事"。马祖再问野鸭子什么处去也，百丈答"飞过去也"，这看似实事，殊不知其"心"也跟着野鸭子飞过去了：此时此刻心中哪有什么野鸭子？马祖扭其鼻，百丈负痛失声，此时、此刻、此痛才是目前实事，才是"活的当下"。

实际上，罗近溪也有以"痛的当下"指点工夫的公案。张槚（号心吾，江西新城人，嘉靖三十八年进士）访罗近溪于从姑，别久欢饮，醉后共榻而眠。醒后，张槚自述其自幼即习王阳明致良知教，但一直未能透悟心体，并祈近溪尽心指点。近溪不应，只是伸臂而出："君能信此浑身自头至足，即一毛一发，无不是此灵体贯彻否？"张槚曰："佛家固有芥子纳须弥之说，但某质鲁，终看他不见。今翁既云一毛一发，浑是灵体贯彻，当下何以使我便能见得？"近溪趁其不觉，从其脑背力抽一发，张槚连声叫痛，手足共相颤动。近溪喝曰：

君之心神微渺，一发便能通得？手足疏散，如何一发便能收得？声音寂静，如何一发便能发得？细细看来，不止一身，即床榻亦因震撼，苍头俱为怖惊，推之风云互入，霄壤相闻，而即外窥中，可见头不间足，心不间身，我不间物，天不间人，满腔一片精灵，精灵百般神妙，从前在心而为君之知，

---

① 《近溪子集》，《罗汝芳集》卷1，第39页。
② 〔宋〕普济：《马祖一禅师法嗣》，〔宋〕普济著，苏渊雷点校：《五灯会元》卷3，中华书局，1984年，第131页。

在身而为君之事，在生而为君之少而壮、壮而老，莫非此个灵体。乃一向闪瞒，莫恻底衷。譬如寄养儿童，于亲生父母偶遇人言说破，则认识欢欣，其情不可想耶！①

第三，"只在当下""只论目前"显示近溪工夫论具有强烈的紧迫性。性命学须是"置之死地而后生"，即将自家性命抛于雅斯贝尔斯所谓的"边缘情境"（grenzsituation）中，唤起海德格尔式"向死而在"的觉情，在此"情景"与"觉情"下，一己的"性命"完全抖落掉一切习俗的光环与套子，直接赤裸裸地面对其生存之身。此种性命学才是为己之学的性命学。牟宗三在《生命的学问》中指出，王阳明的悟道过程说明，人濒临生死边缘的大挫折，走到绝途，方能重生。现实的一切，都被敲碎，一无所有，然后"海底涌红轮"，一个"普遍的精神实体"始彻底呈现。罗近溪最擅长在生死关口当下激发性命学的真切笃实感。"人生世间，惟有此一件事，最为紧要！"然而芸芸众生，熙熙攘攘，未尝片刻休歇，却独于此"最为紧要"的一件事，宽怀放意，不肯思量。那么，性命学究竟如何思量？如何理会？近溪答曰：

若知危病之家之求医乎？仓皇急遽，西走东奔，旁询其故，则曰：为救性命也。夫性命二字，生死系焉。孔子曰："人之生也直，枉之生也幸而免。"孟子曰："放其心而不知求，哀哉！"哀哉为言，盖吊其虽生而已死也。今须持畏死求生之心，以去理会性命，便自精神百倍，而圣人地位，方有可望矣。故曰："吾尝终日不食，终夜不寝。"又曰："其为人也，发愤忘食，乐以忘忧，不知老之将至。"看他此段精神，方是与危病求医者，同其汲汲，所以能起死回生，而续延寿命，亘万古而长存也。不是如此恳切，而漫欲理会性命，吾知其决不可得也已。②

显然，理会性命学、思量性命学乃是全身心地投入，心无旁骛，一切流俗价值皆不再构成"诱惑"与"牵引"，因为"此时此地"关注的焦点就如同一副巨锚深深地锚

---

① 《近溪罗先生庭训记言行遗录》，《罗汝芳集》卷1，第411—412页。
② 《近溪子集》，《罗汝芳集》卷1，第173页。

定在生命海洋的深处。

罗近溪令太湖时，与推府、代巡一起审核临刑死囚。推府一直视近溪为一迂腐道学先生，便对代巡说罗尹是道学先生。代巡遂揶揄近溪说："目今看此临刑之人，这道学作如何讲？"罗近溪敬对曰："他们平素不识学问，所以致有今日，但吾辈平素讲学，又正好不及他今日。"同僚掩口笑曰："如何不及？"罗近溪曰：

> 吾辈平时讲学，多为性命之谈，然亦虚虚谈过，何曾真切为着性命？试看他们临刑，往日种种所为，到此都用不着，就是有大名位，有大爵禄在前，也都没干。他们如今都不在念，只一心要求保全性命，这等说来，他们真为性命之心苦切不过。吾辈平日所讲的性命道理，却是泛论，那能及他们如此真切。①

代巡不觉嘉叹不已，推府亦敛容。以生死关口论"当下""目前"工夫，充分体现出儒家为己之学之恳切性、紧迫性：生死都是自己之生死，每个"此在"向来都必须是自己接受自己的生死，他人不能替代，故工夫紧要，不能推诿。在此"当下定生死"的关节，不容延宕，不容拖泥带水。此时此地，唯有一个声音在"呼唤"，呼唤"此在"从流俗世情中脱身而出，而直面其"本真的能在"。"真为性命之心"、自我拯救之心就在此"边缘情境"中涌出，不掺杂，最苦切！

第四，"只在当下""只论目前"是高度个体性的、自反性的工夫指点方式，但罗近溪却善于在大庭广众之下指点"当下""目前"，营造出一"共当下""共目前"的氛围，以弹拨大众的"心弦"，引发"共鸣"，与听众共同奏出心学"生生不息""心心相印"的华丽乐章：

> "即此时一堂上下，人将百计，其耳目心志，亦岂不有百样？却于二子所言，一句一句，无有一人不入于耳，亦无有一人不想于心者，何哉？盖因各人于此坐立之时，一切市喧，俱不乱闻，凡百世事，俱已忘记，个个倾着耳孔，而耳孔已虚；个个开着心窍，而心窍亦虚，其虚既百人如一，故其视、听、心

---

① 《旴江罗近溪先生全集·语录》，《罗汝芳集》卷1，第293页。

思，即百样人亦如一也。……"……问："中，为人所同有。今日之论与古圣之言，原自无异，至反而求之，不惟众人不得，即聪明才辩者，亦往往难之，何哉？"罗子曰："学至心性，已是精微，而况中之为理，又其至者乎？故虽聪明而不能为思，虽才辩而莫可为言，以其神妙而无方尔。但自某看来，到喜得他神妙无方，乃更有端倪可求也。盖谓曰'无方'，则精不住于精，而粗亦无不有也；微不专于微，而显亦无不在也。善于思且求者，能因其理而设心，其心亦广大周遍，而不滞于一隅；随其机而致力，其力亦活泼流动，而不拘于一切。可微也，而未尝不可以显；可精也，而未尝不可以粗。则人力、天机，和平顺适，不求中而自无不中矣。譬则，北人言其人之可用者曰'中用'，言其物之可吃者曰'中吃'，亦以其人与事、其物与口，恰好相当，而遂以中形容之也。"大众同声和曰："先生论中之论，亦甚中听也哉！"①

"汝看此时环侍老少，林林总总，个个仄着足而立，倾着耳而听，睁着目而视，一段精神，果待汝去持否？岂惟人哉，两边车马之旁列，上下禽鸟之交飞，远远园花之芬馥，亦共此段精神，果待他去持否？岂惟物哉，方今高如天日之明熙，和如风气之暄煦，蔼如云霞之霏密，亦共此段精神，果待他去持否？"……诸老幼跃然前曰："我百姓们，此时欢忻的意思，真觉得同鸟儿一般活动，花儿一般开发，风儿日儿一般和畅，也不晓得要怎么去持？也不晓得怎么去放？……"罗子曰："汝诸人所言者，就是汝诸人的本心；汝诸人的心，果是就同着万物的心；诸人与万物的心，亦果是就同着天地的心。盖天地以生物为心。今日风暄气暖，鸟鸣花发，宇宙之间，浑然是一团和乐。……"②

这两段文字生动地展示了罗近溪如何与在场的大众一起营造一"共当下""共目前"的氛围。这个"共实事"的显现同样需要搁置、克服私己的、世情的牵连，所有的感官（耳窍、目窍）与心思（"心窍"）皆保持在"虚"的状态，而直接"通向"心性世界的"实事"，通向当下天地人互通声气的生意、生机中，共同证成"浑然一团"的"合乐"。《庄子·天下》讲"独与天地精神往来"，而在罗近溪"只在当下""只论

---

① 《近溪子集》，《罗汝芳集》卷1，第48—49页。
② 《近溪子集》，《罗汝芳集》卷1，第180—181页。

目前"的工夫指点中,最终营造出的是"共与天地精神往来"之状态。

在哲学上"共实事"如何可能?当今语言哲学家塞尔(John Searle)曾专门讨论"我们意向"(we-intention)或集体意向性(collective intentionality)现象。本来任何意向都是某个我的意向,是个体意向性(singular intentionality),"我们意向"是"个体意向性"的一种叠加性产物吗?"我意向它,也相信你也意向它,你意向它,也相信我意向它"叠加在一起,就构成了"我们意向"现象吗?塞尔认为,集体意向性是一种自成一类的意向性,无数"个体意向"叠加在一起并不能构成"我们意向"。足球场上运动员们心领神会的默契走位、交响乐团中不同演奏位置者的配合,都是"我们意向"的例证。①"我们意向"在根本上是我们共同做某事的能力,处在共同的环境下,以相同的身心姿态,共同聚焦于论说者所敞开的"论域","此时""此地"(人际之间的相互酬答),共同在场的每个人的"此身""此心"都各自以其相同的身心之态(驻足而立,倾耳听,睁眼视,开口讲,悉心投入),向着共同的论域、共同的意义世界、共同的生机与生意敞开其自身。这是名副其实的"精神聚会":"此时此会,合堂上下,百千其心而共一忻忻爱好之情,百千其目而共一明明觌面之视,百千其耳而共一灵灵倾向之听,百千其口而共一肃肃无哗之止,百千其手足而共一济济不动之立站。"②"堂上堂下,人虽千百,而相向相通,心却浑然合成一个也。"③

第五,"只在当下""只论目前"的工夫论具有一种"启示性的问答逻辑"结构。问者负责提出"问题",答者给出"答案",这是通常的问答逻辑。"启示性的问答逻辑"则将此"问者提问—答者回答"的"问答逻辑"加以彻底颠覆,转变为某种"自问—自答",而原来的负责回答者只是一"启示"者,他开启问者的心扉,展示问者所问的"实事",最终让问者自身给出答案。"启示性的问答逻辑"由以下几个步骤构成:(1)问者首先提出问题。(2)答者将问者的问题加以转化,将问者的浮泛之问、名相之问荡开,而直接转向目前、当下"实事"之问。(3)问者由答者所开启的实事自身而自行呈现出答案所在。(4)本是作为"工夫论"的话语问答当下即成为"工夫"本身。"问答"活动与"求理"活动浑然为一:

---

① John Searle, *The Construction of Social Reality,* The First Free Press, 1995, pp.23-26.参陈立胜:《自我与世界:以问题为中心的现象学运动研究》,北京燕山出版社,2017年,第91—95页。
② 《近溪子集》,《罗汝芳集》,第162页。
③ 《近溪子集》,《罗汝芳集》,第177页。

问:"某今日用工,尽去致知力行,如何学问不见长进?"罗子曰:"子之致知,是知个甚的?力行,是行个甚的?"曰:"是要此理亲切尔。"罗子曰:"既主意如是,便当先求此理矣。岂有此理不求而能得亲切,理不亲切而能致知力行,又能学问长进也哉?"曰:"某辈平日说理,只事物之所当然便是。"罗子曰:"汝初要求此理亲切,今却舍了此时而言平日,便不亲切;舍了此时问答而言事物当然,又不亲切。"曰:"此时问答,如何是理之亲切处?"罗子曰:"汝把问答与理,看作两件,却求理于问答之外,故不亲切。不晓我在言说之时,汝耳凝然听着,汝心炯然想着,则汝之耳、汝之心何等条理明白也!言未透彻,则默然不答;言才透彻,便随众欣然而是,则汝之心、汝之口,又何等条理明白也!"曰:"果是亲切。"罗子曰:"岂止道理为亲切哉?如此明辨到底,如此请教不息,又是致知力行而亲切处矣。"众皆跃然有醒。①

问:"此心每日觉有二念,而善念多为杂念所胜。又见人不如意,长生忿嫉,从容时,尚可调停,若仓卒必暴发不平,及事已,又生悔恨。不知何以对治方好也?"罗子曰:"心是活物,应感无定而出入无常,即圣贤未至纯一处,其念头亦不免互动。……况所云念头之杂、忿怒之形,亦皆是说前日后日事也。孔子谓:不追既往,不逆将来。工夫紧要,只论目前。今且说此时相对,中心念头果是何如?"曰:"若论此一时,则此已恭敬安和,只在专志听教,一毫杂念也自不生。"罗子曰:"吾子既已见得此时心体,有如此好处,却果信得透彻否?"大众忻然起曰:"据此时心体,的确可以为圣为贤,而甚无难事也。"罗子曰:"诸君目前各各奋跃,此正是车轮转处,亦是桨势快处,更愁有甚么崎岖可以阻得你?有甚滩濑,可以滞得你?"②

这两则对话都是将通常的"工夫论"的问答过程转变为"工夫自身"的开展过程。语言哲学家奥斯汀在其《如何以言行事》(*How to Do Things with Words*)中将言语行为划分为"以言表意的行为"(locutionary acts)、"以言行事的行为"(illocutionary acts)与"以言取效的行为"(perlocutionary acts)三种类型,在罗近溪"启示性的问

---

① 《近溪子集》,《罗汝芳集》卷1,第43—44页。
② 《近溪子集》,《罗汝芳集》卷1,第96—97页。

答逻辑"中，对话语言应该兼有这三种类型于一身。

"启示"（"开示""揭示"）有一个开启、打开而展示的过程。在罗近溪"启示性的问答逻辑"中，首先需要打开的是问者迷失于其中的名相世界（符号世界）这一层"观念之衣"，让问者直面性命学的"实事"。究其根本，则是要问者抖落身上的后天意见、积习，使自己脱胎换骨般地再次成为一"新人"——赤子：其目成为赤子之目，其耳成为赤子之耳，其身成为赤子之身，其心成为赤子之心。这个"原日之耳目""原日之形体""原日出生时的心"是罗近溪彻底还原后的"本真自我"，这是问答者本真的耳目与身心，这是天真的耳目与身心，其目视、耳听、口啼、手足摸索与全副心思，都只在与周遭的亲人密切的互动上面。

> 天下最大的道理，只是仁义，殊不知仁义是个虚名，而孝弟乃是其名之实也。今看，人从母胎中来，百无一有，止晓得爱个母亲，过几时，止晓得爱个哥。圣贤即此个事亲的心叫他做仁，即此个从兄的心叫他做义，仁义是替孝弟安个名而已。①

仁义礼智这些"大道理"最终安顿在赤子之耳目身心上，这是名副其实的"实事"而不再是"虚名"。

> 罗子曰："孔孟门庭，果然风光别样。吾子以似在有无之间言之，亦善于形容矣。其实不然，我今问：子原日初生亦是赤子否？"曰："是。"罗子曰："初生既为赤子，难说今日此身，不是赤子长成？"曰："今我此身，果是赤子养成而非他也。"罗子曰："此时我问子答，是知能之良否？"曰："是知能之良也。"罗子曰："此个问答，要虑学否？"曰："不要虑，不要学也。"罗子曰："如此是为宗旨，尽是的确为有矣，安得犹言似有而无耶？……"②

如此，问答就成为两个赤子之间的对话，或者更准确地说是一种"应答"，对话与

---

① 《近溪子集》，《罗汝芳集》卷1，第135页，又参第43页。
② 《近溪子集》，《罗汝芳集》卷1，第36页。

应答表面看来是一语言交流的过程，实则更是赤子之心的自然开显之场域。这里没有引经据典的格套（"驰求闻见"），没有名相玄理的分解与思辨（"好为苟难"）。这里只是两个活泼泼的心灵之间直接的相遇。没有曲折，没有拐弯抹角，有的只是率尔的你问我答、自然的你唱我和。准确地讲，"我"与"你"已经悄然隐退，只是"天籁"与"天籁"、"生机"与"生机"之间的共鸣，简单、明了、率真、亲切、活泼！

六、两种实事、两种反思：心学与现象学之异同

中国心学以回到目前"实事"标榜自身问学之切己性，这很容易让人联想起现象学的基本原则"回到实事本身"（Zu den Sachen selbst/Back to the things themselves）。胡塞尔称"回到实事本身"是现象学"一切原则之原则"，其根本精神即回到原初给予的直观：每一种原初给予的直观都是认识的合法源泉。在直观中原初给予我们的东西，只应按其被给予的那样，而且只在它在此被给予的限度内被接受。无论是心学的"实事"抑或现象学的"实事"都需要一番"截断众流"的工夫，将理论之书（观念）束之高阁，而直面生命之书，即当下的生命体验。就此而言，现象学与王阳明为代表的中国心学都是"一种意识的冒险"（an adventure in consciousness）。早在20世纪60年代，郑和烈（Jung Hwa Yol）即撰文阐述王阳明心学与现象学之间的高度关联性，他特别提到王阳明"回到良知"的原则类似现象学"回到实事本身"的原则，并说胡塞尔与王阳明都是要回归原初的实事，二人都可谓是"永久的初学者"（perpetual beginner）。二人所思均为了证成普遍的人性，故皆可谓是"人类的公务员"（the civil servant of humanity）。[①]

不过，现象学作为一种"学院哲学"与中国心学作为一种"生活哲学"（生命学问），决定了二者的"实事"并不完全是同一回事。心学一系的"实事"始终是第一序的、生存论的、当下的德性生命之觉悟与省思，而现象学一系的"实事"终究服务于一种反思意义上的、因而亦是第二序的理论旨趣。心学一系的"实事"即是德性实践的源头与开端，而现象学的"实事"则旨在建立一种本质的科学、存在的科学。与此相关，心学的"反思"是"逆觉体证"，即通过对意识活动的省察而自觉其道德本心、

[①] Wany Yang-ming and Existential Phenomenology, *International Philosophical Quarterly* 5, 1965, pp.612-636.

挺立其道德本心，而且在严格意义上，它即是道德本心的自反、自思，此与现象学意义上的反思在根本旨趣上仍然存在着重要区别。

现象学家耿宁（Iso Kern）意识到中国心学的"实事"是一些"异常的精神实践与体验"，他指出这些体验并不是封闭于某个个体心灵中或某种文化圈中，而是在原则上可以为所有人通达的，而且在埃克哈特大师（Meister Johannes Eckhart）或约翰·陶勒尔（John Tauler）的思想中也会见到与之相对应的"实事"。对那些涉及同一精神的实事进行比较，不仅有助于对各个实事的自身理解，同时也会有助于进行"交互文化的证实"。而更为重要的是，对中国心学"实事"的现象学研究不是为了让"心学"成为一种现象学理论，而是使"现象学的明见"服务于心学实事的描述与领会的同时，让这种"实事"在我们自己的精神生活中涌现出来。[①]毫无疑问，这不仅是欧洲现象学家的使命，而且理应也是"当下"中国心学研究者的使命，毕竟心学工夫论中的"实事"其性质始终是成就生命、安顿身心的实践活动。

（作者陈立胜系中山大学哲学系教授）

[①]〔瑞士〕耿宁著，倪梁康译：《人生第一等事——王阳明及其后学论"致良知"》，商务印书馆，2014年，第12—15页。

宋明儒学名称概念的历史演变及其关系考辨[*]

连 凡

内容摘要：宋明儒学的名称概念可分为一般总称概念和特殊学派概念。一般总称概念中，宋学概念经历了从基本义（宋代义理之学）到狭义（与明学相对的宋代理学）再到广义（与汉学相对的义理之学）的意义演变，道学概念经历了从广义（道统之学）到狭义（程朱道学）再到基本义（宋明道学）的意义演变，理学概念经历了从广义（宋学、宋元以来）到基本义（道学、明清以来）再到狭义（程朱理学、现代以来）的意义演变。特殊学派概念中，朱子学、阳明学概念经历了从狭义（朱学、王学）到基本义（理学、心学）再到广义（东亚朱子学、东亚阳明学）的意义演变。这些宋明儒学概念之间存在错综复杂的交涉关系，因此必须在历史脉络与思想体系中界定其意义、范围及对应关系。

关键词：宋学 道学 理学 朱子学 阳明学

一、前言

到目前为止，海内外学术界对于"宋学""道学""理学"等宋明儒学概念已有很多论述，但研究者的看法之间还存在很多分歧。这些分歧可以从历史与逻辑两个方面来考察。从历史演变来看，这些概念的意义和范围往往随着学术思潮的时代变迁而产

---

[*] 基金项目：国家社科基金后期资助项目"比较视域中的宋明儒学诠释路径研究"（项目编号：21FZXB023），湖北省哲学社会科学研究重大项目"明末清初以来海内外宋明儒学的研究范式及其转型研究"（项目编号：21ZD001），中央高校基本业务经费资助项目"楠本正继学术思想研究"（项目编号：413000057）。

生变化，从而出现种种复杂情况；从逻辑结构来看，这些概念的意义及其相互关系往往存在交叉和模糊不清的地方，因此必须进行清晰的界定。

　　首先来看"宋学"概念。关于"宋学"概念的历史演变，徐洪兴指出，明代嘉靖、隆庆年间（1522—1572）唐枢的《宋学商求》中最早使用了"宋学"名称，但真正严格意义上的"宋学"（与"汉学"相对的义理之学）的概念则是清儒提出来的。①关于"宋学"概念的意义范围，目前学界众说纷纭，莫衷一是。徐洪兴指出，目前学术界对于"宋学"的意义有三种不同的看法：其一是将"宋学"视作两宋三百年间所有学术文化之全部，包括文学、史学、哲学、艺术、宗教乃至科技等各个领域。这种"宋学"定义明显超出了学术思想的领域范围。如宋史专家邓广铭、陈植锷等人持此看法。②其二是将"宋学"视作宋元明清时期与"汉学"相对立的义理之学。这在学术思想史研究中比较常用（相当于本文中的广义"宋学"）。其三是将"宋学"理解成宋代理学（道学、新儒学，相当于本文中的狭义"宋学"）。这在哲学研究中比较常见。上述三种理解都有其依据，但总的来看，目前第二种"宋学"（与"汉学"对立）的理解和用法最为常见。③朱汉民考察了"宋学"概念的历史发展脉络，按照外延将"宋学"概念分成四种观点：其一是指宋代创建的道学或理学学派；其二是指宋代以义理解经的经学学术形态；其三是指宋代建构并延续到元明清的一种新的学术范式、知识旨趣和学术形态；其四是指今人研究宋代历史文化的学术。④朱汉民归纳的第一、第三种意义分别对应上述徐洪兴归纳的第三、第二种意义。朱汉民归纳的第二种意义是指宋代的义理之学，包括在徐洪兴归纳的第一种意义中。其归纳的第四种意义则是当代学者研究宋代历史文化所形成的"新宋学"，而非指历史上的"宋学"。姜鹏指出，从内容的角度来看，"宋学"有历时性（纵向）与共时性（横向）两个层面，从功能的角度来看，"宋学"是一种政治参与机制；第一种历时性秩序中的"宋学"概念，强调经典解释和儒学意义阐发，与"汉学"相对（相当于徐洪兴归纳的第二种意义）；第二种共时性秩

---

① 徐洪兴著：《唐宋之际儒学转型研究》，上海人民出版社，2018年，第14页。
② 邓广铭：《略谈宋学——附说当前国内宋史研究情况》，邓广铭等主编：《宋史研究论文集——一九八四年年会编刊》，浙江人民出版社，1987年，第1—19页。陈植锷也指出，宋学是一个十分宽泛的概念，是一种跨越时代限制的庞大学术体系（陈植锷：《宋学通论》，《中国社会科学》，1988年第4期）。
③ 徐洪兴：《两宋道学概念及主题之考论》，张荣明主编：《人文与社会——文化哲学·宗教·文学》，上海社会科学院出版社，2008年，第134—136页。
④ 朱汉民、王琦：《"宋学"的历史考察与学术分疏》，《中国哲学史》，2015年第4期。

序中的"宋学"强调的是在宋朝统治范围内的学术文化成就（相当于徐洪兴归纳的第一种意义）；第三种作为政治参与机制的"宋学"则强调宋代政治与学术之间的关系。[①] 姜鹏所谓第三种"宋学"概念主要是基于思想学术与政治、社会之间的互动影响，是思想史与政治史的交涉概念，出现在现代中外史学界中，近年来其影响越来越大（如美国学者余英时及其弟子田浩都主张此种意义上的"宋学"）。此外，林乐昌认为"宋学"包括三个层次：第一层次包括文学、史学和经学，第二层次为义理之学，第三层次为理学（由理学又衍生出特指程朱学派的性理之学），进而指出"宋学"不是上述诸多学术层次中的某一个层次，而是整合上述三个形态层次、再加上目录学、校勘学、考据学等在内的、综合宋代儒学所有不同学术形态的总称。[②] 林乐昌主张的"宋学"概念接近徐洪兴关于"宋学"的第一种意义，只是将其范围限制在学术思想范围之中。

其次来看"道学"概念。由于"道学"概念涉及儒释道三教，其意义演变较之"宋学"概念更为复杂，目前也是众说纷纭，莫衷一是。关于儒释道三教中的道学概念，李玉诚指出，儒释道三教中都有"道学"名称，儒家"道学"名称首见于《论衡》，佛教的"道学"名称始于三国两晋时期，道教的"道学"名称始于南北朝时期，宋代新儒学的"道学"名称始于北宋并在宋代以后成为占据学术主流的学派概念，但在官方语境及部分佛道二教典籍中，"道学"一词仍可用来指称道家、道教和佛教。[③] 关于儒家的道学概念，徐洪兴指出，"道学"一词最早见于《礼记·大学篇》，指研讨学问；其后东汉王充的《论衡·量知篇》中的"道学"名称指儒学，即儒生传习"先王之道"的学问；后来到了《隋书·经籍志》中的"道学"则指道家道教；用"道学"来指称宋代儒学则是从北宋王开祖等人开始的；比王开祖稍早的柳开也曾使用"道学"一词，是相对于"禄学"而言；而真正用"道学"来指称宋代理学则是从程颐用它来表彰其兄程颢的学问开始的。[④] 梁山指出，宋代"道学"一词的内涵逐渐变窄，从指称达至大道并且兼含儒释道三教的学问，到指称由程门弟子表彰的洛学，最后指称程朱

---

① 姜鹏著：《北宋经筵与宋学的兴起》，上海古籍出版社，2013年，第7—12页。
② 林乐昌：《唐宋儒学转型略论》，单纯主编：《国际儒学研究》第18辑上册，九州出版社，2011年，第262—264页。
③ 李玉诚：《"道学"观念新考》，《社会科学论坛》，2020年第1期。
④ 《唐宋之际儒学转型研究》，第5—9页。

之学。①姜广辉指出，宋儒的"道学"观念源自唐代韩愈的"道统说"，而北宋中期的王开祖最早使用"道学"名称来指称"道统"之学。②卢子震着重分析了张载、程颐、朱熹对"道学"名称的使用，指出这反映了"道学"逐渐成为一种学术传承的学派名称，同时其内容及本质特征也不断地清晰化的过程。③土田健次郎指出，宋代道学在其发展的初期只是用来指称"关于真正的道的学问"的普通名词，后来由于作为北宋五子殿军的程颐广收门徒并不遗余力地提倡和阐发道学，方才开始形成系统的学派——道学，程颐也成为道学的实际创始人。④田浩指出应该回到宋代道学的用法，注意道学从社会政治团体向思想学派的意义演变过程。⑤张晓宇受田浩的启发，考察了传统上被认为是反道学的王安石新学在道学发展过程中的作用，指出道学话语的扩散和"道学"一词的发展是11世纪晚期知识分子政治努力的产物，从道教和佛教对道学的运用，到儒家对道学的研究，新学学者在这一思想的链条中发挥了重要作用。⑥

再次来看"理学"概念。关于"理学"概念的意义演变，徐洪兴指出，"理学"概念最早由两晋南北朝时期的佛教徒使用，是指佛教中的义理、性理之学，后来到南宋被用来指称宋代开始形成的新儒学，并以"义理之学"为广义的"理学"，以"性理之学"为狭义的"理学"。⑦如南宋黄震所谓"本朝理学"兼有"义理之学"与"性理之学"两种意义，在南宋时这两种意义同义互通，但明代以后"理学"逐渐偏向专指"性理之学"，并且以"义理"涵盖"性理"。⑧范立舟指出，南宋之后绝大多数学者所理解的"理学"都包括"心学"，而"道学"则从不涵盖"心学"，并且自20世纪80年代以来，"理学"概念的范围呈现不断扩大的趋势。⑨高明峰考察了"理学"概念的发

---

① 梁山：《宋人"道学"与"理学"名称考辨》，《华夏文化》，2017年第2期。
② 姜广辉：《宋代道学定名缘起》，《中国哲学》第15辑，岳麓书社，1992年，第243页。
③ 卢子震：《论道学之名的形成及其含义的发展》，《河北大学学报》，1999年第1期。
④ 〔日〕土田健次郎：《道学の形成》，創文社，2002年，第15、399—400页。
⑤ Hoyt Cleveland Tillman, "A New Direction in Confucian Scholarship: Approaches to Examining the Differences between Neo-Confucianism and Tao-hsüeh," *Philosophy East and West*, Vol. 42, No. 3 (Jul., 1992), pp. 455-474.
⑥ Hiu Yu Cheung, "The Way Turning Inward: An Examination of the 'New Learning' Usage of DaoXue in Northern Song China," *Philosophy East and West*, Vol. 69, No. 1 (2019), pp. 86-107.
⑦ 《唐宋之际儒学转型研究》，第10—11页。
⑧ 《唐宋之际儒学转型研究》，第13—14页。
⑨ 范立舟：《理学名称与概念解析》，《华夏文化》，2000年第1期。

展演变,指出"理学"既可以指称圣贤学说,也可以指称程朱一派的学术,还可以涵盖程朱与陆王学派,直至包括程朱理学、陆王心学以及气学、数学、新学、蜀学等在内的众多学术流派。[1]由于"道学"名称在历史上的出现较"理学"为早,再加上"理学"既可指宋明理学,又可指程朱理学,所以冯友兰主张用"道学"来指称包括程朱理学与陆王心学在内的宋明新儒学思潮。[2]王茂对冯友兰的上述观点提出疑问,指出从思想史的实际情况及其历史称呼来看,北宋儒学复兴期间范仲淹及宋初三先生等人的学术可称为"义理之学",北宋五子至朱熹的学术思想可称为"道学",但元明清的程朱学则应称为"理学"而不是"道学",否则就与历史记载及学理内容相违背,因为从南宋后期开始"理学"名称就逐渐开始取代"道学"称呼而占据优势。[3]范立舟也指出《宋史·道学传》中的"道学"仅指周、程、张、朱之学,范围狭窄而不能包括理学与心学,从而批判了冯友兰以"道学"涵盖"理学"与"心学"的观点。[4]

最后来看"宋学""道学""理学""新儒学"等宋明儒学概念之间的相互关系(思想体系)。美国学者田浩指出:

> 11、12世纪不断演化的环境表明对于中心范畴必须做出更细致的区分,"宋学"应该用作一个非常宽泛的范畴,代表11世纪40及50年代间儒学复兴的倾向,而道学只用于指宋学发展中的一个主要部分。其他一些概念,如理学与心学,应该用来区分道学中更精细的宋代学派,以避免由于《宋史》以道学指示实质上的理学而引起的混乱。"新儒学"(Neo-Confucianism)这一概念可以在所有的三个层面及其他另外的层面上使用,它甚至比宋学更为宽泛,因而新儒学的使用是成问题的。新儒学或许应被留作宽泛地划定自宋至清的"新儒家"们。即使如此,这一概念的使用还很麻烦,因为所有这些不同的"新"儒家们

---

[1] 高明峰:《关于"理学"概念的思考》,《宝鸡文理学院学报》,2009年第1期。
[2] 冯友兰:《略论道学的特点、名称和性质》,中国哲学史学会、浙江省社会科学研究所编:《论宋明理学——宋明理学讨论会论文集》,浙江人民出版社,1983年,第37—56页。冯友兰:《通论道学》,《中国社会科学》,1986年第3期。
[3] 王茂:《"道学"、"理学"称名考辨》,《安徽史学》,1987年第1期。
[4] 范立舟著:《理学的产生及其历史命运》,陕西人民出版社,2001年,第3页。

都（从儒家的分化来看相当合理地）宣称自己为儒家或孔子之道的追随者。[1]

一方面，田浩将"宋学""道学""理学"的序列视作父子概念的关系，即宋学包括道学，道学又包括理学，但又主张将事功学派等都纳入到"道学"中，其所谓"道学"相当于我们通常所说的"宋学"。这与上述冯友兰用"道学"指称包括程朱理学与陆王心学在内的性理之学（宋明理学）的观点不同（虽然冯友兰与田浩都主张用"道学"替代西方"新儒学"概念[2]）。另一方面，田浩认为由于西方"新儒学"概念更强调新旧儒家的不连续性，因而不符合注重连续性的中国思想传统，同时在意义上也含糊不清，因为"新儒学"与"宋学""道学""理学"等传统宋明儒学概念都存在对应关系，所以无法准确表达出宋代儒学的特色。田浩基于其重视思想与政治文化交涉的研究立场，也不主张使用中文学界广泛使用的"理学"概念来指称宋明道学。因为在田浩看来，"道学"概念强调学者试图用政治影响来改良社会和政府的方面，"理学"概念则是更侧重于抽象和形而上的哲学概念；虽然"理学"概念经过长期演变后成为更常用的术语，但它既可指狭义的程朱理学，又可指称唐代自韩愈以来的所有儒家思想学说，因此"理学"概念的范围也不清晰。田浩强调，"新儒学""理学""道学"的概念不可混为一谈，否则不仅混淆了不同学派的区别，也忽视了儒家思想在宋代及之后的发展变化过程。[3]

综上所述，目前海内外学术界对于"宋学""道学""理学"等宋明儒学名称概念的意义演变及其关系的看法还存在很多分歧。笔者在梳理相关原始文献及其研究

---

[1] 〔美〕田浩著，姜长苏译：《功利主义儒家——陈亮对朱熹的挑战》，江苏人民出版社，1997年，第152—153页。

[2] 明清之际的来华耶稣会士柏应理等人1687年在巴黎出版的拉丁语著作 Confucius Sinarum Philosophus（《中国哲学家孔子》）中首次使用"Neoterici Intérpretes"（现代解释者）及"atheopoliticus"（无神论政客）概念，来指称对儒家经典的新诠释及其无神论倾向违背原始儒家的程朱理学家，由此派生出近代西方的"Neo-Confucian (ism)"概念。其后冯友兰在其1926年出版的《人生哲学》一书中首次将英文"Neo-Confucian (ism)"翻译为中文"新儒家（学）"概念，后又经过卜德、陈荣捷、狄百瑞等人的推广而成为海内外学界通行的学术专有名词（参见蔡仲德：《冯友兰与"新儒学"一词在中国》，《东方文化》，1995年第3期。刘述先：《冯友兰与"新儒学"》，《二十一世纪》，2001年第5期。〔日〕吾妻重二：《美国的宋代思想研究——最近的情况》，〔美〕田浩编，杨立华、吴艳红等译：《宋代思想史论》，社会科学文献出版社，2003年，第12页。〔德〕苏费翔：《创新与宇宙论："(Neo-) Confucianism"一词早期的用法》，《湖南大学学报》，2020年第3期）。

[3] 〔美〕田浩著：《朱熹的思维世界》（增订版），江苏人民出版社，2011年，第3—4页。

的基础上,将传统宋明儒学的名称概念区分为一般总称概念(主要包括"宋学""道学""理学"等)和特殊学派概念(主要包括"洛学""闽学"等中国地域学派概念以及"朱子学""阳明学"等东亚近世儒学的特殊学派概念,这些特殊学派概念在中国思想史范围内又隶属于上述一般总称概念)两类,从历史脉络与逻辑关系两个方面来考察这些概念的意义及其演变,进而界定这些概念的相互关系,以正本清源,推动学术界的相关研究。另外需要说明的是,本文以源自中国本土(兼及东亚儒家文化圈)的宋明儒学传统名称概念为考察对象,因此,虽然宋明"新儒家(学)"也是目前广泛使用的宋明儒学总称概念,但由于这一概念源自西方创造的近代"Neo-Confucian (ism)"概念,涉及中西思想及其概念的复杂交涉,其意义和范围非常复杂。对此我们另有专文予以详细讨论,此不赘述。

二、宋明儒学一般总称概念的意义演变及其关系

1. "宋学"(兼及"明学")

"宋学"名称在元代已经出现,最初是指宋代学校(书院)。① 到了明代又开始指称宋代义理之学——基本义的"宋学"概念。② 即在北宋中期兴起的反对汉唐章句训诂之学,并以复兴儒学(以伦理纲常为中心)、探究儒家经典之微言大义为特征(以疑传疑

---

① 如〔元〕陈基《西湖书院书目序》云:"杭西湖书院,宋季太学故址也。宋渡江时,典章文物悉袭汴京之旧,既已裒集经史百氏为库,聚之于学,又设官掌之。今书库板帙是也。……祀先圣先师及唐白居易、宋苏轼、林逋为三贤,后为讲堂,旁设东西序为斋,以处师弟子员。又后为尊经阁,阁之北为书库,实始收拾宋学旧板,设司书掌之。宋御书石经孔门七十二子画像石刻咸在焉。……宋三百年大儒彬彬辈出,务因先王之迹,推而明之,其道大著。中更靖康之变,凡诗书礼乐百王相沿以为轨范者,随宋播越,留落东南。国初收拾散亡,仅存十一于千百,斯文之绪不如线,西湖书院板库其一也。承平以来,士大夫家诵而人习之,非一朝夕矣!海内兵兴,四方骚动,天下简册所在,或存或亡,盖未可知也。杭以崎岖,百战之余,而宋学旧板卒赖公不亡。基等不佞,亦辱与执事者,手订而目雠之惟谨,可谓幸矣!"(参见〔元〕陈基撰:《夷白斋稿》卷21,商务印书馆,1983年,第292—294页)

② 如〔明〕邓元锡《皇明书》卷18:"始尊从兄华讲宋学甚久。诸论奏,圣王心学论、皇极论、易复卦、礼月令论、扩充四端论,养德养身,皆正学以言。"(参见〔明〕邓元锡:《皇明书》卷18,上海古籍出版社,2002年,第83页)《皇明书》卷31:"孝孺守宋学最固。曰治先制作,经制在周官。上特倚信,议大政辄咨,每读书有疑辄召问。"(《皇明书》卷31,第241页)《皇明书》卷38:"是时,解学士缙隽爽能文章,为世所推挹。而熙宣之世,杨文贞士奇敦厚沉质,以文章润色鸿业,为明孚先。自是国家表章宋学如金科玉条。士习训诂,株守宋先生言。士终身传习,讲贯其指意。"(《皇明书》卷38,第339页)

经、义理诠释为中心）的宋代学术思潮。虽然北宋的儒学复兴运动始于范仲淹主导的"庆历新政"及欧阳修主导的"古文运动"，但一般都以"宋初三先生"（胡瑗、孙复、石介）作为宋学开创者①，因为通过他们的经典诠释及教育实践，完成了儒学从汉唐的文献学到宋代的义理诠释与伦理道德实践的转型。尤其宋学开山胡瑗提倡的"明体达用"的体用论思想成为贯穿宋学发展的精神主旨。② 全祖望在《宋元儒学案序录》中劈头所谓"宋世学术"即指此意义上的"宋学"。③ 具体范围包括宋代兴起的具备此特征

---

① 李存山以钱穆之说为基础分析指出，范仲淹是宋代"新儒学"的开山，而"宋初三先生"是范仲淹门下的贤士，并且其后兴起的蜀学、新学、濂学、关学与洛学等宋学学派都与范仲淹主导的庆历新政密切相关（参见李存山：《宋代的"新儒学"与"理学"》，《中原文化研究》，2019年第2期。李存山：《范仲淹与宋代新儒学》，《湖南大学学报》，2008年第1期）。事实上，自钱穆提出以范仲淹为宋学之先驱的观点以来，学界多有加以申者。如杨渭生从教育方面和推进儒学及其学术思想方面出发，论述范仲淹开启宋学的历史贡献（参见杨渭生：《范仲淹与宋学之勃兴》，《浙江大学学报》，1999年第1期）。其实全祖望在其补修的《宋元学案》中，已经注意到了范仲淹开启宋学思潮的历史功绩，并为其专门设立"高平学案"予以表彰，但在学案顺序上仍然将"宋初三先生"置于范仲淹之前，这是因为虽然范仲淹的年辈及政治地位较高，但从思想史上的贡献及其影响来看，"宋初三先生"才是真正奠定宋学精神及其方法的开山祖师，所以必须将"宋初三先生"置于《宋元学案》的开端。况且王梓材已经指出全祖望排列学案时并不完全依据年辈的顺序，而更多是出于思想史建构的整体考虑，同时全祖望并没有否认范仲淹的思想史地位（参见〔清〕黄宗羲原著，〔清〕全祖望补修，陈金生、梁运华点校：《宋元学案》，中华书局，1986年，第1册，第1—2、133页）。蔡根祥也指出，胡瑗解经上注重以经解经，从人事民生立言，不墨守前儒成见，每每自出新义，开一代之风气，实为宋代经学、理学之巨擘与先导，因此黄宗羲著《宋元学案》，以胡瑗《安定学案》为首，是非常有见识的（参见蔡根祥：《胡瑗尚书学之探究》，《高雄师大学报》，2004年第16期）。

② 如程颐的"体用一源，显微无间"以及朱熹的"全体大用"的思想体系，都与胡瑗的"明体达用"说一脉相承（参见钱穆著：《中国近三百年学术史》，商务印书馆，1997年，第3页）。

③ 关于"宋初三先生"的思想史地位，宋代的程颐、朱熹及黄震等道学家已有论述。黄百家在此基础上又引用石介的《泰山书院记》，进一步表彰了作为道学先驱的"宋初三先生"超越汉唐章句训诂之学而开启宋代儒学思潮的学术贡献，并高度评价了其经学成就、人格气象、教育功绩及明体达用之实学。其后全祖望在其作为《宋元学案》全书之纲领的《宋元儒学案序录》中劈头即指出："宋世学术之盛，安定、泰山为之先河，程、朱二先生皆以为然。"将《安定学案》与《泰山学案》置于《宋元学案》之首，从而确立了胡瑗与孙复作为宋学之开山祖师的思想史地位，并将石介附于其师孙复的学案中。然而从庆历年间国子监教育改革中的地位及其学术影响来看，石介实际上是与胡瑗、孙复鼎足而立的，都提倡直抒胸臆的宋学风气，反对汉唐以来墨守章句注疏的经学和堆砌辞藻的文风以及佛道异端思想的泛滥。虽然石介的人品道德有可议之处，又不得善终，在为人师表方面不及胡、孙二先生，但其学术贡献和地位实与胡、孙二人不相上下。因此今天的研究者一般从当时学术界的实际情况出发将"宋初三先生"并列为宋学创始人，这已经成为学界共识（参见《宋元学案》，第1册，第1页）。此外，清人蔡上翔在论述宋代以二程为首的道学家对王安石的攻击时指出："此宋世学术源流之所由分，而以讲学自名者，顾以不讲学之王介甫为标的而集矢不遗余力焉。至此外议介甫者数十条，皆已甚之辞而为后人采录增加者，予亦时有所辨论，不得已也。"（详见〔清〕蔡上翔：《原党》，〔清〕蔡上翔撰：《王荆公年谱考略》杂录卷1，上海古籍出版社，2002年，第559页）

的所有儒家学派。例如，濂洛关闽（"宋学五子"）为代表的"道学"、王安石创立的"新学"及三苏创立的"蜀学"并称为宋代三大学派，还有司马光创立的"朔学"等。①以上宋代学术思想流派均属于"宋学"（基本义）。明代阳明学兴起后，"宋学"又用来指称与"明学"（阳明学）相对的"宋学"（朱子学）②，即成为以程朱理学为核心的狭义"宋学"，与以陆王心学为核心的"明学"相对立③。明儒唐枢（1497—1574）所著

---

① 包弼德指出，田浩关于道学的三个层次——哲学思辨（体）、文化价值（文）与现实政论（用）的论述，不仅对陈亮、朱熹之争有一定的解释价值，同时可以用来解释宋学兴起时期文人思想家之间的争议和不同取向。其中，道学家不同于其他宋学家在于，他们知道有真正的整合价值和来自天地领域的至高无上的原则。道学家认为，人们可以在自己的生活中通过道德自我的培养来理解这些价值原则，并在社会中通过各种情况下的道德行为来实现这些原则。而司马光、王安石和苏轼等宋学家则在文化和历史领域找到了整合的价值和至高无上的原则，并且声称他们的发现并不与天地的自我过程相矛盾。其中，王安石转向经典和古代，司马光转向历史，苏轼则转向累积的文化成就。对他们来说，对整合价值的理解要通过广泛的学术研究来获得，通过广泛意义上的文学来表达，并通过政治和社会行动来实现。理学家和宋学家各自指明了不同的方向。而道学的兴起标志着文人价值取向的根本转变。但这两个群体都相信普遍价值和总体原则的存在，这可以为一个完整的人类秩序提供基础，同时也是宋朝文人思想的整体特征〔参见 Peter K. Bol, "Review: Reflections on Sung Literati Thought: Reviewed Work: Utilitarian Confucianism: Ch'en Liang's Challenge to Chu Hsi by Hoyt Cleveland Tillman," *Bulletin of Sung and Yüan Studies*, No. 18 (Jan., 1986), pp. 88-97〕。

② 〔明〕文德翼《圣学宗传序》："宋学莫盛于洛水；明学莫盛于姚江。然洛水之学出于道州，而伊川独以伯氏为得之于遗书之上。致良知三言见诸礼传及孟氏，而姚江自信得之万死一生之中。岂非宗不可传，而传者自宗欤？抑学固无宗，而宗固即学欤？"（〔明〕文德翼撰：《求是堂文集》卷1，北京出版社，1997年，第307页）〔明〕耿定向《与胡庐山书十一首》："大端学术之弊，无论近日，即宋学似亦少失孔孟宗本。宋儒终日辟佛、辟仙，实落未脱二家蹊径。如何成德？如何达材？所谓议论多成功少，无怪也。试看孔门人物多有用成材，便知当时教术矣。窃谓孔孟之学真实，费而隐。宋学未脱二氏蹊径者，以其隐而隐也。"（〔明〕耿定向撰：《耿天台先生文集》卷3，齐鲁书社，1995年，第62—63页）〔明〕胡直《书松原别语册后》："又云：'论宋学则首明道而疑濂溪。'夫濂溪无可疑，某亦易敢妄疑濂溪哉？盖尝疑《太极图说》不出濂溪手，非谓疑濂溪也。"（〔明〕胡直撰，张昭炜编校：《胡直集》，上海古籍出版社，2015年，上册，第343页）〔明〕顾宪成《与管东溟书》："阳明王先生觉世大旨，在所标大学四语。曰：'无善无恶心之体，有善有恶意之动，知善知恶是良知，为善去恶是格物。'于时即有疑后二语非向上一机者，乃宋学余支，复疑上一语之入于禅，则亦未尝深究轲书性善之源，而影略以为公案云尔。"（〔明〕顾宪成撰：《顾端文公遗书·证性编》卷5，上海古籍出版社，2002年，第314页）

③ 如楠本正继在其《宋明时代儒学思想之研究》中，从宋学与明学的根本精神及特质出发，即以"性"为主还是以"心"为主来分期，将宋明儒学分为宋学与明学两大阶段，其实就是朱子学（程朱理学）与阳明学（陆王心学）两大思想流派的划分。在该书明学部分，第一章即是"宋代陆学"，并标明其思想史定位是"作为明学渊源的宋代思想"，因为从时间上看陆学虽然是宋代兴起的学派，但其精神特质与后来作为明学主体的阳明学（心学）一脉相承，所以宋代陆学被归入"明学"。这种做法吸收了冯友兰等现代学者以思想特征为依据建构宋明思想史的论述方式，即使在今日来看，仍然具有相当的合理性（参见连凡：《试论楠本正继对宋明儒学史的建构与诠释——以〈宋明时代儒学思想之研究〉为中心》，《哲学与文化》，2020年第1期）。

《宋学商求》是目前已知最早论述"宋学"（狭义，具体指朱子学）并以之作为书名的著作。[①] 清代考据学兴起之后，"宋学"先用来指称与汉代章句训诂之学（狭义的"汉学"）并列的宋代义理之学（基本义的"宋学"）[②]，其后又超越了宋代范围，用来泛指与"汉学"（考据学）相对立的广义"宋学"（宋元明清义理之学）概念[③]，即成为以义理诠释与哲学思辨为特征的"宋学"思潮。这种广义的"宋学"从宋代开始一直延续到清末，与以"小学"为基础的"汉学"（文献学、考据学）相对立，形成所谓汉宋之争。

2."道学"

"道学"名称正如前述徐洪兴所指出的，最早见于东汉王充的《论衡》，是指以学道为目标并与文吏（掌管文史法律的官吏）的学（做）事相对立的儒者学问。[④] 其后，

[①] 该书按照宋学的发展流派，选取从陈抟至何基共81位学者，并对每位学者的师承及其学术思想有简要的评论（详见〔明〕唐枢：《宋学商求》，《木钟台集》一，齐鲁书社，1997年，第445—461页）。相关研究参见《唐宋之际儒学转型研究》，第14页。

[②] 〔清〕蔡衍鎤《高祖司寇公传》："论曰：汉学近芜，宋学近迂，至明又多入于虚无。不芜不迂不虚则吾祖之学尚已。"（〔清〕蔡衍鎤撰：《操斋集》卷11，上海古籍出版社，2010年，第316页）〔清〕陈澧《朱子书》："《答吕伯恭书》云：《中庸》：'仁者，人也。'古注云：'人也，读如相人偶之人，以人意相存问之言。'……'澧案：郑康成以相人偶解仁字，而朱子以为有意思。汉学、宋学两家，皆可无疑矣。阮文达公以相人偶解仁字，尚有疑之者，未知朱子之说故也。"（〔清〕陈澧撰：《东塾读书记》卷21，上海古籍出版社，2002年，第638页）

[③] 《四库全书总目提要·经部总叙》论述清初"汉宋之争"时指出："国初诸家，其学征实不诬，及其弊也琐。要其归宿，则不过汉学、宋学两家互为胜负。夫汉学具有根柢，讲学者以浅陋轻之，不足服汉儒也。宋学具有精微，读书者以空疏薄之，亦不足服宋儒也。消融门户之见而各取所长，则私心祛而公理出，公理出而经义明矣。"（参见〔清〕纪昀、陆锡熊、孙士毅等原著总纂：《钦定四库全书总目》，中华书局，1997年，上册，第1页）此外，清儒江藩分别为清代汉学与宋学两大阵营著《国朝汉学师承记》和《国朝宋学渊源记》，是"汉宋之争"在学术思想史领域的集中体现。

[④] 〔东汉〕王充《程材篇》："五经以道为务。事不如道，道行事立，无道不成。然则儒生所学者，道也；文吏所学者，事也。假使材同，当以道学。如比于文吏，洗涤泥者，以水；燔腥生者，用火。水火，道也。用之者，事也。事末于道，儒生治本，文吏理末，道本与事末比，定尊卑之高下，可得程矣。"（〔东汉〕王充撰，黄晖校释：《论衡校释》，中华书局，1990年，第543页）《量知篇》："或曰：文吏笔札之能，而治定簿书，考理烦事。虽无道学，筋力材能，尽于朝廷，此亦报上之效验也。"（《论衡校释》，第548页）《量知篇》："人无道学，仕宦朝廷，其不能招致也，犹衣人服粗不能招吉也。能斫削柱梁，谓之木匠；能穿凿穴坎，谓之土匠；能雕琢文书，谓之史匠。夫文吏之学，学治文书也，当与木土之匠同科。安得程于儒生哉！"（《论衡校释》，第552页）

东晋冯良以"道学"（儒学，指五经之学）名义被征聘。①可见"道学"名称最初是指儒家经学，但还没有成为一个学派概念。从魏晋南北朝开始，佛教借用"道学"概念来指称佛学。②从南北朝开始，"道学"又被用来指称道教理论，如北朝北周时编纂的《无上秘要》中出现不胜枚举的"道学"名称。③南朝陈马枢曾撰《道学传》二十卷，收录张天师、许迈、吴猛、陶弘景等道教人物（今有陈国符辑本）。④其后《隋书·经籍志》中又用"道学"名称来指称道家哲学⑤，标志着"道学"成为一个道家道教的学派概念。同时期儒家的"道学"，只是一个普通名词而不是学派概念，而且使用并不广泛，从而导致人们往往误认为"道学"一词最早就是指道家、道教，而后来宋儒指称程朱理学一派的所谓"道学"名称是抄袭的。

---

① 〔晋〕常璩《华阳国志》卷10："杜抚，字叔和，资中人也。少师事薛汉，治五经，教授门生千人。太守王卿召为功曹司徒，辟不及，闻公免必往承问。东平宪王为骠骑将军，辟西曹掾，后罢，为王师，在骠骑府者数年，乃去，数应三公征。抚侍送故公，作《诗通议说》。弟子南阳冯良，亦以道学征聘。"（〔晋〕常璩撰，任乃强校注：《华阳国志校补图注》卷10，上海古籍出版社，1987年，第583页）

② 〔晋〕释圣坚《佛说演道俗业经》："佛告长者：'出家修道学有三品：一曰声闻；二曰缘觉；三曰大乘。何谓声闻？畏苦厌身，思无央数生死之难、周旋之患，视身如怨、四大犹虺、五阴处贼，坐禅数息安般守意，观身恶露不净之形，畏色、欲本——痛、想、行、识——怖地狱苦、饿鬼之厄、畜生恼结、人中之难、天上别离，不可称计、轮转无休如狱中囚，欲断生死勤劳之罪，求无为乐泥洹之安。但自为己不念众生，常执小慈不兴大哀，倚于音声不解空慧，三界犹幻，趣自济己不顾恩慈，是为声闻学。'"（〔晋〕释圣坚：《佛说演道俗业经》，《大正新修大藏经·经集部》新文丰出版公司，1983年，第17册，第834—835页）〔后秦〕释僧叡《摩诃般若波罗蜜经释论序》："故天竺传云：'像、正之末，微马鸣、龙树，道学之门其沦胥溺丧矣！'其故何耶？实由二末契微邪法用盛，虚言与实教并兴，崄径与夷路争辙，始进者化之而流离，向道者惑之而播越，非二匠其孰与正之！是以天竺诸国，为之立庙，宗之若佛。又称而咏之曰：'智慧日已颓，斯人令再曜；世昏寝已久，斯人悟令觉。'若然者，真可谓功格十地，道侔补处者矣！传而称之，不亦宜乎！幸哉！此中鄙之外，忽得全有此论。"（〔印〕龙树菩萨造，〔后秦〕鸠摩罗什译：《大智度论》，《大正新修大藏经·释经论部》新文丰出版公司，1983年，第25册，第57页）

③ 如宇文邕《玉清下元戒品》云："道学不得煞生蠕动之虫；道学不得教人煞生蠕动之虫。道学不得饮酒；道学不得教人饮酒。道学不得绮语两舌不信；道学不得教人绮语两舌不信。道学不得淫犯百姓妇女；道学不得教人淫犯百姓妇女。"（见〔北周〕武帝宇文邕敕辑：《无上秘要》卷45，上海古籍出版社，2002年，第544页）

④ 该书已亡佚，但后世典籍中如唐李善注《文选》、唐王悬河《三洞珠囊》、宋陈葆光《三洞群仙录》、宋李昉《太平御览》等书多有引用（参见陈国符著：《道藏源流考》，上海书店，1989年，第256—257页）。

⑤ 《隋书·经籍志》子部"道家"："道者，盖为万物之奥，圣人之至赜也。……然自黄帝以下，圣哲之士，所言道者，传之其人，世无师说。汉时，曹参始荐盖公能言黄老，文帝宗之。自是相传，道学众矣。下士为之，不推其本，苟以异俗为高，狂狷谲怪而失其真。"（参见〔日〕兴膳宏、川合康三：《隋书经籍志详攷》，汲古书院，1995年，第511—512页）

儒家"道学"名称虽然汉代已经出现，但其彰显要等到唐代韩愈的道统说出现以后。"道学"成为一个儒家学派概念则迟至宋代以后。当时各派儒者为了对抗佛道二教以重振儒学权威，并与其他儒家学派争夺思想界的主导地位，纷纷基于其自身的思想立场构建了不同的道统谱系。[①]因此最初宋代儒学史上的"道学"（"道统"之学）并非仅限于后来占据正统的程朱理学（狭义的"道学"）[②]，而是包括以复兴儒学、传承道统为己任的各个学派。[③]如宋代浙东永嘉学派的先驱王开祖（1035—1068）在其《儒志编》中最早使用儒家道统意义上的"道学"概念。[④]还有成书在朱熹《伊洛渊源录》（1173年刊刻，首次建构程朱道统谱系）之前的李心传《道命录》（1139年刊刻）以及佚名《诸儒鸣道集》（约1166年刊刻）中，就包括司马光、张九成等被朱熹排斥在道学谱系之外的学者。[⑤]到南宋后期由朱熹集大成的程朱理学确立其正统地位，接着元代开始又

[①] 周炽成：《唐宋道统新探》，《哲学研究》，2016年第3期。

[②] 最典型的例子是"道学传"中收录了朱熹（闽学）及其讲友张栻（湖湘学派），而当时与朱、张二人齐名的"东南三贤"中的另一位道学大家吕祖谦，作为浙学之代表，是朱熹的亲密讲友，曾与朱熹一起编纂《近思录》，在哲学思想上与朱熹相接近，但却被排除在"道学传"之外。这是因为吕祖谦的学问很博杂，在继承家传的吕氏中原文献之学的同时，又折中于当时的朱学（理学）、陆学（心学）、浙学（经制事功之学）等各派学说之间。由此可见"道学传"维护朱熹理学正统观念和意识形态的纯粹性和排他性（参见连凡：《道统论的突破与〈宋元学案〉的思想史构建——兼论"宋初三先生"思想史地位的确立》，《首都师范大学学报》，2017年第6期）。

[③] Skonicki Douglas指出北宋道统观前后有变化，前期孙复、石介等人的道学谱系更强调统一性，而后期的学者（如二程）则强调前贤之间的差异，并将其教义立场置于批判之中，这样先贤（如韩愈）的观点被解剖、互相比较，以是否符合道的标准来判断。这种对先贤的重新评价，是受11世纪中期出现的新观念的影响。这些新观念与人们对自然、宇宙和人类关系等话题的兴趣增长相符合。这一过程反映出北宋道统观的发展变化。参见 Skonicki Douglas, "Guwen' Lineage Discourse in the Northern Song," *Journal of Song-Yuan Studies*, Vol. 44 (2014), pp. 1-32.

[④] 《儒志编》云："由孟子以来，道学不明。今将述尧、舜之道，论文、武之治，杜淫邪之路，开皇极之门。吾畏天者也，岂得已哉！"（参见〔宋〕王开祖：《儒志编》，商务印书馆，1983年，第802页。《宋代道学定名缘起》，《中国哲学》第15辑，第243页）。

[⑤] 现存中国最早的丛书《诸儒鸣道集》（全72卷）系南宋时洛学之后学编纂的理学著作丛书，其中收录有周敦颐的《通书》、司马光的《迂书》、张载的《正蒙》、二程的《语录》等，共12家。而张九成的《横浦日新》即收于其最末。根据田智忠的考察，《诸儒鸣道集》的初刻推断在乾道二年（1166）至乾道四年（1168）之间，而其编纂成书当然会更早一些。由此也可窥见，在朱熹的道统论成为南宋思想界唯一观点以前的南宋初期思想界中，张九成还被视为洛学（道学）的正统传承人。关于《诸儒鸣道集》的研究，参见陈来：《略论〈诸儒鸣道集〉》，《北京大学学报》，1986年第1期；田智忠：《〈诸儒鸣道〉原刻年代考》，《中国社会科学院研究生院学报》，2010年第2期。

被指定为科举考试的唯一标准。程朱理学的"道统"（从北宋五子到朱熹及其门人）成为官方认定的唯一正统体系。"道学"（狭义）也成为专门指称程朱理学的学派概念。这一点集中体现在元代编修的《宋史》中专门设立以传道为中心的"道学传"，以区别于以传经为中心的传统"儒林传"（又称"儒学传"），不属于程朱道学阵营的其他宋学学派（包括心学、事功学派等）都被排斥在"道学传"（道统）之外。由此《宋史·道学传》中所规定的"道学"仅指程朱道学（而且仅限部分学者）。

到了明末清初，随着宋明道学及其道统论的衰落，学术思潮由道学（宋学）转向经世史学和考据学（汉学）。清代浙东学派的开创者黄宗羲基于一本万殊的思想史观批判"道学传"的分立人为造成儒学内部的分裂，并且没有给陆王心学及浙东事功学派等学派以相应的思想史地位，主张废除"道学传"而将各学派统归于"儒林传"。基于这样的思想史观，以黄宗羲为首的清代浙东学派学者前后接续编纂了《宋元学案》，将程朱理学、陆九渊心学、浙东事功学派等各派统一到"儒学"（宋学、广义的道学）中。①更早成书的黄宗羲《明儒学案》虽然以阳明心学为主线，但也统合了明代的理学、心学、气学等各学派。这些学派都可归入广义的"道学"中。这种回归宋初传统的广义"道学"概念，超越朝代和学派限制而等同于广义的"宋学"（义理之学）。前述美国学者田浩所主张的就是这种广义的"道学"。

进入现代以来，中国哲学史学科的奠基人冯友兰在其1934年出版的《中国哲学史（下）》中指出："韩愈提出'道'字，又为道统之说。此说孟子本已略言之，经韩愈提倡，宋明道学家皆持之，而道学亦遂为宋明新儒学之新名。"②用"道学"来指称宋明"新儒学"，由此形成了现代学术界流行的"道学"基本义。即指"宋学"（广义）中以传承道统为己任、以体用论为基础建构天道性命相贯通的思想体系、以成圣成贤、天人合一作为学问目标的学术思潮（性理之学），包括程朱理学与陆王心学，而以周敦颐为道学开山。③

---

① 《道统论的突破与〈宋元学案〉的思想史构建——兼论"宋初三先生"思想史地位的确立》，《首都师范大学学报》，2017年第6期。
② 冯友兰著：《中国哲学史》，《三松堂全集》第3卷，河南人民出版社，2000年，下册，第253页。
③ 《略论道学的特点、名称和性质》，《论宋明理学——宋明理学讨论会论文集》，第37—56页；《宋代道学定名缘起》，《中国哲学》第15辑，第240—246页。

3. "理学"（兼及"心学""气学""实学"）

"理学"名称如前述徐洪兴所指出的，最早见于南朝宋宗炳的《明佛论》（一名《神不灭论》）中，意指佛教义理之学。[①]其后，"理学"在13世纪下半叶的南宋后期开始出现在儒家著作中，当时随着程朱理学思想统治地位的确立，思想界的理论重心从"道"（偏重宇宙论）转向"理"（偏重本体论），争论集中在"理"与"心"之间，"道学"概念也让位给了"理学"概念。[②]这一过程的集中体现就是：程朱理学的语录汇编中，从《河南程氏粹言》《近思录》中以"道"为类目之首转变到《朱子语类》中以"理"为类目之首。[③]目前已知最早使用"理学"指称宋代理学（包括心学）的学者是朱熹的论敌、宋代心学的创始人陆九渊。[④]当时"理学"（性理之学）还没有与"宋学"（义理之学）区别开来，如黄震所谓"本朝理学"即相当于"宋学"（基本义）。[⑤]

---

① 〔南朝宋〕宗炳：《明佛论（一名神不灭论）》："昔远和尚澄业庐山，余往憩五旬，高洁贞厉，理学精妙，固远流也。其师安法师，灵德自奇。微遇比丘，并含清真。皆其相与素洽乎道。"（〔梁〕释僧祐编：《弘明集》卷2，商务印书馆，1983年，第35页）

② John Winthrop Haeger, "The Intellectual Context of Neo-Confucian Syncretism," *Journal of Asian Studies*, Vol. 31, No. 3 (1972), pp. 499-513.

③ 在以北宋五子为代表的道学（理学）开创期，后来理学家普遍使用的理与气的并称并不常见，反倒是出自《易传》而作为天道观和宇宙论范畴的"道"（太极）与"器"（阴阳）之间的并列要更普遍一些。南宋早期张栻编纂的《河南程氏粹言》（1166）以及朱熹、吕祖谦编纂的《近思录》（1175）两书中，分别将"论道篇"与"道体"作为学问的根本置于开头，而作为理学根本范畴的理气（性理）并未出现在类目之中。其后伴随着道学的成熟与深化，特别是在理学集大成者朱熹确立的理本论思想体系中，作为道体、性体之抽象化表现的本体论范畴——"理"取代"道"而成为道学的中心范畴，理气（宇宙本体论）与性理（心性道德论）也成为道学的理论核心。如宋代黎靖德编纂的《朱子语类》（1270）中，理气、性理便成了首要的类目（参见连凡：《〈宋元学案〉中程颢思想的诠释与评价——兼论二程思想资料的编纂》，《衡水学院学报》，2018年第2期）。

④ 〔宋〕陆九渊《与李省干》："秦汉以来，学绝道丧，世不复有师。以至于唐，曰师、曰弟子云者，反以为笑，韩退之柳子厚犹为之屡叹。惟本朝理学，远过汉唐，始复有师道。"（〔宋〕陆九渊著，钟哲点校：《陆九渊集》，中华书局，1980年，第14页）

⑤ 值得注意的是黄震在其《黄氏日钞》中共四次使用"本朝理学"这一称呼。《读本朝诸儒理学书一·周子太极通书》云："本朝理学，阐幽于周子，集成于晦翁。太极之图、易通之书，微晦翁，万世莫之能明也。"（〔宋〕黄震撰：《黄氏日钞（二）》卷33，台湾商务印书馆，1983年，第3页）《读本朝诸儒理学书九·龟山先生文集》云："本朝理学，发于周子，盛于程子。程子之门人，以其学传世者，龟山杨氏、上蔡谢氏、和靖尹氏为最显。龟山不免杂于佛，幸而传之罗仲素，罗仲素传之李愿中，李愿中传之朱晦翁，晦翁遂能大明程子之学。故以晦翁继程子，而次龟山于此，以明其自来焉。"（《黄氏日钞（二）》卷41，第201—202页）《读

嘉定更化以后，朱子的后学逐渐用"理学"来指称程朱以来的道统。① 从此，"理学"开始专门被用来指称"阐发心性义理之精微"②的性理之学。即从儒学的发展脉络来看，至宋代受佛道二教的影响和刺激，出现了基于太极、太虚、天理等本体论思想给以三纲五常为核心的儒家伦理道德提供形上根据，进而据此确立心性与道德之位置的性理之学。③ 由此，宋代的理学家在继承以《中庸》为代表的思孟学派心性论及以《易传》为代表的天道观的基础上开拓发展了性理学思潮。其中以天理为本体的二程思想体系（洛学）经过南宋理学集大成者朱熹的继承和弘扬，成为思想界的主流，在元明之后正式成为官方统治思想。由此，从明代开始"理学"（基本义）被用来指称包括程朱理学与陆王心学（包括其前驱与后继）在内的宋明理学。"程朱理学"这一名称也

诸儒书十二·石徂徕文集》云："师道之废，正学之不明，久矣！宋兴八十年，安定胡先生、泰山孙先生、徂徕石先生始以其学教授，而安定之徒最盛，继而伊洛之学兴矣。故本朝理学，虽至伊洛而精，实自三先生而始。故晦庵有'伊川不敢忘三先生'之语。"（《黄氏日钞（二）》卷45，第253页）《书·回赵知县》云："伏蒙宠赐龙川巨编，所以品题之者，剂量曲当，非素有所主于中者，能尔乎！某尝谓本朝理学大明，而战国纵横之学，如三条四列隐见起伏，铮铮于本朝者尚四人，苏老泉其巨擘，其次为李泰伯，其次为王雪山，其后为陈龙川。独龙川登晦翁之门，日就敛挫，纵横之余气，到此遂收。此理学大明之功之验也。"（《黄氏日钞（二）》卷84，第877页）上引前两处"本朝理学"指的是从周敦颐到朱熹的"道学"系统，中间包括二程及其门人；后两处"本朝理学"则一处将宋初三先生视为伊洛二程道学的先驱，一处将苏洵、李觏、王安石、陈亮这四位宋代经制事功派学者也纳入到理学中，可知后两处"本朝理学"相当于"宋学"（基本义）。

① 《宋人"道学"与"理学"名称考辨》，《华夏文化》，2017年第2期。

② 黄百家指出："孔、孟而后，汉儒止有传经之学，性道微言之绝久矣。元公崛起，二程嗣之，又复横渠诸大儒辈出，圣学大昌。故安定、徂徕卓乎有儒者之矩范，然仅可谓有开之必先。若论阐发心性义理之精微，端数元公之破暗也。"（参见《濂溪学案上》，《宋元学案》卷11，第1册，第482页）一方面，黄氏父子在《宋元学案》中突破了《道学传》的程朱理学思想史框架，表彰了作为宋学开山的"宋初三先生"的思想史地位。另一方面，黄百家又在上述案语中明确肯定了周敦颐通过"阐发心性义理之精微"而开创性理之学（道学）的学术贡献。黄百家对周敦颐的评价可说是非常恰当的，所以此条案语经常被引用而成为学界之定论（参见〔美〕陈荣捷：《周敦颐》，韦政通主编：《中国哲学辞典大全》，水牛图书出版社，1983年，第394页）。

③ 金春峰指出宋明理学除了受佛道二教的影响之外，还吸收了秦汉魏晋时期的思想，正是这多种哲学思想来源的存在及其综合导致宋明的内部矛盾与分派，从而使天道与心性之间的矛盾更加尖锐，从天道主义向心性主义的过渡从朱熹晚年开始，最终由王守仁完成（参见 Chunfeng JIN and Huawei LIU, "A Reconsideration of the Characteristics of Song-Ming Li Xue," *Frontiers of Philosophy in China*, Vol. 5, No. 3 (2010), pp. 352-376.）。

最早出现在明冯从吾的《元儒考略》及明陆应阳的《广舆记》中。[1]其后兴起的陆王心学（自南宋以来，"心学"概念一般泛指"十六字心传"的"心学"——圣人之学或心性之学而与"理学""道学"混用（广义）[2]，而清初顾炎武在《日知录》中批判的以"心即道"为宗旨的"心学"是指陆王心学（狭义）[3]，但"陆王心学"（这一名称最早见于清方东树的《汉学商兑》[4]）一派虽然可视为对程朱理学的反动，但其学问目的及其思想体系与"理学"一脉相承，因而也被纳入"理学"的范围内。这就是基本义的"理学"，相当于基本义的"道学"。[5]中国学界普遍使用的"宋明理学"（此名称最早出现在清缪荃孙《艺风堂文集》[6]，即基本义的"理学"）相当于"宋明道学"（此名称最早见于清代钟景星《宋明道学四书》[7]）。其区别在于：一方面"道学"概念的意义侧重儒学

---

[1] 〔明〕冯从吾《元儒考略》卷1："姚枢，字公茂，号雪斋，柳城人，后迁洛阳。元初以杨惟中荐为燕京行台郎中，从军德安。诏枢搜访人才，得名儒赵复。从复得睹程朱理学之书。"（详见〔明〕冯从吾撰：《元儒考略》卷1，新文丰出版公司，1988年，第62页）〔明〕陆应阳《广舆记》卷6："许衡，河内人，尝往来河洛，从姚枢得程朱理学，遂依枢僦居，游其门者甚众。"（参见〔明〕陆应阳：《广舆记》卷6，北京出版社，1997年，第190页）

[2] 周炽成："'心学'源流考"，《哲学研究》2012年第8期；姚才刚、李莉：《宋明儒学中的"心学"概念》，《湖北大学学报》，2021年第5期。

[3] 衷尔钜：《理学和心学考辨——兼论确认"气学"》，《社会科学》，1988年第3期。

[4] 〔清〕方东树《汉学商兑》卷中之上："要之，黄氏、顾氏犹目击时病，有救敝之意，言虽失当，心则可原。及妄者主之，则借以立门户，与程朱为难，援黄震以为重，又自矜能辟伪古文而已，与黄、顾之意全别。何以明之？以今世并无心学禅学之害，不待虑之也。《日知录》引《黄氏日钞》、唐仁卿诸说，以为辟陆王心学则可，以为六经孔孟不言心学则不可，以为六经孔孟不若陆王之言则可，以为六经孔孟不言心则不可。"（参见〔清〕方东树撰，虞思征校点：《汉学商兑》卷中之上，上海古籍出版社，2002年，第553—554页）清人黄汝成《日知录集释》卷十八"心学"条又引用方东树上面的这段话（包括其中"陆王心学"的名称）（详见〔清〕顾炎武著，〔清〕黄汝成集释，栾保群、吕宗力校点：《日知录集释》卷18，上海古籍出版社，2006年，中册，第1050—1051页）。

[5] 正如范立舟所指出的，南宋后绝大多数学者所理解的理学概念都包括陆王心学，只有邓元锡等少数学者将理学限定为程朱理学（《理学名称与概念解析》，《华夏文化》，2000年第1期）。

[6] 〔清〕缪荃孙《光绪湖北通志序录》："易授軒臂，传衍铎椒。杏坛三传，微言未湮。宋明理学，德义之标。肩道援溺，先儆虚器。述儒林弟五十九。"（〔清〕缪荃孙撰：《艺风堂文集七卷外篇一卷》卷4，上海古籍出版社，2002年，第94页）

[7] 〔清〕屈大均《事语》："钟宝潭先生景星，东莞人，甘泉高弟子也。尝辑濂溪、明道、白沙、甘泉四先生论学精言为《宋明道学四书》，又注释甘泉《心性图说》，学者多传习之。"（〔清〕屈大均著：《广东新语》卷9，中华书局，1985年，第279页）《光绪广州府志》卷92："《宋明道学四书》，明东莞钟景星辑，据《道学诸儒录》。谨案：是编辑濂溪、明道、白沙、甘泉四先生论学精言为之，《东莞志》著录《论学精言》即此。"（〔清〕戴肇辰、苏佩训、史澄、李光廷纂修：《光绪广州府志》卷92，上海书店出版社，2003年，第553页）

的历史传承（道统），而"理学"概念的意义侧重儒学的义理阐发（性理）；另一方面"道学"重综合（"道"强调整体和普遍性），而"理学"重分析（"理"强调条件和特殊性）。①但程朱理学中"理一分殊"的思想即体现了普遍之理与分殊之理、一般原则与特殊情况的统一关联②，从而实现了"道"与"理"、"道学"与"理学"的融合。

进入现代以后，如前所述，冯友兰提倡将"理学"（程朱）与"心学"（陆王）统一到"道学"中。由此狭义的"理学"指"程朱理学"（狭义的"宋学"），与之相对应的"心学"指"陆王心学"（狭义的"明学"）。但在冯友兰提倡狭义的"理学"概念之后，"理学"概念仍然被用来指称"宋学"（广义）或"道学"（基本义），甚至还有学者用"理学"概念来指称整个中国哲学（事实上成为"哲学"乃至学术思想的代名词）。③尤其当代学术界中基本义的"理学"概念很常见，并且一般加上时代、地点或人物等对其范围加以限定，如"宋明理学""元代理学""清代理学""新安理学""朱熹理学"等。但大体上来看，"理学"概念在历史上经历了从广义（宋学、宋元以来）到基本义（道学、明清以来）再到狭义（程朱理学、现代以来）的意义演变。

此外，当代学术界多使用"气学"或"实学"概念来指称由张载开创的气本论学派，一般认为这一系统从张载开始，经明代的罗钦顺、王廷相等人发扬光大，而以明末清初的王夫之为集大成者。④有的学者甚至将"气学"与"实学"视为"反理学"的

---

① 〔明〕顾宪成《小心斋札记》卷7："或问：'世之诟讲学，非也。但讲者宜讲道学，不宜讲理学。盍慎诸！'予曰：'道学、理学何别？'曰：'有物浑成，先天地生，是之谓道。理则其中条件耳，程朱理学也，非道学也。'曰：'审如所云，老子是道学，孔子是理学；告子是道学，孟子是理学。'曰：'何也？'曰：'失道而后德，失德而后仁，失仁而后义，失义而后礼，失礼而后智。老子只单提一个道，生之谓性；仁，内也，非外也；义，外也，非内也；以人性为仁义，犹以杞柳为杯棬。告子只单提一个性。及观孔子二十篇、孟子七篇，其于言仁、言义、言礼、言智，何缕缕也，岂不并是条件中物？故曰：老子是道学，孔子是理学；告子是道学，孟子是理学。'"（参见〔明〕顾宪成撰：《小心斋札记》卷7，《顾端文公遗书》，上海古籍出版社，2002年，第166—167页）

② 杨国荣：《何为理学——宋明理学内在的哲学取向》，《武汉大学学报》，2019年第2期。

③ 如贾丰臻认为，中国以前只有理学，根本没有所谓哲学与科学，反对用西方传来的"哲学"概念来命名中国思想史。其著作《中国理学史》从上古的三皇五帝一直讲到清代的戴震，实际上直接继承的是周汝登《圣学宗传》、孙奇逢《理学宗传》、黄宗羲《明儒学案》等为代表的学案体中国思想史的叙述方式（参见贾丰臻著：《中国理学史》，商务印书馆，1937年，第1—4页）。

④ 张岱年主张以张载为"气本论"（唯物论）的代表，并将其在宋明理学史上的地位放到与程朱"理本论"及陆王"心本论"鼎足而立的高度（参见张岱年著：《中国哲学大纲》，中国社会科学出版社，1982年，第3—4、26—27页）。张岱年的三系说在学术界影响很大，但目前的中国哲学史、思想史著作一般仍然按照理学、心学二分的宋明理学架构来论述（参见衷尔钜：《气学与理学、心学鼎立——论宋明时期的哲学》，《东方

思潮。但张载在道学（理学）系统中被推为奠基人（北宋五子）之一，其哲学思想体系也被程朱所吸收而成为理学的重要组成部分。①同样，罗钦顺、王廷相、王夫之等人也都是理学家（道学家）。因此，自20世纪以来，学者更多是将气学与实学放在理学系统中加以研究，将其视为理学中形而下的面向和主体意识的体现。②事实上，主张理气合一或气本论的学者在思想史上一般都被归入理学或心学阵营，只是现代学者基于西方唯物论而将气本论学者独立出来予以表彰，但这更多是基于哲学理论的现代判教，在历史上气学派并没有与理学派及心学派分道扬镳③，而且中国传统气论（主客、心物不分）的性质特征及其在思想体系中的地位、作用都与西方唯物论（主客、心物二分）不同。宋明理学中的气论实际上都是为了辅助论证作为哲学思想核心的宇宙本体论及心性工夫论而建立起来的，张载的气论也不例外④，所以我们仍将"气学"概念统摄到"理学"概念中。

论坛》，2016年第2期）。中国思想史上的"实学"研究兴起后，张载因其首倡气本论的思想及礼乐经世的实践活动，被列为宋代"实学"思潮的代表人物之一（参见葛荣晋主编：《中国实学思想史》，首都师范大学出版社，1994年，上册，第117—158页）。但从《中国实学思想史》中所收录的实学思想家来看，从宋学开山胡瑗开始，几乎包括宋学中各派思想家，因为理学、心学、事功之学等宋学学派都提倡儒家义理的实存性（相对于佛教的虚理），并且都有经世致用的层面（相对于佛老的废弃人伦物理），所以都可以说是"实学"。

① 如朱熹认为张载作为"气之本体"的太虚，就是与形而下的气相对立的作为形上根源的理（天理）。而程颐的理本论可说是对张载将形而上（道）与形而下（器）合一的气化宇宙论感到不满，进而从形上层面抽象出来的一种本体论。这也表明程朱将张载视为其理学发展中的一环。张载也因此得以成为与二程并列的道学（理学）奠基人（参见〔宋〕黎靖德编，王星贤点校：《朱子语类》，中华书局，1986年，第4册，第1432页；〔宋〕程颐、程颢著，王孝鱼点校：《二程集》，中华书局，2004年，上册，第21、34、118页）。

② 张锦枝：《近四十年来大陆宋明理学研究的几条线索》，《哲学分析》，2018年第2期。

③ 当然也有学者赞成张岱年的说法，主张气学派在思想史上与理学派、心学派鼎足而立（参见《理学和心学考辨——兼论确认"气学"》，《社会科学》，1988年第3期）。笔者不取此观点。

④ 日本学者大岛晃批评了20世纪中国大陆学术界以唯物主义与唯心主义二元对立的方式，给张载思想贴标签的做法，认为这种以存有论为主题的方式，在解释张载的存有论与心性论之关联时会丧失其意义和方向，进而指出张载的意图就是将"性"与"天道"融合统一并加以理论化，也就是说，张载在意图打破佛者虚幻说而主张气的存有论的同时，力图在其中包摄心性论，而"太虚"正是气的存有论与心性论统一的关键点（参见〔日〕大岛晃：《张横渠的"太虚即气"论について》，《日本中国学会报》，1975年第27卷，第113—128页）。李存山指出，关学与洛学在哲学体系上，一以"识造化"为先，一以"识仁"为先；在经典诠释上，前者以《易传》为宗，涵融《中庸》《孟子》；后者以《中庸》《孟子》为宗，涵融《易传》；从而造成气本与理本的对立，但在阐明伦理道德并为其提供合理性依据这一点上，关学与洛学是相同的；也就是说，关学与洛学，在天人关系上途径不同，即前者以天道为"气"而后者以天道为"理"，但最终殊途同归——天道即人性，也就是张载提出的"天人合一"思想（参见李存山：《"先识造化"与"先识仁"——从关学与洛学的异同看中国传统哲学的特质及其转型》，《人文杂志》，1989年第5期）。林雄洲指出，张载以辟佛为目的，力主"明诚两进"的德修工夫，从而在宋代率先确立了方法论进路的"道德型态天人合一"（参见林雄洲：《宋以后"天人合一"之理路演化》，《广西师范大学学报》，2015年第2期）。

总结上述"宋学""道学""理学"概念的意义范围如表一所示（其中，广义的宋学、基本义的道学与狭义的理学分别是我们所采用的一般意义）：

表一　宋学、道学、理学的意义与范围

	广义	基本义	狭义
宋学	宋学（义理之学，与汉学相对）	宋代义理之学（道学、新学、蜀学等）	宋代理学（与明学、陆王心学相对的程朱理学）
道学	道统之学（包括程朱理学、陆王心学、事功之学等）	道统之学（包括程朱理学和陆王心学）	程朱道学
理学	义理、性理之学（相当于广义的宋学）	性理之学（包括程朱理学和陆王心学）	程朱理学

三、宋明儒学特殊学派概念的演变及其与一般总称概念的关系

在中国学术史上，自春秋战国诸子百家兴起以来，学术思想就深深打上了地域色彩的烙印。最显著者如南北学术风格的差异。[①] 兴起于中原文化区的儒家学派自孔孟以来即带有浓厚的地域色彩[②]，而宋明儒学诸学派的地域色彩尤为鲜明。宋代以来儒学的

---

① 张学智勾勒了中国哲学的起源与地域特点，认为中国哲学起源于对周文疲敝的不同应对之道，其中儒家、墨家、道家、法家等诸子都基于其不同立场做出了回应：儒家主张对周文进行损益，奠定了温和政治和士大夫精神修养的基础，并确定了中华文化的经典系统；墨家用俭约、功用来反对靡费、虚文，用大众趣味反对精英文化；道家摒弃了周文的礼乐教化，建立了以道法自然为最高原理、守柔谦下为行为准则的哲学，并在避世隐遁中保持批判精神；法家以法律、权势和御臣术为基点，批评儒墨，推崇功利，扭转了周文的思想指向；从地域特点说，孔子以鲁地的礼乐传统和东夷的仁爱精神结合，建立了仁礼互相依持并敬畏天命的儒家系统；道家融合楚地巫觋传统和《诗经》中的浪漫风格，形成喜言天道、富于想象、厌弃礼乐、不事虚文的特色。墨家重视鬼神的传统是商代"先鬼而后礼"文化的遗留；齐晋较早应和了春秋时代的社会变动而致力于制度改革，加上北方剽悍易于法制化管理的习性，所以法家思想最强；同时，南北不同文化传统在后世经学、佛教、道教、宋明理学中产生了深刻影响（参见张学智：《中国哲学的起源与地域特点》，《北京大学学报》，2020年第6期）。

② 陈来以关学为例，指出不仅要注意关学的地域特色，而且要注意不同学派及学术体系之间的交流互动，将关学与洛学等学派联结起来，突显关学对主流思想的贡献；因为关学的发展一方面离不开关中地域学术的传承，一方面又是对全国学术思想的吸收、响应和发展，并积极参与各时代主流思想的建构；也就是说，我们必须同时兼顾儒学的普遍性和地域性（特殊性），这也是"理一分殊"（"一本万殊"）思想史观的一种体现（参见陈来：《"关学"的精神》，《陕西师范大学学报》，2016年第3期）。陈来的上述观点对于我们理解和研究儒家学派的地域特色，具有启发和指导意义。

复兴及其学派的发展，与地方上私人讲学的兴起密切相关。①一般围绕着一位或数位大儒（创始人）所居住的地域（出生地、任职地或讲学地）形成某学派，因而该学派往往就以其创始人的籍贯或讲学地来命名。如《宋元学案》中就有"湖学"（胡瑗）、"濂学"（周敦颐）、"洛学"（二程）、"关学"（张载）、"朔学"（司马光）、"百源学派"（邵雍）、"金陵之学"（王安石、新学）、"蜀学"（三苏）、"道南学派"（杨时、罗从彦、李侗）、"湖湘学派"（胡安国、胡宏、张栻）、"闽学"（朱熹）、"婺学、金华学派"（吕祖谦）、"江西之学、金溪学派、象山之学"（陆九渊）、"浙学、浙东学派、永嘉学派"（薛季宣、陈傅良、叶适）、"永康学派"（陈亮）、"四明陆学、甬上四先生、明州四先生、四明四先生"（杨简、袁燮、舒璘、沈焕）、"金华学派、金华朱学、北山四先生"（何基、王柏、金履祥、许谦）、"四明朱学"（黄震、王应麟、史蒙卿）、"新安朱学"（董梦程、曹泾、马端临）、"北方学派"（许谦、刘因）等地域学派。这些地域学派概念都包括在基本义的"宋学"概念中。

以上以地域命名的特殊学派概念和名称，主要是在研究中国思想史的场合下使用。如果视野扩大到东亚儒家文化圈，那么就必须提到在中日韩等东亚各国广泛使用的特殊学派概念——"朱子学"与"阳明学"。"朱子学"的称呼最早出现在程端礼、许衡、苏天爵等元代理学家的著作中，本来专指朱熹的学说（又称"朱学"或"闽学"），其后扩展到指称朱子及其门人构成的学派。②"阳明学"的称呼最早出现在中国明代（明董应举《崇相集》、明邹元标《愿学集》等）③，其后又传到朝鲜（朴世采《记少时所

---

① 刘成国指出，宋代自宋初三先生以来，私人讲学兴盛，为宋代政治文化培养了大批社会精英，并直接在儒学义理层面上推动了宋学的发展和演变。刘成国进而主要依据《宋元学案》《宋元学案补遗》，考察了王安石在江宁讲学时的门人情况，指出通过江宁讲学，形成了一个以王安石为中心的士人群体，这一群体与王安石新法及新学的发展关系密切；同时江宁讲学也显示出王安石思想的某些转变，即庆历、嘉祐年间，王安石除了批判现实政治外，同时致力于士人主体价值的弘扬及相关的心性问题；而到了江宁讲学期间，王安石转向对儒家经典的重新诠释，为其变法寻找经典依据，从而开《三经新义》之先声，但由于王安石过早放弃儒学本体层面的建构，从而与同时代的道学家（北宋四子）分道扬镳，再加上新旧党争及新法的失败，最终导致了王安石新学的失败命运（参见刘成国：《王安石江宁讲学考述》，《中华文史论丛》（总第73辑），2003年，上海古籍出版社，第224—252页）。

② 徐公喜、郭文：《论"何谓朱子学"——一种可能的阐发途径》，《中国哲学史》，2017年第1期。吴震：《东亚朱子学：中国哲学的丰富性展示》，《哲学动态》，2019年第1期。

③ 经笔者考察，明代学者已经使用"阳明学"这一名词。如〔明〕董应举《郑孺环潘孺人合葬志铭》云："其为诸生时，学使者毁剥紫阳，以阳明学倡士，颁其书。孺环谢不领。"〔明〕董应举撰：《崇相集十九

闻》），但作为与"朱子学"相对的学派意义的"阳明学"概念则源自近代日本①。近代意义上的日本"阳明学"原本是指19世纪末在日本以"阳明"的名号发动的一场社会运动，其后又用来指称中国哲学史领域中的阳明哲学思想研究及阳明学派，后来又传回中国成为当今学界广泛使用的学派概念（由此还衍生出"阳明后学"名称）。②在意义范围上，"朱子学"与"阳明学"概念也包括狭义、基本义与广义三层含义。狭义的"朱子学"概念仅指朱熹本人的学术思想（"朱学""闽学"），基本义的"朱子学"概念相当于"程朱理学"，包括朱子的先驱、朱子本人及朱子后学的思想，广义的"朱子学"概念则进一步扩展到包括朝鲜、日本朱子学在内的"东亚朱子学"。同样，狭义的"阳明学"概念仅指王守仁本人的学术思想（"王学""姚江之学"），基本义的"阳明学"概念相当于"陆王心学"，包括阳明的先驱、阳明本人及阳明后学的思想，广义的"阳明学"概念则指包括朝鲜、日本阳明学在内的整个"东亚阳明学"。③总之，学界一般使用的广义"朱子学"和"阳明学"概念包括了近世以来中国、日本、朝鲜等儒家文化圈国家中发展起来的儒家思想与学派④，如朝鲜朱子学（如退溪学）、日本朱子学

卷（一）》卷14，北京出版社，1997年，第623页）又如〔明〕邹元标《奉训大夫尚宝司少卿我疆孟先生墓志铭》云："君讳秋，字子成，世居庄平，学者称为我疆先生。自幼凝重端淳，读诗书即通大意，不为训诂所束缚。里有宏山先生者，夙志阳明学，公贽而受学。"（〔明〕邹元标撰：《愿学集》卷6，商务印书馆，1983年，第237页）

① 钱明认为清代编纂的《明史·王守仁传》中最初提出"阳明学"一词。显然这已经是一个较晚的例子了（详见钱明：《关于东亚世界的"阳明学"概念》，《贵阳学院学报》，2015年第2期）。

② 邓红：《何谓"日本阳明学"》，《华东师范大学学报》，2015年第4期。

③ 如1974年至1983年日本东京明德出版社陆续出版的《朱子学大系》（全14卷）中的中国朱子学部分，包括朱熹的先驱、朱熹、朱熹的后继，其所选取的思想家及其顺序基本与《宋元学案》中的立案相同，并且都以宋初三先生为开端。此外为日本朱子学。1972年至1974年日本东京明德出版社出版的《阳明学大系》（全12卷）的中国阳明学部分，包括陆九渊、王守仁、阳明门人。此外为日本阳明学。

④ 吴震指出，东亚儒家文化圈不是建立在"中华文化中心论"或"中华文化一元论"上，而是建立在"多元中心论"或"多元一体论"上。也就是说，我们一方面要"去中心化"或"去一元论"，避免将朝鲜、日本儒学视作中国儒学的简单移植而混为一谈，另一方面也不应单纯地追求"去中心化"而遗忘儒学价值在东亚文化多元发展过程中仍然有着"一体"的存在意义（参见吴震：《东亚朱子学研究的回顾与反思》，《杭州师范大学学报》，2019年第1期）。邓庆平指出，所谓"一体"是从本源意义上来讲的，即中国朱子及其门人创立的朱子学——"本源朱子学"从源头意义上作为朝鲜、日本以及此后中国朱子学共同的"体"（参见邓庆平：《中韩朱子学发展模式的比较》，《儒学评论》，2019年第13辑，第132—148页）。

（如山崎闇斋学派）等，也就是所谓"东亚新儒学"①。基本义的"朱子学"和"阳明学"概念相当于程朱理学（狭义宋学）与陆王心学（狭义明学），合起来就是中国思想史上的"宋明新儒学"。因此，狭义、基本义、广义的"朱子学"与"阳明学"概念，都可以统一到"宋学""道学"或"新儒学"这些宋明儒学的总称概念之中。

此外，思想史上还有以地域学派创始人或集大成者的姓氏命名某一特殊学派的传统，如"朱学"（一般指上述狭义的"朱子学"，或者作为"朱子学"的简称）、"陆学""吕学"即分别指朱熹学派、陆九渊学派、吕祖谦学派，还有上述日本山崎闇斋学派被称为"崎门学"、朝鲜退溪学派被称为"退溪学"等，这些都是上述宋学、道学、理学，或者朱子学、阳明学这些大的学派概念的子学派。还有以研究内容或思想特征命名的特殊学派概念，如"象数学""新学"等。

总结上述"宋学""道学""理学"等一般总称概念与"朱子学""阳明学"等特殊学派概念的范围及其关系（思想体系）如表二所示：

表二　宋元明清儒学概念的范围及其关系

儒学（宋元明清）	宋学（广义理学）	道学（宋明理学）	程朱理学（朱子学、狭义宋学）
			陆王心学（阳明学、狭义明学）
		事功学派（永嘉、永康、金华等）	
		其他学派（新学、蜀学、象数学等）	
	汉学（考据学）		

四、结语

从本文中所论述的宋明儒学概念的意义演变及其关系来看，"宋学""道学""理学"等概念都有其深厚的历史背景和思想内涵，并且相互之间存在着错综复杂的交涉关系，因此必须从历史脉络和逻辑结构（思想体系）出发，对这些概念的意义和关系进行清晰的界定，否则极易造成混乱。如前述田浩主张使用他认为意义更为明确的传统"道学"概念，来代替"新儒学"概念。但其实"道学"概念的意义及范围比起

---

① 陈来著：《宋明理学》（第二版），华东师范大学出版社，2004年，第10—12页；陈来：《中国宋明儒学研究的方法、视点和趋向》，《浙江学刊》，2001年第3期。

"新儒学"概念来说存在更多歧义。除了上文所论述儒释道三教中的"道学"概念，尤其宋明儒学中的"道学"概念存在广义（宋学）、基本义（宋明道学）和狭义（程朱道学）的三种意义之外，近年来更有学者认为"道学"是诸子思想的共同纲要和哲学框架，主张用"道学"来概括包括儒、道、法、墨、农、名、兵、纵横、阴阳九家在内的整个中国传统思想文化。①这其实就是总结先秦诸子思想的《庄子·天下篇》中所说的"道术将为天下裂"。②即认为诸子百家都各得"道"之一斑，并以"道"作为贯穿诸子百家乃至整个中国思想文化的核心范畴。田浩所说的"道学"不是黄宗羲所批判的元代官修《宋史·道学传》中所规定的狭义"道学"（程朱理学），而是指宋代包括程朱理学与陆王心学乃至事功学派在内的宽泛意义上的"道学"（相当于基本义"宋学"概念）。③这与主张将"新儒学"等同于"宋明道学"（包括程朱理学与陆王心学）的冯友兰④及主张将"新儒学"等同于"宋明理学"（包括程朱理学与陆王心学）的张立文的观点不同。⑤只是因为"道学"概念是中国固有概念，其意义演变也局限在中国思想史内部，这一点与西方创造而后又传入中国的"新儒学"概念不同。而且老庄"道学"（Taoism或Daoism）与儒家"道学"（Tao-hsüeh或Dao-Xue）的英文名称

---

① 裴偲：《道学新探——评张绪通博士关于"道学"的概念和观点》，《社会科学研究》，1994年第5期。
② 〔清〕郭庆藩撰：《庄子集释》，中华书局，1961年，第1069页。
③ 田浩在说明12世纪晚期的"道学"范围时，举了庆元党禁中的叶适为例（参见《功利主义儒家——陈亮对朱熹的挑战》，第12页）。其实从《宋元学案·庆元党案》来看，当时官方"庆元党籍"中共列名59人，其中除了赵汝愚这样的政治官员和皇甫斌这样的武官之外，以朱熹及其门徒（朱学）为主的理学派自不用说，还包括浙东四明心学派（杨简、袁燮）、浙东永嘉事功学派（陈傅良、叶适）、湖湘学派（彭龟年、周端朝）、浙东金华学派（吕祖俭、吕祖泰）等学派的学者。"庆元党禁"一方面是韩侂胄借"伪学"（道学）的名义排斥政治上的异己分子，一方面也有其压制学术思想的目的在里面（参见连凡：《从〈宋元学案〉看政治与儒学的互动影响——以党禁与杂学为中心》，《成都大学学报》，2018年第3期）。
④ 冯友兰认为，理学名称出现较晚，而且理学既可指与心学对立的理学（程朱），又可指包括程朱理学与陆王心学在内的宋明理学，容易引起混淆，所以不如用比理学更早出现的道学名称来概括理学（程朱）与心学（陆王）（参见《略论道学的特点、名称和性质》，《论宋明理学——宋明理学讨论会论文集》，第37—56页）。
⑤ 张立文认为，"宋明理学"的名称已经约定俗成地指称包括程朱理学与陆王心学的理学思潮，不会引起歧义，反之"道学"名称容易与"道家之学""道教之学"相混淆，再加上"道学"名称不能反映宋元明时代精神的精华和本质特征。因为"理"体现了宋明时代的价值理想和终极关怀，而"道"是宋明时代的价值导向和进路。无论是性即理、心即理，还是气即理，宋明理学各派围绕着对"理"的不同解释而展开各自哲学体系的建构，各派的哲学逻辑结构又可以宋明理学来统摄（参见张立文著：《宋明理学研究》，人民出版社，2002年，第11—12页）。

不同，所以可能导致学者没有注意到中国历史上"道学"概念意义的复杂演变及其歧义性。总之，我们不能脱离历史和逻辑的维度，来孤立地评判概念的意义和范围。再加上不同学者对同一概念的理解和用法可能存在差异（如前述田浩与冯友兰所理解的"道学"就存在差异），因此我们在使用"宋学"（Song Studies 或 Song School）、"道学"（Tao-hsüeh 或 Dao Xue）、"理学"（Li-hsüeh 或 Li Xue）、"新儒家（学）"["Neo-Confucian (ism)"]等概念时必须对其意义、范围及相互关系做出明确的界定，从而避免造成思想体系及其概念上的模糊和混乱。

（作者连凡系武汉大学哲学学院副教授）

杨慈湖的心学特色

徐儒宗

内容摘要：杨慈湖的心学，实源于孔门"为己"之学，并以陆象山的"心学"为基础而更推进之，形成了所谓"天即己""心即道"的最为彻底的心学体系。其修养之道则以"诚"为本，以孔子的"四毋"为纲领，而以"不起意"为宗，主张"无思""无为"以保持"本心"的虚明之体。其说虽未必完全符合孔孟原意，实乃针对当时俗儒沉溺于章句之学不知自拔而发的救弊之论。学者当以"毋以辞害意"之旨并结合其平生践履加以体会，方能领略其扶持圣道之本心。

关键词：心学　天即己　心即道　不起意

杨简（1141—1226），字敬仲，学者称慈湖先生，浙江慈溪人。慈湖之学，实渊源于孔孟，初本乎家学，后又受业于陆象山。其在象山之门，从游最早，年辈最长，造诣最深，影响最大。故其学主要以陆氏心学为宗，而又能形成自己独具特色的心学体系。本文试予探讨，以期就正于高明。

一、学术渊源

慈湖之学，盖源于孔门的"为己"之学。《论语·宪问》载孔子曰："古之学者为己，今之学者为人。"朱熹《注》引程子曰："为己，欲得之于己也，其终至于成物；为人，欲见知于人也，其终至于丧己。"[①]这是说，"为人"之学，不管是出于何种用心，

[①] 〔宋〕朱熹撰：《四书章句集注》，中华书局，1983年，第155页。

都有可能流于形式而做表面文章；只有"为己"之学，方能真正自我受用，使主体人格挺立起来，从而也就能实现"修己以安人"乃至"修己以安百姓"的"成物"目标。所以，儒家的"仁"，从来都是从"仁者人也"的前提出发，因而总是"为仁由己"的。仁者"爱人"，既非受理性制约所驱使，亦非功利主义的权宜之计，而是出于主体的内在需要和情感的自然流露，也是个体自我价值实现所必然采取的形式。故《大学》云："君子有诸己而后求诸人，无诸己而后非诸人。"《中庸》也强调"正己而不求于人"，并引孔子曰："射有似乎君子，失诸正鹄，反求诸其身。"《孟子·公孙丑上》亦云："仁者如射，射者正己而后发，发而不中，不怨胜己者，反求诸己而已矣。"由此可见，凡事"求诸己"的"为己"之学，是孔门的一贯主张，也是儒者的治学原则。

不过，孔门所谓"为己"之学，其旨在于"为仁"乃主体之需要而出于内心之自觉，初未尝谓天地万物皆包含在一"己"之内，而慈湖则将"己"字推向了包含一切天地万物在内的高度。在其《家记一·己易》中，他对这一思想作了充分的发挥。他说：

> 《易》者，己也，非有他也。以《易》为书，不以《易》为己，不可也；以《易》为天地之变化，不以《易》为己之变化，不可也。天地，我之天地；变化，我之变化，非他物也。私者裂之，私者自小也。①

慈湖认为，群经之首的《周易》讲的就是为己之学。所以，"善学《易》者，求诸己，不求诸书"。②他还认为，首先发明易理的包牺氏为了表达"己"这一思想，才创造性地画成了"—"和"--"两个爻象来体现吾体之分与合。他说：

> 包牺氏欲形容易是己不可得，画而为—。於戏！是可以形容吾体之似矣。又谓是虽足以形容吾体，而吾体之中又有变化之殊焉，又无以形容之，画而为--。……—者，吾之全也；--者，吾之分也。全即分也，分即全也。③

---

① 〔宋〕杨简：《家记一·己易》，《慈湖先生遗书》卷7，〔宋〕杨简著，董平校点：《杨简全集》，浙江大学出版社，2015年，第7册，第1972页。
② 《家记一·己易》，《慈湖先生遗书》卷7，《杨简全集》，第7册，第1977页。
③ 《家记一·己易》，《慈湖先生遗书》卷7，《杨简全集》，第7册，第1972—1973页。

于是，慈湖又认为，学问必须与"己"合而为一，己与道、己与物，皆不容分隔成两截。他说：

> 自生民以来，未有能识吾之全者。惟睹夫苍苍而清明而在上，始能言者，名之曰天；又睹夫隤然而博厚而在下，又名之曰地。清明者吾之清明，博厚者吾之博厚，而人不自知也。①

据此，慈湖又把"人道"与"天道"合而为一，肯定"天人一道也"。他说：

> 天即己也，天即易也。地者，天中之有形者也。吾之血气形骸，乃清浊阴阳之气合而成之者也。吾未见夫天与地与人之有三也。三者，形也；一者，性也，亦曰道也，又曰易也。名言之不同，而其实一体也。②

在这里，慈湖以《周易》"一阴一阳之谓道"为根据，认为"道"是"阴"与"阳"相互作用的统一体，而"道"乃是万物之本。就人而言，原为整个宇宙的万物之一，故其本质亦统一于道。所以，道是涵摄统一了包括人的本身在内的一切宇宙现象的本体，也是宇宙万物得以存在的本质根据。由此而言，包括人本身在内的天地万物实质上并非相互独立，而是存在着普遍联系和更为本质的统一性的。于是，慈湖把人与天地万物在"道"的层面上合而为"一"。因而他又说：

> 举天地万物万化万理，皆一而已矣。……不以天地万物万化万理为己，而惟执耳目鼻口四肢为己，是剖吾之全体而裂取分寸之肤也，是梏于血气而自私也、自小也，非吾之躯止于六尺七尺而已也。坐井而观天，不知天之大也；坐血气而观己，不知己之广也。③

这样，慈湖不仅把人与天地万物合而为一，而且又把一切天地万物亦统一于

---

① 《家记一·己易》，《慈湖先生遗书》卷7，《杨简全集》，第7册，第1973页。
② 《家记一·己易》，《慈湖先生遗书》卷7，《杨简全集》，第7册，第1973页。
③ 《家记一·己易》，《慈湖先生遗书》卷7，《杨简全集》，第7册，第1974—1975页。

"己"。然而，慈湖的论证并未到此为止，他还进一步认为，天地万物的一切功能也是由"己"而生发的。其《家记一·己易》云：

> 以吾之照临为日月，以吾之变通为四时，以吾之散殊于清浊之两间者为万物，以吾之视为目，以吾之听为耳，以吾之噬为口，以吾之嗅为鼻，以吾之握为手、行为足，以吾之思虑为心。言吾之变化云为、深不可测谓之曰神，言吾心之本曰性，言性之妙不可致诘、不可以人为加焉曰命。得此谓之德，由此谓之道，其觉谓之仁，其宜谓之义，其履谓之礼，其明谓之智，其昏谓之愚，其不实谓之伪，其得谓之吉，其失谓之凶，其补过谓之无咎，其忻然谓之喜，其惨然谓之忧。悔其非谓之悔，吝而小谓之吝。其不偏不过谓之中，其非邪谓之正，其尽焉谓之圣，其未尽焉谓之贤。言乎其变谓之易，言乎其无所不通谓之道，言乎无二谓之一，今谓之己。谓之己者，亦非离乎六尺而复有妙己也，一也。①

慈湖认为，无论日月之照临、四时之运行，乃至仁、义、礼、智等一切道德行为，都是由一"己"生发而出。显然，慈湖已把"己"的地位和功用提高到无以复加的程度。

其实，"天人合一"本来就是儒学的总体特色，即使是程朱学派，也主张"仁者与天地万物浑然一体"之说。不过，程朱之所谓"一体"，主要是指人与天地万物之间存在普遍联系而已，其仍然把"天地万物"看作主体"人"所认识的客体对象，而未尝将天地万物等同于人。及象山提出"宇宙便是吾心，吾心即是宇宙"之说，始有把"天地万物"等同于"吾心"的倾向。而慈湖则把象山的这一观点推向了极致，并形成了自己独具的特色。

二、心之本体

孔门"为己"之学，最终必然要落实到"心"上，何况象山的"心学"本来就持

---

① 《家记一·己易》，《慈湖先生遗书》卷7，《杨简全集》，第7册，第1975页。

"心即理"的观点而把"心"作为本体。慈湖作为象山的入室弟子，治学以"心"作为本体乃是顺理成章的。

据钱时所作《宝谟阁学士正奉大夫慈湖先生行状》所载，慈湖早年尝"默自反观，已觉天地万物通为一体，非吾心外事"。[①]这一体会，其实已与象山"宇宙便是吾心，吾心即是宇宙"的观点基本吻合。及为富阳主簿时，象山为之揭示"本心"之旨，更觉此心澄明清澈，遂终身服膺象山之说，而以发明"本心"为其治学宗旨。后慈湖在象山"心学"的基础上，又进一步系统提出并形成了自己的心学特色，而这种心学特色又是在他所认定的"己"的理论上的继续展开。

其一，慈湖在象山"心即理"的基础上，又进一步提出了"吾心即道"的观点。他在《学者请书》中认为："吾心即道，不可更求。"[②]他认定"吾心即道"之义实渊源于尧、舜、孔、孟，并把自己的心学思想融贯于对经典的著述之中。比如，他在其所著的《杨氏易传》中将《周易》的哲理加以阐发，借以发明自己的心学理论，并且用其自创的一整套理论体系，来努力使《周易》的内容心学化。而这一理论体系的逻辑是：《周易》的各种体例、命题、内容都具有内在的统一性，它们之间的差别是由学人的认识不同所造成的，其内在统一性最终都落实于人心之中。慈湖还以《连山》《归藏》《周易》三易的首卦之不同，来证明各卦中皆有"混然一贯之道"，认为此道即是心性，天地人物的变化皆为道心所生，从道心的意义上来说，各卦没有大小优劣之分，它们都是易道的"异名"。以此为依据，他批判了人们对各卦有差别之分的错误认识。如其《家记二·论〈书〉》云："《书》首言《尧典》《舜典》，典，常也。舜曰'惟精惟一'，一，亦常也。""故以《三坟》为大道，《五典》为常道。不常何以为道，不一何以为道。道心惟微，本精本一。人心即道心，心本常。"[③]其《蒋秉信墓铭》又云："舜曰'道心'，明心即道。"[④]在这里，慈湖把"五典""精""一"理解为"常道"，并把"人心"与"道心"统一起来。不过，必须说明的是，慈湖之所谓"人心"与《书》之本旨已有所不同。因为《书》之"人心"所以区别于"道心"，显然是指已受外物所蔽

---

① 〔宋〕钱时：《宝谟阁学士正奉大夫慈湖先生行状》，《慈湖先生遗书》卷18，《杨简全集》，第9册，第2267页。
② 《学者请书》，《慈湖先生遗书》卷3，《杨简全集》，第7册，第1883页。
③ 《家记二·论〈书〉》，《慈湖先生遗书》卷8，《杨简全集》，第8册，第2025—2026页。
④ 《蒋秉信墓铭》，《慈湖先生遗书》卷5，《杨简全集》，第7册，第1915页。

之"心",故曰"惟危";而慈湖认为"人心即道心"之"人心",只能是指未受外物所蔽之"人之本心"。因而他在《家记二·论〈书〉》中评述《中庸》"率性之谓道"一语时认为"不必言率",因为"性即心,心即道,道即圣,圣即睿。言其本谓之性,言其精神思虑谓之心,言其天下莫不共由于是谓之道"。① 可见,他是把性、心、道合而为一。慈湖在其《诗解序》中还认为:"《易》《诗》《书》《礼》《乐》《春秋》,其文则六,其道则一。"而"至道在心,奚必远求""知吾心所自有之六经,则无所不一,无所不通",这是说六经本是载道之书,既然"至道在心""吾心即道",故而六经与"心"是完全一致的。②

慈湖在任秘书省著作佐郎时,日本的俊芿律师请言,慈湖即举圣人之言告之曰:

> 心之精神是谓圣。此心虚明无体象,广大无际量,日用云为,虚灵变化,实不曾动、不曾静、不曾生、不曾死,而人谓之动、谓之静、谓之生、谓之死。昼夜常光明,起意则昏则非。③

其在《家记九·泛论学》中更着重指出:孔子的"心之精神是谓圣"一语系圣人"切至之诲"。④ 所以在慈湖看来,举凡一切思虑言行,只要合乎吾心,也就自然合乎圣人之道。

其二,慈湖认为,作为心体,是人人之所自有,并且是人人相同、天地万物相同的。其《绝四记》云:"夫清明之性,人之所自有,不求而获,不取而得,故《中庸》曰:'诚者自成也,而道自道也。'"⑤ 慈湖之所谓"清明之性",实指心体而言。故他在《家记一·己易》中亦云:"能识恻隐之真心于孺子将入井之时,则何思何虑之妙,人人之所自有也;纯诚洞白之质,人人之所自有也;广大无疆之体,人人之所自有也。"⑥ 在《学者请书》中又说:"某知人人本心皆与尧、舜、禹、汤、文、武、周公、孔子同。"⑦

---

① 《家记二·论〈书〉》,《慈湖先生遗书》卷8,《杨简全集》,第8册,第2020页。
② 《诗解序》,《慈湖先生遗书》卷1,《杨简全集》,第7册,第1845—1846页。
③ 《日本国僧俊芿求书》,《慈湖先生遗书》卷3,《杨简全集》,第7册,第1889—1890页。
④ 《家记九·泛论学》,《慈湖先生遗书》卷15,《杨简全集》,第9册,第2188页。
⑤ 《绝四记》,《慈湖先生遗书》卷2,《杨简全集》,第7册,第1856页。
⑥ 《家记一·己易》,《慈湖先生遗书》卷7,《杨简全集》,第7册,第1979页。
⑦ 《学者请书》,《慈湖先生遗书》卷3,《杨简全集》,第7册,第1883页。

还在《二陆先生祠堂记》中自称听了象山所揭示的"本心"之旨后，便"一语触其机，某始自信其心之即道，而非有二物，始信天下之人心皆与尧、舜、禹、汤、文、武、周公、孔子同，皆与天地、日月、四时、鬼神同"。①这就是说，作为心体，不仅人与人相同，而且人与天地万物也是相同的。是故慈湖认为，天道不外人道而立，易道、易理亦不外吾心、别有所在。己之仁，己之本心，即是易也。他还进一步把"人心"与"天心"统一起来，认为"惟当乎人心，则当乎天心""必合天下人心，则合天心"。这其实是发挥了《书·泰誓中》所说的"天视自我民视，天听自我民听"的民本思想。

其三，从象山"宇宙便是吾心，吾心即是宇宙"之说出发，慈湖也认为"其心皆和同天地之间，一而已"；天地万物与人同为一体，"心"与"天地"是完全统一的。不仅如此，他还强调一切天地万物尽皆包含于吾心之中。在慈湖看来，"心"是虚明无体、无限广大而无所不包的。他在《著庭记》中说："心何思何虑，虚明无体，广大无际。天地范围于其中，四时运行于其中，风霆雨露霜雪散于其中，万物发育于其中，辞生于其中，事生于其中。"②这是说，一切天地万物及其运行功用无不包含于"心"之中。他在《杨氏易传》中也说："物有大小，道无大小；德有优劣，道无优劣。其心通者，洞见天地人物尽在吾性量之中，而天地人物之变化，皆吾性之变化，尚何本末、精粗、大小之间？"③其《家记四·论〈论语〉上》还说："天高地下，物生之中，十百千万，皆吾心耳，本无物也。"④

其四，慈湖还进一步认为"天地万物"皆由"吾心"而产生。他说：

> 夫所以为我者，毋曰血气形貌而已也。吾性澄然清明而非物，吾性洞然无际而非量。天者，吾心中之象；地者，吾心中之形。故曰"在天成象，在地成形"，皆我之所为也。混融无内外，贯通无异殊，观一画，而其旨昭昭矣。⑤

这是说，天地万物之一切形态变化，"皆我之所为"，亦即皆由吾心而产生。

---

① 《二陆先生祠堂记》，《慈湖先生遗书》卷2，《杨简全集》，第7册，第1864页。
② 《著庭记》，《慈湖先生遗书》卷2，《杨简全集》，第7册，1872页。
③ 《杨氏易传》，《杨简全集》，第1册，第12页。
④ 《家记四·论〈论语〉上》，《慈湖先生遗书》卷10，《杨简全集》，第8册，第2075页。
⑤ 《家记一·己易》，《慈湖先生遗书》卷7，《杨简全集》，第7册，第1973页。

其五，慈湖认为心体是固定不变的。他说：

> 此心常见于日用饮食之间、造次颠沛之间，而人不自省也。……是心本一也，无二也，无尝断而复续也，无向也不如是而今如是也，无向也如是而今不如是也。昼夜一也，古今一也。少壮不强而衰老不弱也，可强可弱者，血气也；无强无弱者，心也；有断有续者，思虑也；无断无续者，心也。能明此心，则思虑有断续而吾心无断续，血气有强弱而吾心无强弱。有思无思，而吾心无二。不能明此心，则以思虑为心，虽欲无断续，不可得矣；以血气为己，虽欲无强弱，不可得矣。虽欲造次于是，颠沛于是，无须臾不于是，勉强从事，不须臾而罢矣。况于造次乎？况于颠沛乎？①

这是说，一个人的血气是有变化的，但作为心体，是千古如斯而没有大小、强弱、断续之变化的。

由此可见，慈湖之心学淋漓尽致地发挥了象山"宇宙便是吾心，吾心即是宇宙""此心同，此理同"之义，并在此基础上继续推进，从而形成了自己独具特色的理论体系。

三、心之修养

慈湖的修养论，既不同于程朱的道德与知识并重的"涵养须用敬，进学则在致知"之说，也不同于象山的"存养"和"力行"之说，而是主张在自明"本心"的基础上，把"意"当作害"心"之源，强调以"不起意"为宗，进而提出了"无思""无为"以保持"本心"的修养理论。

慈湖之论修养，是从自明本心入手的。其《家记一·己易》云：

> 古圣作《易》，凡以开吾心之明而已。……或者自以为难，近取诸身，殊不远也。身犹远尔，近取诸心，即此心而已矣。曾子传之，曰："夫子之道，忠

---

① 《家记一·己易》，《慈湖先生遗书》卷7，《杨简全集》，第7册，第1979页。

恕而已。"孟子学之，曰："仁，人心也。"又曰："恻隐之心，人皆有之；羞恶之心，人皆有之。"①

人的虚明好善之本心是本然具有的，人生修养就在于"开吾心之明"。然而，自明本心又当以"诚"为本，正如《中庸》所谓"诚则明"也。故其《家记一·己易》又云：

> 《书》曰："作德心逸日休，作伪心劳日拙。"如此，则亦伪而已矣，非诚也。孔子曰"主忠信"，忠信者，诚实而已，无他妙也，而圣人以是为主本。或者过而索之，外而求之，必反失忠信之心，即道心，即仁义礼智之心，即不勉而中、不思而得之心。通乎一，万事毕。差之毫厘，谬以千里。"不远复"，此心复也。"频复"，频放而频反也，亦危矣，然已复则如常矣，无咎也。得此则吉，失此则凶。无虞他日之吉凶，但观一念虑之得失。②

这是说，内心之"诚"体现在言行上则为"忠信"。于是，《家记一·己易》又列举古代圣王在言行上体现"忠信"之例为证，以说明圣人修道之精义。其云：

> 庸言之信，庸行之谨，不可以精粗论也。儆戒无虞，罔失法度，正《易》道之妙也。尧舜"允执厥中"，执此也；"兢兢业业"，弗敢怠也；禹之"克艰"，不敢易也；汤"改过不吝"，去其不善而复于善也；文王"翼翼"，小心也。信吾信，谨吾谨，儆戒吾儆戒，执吾执，兢兢吾兢兢，业业吾业业，艰吾艰，改吾改，翼翼吾翼翼，无二我也，无二《易》也。……不改不移，谓之寂然不动可也，谓之无思无虑可也，谓之不疾而速、不行而至可也。此天下之至动也，此天下之至赜也。……然而至易也，至简也。③

在慈湖看来，只要以"诚"为本，在言行上体现为"忠信"，就能达到圣人的境

---

① 《家记一·己易》，《慈湖先生遗书》卷7，《杨简全集》，第7册，第1977—1978页。
② 《家记一·己易》，《慈湖先生遗书》卷7，《杨简全集》，第7册，第1979页。
③ 《家记一·己易》，《慈湖先生遗书》卷7，《杨简全集》，第7册，第1978页。

界，这对修心之道而言，其实是很简易的事。

然而，从自明本心的另一方面而言，又在于消除心之障蔽，即所谓"四毋"。《论语·子罕》谓"子绝四：毋意，毋必，毋固，毋我"，慈湖即据此意而作为消除障蔽以自明本心之条目。其《绝四记》云：

> 人心自明，人心自灵。意起我立，必固碍塞，始丧其明，始失其灵。孔子日与门弟子从容问答，其谆谆告戒止绝学者之病，大略有四：曰意，曰必，曰固，曰我。门弟子有一于此，圣人必止绝之。……知夫人皆有至灵至明、广大圣智之性，不假外求，不由外得，自本自根，自神自明。微生意焉，故蔽之；有必焉，故蔽之；有固焉，故蔽之；有我焉，故蔽之。昏蔽之端，尽由于此，故每每随其病之所形而止绝之，曰毋如此，毋如此。圣人不能以道与人，能去人之蔽尔。①

于是，慈湖对"四毋"依次作了深入探讨。其《绝四记》云：

> 何谓意？微起焉皆谓之意，微止焉皆谓之意。……然则心与意奚辨？是二者未始不一，蔽者自不一。一则为心，二则为意。……孟子明心，孔子毋意，意毋则此心明矣。
>
> 何谓必？必亦意之必。必如此，必不如彼，必欲如彼，必不欲如此。大道无方，奚可指定？……必信必果，无乃不可？断断必必，自离自失。
>
> 何谓固？固亦意之固。固守而不通，其道必穷；固守而不化，其道亦下。孔子尝曰："我则异于是，无可无不可。"……可不可尚无，而况于固乎！
>
> 何谓我？我亦意之我。意生故我立，意不生，我亦不立。……不知方意念未作时，洞焉寂焉，无尚不立，何者为我？虽意念既作，至于深切时，亦未尝不洞焉寂焉，无尚不立，何者为我？②

基于此，慈湖又认为："学者喜动喜进，喜作喜有，不堕于意则堕于必，不堕于固

---

① 《绝四记》，《慈湖先生遗书》卷2，《杨简全集》，第7册，第1856页。
② 《绝四记》，《慈湖先生遗书》卷2，《杨简全集》，第7册，第1856—1858页。

则堕于我。堕此四者之中，不胜其多，故先圣随其所堕而正救之，止绝之。"① 然而四者之中，慈湖认为根源全在于"意"，其他三者皆由"意"产生，即所谓"必亦意之必""固亦意之固""我亦意之我"。据此，慈湖主张"自明本心"当以"不起意"为宗。

慈湖注重无事时反观内省，临事时于事上磨心，这是他一生的心得，亦成为他重要的心学思想。据载，慈湖尝面奏宋宁宗曰："陛下自信此心即大道乎？"宁宗答曰："心即是道。"慈湖又问："日用如何？"宁宗曰："止学定耳。"慈湖曰："定无用学。但不起意，自然静定澄明。"②

然而，慈湖的"不起意"之旨实本于象山。黄梨洲说：

> 象山说颜子克己之学，非如常人克去一切忿欲利害之私，盖欲于意念所起处，将来克去。故慈湖以不起意为宗，是师门之的传也。……案慈湖之告君曰："此心即道，惟起乎意则失之。起利心焉则差，起私心焉则差，起权心焉则差；作好焉，作恶焉，凡有所不安于心焉，皆差。即此虚明不起意之心以行，勿损勿益，自然无所不照。"然则不起意之旨，亦略可识矣。③

其实，慈湖教人"不起意"，并非教人槁木死灰、做个痴呆，而只是要人"复本心""由仁义行"而已。

不过，慈湖之所谓"意"，较之象山"私意"的概念更为广泛，当是指人的本能之外的一切意识活动。其在《家记三·论礼乐》中说："人心至灵至神，虚明无体，如日如鉴，万物毕照，故日用平常不假思为，靡不中节，是为大道。微动意焉，为非为僻，始失其性。"④ 其《昭融记》亦云："此心无体，虚明洞照如鉴，万象毕见其中而无所藏。惟动乎意则始昏，作好作恶，物我樊墙，是非短长，或探索幽遐，究源委，彻渊底，愈乖张。"⑤ 这是说，"心"是一种至灵至神但又无思无为的精神本体，一有意识活

---

① 《绝四记》，《慈湖先生遗书》卷2，《杨简全集》，第7册，第1858页。
② 《宝谟阁学士正奉大夫慈湖先生行状》，《慈湖先生遗书》卷18，《杨简全集》，第9册，第2277页。
③ 〔清〕黄宗羲：《慈湖学案》，《宋元学案》卷74，〔清〕黄宗羲著，沈善洪主编，吴光执行主编：《黄宗羲全集》，浙江古籍出版社，2005年，第5册，第968页。
④ 《家记三·论礼乐》，《慈湖先生遗书》卷9，《杨简全集》，第8册，第2037页。
⑤ 《昭融记》，《慈湖先生遗书》卷2，《杨简全集》，第7册，第1856页。

动,就是对这种本体的破坏,使之失其固有的善性而为恶。所以他在《诗解序》中说:"人心本正,起而为意而后昏。"①其《乡记序》亦云:"人性皆善,皆可以为尧舜,特动乎意,则恶。"②其《乐平县学记》又云:"千失万过,孰不由意虑而生乎?意动于爱恶,故有过;意动于声色,故有过;意动于云为,故有过。意无所动,本亦无过,先圣所以每每止绝学者之意,门弟子总计之曰'毋意',为是故也。"③

那么,这个"意"又是从何产生的呢?慈湖认为,"意"生于"不自知"。其《家记二·论〈书〉》云:"人惟不自知,故昏故愚。"而所谓"不自知",就是没有自我觉悟到"心"的"虚明无体"之本质,而与"心"有了隔阂。所以他在《绝四记》中云:"一则为心,二则为意;直则为心,支则为意;通则为心,阻则为意。"④然而,人又怎么会"不自知"而走上"二""支""阻"的歧途呢?慈湖认为原因即在于"思"。他在《杨氏易传·艮》中说:"苟微起思焉,即为出位,即为失道。"⑤而只有"不识不知""非思非为","心"才能保持其《绝四记》中所谓"昭明如鉴,不假致察,美恶自明,洪纤自辨"⑥的"至善"本性。

因而,慈湖在其《家记五·论〈论语〉下》中认为:

> 曰"无知"者,圣人之真知;而圣人知之,实无知也。……圣人之道乃非智识,非事物,则求圣人之道者,不可以知为止。……圣人之真无知,非智识之所到,非知不知所能尽,一言以蔽之曰:心而已矣。⑦

这就是说,"圣人之道"不属于"知"的范围,因而是不能言说、无法学习的。所以,个人修养不必向外在的"圣人之道"学习,而只需"无思无虑"以达到"心"的"真无知"即可。因为"有知则有意","有意"便会使心去追求外物,并产生逐物的能力和行为,然后入于邪恶。故慈湖的《杨氏易传·益》有云:

---

① 《诗解序》,《慈湖先生遗书》卷1,《杨简全集》,第7册,第1845页。
② 《乡记序》,《慈湖先生遗书》卷1,《杨简全集》,第7册,第1849页。
③ 《乐平县学记》,《慈湖先生遗书》卷2,《杨简全集》,第7册,第1860页。
④ 《绝四记》,《慈湖先生遗书》卷2,《杨简全集》,第7册,第1857页。
⑤ 《杨氏易传·艮》,《杨简全集》,第1册,第296页。
⑥ 《绝四记》,《慈湖先生遗书》卷2,《杨简全集》,第7册,第1857页。
⑦ 《家记五·论〈论语〉下》,《慈湖先生遗书》卷11,《杨简全集》,第8册,第2129页。

人心即道，故曰"道心"。道心无体，因物有迁，迁则有所倚，有所倚则入于邪。不动于意，本无所倚，本无邪偏，何思何虑，自至自中，自神自明，自无所不通。……唯无思，故无所不明；唯无为，故无所不应。凡《易》之道，皆此道也，皆大《易》之道也。①

这是说，"不起意"的实质，即在于"无思""无为"，只有这样，才能自然臻乎"无所不通"之境。其《家记一·己易》亦云："远近，一物也；小大无二体也。闺门之内，若近而实远也，若小而实大也。即敬即爱，无不通矣；有伦有叙，无不同矣。"②因为即近知远，即小知大，凡事只要从本心出发，自然物我相通。是故其《家记一·己易》又云：

当《乾》之初而不肯潜，此心放也；当五而不能飞，此心固也；当三而不惕，此心慢也；当四而不疑，此心止也。循吾本心以往，则能飞能潜、能疑能惕；能用天下之九，亦能用天下之六，能尽通天下之故。仕久止速，一合其宜，周旋曲折，各当其可，非勤劳而为之也，吾心中自有如是十百千万散殊之正义也。礼仪三百，威仪三千，非吾心外物也。故曰："性之德也，合内外之道也，故时措之宜也。"言乎其自宜也，非求乎宜者也。③

由是观之，慈湖之所谓"无思""无为"，并非主张毫无作为，而是主张"循吾本心以往"，以为即此便可自然合乎圣人之道。

四、结语

慈湖的心学，如果仅从其文字表面看来，似乎未必完全符合孔孟原意，甚至与象山之学亦有差距。例如：其一，孔门所谓"为己"之学，系就自得于心而言，而慈湖则将"己"等同于天地万物。其二，《书》之所谓"人心"，乃指已受外物所蔽的常

---

① 《杨氏易传·益》，《杨简全集》，第1册，第247页。
② 《家记一·己易》，《慈湖先生遗书》卷7，《杨简全集》，第7册，第1981页。
③ 《家记一·己易》，《慈湖先生遗书》卷7，《杨简全集》，第7册，第1979—1980页。

人之心，故与"道心"对言，而慈湖则指人之本心，故等同于"道心"。其三，《论语·为政》记孔子曰："七十而从心所欲不逾矩。"这里的"矩"即指事物的客观规律，亦即"道"。孔子自谓七十岁才达到"心"与"道"适相符合的境界，分明"心"与"道"本系二物。而慈湖则不仅把"心"等同于"道"和天地万物，并且认为天地万物尽皆包含在"吾心"之中，天地万物皆由"吾心"所产生。其四，孔门"毋意"之"意"以及象山之所谓"意"，皆指有违正道的"私意"而言，而慈湖所主张的"不起意"之"意"，乃指人的本能之外的一切意识活动。其五，孔孟都很重视"思"，孔子谓"学而不思则罔"，孟子谓"心之官则思"，都认为"思"是心体的重要活动，孔子亦仅仅强调"思无邪"而已，而慈湖则不加区分地主张"无思""无为"，如此等等。不难看出，慈湖这些观点有一个显著的特色，就是为了强调某一方面而将其推向了极端。如果用儒家的中庸之道加以衡量，其失可谓是偏于太"过"之弊。

然而，如果从慈湖立说的出发点来看，大概是出于针对当时社会弊端的救弊之论。因为当时国弱民困，世风日下，世人未免溺于物欲而昧其本心，而学者亦大都为了求取功名利禄而沉溺于章句之学不知所以自拔，以致把文章学问与道德践履分裂为"二"。慈湖为了扭转这一颓势，不得不极力强调"本心"之说以倡导孔门"为己"之学，以期文章学问与道德践履合而为"一"。立论虽若有过激之嫌，但作为救弊之药，实有其可取之处。

慈湖心学不仅确立了"道"或者说"心"的本体意义，而本体与万物的关系亦即理与事的关系，事外无理，理外无事。若依《大学》所言，本体之心是"明德"，体认证悟本体之心就是"明明德"。因而慈湖心学还特别强调"新民"，也就是依据正道和民众的意愿治理天下，并且教化民众，使所有的人都能够体认证悟本心，都能够"明明德"。

尽管慈湖所论心体无所不包及证悟心体的方法，确有禅学的影子，然其中亦有先秦儒家的思想精蕴，况其目的并非进入涅槃之境，而在于儒家的社会践履之学。因此，学者若能根据"毋以辞害意"之旨加以领会，从中仍然可以获取许多有益的成分。

更何况，试考察慈湖生平践履，皆能言行一致地遵照儒门礼教，而其为政，"务以德化感人，民自悦服"[①]，道德文章，皆可师表当世。因此，对于慈湖心学，不仅要探讨

[①]《慈湖学案》，《宋元学案》卷74，《黄宗羲全集》，第5册，第952页。

其学说中的短长而吸取其精华，更重要的还应从其立身处世的道德践履中发扬其精神，这对于引导当前社会现实中某些物欲横流、道德败坏的不良风气，必可发挥其良好的效果。鄙意窃谓，以下几段评论对于研究慈湖心学颇具指导性作用。

> 慈湖先生平生践履，无一瑕玷。处闺门如对大宾，在暗室如临上帝。年登耄耋，兢兢敬谨，未尝须臾放逸。学先生者，学此而已。若夫掇拾遗论，依放近似，而实未有得，乃先生之所深戒也。差之毫厘，谬以千里，敬之哉！①（袁蒙斋《记乐平文元遗书阁》）
>
> 《杨敬仲集》皆德人之言也，而未闻道。②（黄勉斋）
>
> 文元之学，先儒论之多矣，或疑发明本心，陆氏但以为入门，而文元遂以为究竟，故文元为陆氏功臣，而失其传者亦有之。愚以为未尽然。夫论人之学，当观其行，不徒以其言。文元之斋明严格，其生平践履，盖涑水、横渠一辈人，曰诚，曰明，曰孝弟，曰忠信，圣学之全，无以加矣。特以当时学者沉溺于章句之学而不知所以自拔，故为本心之说以提醒之。盖诚欲导其迷途而使之悟，而非谓此一悟之外更无余也。而不善学者，乃凭此虚空之知觉，欲以浴沂风雩之天机屏当一切。是岂文元之究竟哉！③（全谢山《碧沚杨文元公书院记》）

全谢山的结论是："慈湖之言不可尽从，而行则可师。"④这一论断似可作为探索慈湖心学之指针。

（作者徐儒宗系浙江省社会科学院研究员）

---

① 《慈湖学案》，《宋元学案》卷74，《黄宗羲全集》，第5册，第967页。
② 《慈湖学案》，《宋元学案》卷74，《黄宗羲全集》，第5册，第951页。
③ 《慈湖学案》，《宋元学案》卷74，《黄宗羲全集》，第5册，第968—969页。
④ 《慈湖学案》，《宋元学案》卷74，《黄宗羲全集》，第5册，第951页。

阳明心学研究

论王阳明心学格局的形成

李承贵

内容摘要：阳明心学格局的形成是多种元素聚合之果，这些元素至少包括接引弟子、刊刻语录、修葺书院、分担事务、协调分歧、抵御毁谤、心灵陪伴、分化一方等。此八种元素各以其特殊功用为阳明心学输送有益养分，成为阳明心学成长的基础；而且，此八种元素相互贯通、相互支援，从而构成以阳明心学为核心、对内可以激活自身、对外可以抵御威胁的学术共同体。而此八种元素的社会科学属性提示我们，作为人文理念的阳明心学乃是由社会科学属性的元素综合、转化、升华而来。由此，我们不仅能把握阳明心学格局形成的真实脉络，而且能获得分析和评论阳明心学形成的可靠依据，从而确立对阳明心学的理性认知。

关键词：王阳明心学　格局　形成

所谓"王阳明心学格局的形成"，是指阳明去世前所形成的格局，其时间为正德十六年（1521）至嘉靖七年（1528）。这是因为：第一，以绍兴为中心辐射全国的心学思潮业已形成；第二，王阳明心学的核心概念基本确立，心学思想体系完成；第三，讲学活动盛况空前，弟子众多且分化各方。那么，这种格局究竟是怎样形成的？其原因与脉络如何？表现出怎样的特点？以往虽有许多智慧的探讨，但似乎未能尽如人意。本文拟由接引弟子、刊刻语录、修葺书院、分担事务、协调分歧、抵御毁谤、心灵陪伴、分化一方等八个方面展开初步考察，以为探寻阳明心学格局形成的原因、脉络及特点提供一点新的论述。

一、接引弟子以建设队伍

王阳明心学格局形成的基本条件之一,就在于拥有学术队伍,而心学的队伍建设和壮大得益于学生们为阳明广接弟子;而且,阳明弟子自己也招收弟子,从而使阳明心学的队伍在阳明生前就呈现出蔚为壮观的气象。

黄绾(1480—1551)虽入门较晚,但为阳明接引弟子不遗余力。黄绾接引的著名弟子有梁仲用、顾惟贤、王元正、应良、汪景颜、林以吉、郑继之、施存宜、堵高洵等。正德七年(1512),黄绾即回天台,梁仲用等三人忧心学无所依,黄绾便向三人推荐王阳明:"阳明先生在矣,子日亲之,其终染乎!……况先生尚留数月,二三子勉以亲之,毋徒戚戚。"[①]安慰三人只要天天亲近阳明,必学有所成,没有必要悲观。黄绾介绍郑继之入门:"近至越,会阳明,其学大进。所论格致之说,明白的实,于道方有下手,真圣学秘传也。坐问每论执事资禀难得,阳明喜动于色,甚有衣钵相托之意,执事可一来否?天地间此担甚重,非执事无足当之者。诚不宜自弃。"[②]黄绾不仅兴奋地夸赞阳明的学问,而且透露阳明有意郑氏继承衣钵,这不能不令郑氏心驰神往。黄绾肯定堵高洵拜师阳明的意愿,并乐意牵线搭桥:"欲往阳明先生门下受业,此意甚好,已备道之。"[③]

作为较早入门的学生,薛侃(1486—1545)为阳明接引弟子也是尽其所能。他先后引介杨仕鸣、杨仕德、余士斋、林文以及兄长薛俊等家人拜师阳明。杨毅斋兄弟因薛侃影响而远赴赣州拜师:"遇中离,闻阳明先生之教,遂赴赣州,数月有省。"[④]薛侃游说兄长薛俊等家人拜师阳明:"时宗朱《传》,弟侃事阳明夫子于南畿,登第归省,因闻其说,叹曰:'昔闻昆斋先生之论,亦有然者。此乃见人心至同,圣学在是矣。'遂率其弟侨、子宗铠而师之。"[⑤]薛侃劝余士斋拜师阳明:"正德戊寅,应贡北上,遇中离于南监,中离曰:'吾人之学必有印证,方能统会宗元。……有阳明先生在,如欲进

[①] 〔明〕黄绾:《留别三友》,张宏敏编校:《黄绾集》卷8,上海古籍出版社,2014年,第147页。
[②] 《与郑继之书》,《黄绾集》卷19,第344页。
[③] 《寄堵高洵书》,《黄绾集》卷19,第349页。
[④] 〔明〕薛侃:《杨毅斋传》,陈椰编校:《薛侃集》卷7,上海古籍出版社,2014年,第251页。
[⑤] 《薛靖轩传》,《薛侃集》卷7,第253页。

见，请为先容。'乃入见，先生闻其笃行，待以殊礼，坐有顷而别。"①薛侃不仅为阳明接引弟子，自己也广招弟子。"讲学中离山。日与士友讲习不辍。四省同志闻风远来，至不能容，各自架屋以居，会文考德，兴发益多"②，从而为阳明心学培养了第二代传人。

邹守益（1491—1562）也为壮大心学队伍做出了重要贡献。邹德涵说："先是，邑中数十辈走越中受学王公。王公时有军旅之冗，谓之曰：'而党归！而邑自有师也。'于是邑中数十辈遵王公命，求绍介，愿受学府君。"③邹守益家乡数十人千里赴越求学于王阳明，但阳明劝这些人回江西拜师邹守益。邹守益任职广德时也招收了大批弟子，所谓"予之官广德也，四方之士不鄙弃予，相从于务内之学"。④比如，有卢子祥来学："壁山卢君养正，司教宁国，介吾友王天民，遣其子子祥以来学。"⑤有程元静、郑景明来学："程元静，名清；郑景明，名烛。自徽来学于广德，与之语易恶至中之学，欣然若有得也。"⑥有葛子开来学："葛子开自扬州来学，请问良知之教。"⑦而以徽籍求学者居多："徽之同志切磋者，若鲍氏、程氏、潘氏、胡氏、戴氏、谢氏、李氏、吴氏、方氏、洪氏、余氏、王氏，皆预闻后稷氏之术也。"⑧无疑，这些学者理所当然地成为阳明的再传弟子，使阳明心学在广德地区后继有人。

作为阳明归乡后早期入室弟子，钱德洪（1496—1574）与王畿（1498—1583）也为阳明接引弟子做出了突出贡献。没有成为"教授师"之前，钱德洪就为阳明接引了众多弟子。《年谱》云："德洪昔闻先生讲学江右，久思及门，乡中故老犹执先生往迹为疑，洪独潜伺动支，深信之，乃排众议，请亲命，率二侄大经、应扬及郑寅、俞大本，因王正心通赞请见。明日，夏淳、范引年、吴仁、柴凤、孙应奎、诸阳、徐珊、管州、谷钟秀、黄文涣、周于德、杨珂等凡七十四人。"⑨钱德洪率众亲友七十余人拜阳

---

① 《余士斋传》，《薛侃集》卷7，第255页。
② 饶宗颐：《薛中离年谱》，《薛侃集》附录5，第523页。
③ 〔明〕邹德涵：《文庄府君传》，董平编校整理：《邹守益集》卷27，凤凰出版社，2007年，第1362页。
④ 〔明〕邹守益：《送卢生子祥》，《邹守益集》卷2，第38页。
⑤ 《送卢生子祥》，《邹守益集》卷2，第38页。
⑥ 《赠程郑二生》，《邹守益集》卷2，第42页。
⑦ 《赠葛子开》，《邹守益集》卷2，第43页。
⑧ 《赠郑景明归徽》，《邹守益集》卷2，第70页。
⑨ 《年谱二》，〔明〕王守仁撰：吴光、钱明、董平、姚延福编校：《王阳明全集》卷34，上海古籍出版社，1992年，第1282页。

明为师。在绍兴侍讲期间，钱德洪、王畿深得王阳明的信任，被委任为助教。何乔远说："守仁在越七年，德洪自归省外，无日不侍左右。……士及守仁之门者，守仁使德洪先引导之，俟志定有入，方与请见。"①钱德洪除了归省之外，天天侍奉在阳明左右，为求学者做引导。赵锦说："其后信从者日益众，四方学者踵至，阳明不能卒遍，且不欲骤与语，则属先生与绪山辈先为导迪，而先生和厚近人，随机启发，士多乐从。就其所兴起，亦视绪山诸君子为独多。"②由于"和厚近人，随机启发"之特质，王畿比钱德洪等人引介的弟子为多。可见，钱、王直接参与了阳明招收弟子的工作。

王艮（1481—1540）也为壮大心学的队伍做出了特殊贡献。他曾介绍父亲、侄子等家人拜阳明为师："嘉靖四年乙酉，……春正月，往会稽。先生奉守庵公如会稽，并诸子侄以从。"③王艮也曾以"教授师"身份为阳明接引弟子："嘉靖三年正月，子补生。往会稽，请筑书院，以居四方学者。文成每令先生传谕焉。"④而拜王艮为师者，更是络绎不绝。嘉靖五年（1526），"泰州林春、王栋、张淳、李珠、陈苉数十人来学"。⑤嘉靖六年（1527），"扬州王俊、本州宗部、朱轫、朱恕、殷三聘来学"。⑥嘉靖七年（1528），"时广信永丰俞文德入山习静，作书招之。俞得书，即出山受学"。⑦事实上，王阳明去世之前，泰州学派的学术队伍已然形成，并成为阳明心学格局中的一支生力军。

值得注意的是，阳明本人十分重视心学队伍建设，这从他给陆澄（字原静）的信得到反映：

近得施聘之书，意向卓然出于流辈。往年尝窃异其人，今果与俗不同也。闲中曾相往复否？大事今冬能举得，便可无他绊系，如聘之者，不妨时时一

---

① 〔明〕何乔远：《钱德洪传》，钱明编校整理：《徐爱·钱德洪·董沄集》附录，凤凰出版社，2007年，第396页。
② 〔明〕赵锦：《龙溪王先生墓志铭》，吴震编校整理：《王畿集》附录4，凤凰出版社，2007年，第828页。
③ 〔明〕董燧：《王心斋先生年谱》，束景南编：《王阳明年谱长编》（三），上海古籍出版社，2018年，第1655页。
④ 〔明〕张峰：《王艮年谱》，《王阳明年谱长编》（三），第1567页。
⑤ 王士纬：《心斋先生学谱》，〔明〕王艮撰，陈祝生等点校：《王心斋全集》，江苏教育出版社，2001年，第72页。
⑥ 《心斋先生学谱》，《王心斋全集》，第72页。
⑦ 《心斋先生学谱》，《王心斋全集》，第72页。

会。穷居独处，无朋友相砥切，最是一大患也。贵乡有韦友名商臣者，闻其用工笃实，尤为难得，亦曾一相讲否？①

信中提到施聘之、韦商臣二人，阳明的评价分别是"卓然出于流辈""用工笃实，尤为难得"，要求陆原静与二人交往并引见。这就是说，阳明非常用心于招揽优秀人才，所以他对黄绾、薛侃的接引弟子工作都给予了肯定和赞扬。阳明对黄绾说："闻接引同志孜孜不怠，甚善甚善！"②而在给薛侃的信中说："书来，谓仕鸣、海崖大进此学，近得数友皆有根力，处久当能发挥。幸甚！闻之喜而不寐也。"③概言之，王阳明心学的队伍之所以能够建立并持续壮大，与学生们接引弟子的努力是分不开的。作为一种学术思潮，王阳明心学发展的第一基础是学术队伍，没有这个主体基础，阳明心学格局就是空中楼阁。而这个主体基础又必须具备三个条件：一是数量，必须有一定规模；二是有质量，必须是有文化的人，没有知识文化的人不足以成为阳明心学的主体；三是同志，必须信奉阳明心学，不信奉者自然不能成为阳明心学的主体。无疑，王阳明的首批学生及其所接引的弟子绝大多数具备这三个条件，从而为阳明心学的学术队伍奠定了扎实的基础。

二、刊刻语录以警发同志

虽然王阳明对"立文字"并不在意，当邹守益请示刊刻其文稿时，阳明回答说："不可。吾党学问，幸得头脑，须鞭辟近里，务求实得，一切繁文靡好。传之恐眩人耳目，不录可也。"④但显然，若不是弟子们对阳明讲学内容予以记录，后人便无从知晓阳明思想，更无所谓阳明心学。所以，阳明心学格局的形成与弟子们刊刻其语录密切关联。

阳明的代表作《传习录》就是由学生们记录、刻录才得以保存下来。据文献显示，

---

① 《寄陆原静》，《王阳明全集》卷6，第216页。
② 《与黄宗贤》，《王阳明全集》卷5，第199页。
③ 《寄薛尚谦》，《王阳明全集》卷5，第200页。
④ 〔明〕王守仁：《与邹守益书》，束景南、查明昊辑编：《王阳明全集补编》，上海古籍出版社，2016年，第231页。

第一个记录阳明讲学内容的是弟子徐爱。徐爱说：

> 爱朝夕炙门下，但见先生之道，即之若易，而仰之愈高；见之若粗，而探之愈精；就之若近，而造之愈益无穷。十余年来，竟未能窥其藩篱。世之君子，或与先生仅交一面，或犹未闻其謦咳，或先怀忽易愤激之心，而遽欲于立谈之间，传闻之说，臆断悬度。如之何其可得也？从游之士，闻先生之教，往往得一而遗二。见其牝牡骊黄，而弃其所谓千里者。故爱备录平日之所闻，私以示夫同志，相与考而正之。庶无负先生之教云。①

这段话道出了记录阳明语录的原因：一是感叹阳明学问的高明，失传了可惜；二是消除存疑者对阳明学问似是而非的理解；三是让求学者能够全面、准确地了解阳明学问的内容。当然还有一个实际的好处，就是可以将阳明语录携带身边，随时阅读以起到警醒催发之效。徐爱说：

> 今备录先生之语，固非先生之所欲，使吾侪常在先生之门，亦何事于此，惟或有时而去侧，同门之友又皆离群索居。当是之时，仪刑既远而规切无闻，如爱之驽劣，非得先生之言时时对越警发之，其不摧堕靡废者几希矣。②

查《传习录》，徐爱所记阳明语录共十四条。根据陈荣捷先生考证，徐爱所录已散失若干条。③另一门生陆原静也为记载阳明语录做出了贡献。王阳明说：

> 原静虽在忧苦中，其学问功夫所谓"颠沛必于是"者，不言可知矣，奚必论说讲究而后可以为学乎？南元善曾将原静后来论学数条刊入《后录》中，初心甚不欲渠如此，近日朋辈见之，却因此多有省悟。始知古人相与辩论穷诘，亦不独要自己明白，直欲共明此学于天下耳。盖此数条，同志中肯用功者，亦时有疑及之。然非原静，则亦莫肯如此披豁吐露；就欲如此披豁吐露，亦不能

---

① 《传习录上》，《王阳明全集》卷1，第1页。
② 〔明〕徐爱：《传习录序》，《王阳明全集》卷41，第1567页。
③ 陈荣捷著：《王阳明〈传习录〉详注集评》，重庆出版社，2017年，第3页。

如此曲折详尽。故此原静一问，其有益于同志，良不浅浅也。自后但有可相启发者，不惜时寄及之，幸甚幸甚！①

王阳明发现弟子们因为陆原静所录而受启发、切磋讨论并共同提高，十分高兴，所以用"幸甚幸甚"表达对原静记录的肯定。黄宗羲也认同陆原静记录的价值："《传习录》自曰仁发端，其次即为先生所记。朋友见之，因此多有省悟，盖数条皆切问，非先生莫肯如此吐露，就吐露亦莫能如此曲折详尽也。故阳明谓：'曰仁殁，吾道益孤，致望原静者不浅。'"②看来，陆原静所录的确产生了积极影响，使对"立文字"不感兴趣的王阳明也改变了态度。正是因为有了徐爱（字曰仁）、陆原静的发端，才有后面持续对阳明语录的刊刻。

记载阳明语录发生转折性变化是王阳明主政南赣时期，当时侍讲阳明的门生薛侃，收集到徐爱所录及其序、跋、引言，又收集到陆原静所录，加上他自己所录三十五条，刻于赣州。《年谱》云："八月，门人薛侃刻《传习录》。侃得徐爱所遗《传习录》一卷，序二篇，与陆澄各录一卷，刻于虔。"③薛侃说："先生之言始锓自赣，曰《传习录》，记其答问语也。"④其中提到《传习录》的刻录是自薛侃自己开始的，而其所录内容为阳明与学生的答问。由于徐爱、陆原静所记阳明语录并未刻录，不利于保存和传播，因而薛侃的刻录是具有标志性意义的。

南大吉（1487—1540）所刻文录正是在薛侃基础上完成的。自正德十三年（1518）至嘉靖三年（1524）的六年间，王阳明讲学、书信增加了许多新内容，而南大吉也收集了一些新的语录。因此，将阳明所有语录重新整理、刻录乃客观形势使然。此外，由于原来所录"行者不易挟，远者不易得"，因而南大吉希望做成携带便捷的小本子。他说："是录也，门弟子录阳明先生问答之辞、讨论之书，而刻以示诸天下者也。"⑤而更为内在的原因，是南大吉对阳明心学的痴迷、信奉。于其文"朝观而夕玩，口诵而

---

① 《寄陆原静》，《王阳明全集》卷6，第216页。
② 〔清〕黄宗羲：《主事陆原静先生澄》，《浙中王门学案四》，《明儒学案》卷14，沈善洪主编，吴光执行主编：《黄宗羲全集》，浙江古籍出版社，2005年，第7册，第336页。
③ 《年谱一》，《王阳明全集》卷33，第1255页。
④ 《阳明先生则言序》，《薛侃集》卷5，第208页。
⑤ 〔明〕南大吉：《刻〈传习录〉序》，〔明〕南大吉著，李似珍点校整理：《南大吉集》，西北大学出版社，2015年，第63页。

心求",于良知说"自信之笃",认为《传习录》所阐发的"道"通天地、贯古今、和人心。南大吉说:"某也从游宫墙之下,其于是《录》也,朝观而夕玩,口诵而心求,盖亦自信之笃。而窃见夫所谓道者,置之而塞乎天地,溥之而横乎四海,施诸后世而无朝夕,人心之所同然者也。"①正是基于这些原因,南大吉才"命逢吉弟校续而重刻之,以传诸天下"。②《年谱》云:"十月,门人南大吉续刻《传习录》。《传习录》薛侃首刻于虔,凡三卷。至是年,大吉取先生论学书,复增五卷,续刻于越。"③《传习录》属于阳明心学精华,南大吉将其刻录成小册子,便于携带、阅读、流传,也有利于求学者迅速掌握阳明心学要旨,从而极大地推动了阳明心学的传播。邹守益所刻"文录",称为"广德版"《传习录》。《年谱》云:

  守益录先生文字请刻。先生自标年月,命德洪类次,且遗书曰:"所录以年月为次,不复分别体类,盖专以讲学明道为事,不在文辞体制间也。"明日,德洪掇拾所遗请刻,先生曰:"此便非孔子删述《六经》手段。三代之教不明,盖因后世学者繁文盛而实意衰,故所学忘其本耳。比如孔子删《诗》,若以其辞,岂止三百篇;惟其一以明道为志,故所取止。此例《六经》皆然。若以爱惜文辞,便非孔子垂范后世之心矣。"德洪曰:"先生文字,虽一时应酬不同,亦莫不本于性情;况学者传诵日久,恐后为好事者掇拾,反失今日裁定之意矣。"先生许刻附录一卷,以遣守益,凡四册。④

拗不过邹守益的热忱,"顽固"的王阳明才许诺刻录,但给予指示:第一,他亲自对所有文章、书信标明年月;第二,去粗取精,照例《六经》,枝叶末节文字删去;第三,不追求文采,唯以讲明圣人之道为事。由于具备这三个要素,从而成为南大吉之后又一重要刻录。连王阳明看到后也备感欣慰:"先生读《文录》,谓学者曰:'此编以年月为次,使后世学者,知吾所学前后进诣不同。'"⑤无疑,由于邹守益的刻录在内容

---

① 《刻〈传习录〉序》,《南大吉集》,第63页。
② 《刻〈传习录〉序》,《南大吉集》,第63页。
③ 《年谱三》,《王阳明全集》卷35,第1292页。
④ 《年谱三》,《王阳明全集》卷35,第1304—1305页。
⑤ 〔明〕钱德洪:《刻文录叙说》,《钱德洪语录诗文辑佚》,《徐爱·钱德洪·董澐集》,第184页。

和形式上又有新的变化,因而对阳明心学的传承、传播都产生了积极的影响。

王阳明心学的传承需要载体,语录的刊刻是当时最有效的载体,而且这个载体在刻录实践中被不断优化:小巧化以方便携带,数量化以促进普及,真实化以助益研究。因此,阳明语录的刻录对阳明心学的传承、传播,以及警醒启发同志都产生了重要的作用。黄绾曾高度肯定刻录阳明语录的意义:"刻梓以行,庶传之四方,垂之来世,使有志之士知所用心,则先生之学之道为不亡矣。"[1]而东正纯的评价"大吉建首善书院,刻《传习录》,大徇同志。文成之学盛于天下,大吉之功居多矣",殆无溢美。[2]

三、修葺书院以搭建平台

兴于唐、盛于宋的书院,既是讲学的场所,亦是交流的平台,对我国古代思想文化的传播、发展产生过深远影响。王阳明心学的传播也得益于书院的支持,而书院的建造完全是阳明学生努力的结果。

正德十六年至嘉靖七年,正是阳明心学鼎盛时期,求学者从全国各地纷至沓来,聚集绍兴。钱德洪说:

> 环先生之室而居,如天妃、光相、能仁诸僧舍,每一室常合食者数十人,夜无卧所,更番就席,歌声彻昏旦。南镇、禹穴、阳明洞诸山、远近古刹,徒足所到,无非同志游寓之地。先生每临席,诸生前后左右环坐而听,常不下数百人。送往迎来,月无虚日,至有在侍更岁,不能追记其姓字者。[3]

这段描述传递了两个不对称的信息:一是阳明心学繁荣昌盛,一是房舍严重短缺。因而,刻不容缓者是扩增房舍和讲学场所。南大吉看在眼里,急在心头。王阳明说:

> 越城旧有稽山书院,在卧龙西冈,荒废久矣。郡守渭南南君大吉既敷政于民,则慨然悼末学之支离,将进之以圣贤之道。于是使山阴令吴君瀛拓书院而

---

[1] 〔明〕黄绾:《阳明先生存稿序》,《王阳明全集》卷41,第1583页。
[2] 《续刻传习录》,《王阳明〈传习录〉详注集评》,第128页。
[3] 《刻文录叙说》,《钱德洪语录诗文辑佚》,《徐爱·钱德洪·董澐集》,第186页。

一新之，又为"尊经"之阁于其后。①

南大吉雷厉风行，因陋就简，在稽山书院旧址上进行维修、扩增，旋即完成。稽山书院重修扩建后，不仅成为阳明讲学布道的重要场所，也成为求学者聚集的中心，阳明心学影响迅速扩大，吸引着无数学子。《年谱》云：

> 于是辟稽山书院，聚八邑彦士，身率讲习以督之。于是萧璆、杨汝荣、杨绍芳等来自湖广，杨仕鸣、薛宗铠、黄梦星等来自广东，王艮、孟源、周冲等来自直隶，何秦、黄弘纲等来自南赣，刘邦采、刘文敏等来自安福，魏良政、魏良器等来自新建，曾忭来自泰和。宫刹卑隘，至不能容。盖环坐而听者三百余人。先生临之，只发《大学》万物同体之旨，使人各求本性，致极良知以至于至善，功夫有得，则因方设教，故人人悦其易从。②

而从书院史角度看，稽山书院对阳明心学格局的形成也产生了深远影响：

> 从正德十六年九月到嘉靖六年九月，王阳明在余姚专事书院教育整整六年。这是他晚年广授门徒、创立学派和发展学说的创立时期，其间他将"知行合一"说发展到"致良知"说的新水平，建立了一套具有独立的哲学范畴和独立的教育范畴的新儒家学说，这就是阳明学。③

嘉靖元年（1522），王艮来到绍兴悼念阳明的父亲，惊讶地发现四方学者日聚绍兴，即便用上道院僧房也无法容纳，便思量建造书院以调度之。"时阳明公以外艰家居，四方学者日聚其门，道院僧房至不能容。于是先生为构书院，调度馆谷以居，而鼓舞开导多委曲其间，然犹以未能遍及天下。"④王艮心急如焚，为书院的建造四处张

---

① 《稽山书院尊经阁记》，《王阳明全集》卷7，第255页。
② 《年谱三》，《王阳明全集》卷35，第1290页。
③ 李国钧等著：《中国书院史》，湖南教育出版社，1994年，第687页。
④ 《心斋先生学谱》，《王心斋全集》，第70页。

罗。"同门王艮、何秦等乃谋建楼居斋舍于至大寺左，以居来学。"①自嘉靖元年始，经过王艮的不懈努力，终于嘉靖四年（1525）落成，是为阳明书院。《年谱》云："十月，立阳明书院于越城。门人为之也。书院在越城西郭门内光相桥之东。"②阳明书院位于绍兴府城北至大寺左，由阳明门人王艮等建造。无疑，阳明书院的建造，不仅缓解了求学者的住宿难题，而且增加了讲学问道、切磋交流的场所。王阳明即便远在广西，仍然关心书院的运行状况。他说："绍兴书院中同志，不审近来意向如何？德洪、汝中既任其责，当能振作接引，有所兴起。会讲之约但得不废，其间纵有一二懈弛，亦可因此夹持，不致遂有倾倒。"③而对书院的维修，阳明更是慷慨解囊。阳明说："书院规制，近闻颇加修葺，是亦可喜。寄去银二十两，稍助工费。墙垣之未坚完及一应合整备者，酌量为之。"④可见，王艮所建书院实际上已成为阳明心学在绍兴的又一重要活动中心，并深得阳明的重视和嘉许。

邹守益也在任职之地积极建造书院，以传播阳明心学。邹守益说："嘉靖丙戌秋七月，新作复初书院成。"⑤而建造复初书院的目的是"易恶至中，复天爵之初"，以疗治当世顽疾，而且不会为"十金之产、一命之位"所动摇。兴建复初书院之事很快传进阳明的耳朵，阳明迅速予以称赞和指示："书院新成，欲为诸生择师，此诚盛德之事。但刘伯光以家事促归，魏师伊乃兄适有官务，仓卒往视；何廷仁近亦归省，惟黄正之尚留彼。意以登坛说法，非吾谦之身自任之不可。"⑥书院以传播阳明心学为任务，所以需要请学者主讲，阳明认为邹守益就是最合适的人选。王阳明对书院院规也给予了肯定，他说："书院记文，整严精确，迥尔不群，皆是直写胸中实见，一洗近儒影响雕饰之习，不徒作矣。"⑦阳明高足钱德洪、王畿、王艮都先后来书院主持讲席，"邹守益守广德州，筑复初书院以讲学，德洪与王畿、王艮前后来主讲席"。⑧因此，复初书院的建造，无疑为传播阳明心学提供了重要场所，特别是对强化阳明心学对皖南地区的影

---

① 《年谱附录一》，《王阳明全集》卷36，第1333页。
② 《年谱三》，《王阳明全集》卷36，第1297页。
③ 《与钱德洪、王汝中一》，《王阳明全集》卷6，第223页。
④ 《与钱德洪、王汝中三》，《王阳明全集》卷6，第224—225页。
⑤ 《广德州新修复初书院记》，《邹守益集》卷，第315页。
⑥ 《寄邹谦之二》，《王阳明全集》卷6，第203页。
⑦ 《寄邹谦之三》，《王阳明全集》卷6，第204页。
⑧ 《重修安徽通志》卷265，《续修四库全书史部》第654册，第430页。

响发挥了巨大作用。耿定向说:"撤淫祠,建复初书院,延同门王心斋艮暨诸贤讲学兴礼,风动邻郡。宁、徽、池、太间,志学风至今冠江左,先生启之也。"①

不难看出,书院的建造使阳明心学有了固定的讲授、传播场所,求学者可以自由地切磋、可以自主地安排讲会、可以结交朋友和同志,还可以借宿于书院,从而极大地推动了阳明心学的传播与发展。事实上,除绍兴外,阳明的学生在其他地区也纷纷建造了书院,应典在永康、薛侃在潮汕、王艮在泰州、邹守益在吉安、南大吉在关中等都建有书院,成为传播和发展阳明心学的重要根据地。

四、分担事务以消除内顾

这里的事务包括公务和家务。担任公职时的王阳明,公务忙不开时需要有人协助处理;作为家庭成员的王阳明,若无暇照顾家务同样需要有人协助料理。可以说,正是弟子们为王阳明分担了公务、家务,使得他能够从繁忙的公务、家务中腾出时间专注学问。

主政南赣时期,王阳明公务特别繁忙,这个时期为他分担公务、家务最多的是薛侃。正德十二年(1517),王阳明在写给薛侃的信中就提及让他处理公务、家务受累之事:

> 即日已抵龙南,明日入巢,四路兵皆已如期并进,贼有必破之势。……若诸贤扫荡心腹之寇,以收廓清平定之功,此诚大丈夫不世之伟绩。数日来谅已得必胜之策,捷奏有期矣。……廨中事以累尚谦,想不厌烦琐。小儿正宪,犹望时赐督责。②

此时阳明正忙于扫荡贼寇,但仍然牵挂公务、家务,所以有"廨中事以累尚谦,想不厌烦琐"之问。而在正德十三年的两封信中,都提及感谢诸位分担公务、家务之事。阳明说:

---

① 〔明〕耿定向:《东廓邹先生传》,《邹守益集》卷27,第1383页。
② 《与杨仕德薛尚谦》,《王阳明全集》卷4,第168页。

小儿劳诸公勤勤开诲，多感多感！昔人谓教小儿有四益。验之果何如耶？正之闻已到，何因复归？区区久顿于外，徒劳诸友往返，念之极切悬悬。今后但有至者，须诸君为我尽意吐露，纵彼不久留，亦无负其来可也。①

所谓"诸公"，当然是指薛侃等弟子。信中不仅提及小儿教育之事，而且提及接待来访学友之事，并提出了建议，也对薛侃等表示了感谢。稍后又敦促薛侃用心小儿教育："小儿劳开教，驽骀之质，无复望其千里，但得帖然于皂枥之间，斯已矣。门户勤早晚，得无亦厌琐屑否？"②可见，薛侃及其他弟子分担了阳明主政南赣时期的公务、家务。

邹守益则在王阳明平定叛乱中提供了重要帮助。朱宸濠叛乱伊始，邹守益便赶赴军中：

十四年六月，命戡福建叛军。行至丰城而宁王宸濠反，知县顾似以告。守仁急趋吉安，与伍文定征调兵食，治器械舟楫，传檄暴宸濠罪，俾守令各率吏士勤王。都御史王懋中，编修邹守益，副使罗循、罗钦德，……咸赴守仁军。③

而在阳明与众人商讨是否平叛时，邹守益给予了坚定的支持。王畿说：

夫宸濠逆谋已成，内外协应，虐焰之炽，熏灼上下，人皆谓其大事已定，无复敢撄其锋者。师之回舟吉安，倡义起兵也，人皆以为愚，或疑其诈。时邹谦之在军中，见人情汹汹，入请于师。师正色曰："此义无所逃于天地之间。使天下尽从宁王，我一人决亦如此做，人人有个良知，岂无一人相应而起者？若夫成败利钝，非所计也。"④

邹守益支持阳明的"天地大义"之举、敬佩阳明不计得失的气概。为了增强军力，

---

① 《寄薛尚谦二》，《王阳明先生全集》卷4，第171页。
② 《寄薛尚谦三》，《王阳明先生全集》卷4，第171页。
③ 《王守仁传》，〔清〕张廷玉等撰：《明史》，中华书局，1974年，第17册，第5162页。
④ 〔明〕王畿：《读先师再报海日翁吉安起兵书序》，《王阳明全集》卷41，第1599页。

王阳明命邹守益组织家族子弟加入军营，邹守益无丝毫懈怠。"宸濠反，先生闻变，率昆季群从趋吉郡，从义起兵。王公喜曰：'君臣师友，义在此举矣！'"①邹守益也与阳明商讨对策，为先生分忧。

> 先生在吉安，守益趋见曰："闻濠诱叶芳兵夹攻吉安。"先生曰："芳必不叛。诸贼旧以茅为屋，叛则焚之。我过其巢，许其伐巨木创屋万余。今其党各千余，不肯焚矣。"益曰："彼从濠，望封拜，可以寻常计乎？"先生默然良久曰："天下尽反，我辈固当如此做。"益惕然，一时胸中利害如洗。次早复见曰："昨夜思之，濠若遣逮老父奈何？已遣报之，急避他所。"②

可见，对于王阳明平息叛乱，邹守益提供了及时且重要的帮助。这或许是聂豹有此评价的原因："先生起兵勤王，公响应倡义，周旋军旅，赞画居多。"③阳明心学格局的形成，平定朱宸濠叛乱是一标志性事件④，而邹守益在此事件中扮演了重要角色。

回到绍兴的王阳明，虽然基本上没有公务处理，但由于声名显赫而需迎来送往，又因学识著闻而要指导生徒，自然无暇顾及家务，而刚入门的钱德洪、王畿正好成为阳明的得力助手。王阳明说："家事赖廷豹纠正，而德洪、汝中又相与熏陶切劘于其间，吾可以无内顾矣。"⑤虽然家务由管家魏廷豹主持，但钱德洪、王畿也熏陶、切磋相正于其中，使得阳明可以不为家务分心。而钱、王所照管的家务主要是负责晚辈教育。阳明说：

> 九、十弟与正宪辈，不审早晚能来亲近否？或彼自勉，望且诱掖接引之。

---

① 《东廓邹先生传》，《邹守益集》卷27，第1383页。
② 《年谱二》，《王阳明全集》卷34，第1263页。
③ 〔明〕聂豹：《大司成东廓邹公七十寿序》，吴可为编校整理：《聂豹集》卷13，凤凰出版社，2007年，第519页。
④ 《年谱》云："自经宸濠、忠、泰之变，益信良知真足以忘患难，出生死，所谓考三王，建天地，质鬼神，俟后圣，无弗同者。乃遗书守益曰：'近来信得致良知三字，真圣门正法眼藏。往年尚疑未尽，今自多事以来，只此良知无不具足。'"（《年谱二》，《王阳明全集》卷34，第1278页）足见阳明大揭良知学与平叛经历密切关联。
⑤ 《与钱德洪、王汝中二》，《王阳明全集》卷6，第223页。

谅与人为善之心，当不俟多喋也。魏廷豹决能不负所托，儿辈或不能率教，亦望相与夹持之。①

王阳明叮嘱钱德洪、王畿，一定要协助魏廷豹将家务管理好，特别是儿辈教育，决不能有半点放松。王阳明还要求钱德洪、王畿对小弟守俭、守文以及儿子正宪严加管教，因为不严厉成不了才。阳明说：

守俭、守文二弟，近承夹持启迪，想亦渐有所进。正宪尤极懒惰，若不痛加针砭，其病未易能去。父子兄弟之间，情既迫切，责善反难，其任乃在师友之间。想平日骨肉道义之爱，当不俟于多嘱也。②

王阳明为什么如此仰仗钱、王呢？因为他认为亲情之间容易产生偏激情绪，从而影响教育效果。在《岭南寄正宪男》中，阳明再次提及钱德洪、王畿不要辜负他的重托，将家中诸事料理好。阳明说："家中凡百皆只依我戒谕而行。魏廷豹、钱德洪、王汝中当不负所托，汝宜亲近敬信，如就芝兰可也。"③只要这些年纪小的弟弟和儿子能够亲近钱、王，就能得到良好的教育。可见，钱德洪、王畿除了做"教授师"之外，还是家务总管，特别是在教育晚辈方面，成为王阳明的左膀右臂。虽然这些信是嘉靖六年九月阳明离开绍兴后写的，但其内容清晰地透露，即便阳明在绍兴时，亦是钱、王帮助料理家务的。因此，钱、王二人不仅为壮大心学的队伍做出了重要贡献，在后勤保障上也是功不可没的。

总之，薛侃、邹守益、钱德洪、王畿等在不同时期为阳明分担了公务和家务，使阳明不为公务、家务所累而能够专注于心学的思考和建构。对此，阳明也是心存感激的，所谓"小儿劳诸公勤开诲，多感多感"，所谓"德洪、汝中又相与熏陶切劘于其间，吾可以无内顾矣"。因此，如果说王阳明心学格局的形成与其不为公务、家务分心存在密切关联的话，那么，弟子们在分担公务、家务方面的付出无疑是值得重视的。

---

① 《与钱德洪、王汝中二》，《王阳明全集》卷6，第224页。
② 《与钱德洪、王汝中三》，《王阳明全集》卷6，第224页。
③ 《岭南寄正宪男》，《王阳明全集》卷26，第986页。

五、协调分歧以清除障碍

相关文献显示，阳明心学自始便遭到异议和攻击。弘治十八年（1505），"是年先生门人始进。学者溺于词章记诵，不复知有身心之学。先生首倡言之，使人先立必为圣人之志。闻者渐觉兴起，有愿执贽及门者。至是专志授徒讲学。然师友之道久废，咸目以为立异好名。"①所谓"咸目以为立异好名"，即质疑阳明"身心之学"。再如，"留都时偶因饶舌，遂致多口，攻之者环四面。取朱子晚年悔悟之说，集为定论，聊借以解纷耳。"②所谓"攻之者环四面"，即指留都（南京）时期"四面环敌"。那么，面对疑问和攻击，阳明弟子有过怎样的作为呢？

魏校（1483—1543，字子才）是攻击阳明心学的典型代表，由于官居高位，门徒众多，黄绾对魏校格外留心。黄绾找到魏校的好友邵思抑，希望他能从中调和。黄绾说：

> 又闻魏君子才学行绝出，仆极倾仰，但与阳明时有门户之驰，浅陋念此，不堪忧怅，惟恨无由一讯其故。然求吾道于此时，真所谓不绝如线。海内有志如吾徒，能有几人？只此几人而又分裂如此，不肯合并切磋、深求至当，往往自高自止，转向讥刺如世俗。斯道一脉，岂不自吾徒坏也？阳明素知其心如白日，决无此事。魏君虽未接，尝得之李逊庵，及见其数书，虚己平恕，可知亦必无此。……吾兄明烛几微，身居其间，何不据理一言，以使共学。吾兄之贤何如也！③

黄绾告诉邵思抑：我佩服子才的才学品行，但对子才攻击阳明十分忧心，因为真正用心于圣学的区区几人还闹分裂，必然破坏圣学道脉；王阳明心如白日，决无门户之心，子才从学于李逊庵，李氏虚己平恕，亦应无门户之见。而您身居其中且洞察秋毫，所以能否劝说子才停止攻击阳明以共进圣人之学呢？遗憾的是，邵思抑似乎毫无反应。这样，黄绾不得不求助他人。黄绾说：

---

① 《年谱一》，《王阳明全集》卷33，第1226页。
② 《与安之》，《王阳明全集》卷4，第173页。
③ 《答邵思抑书》，《黄绾集》卷18，第333—334页。

近者京师朋友书来，颇论学术同异，乃以王伯安、魏子才为是非，是伯安者则以子才为谬，是子才者则以伯安为非。若是异物，不可以同。子才，旧于公处，见其数书，其人可知。伯安，绾不敢阿所好，其学虽云高明而实笃实，每以去心疲、变气质为本，精密不杂，殊非世俗谤议所言者，但未有所试而人或未信。……子才素讲于公，学问根本宜无不同，盖皆朋友用功未力，好起争端，添驾为疑，以致有此，诚可慨也。①

这次，黄绾找到了魏校的老师李逊庵。黄绾告知李逊庵：听说京师学界支持阳明者反对子才、支持子才者反对阳明，搞得水火不容；不过子才问学于您，其学根本应该与您一样，而阳明的学问高明笃实，以变化气质为本，与您的主张并无差别；因而他们的争端可能缘于彼此用功不够、相互了解不多。因此，您能否出面调解这种无谓的争端呢？遗憾的是，李逊庵也是无动于衷。尤其令黄绾尴尬的是，不仅没有达到和解的目的，同门王道反而追随魏校而去。王道曾告知黄绾"各尊所闻，各行所知"，这让黄绾心急如焚："不知何以有此，即欲修书请问，度或无益，姑止未敢。"黄绾苦口婆心地劝王道不要自立门户："今若不求其至、不究其是，妄立门户以为异，自矜功能以夸耀，各相离合以为党，圣人之学决不如此，吾人又可以此谓之学哉？"②可惜的是，王道不仅没有理会黄绾，反而与阳明渐行渐远。不过，对于黄绾的良苦用心，阳明是心存感激的。阳明说："世衰俗降，友朋中虽平日最所爱敬者，亦多改头换面，持两端之说，以希俗取容，意思殊为衰飒可悯。若吾兄真可谓信道之笃而执德之弘矣，何幸何幸！"③黄绾的协调虽然以失败告终，但无疑起到了保护、捍卫阳明心学的作用。

王阳明与湛甘泉虽然是道友，且私人关系非常密切，但在学问上显然存在缝隙。王阳明心学头脑是"致良知"，而湛甘泉的根本理念是"随处体认天理"。王阳明始终认为"随处体认天理"离圣学隔着一层。两位先生的差异，让学生们亦生尴尬，但阳明学生大多从中调和。薛侃说：

> 先生与阳明尊师，其学同，其心一，其为教虽各就所见拽发，不害其为

---

① 《复李逊庵书》，《黄绾集》卷18，第334页。
② 《复王纯甫书一》，《黄绾集》卷18，第336页。
③ 《与黄宗贤五》，《王阳明全集》卷4，第151页。

同也。况体贴天理，扩充良知，均出前贤，不可谓周静不如程敬，孟义不及孔仁也。向至浙，闻自南雍来者传有抑扬之语，侃谓非先生意也。先生、阳明，一体者也，痒疴切己，休戚相关。其学是欤，自骨取益；非欤，虚心往复，必归极则而后已。昔人粗心浮气，徒致参商，千载弗满。曾谓二先生亦有然哉？①

薛侃告知湛若水：您与阳明先生"学"同"心"一，只在为学方法上有些微差别；体贴天理、扩充良知，非您二位所发明，皆属先贤之说，不能说周敦颐的静不如程颐的敬，也不能说孟子的义不如孔子的仁，名异而实同；往年在浙江听说来自您身边的学生有贬抑阳明之语，这肯定不是您本人的意思；您与阳明先生乃是一体，对的地方，相互取益，不对的地方，相互包容，让时间决定是非；历史上的人心浮躁，好起争端，无休止相互攻击，难道您二位先生会认同？那么，薛侃的调和取得了怎样的效果呢？湛若水晚年写的一篇记，隐含了对薛侃的回应。湛若水说：

> 吾为此惧，往往为之明辨以闲阳明之道，岂得已哉？闲阳明之道以闲孔、孟、周公、文、武、禹、汤、尧、舜之大道，岂得已哉？而弟子或疑而訾焉。譬之若考有友，诫其友之弟子曰："毋敝尔考室庐，毋亏尔考典籍，毋荡尔考田里。"谓之不忠于其考而訾之，可乎？②

这段话不仅表明湛若水欣赏薛侃忠于阳明的品质，更赞赏薛侃劝师友、弟子忠于乃师的行为。这说明早年薛侃写给湛若水的《奉甘泉先生》，湛若水一直记在心里。如此看来，薛侃这番协调，在甘泉心中掀起过一阵波澜，从而对协调阳明与湛甘泉的关系起到了黏合作用。王阳明多次在给邹守益的信中批评"随处体认天理"，认为湛若水有自立门户之嫌。阳明说：

> 今良知之说，已将学问头脑说得十分下落，只是各去胜心，务在共明此

---

① 《奉甘泉先生》，《薛侃集》卷9，第272页。
② 〔明〕湛若水：《潮州宗山精舍阳明王先生中离薛子配祠堂记》，《薛侃集》，第450页。

学，随人分限，以此循循善诱之，自当各有所至。若只要自立门户，外假卫道之名，而内行求胜之实，不顾正学之因此而益荒，人心之因此而愈惑，党同伐异，覆短争长，而惟以成其自私自利之谋，仁者之心有所不忍也！甘泉之意，未必由此，因事感触，辄漫及之。①

不过，邹守益似乎没有因为老师的影响而批评湛若水，反而经常称赞湛若水的学问，认为两位先生并无差异，更无矛盾。他说：

  正德初，湛甘泉公居翰林，王阳明先师居吏部，首倡圣贤之绪，四方同志始而疑，继而翕然宗之。……先师以致良知为宗旨，而公以体认天理为教，语若异而脉络同。及门之士，间有辨诘，是泥骊黄牝牡，而略其千里之真也。天理而非良知，何以为明命？良知而非天理，何以为帝则？知明命、帝则之一，而不眩于繁词，不骛于多岐，可以研学脉矣。②

邹守益认为，良知与天理不仅毫无冲突，而且是相辅相成、相得益彰的。应该说，阳明的弟子在处理王、湛关系上表现出了极高的智商，他们并没有站在阳明的立场批评、攻击湛若水，而是从共振圣人之学的高度立论，指出天理、良知皆是圣人之学的核心，即便二先生偶有不同，亦可取长补短、相互成长。这样，不仅完全缓和了王、湛之间的一丝紧张，而且升温了二者的情感。

对于学术研究而言，学术分歧应该是一种积极性的元素，但如果学术分歧变成打压对方、排斥异己，那么这种学术分歧是必须得到调适的。阳明心学自产生之日起，便遭到歧视和攻击，被视为异端。好在，阳明的学生没有袖手旁观，而是致力于分歧的协调。强调了解彼此，尊重对方，以消除误解；主张宽容彼此，不以己为高，以消除门户之见；明确共同目标，求同存异，以消除猜忌之心。阳明学生的努力虽然没有完全清除传播和发展道路上的障碍，但无疑为保护、拓展阳明心学的生存空间发挥了至关重要的作用。

---

① 《寄邹谦之五》，《王阳明全集》卷6，第207页。
② 《青原文明亭记》，《邹守益集》卷7，第425页。

六、抵御毁谤以守护阵地

由于学问风靡江南、事功盖世绝伦，王阳明引起了某些官员的嫉妒，尽其所能抹黑、诋毁阳明。一次，阳明与众弟子言及此事：

> 邹守益、薛侃、黄宗明、马明衡、王艮等侍，因言谤议日炽。先生曰："诸君且言其故。"有言先生势位隆盛，是以忌嫉谤；有言先生学日明，为宋儒争异同，则以学术谤；有言天下从游者众，与其进不保其往，又以身谤。先生曰："三言者诚皆有之，特吾自知诸君论未及耳。"①

虽然大家分析的原因各异，但遭受毁谤是事实。欣慰的是，对于攻击与毁谤，阳明的弟子们并未袖手旁观，而是挺身而出，为先生主持公道。

王阳明平叛成功之后，黄绾立即提醒他注意小人的攻击，保护好自己。黄绾说：

> 闻隆勋绝世，位宠不卜可知。《乾》之上九曰："亢龙有悔。"此不独人君之象，凡为臣子，处功名位望之极，理亦如此。况危疑之际，事势可忧，不但亢龙而已。昔孔明谓刘琦曰："申生在内而危，重耳在外而安。"今奸欺盈朝，欲为宗社深虑而事权在人，惟在外可以终济明哲。煌煌君子，其留意焉。②

黄绾以"亢龙有悔"提醒阳明谨慎为人，并引"申生在内而危，重耳在外而安"的典故劝说阳明远离是非之地。王阳明对此感激不尽："知人心之不可测，良用慨叹。山鬼伎俩有穷，老僧一空无际，以是自处而已。"③回复黄绾自己会注意，但小人非要暗施毒箭，亦悉听尊便罢了。王阳明平叛成功，得力于智勇双全的将帅，得益于赴汤蹈火的士兵，阳明理应为将帅、士兵们请功，但却遭到奸臣的恶意阻挠。又是黄绾挺身而出，仗义执言。"王守仁中忌者，虽封伯，不给诰卷岁禄；诸有功若知府邢珣、徐

---

① 《年谱三》，《王阳明全集》卷35，第1287页。
② 《寄阳明先生书四》，《黄绾集》卷18，第340页。
③ 《与黄宗贤书》，《王阳明全集补编》，第200页。

珗、陈槐，御史伍希儒、谢源，多以考察黜。馆讼之于朝，且请召守仁辅政。守仁得给赐如制，珣等亦叙录。"①王阳明虽然被封伯爵，但因遭嫉妒、阻挠，根本没有得到应有的册封岁禄；其他有功人士如邢珣、徐珗、陈槐、伍希儒、谢源等则以考察名义遭罢免。经由黄绾反复上疏，最终阳明得到赏赐，而邢珣等人也论功录用。不仅论功行赏艰难，甚至有人诬陷王阳明行贿，依然是黄绾为之辩白。"《大典》成，诸人皆进秩，能迁独不与，大恨。嘱罢闲主事翁洪草奏，诬王守仁贿席书得召用，词连绾及璁。绾疏辩，且乞引避。帝优旨留之，而下能迁法司，遣之戍，洪亦编原籍为民。"②《明伦大典》书成，参与者都晋升为詹事府詹事，而锦衣卫佥事聂能迁没有得到晋升。聂能迁恼羞成怒，嘱咐被罢主事翁洪上奏，诬陷王阳明被召用是因为贿赂了席书，其中言语牵连黄绾与张璁。黄绾抗辩，并乞求避嫌引退。不过，明世宗颁发优待之诏命，留用黄绾，罢免聂能迁入三法司，贬至戍所，翁洪则被贬为庶民。如果没有黄绾的抗辩，怎么能为阳明昭雪？又怎么能痛击奸臣？

礼科给事中章侨诬蔑阳明心学为异端邪说，提请严禁。

> 礼科给事中章侨言："三代以下，论正学莫如朱熹。近有聪明才智足以号召天下者，倡异学之说，而士之好高务名者靡然宗之。大率取陆九渊之简便，惮朱熹为支离，及为文辞，务宗艰险。乞行天下，痛为禁革。"时河南道御史梁世骠亦以为言。礼部覆议，以二臣之言深切时弊，有补风教。上曰："然。祖宗表章《六经》，颁降敕谕，正欲崇正学，迪正道，端士习，育真才，以成正大光明之业。百余年间，人材浑厚，文体纯雅。近年士习多诡异，文辞务艰险，所伤治化不浅。自今教人取士，一依程朱之言，不许妄为叛道不经之书，私自传刻，以误正学。"（《明世宗实录》卷十九）

阳明心学被诋毁为异端邪说，不仅通过了礼部的复议，更得到皇帝的认可，并遭到严禁："都察院仍榜谕天下：敢有踵袭邪说，果于非圣者，重治不饶。"（《明世宗实录》卷九十八）最高圣旨将阳明心学定性为"放言自肆，诋毁先儒；用诈任情，坏人

---

① 《黄绾传》，《明史》，第17册，第5219页。
② 《黄绾传》，《明史》，第17册，第5219—5220页。

心术",而且由最高监察机关都察院颁布禁令。就是在这种刀光剑影的情势中,黄绾仍然奋力陈情,为阳明辩护。李一瀚说:"时王公守仁江右功成,忌者议夺,公力疏辩之得明。"①更为重要的是,黄绾还对阳明心学进行了概括:"其一曰'致良知',实本诸先圣先贤之言也。……其二曰'亲民',亦本诸先圣先贤之言也。……其三曰'知行合一',亦本诸先圣先贤之言也。"②并对三个部分与孔孟之学的传承关系进行了论证,从而在道统上确立了阳明心学的圣人之学的性质。王阳明另一学生陆原静也对毁谤予以了反击。《年谱》云:"时御史程启充、给事毛玉倡议论劾,以遏正学,承宰辅意也。陆澄时为刑部主事,上疏为六辩以折之。"③黄绾则迅速予以鼓励和支援:"阳明先生如景星凤凰,夫人能知之也,乃为当路所忌,言官承风旨,交论其江西军功为冒,又以其学术为伪,异说喧腾,人莫敢论,君独抗章上言,自引为门人而弗辞。人或尤之,曰:'吾求天下之理安而已,毁誉得丧,吾安能知?'"④黄绾钦佩陆原静置个人安危于不顾的精神,并且认为阳明的人格与学问值得这样的付出。对于黄绾的大义,王阳明视为至亲至爱。阳明说:"所委文字,以通家之情,重以吾兄道义骨肉之爱,更复何辞?"⑤

王阳明心学不仅被定性为异端邪说,而且被禁止学习和传播,违者依法惩处。谁还胆敢提倡阳明心学?谁还胆敢宣称自己是阳明的信徒?这种人当然有,南大吉就是杰出的一位!作为朝廷命官,南大吉不计荣辱、不避利害、不畏生死地支持王阳明、宣传阳明心学,突破禁忌刊刻《传习录》、修建稽山书院。钱德洪说:"元善当时汹汹,乃能以身明斯道,卒至遭奸被斥,油油然惟以此生得闻斯学为庆,而绝无有纤芥愤郁不平之气。斯录之刻,人见其有功于同志甚大,而不知其处时之甚艰也。"⑥虽然南大吉最终被罢免,但他不计个人得失、不顾个人安危的义举,极大地鼓舞了同门的士气。无怪乎王阳明赞其为有道之士:"故凡有道之士,……其于富贵、贫贱、得丧、爱憎之相,值若飘风浮霭之往来变化于太虚,而太虚之体,固常廓然其无碍也。元善今日之所造,其殆庶几于是矣乎!"⑦凌驾于富贵、贫贱、得丧、爱憎之上而至廓然无碍,除

---

① 〔明〕李一瀚:《礼部尚书兼翰林院学士黄公绾行状》,《黄绾集》卷40,第728页。
② 《明是非定赏罚疏》,《黄绾集》卷32,第626—627页。
③ 《年谱三》,《王阳明全集》卷35,第1286页。
④ 《赠陆原静序》,《黄绾集》卷12,第204页。
⑤ 《与黄宗贤书》,《王阳明全集补编》,第230页。
⑥ 《传习录中》,《王阳明全集》卷2,第40页。
⑦ 《答南元善》,《王阳明全集》卷6,第211页。

了南元善还有谁呢？如果说黄绾、陆原静的抗辩是据理力争，那么南大吉的抗辩则是以实际行动宣示自己的立场：守护阳明心学、传播阳明心学。

诚如上述，王阳明心学不仅遭受某些官员的攻击和毁谤，而且遭到朝廷的严禁和封杀，甚至成为科举考试答题的大忌。但令人动容的是，阳明的弟子们并没有畏惧，没有与老师划清界限，而是奋不顾身地为王阳明及其心学呐喊、申冤、正名，论证阳明心学的圣人之学的性质，肯定阳明心学的价值，为阳明心学的传播与发展创造条件。无疑，这些抗辩对阳明本人是莫大的安慰，对阳明心学是强大的保护，使阳明心学在承受巨大压力之下得以喘息和伸展。

七、心灵陪伴以慰藉精神

王阳明经常慨叹无人能觉悟良知以分享体悟，经常要求弟子回到身边以排遣孤独，经常吐露内心秘密以驱散苦闷……这或许在暗示，王阳明的精神世界并不像他的文治武功那样丰腴刚强，而是需要陪伴和滋养。那么，是谁给予了他精神上的陪伴呢？

正德七年初，黄绾因病回天台，王阳明痛感失去了助手："谢病去，不忍予别而需予言。夫言之而莫予听，倡之而莫予和，自今失吾助矣！"[1]对于"所言而无不听，所倡而无不和"的黄绾，阳明当然会有"失吾助"之叹。七月，王阳明与诸友游览四明、雪窦、千丈崖等地，兴尽之时却感慨道："其最所歉然，宗贤不同兹行耳！"[2]黄绾的缺席是最大的遗憾！正德八年（1513），王阳明回信黄绾说："宗贤之思，靡日不切！又得草堂报，益使人神魂飞越，若不能一日留此也，如何如何！"[3]念着黄绾的文字，心已飞回浙江！不难想象，如果不是在心灵上对黄绾有着深深的依赖，怎么可能将与黄绾的暂别视为助手的失去？将黄绾的缺席视为游览胜地的遗憾？又怎么会念着黄绾的文字心已飞回故土？不唯如此，黄绾还热诚肯定阳明的才能、道德与学问。黄绾极力推荐阳明入朝担任要职：

然在今日，陛下操柄之失，莫此为甚。他日无事则可，万一有事，将谁效

---

[1]《别黄宗贤归天台序》，《王阳明全集》卷7，第233页。
[2]《与黄宗贤二》，《王阳明全集》卷4，第150页。
[3]《与黄宗贤四》，《王阳明全集》卷4，第151页。

用哉？况守仁学原性命，德由忠恕，才优经济，使之事君处物，必能曲尽其诚，尤足以当熏陶，备顾问。以陛下不世出圣明之资，与之浃洽讲明，天下之治，生民之福，可易言哉！前者言官屡荐，故尚书席书、吴廷举，今侍郎张璁、桂萼皆荐之，曾蒙简用为两广总制。臣谓：总制寄止一方，何若用之庙堂？可以赞襄谋议，转移人心，所济天下矣。伏惟陛下念明良遭遇之难，亟召守仁，令与大学士杨一清共图至治。另推才能，为两广总制。仍敕该部给与守仁应得铁券、禄米。①

黄绾认为，阳明学问之正、道德之纯和才能之弘，使他能成为皇帝的最佳辅佐；而总制两广是大材小用，只有授予朝廷要位，方能施展其才华而助力国家的强盛。因此，恳请皇上立即召阳明入朝，同时应尽快补发铁券、禄米予以安抚。此时阳明心学虽然风靡江南，阳明的事功亦无人能及，但一直遭受打压。因此，黄绾的上疏不仅是对阳明学问、道德和才能的充分认可，更是对阳明处境不公的强烈抗议。黄绾的情谊，阳明点滴在心头："人在仕途，比之退处山林时，其工夫之难十倍，非得良友时时警发砥砺，则其平日之所志向，鲜有不潜移默夺，驰然日就于颓靡者。"②正是得力于黄绾的认同与声援，阳明才不至于"日就于颓靡"。

王阳明被贬贵州之初，举目无亲，身心俱疲，前程渺茫。然而，就在他人生低谷之际，席书（1461—1527）出现了。席书不仅在讲学传道上为阳明提供帮助，而且高度肯定、称赞阳明的才华和人品，尤其是对阳明被谪充满了同情。席书说：

切惟执事文章气节，海内著闻。……昔韩、柳二公，各以抗疏忤时远谪二广，二广之人感其道化，至今庙食无穷。执事以文名时，以言遭贬，正与二公相类，安知他日贵人之思执事不如广人之思二公乎？③

一个被朝廷贬谪之人，席书却赞其气节为"海内著闻"，将其比为韩愈、柳宗元，

---

① 《议江西军功疏》，《黄绾集》卷31，第608页。
② 《与黄宗贤》，《王阳明全集》卷6，第219页。
③ 〔明〕席书：《与王阳明书》，〔明〕席书撰：《元山文选》卷5，沈乃文主编：《明别集丛刊》第1辑第76册，黄山书社，2013年，第496页。

是"抗疏忤时远谪"。这需要多大的勇气？对阳明又是多大的安慰？阳明离开贵州时，席书恋恋不舍，夸其为盖世之才。席书说：

> 予观历代文运，必积百余年而后有大儒如董如韩如周程出，当一代之盛。国家百十年，守道不回，如吴康斋、薛河东，清骚自得如陈白沙则有矣！未有妙契濂洛之传，足当太平文运之盛意者，有待于今欤？阳明闻予之说，将能自已其所至欤！予方深惩往昔且恨遘晤之晚。①

他将阳明视为百年一遇、足以振兴国家文运的大儒。直到晚年，席书仍然尽力向朝廷举荐阳明："生在臣前者见一人，曰杨一清；生在臣后者见一人，曰王守仁。"②在席书眼中，当朝只有两人堪当大用，一位是杨一清，另一位就是王阳明。因而担大任者非阳明不可，席书说："今诸大臣皆中材，无足与计天下事。定乱济时，非守仁不可。"③席书不仅在阳明困难时期伸出援手，而且对阳明被谪表示同情；不仅称赞阳明的人品和才华，而且举荐阳明出任朝廷要职。对于如此讲情重义的道友，阳明怎能不心存感激呢？席书的去世，让阳明伤心不已，因为他失去了一位贴心的知己和恩人：

> 某之不肖，屡屡辱公过情之荐，自度终不能有济于时，而徒以为公知人之累，每切私怀惭愧。又忆往年与公论学于贵州，受公之知实深。……闻公之讣，不能奔哭；千里设位，一恸割心。自今以往，进吾不能有益于君国，退将益修吾学，期终不负知己之报而已矣。呜呼痛哉！言有尽而意无穷，呜呼痛哉！④

所谓"屡屡辱公过情之荐"，所谓"受公之知实深"，所谓"千里设位，一恸割心"，所谓"期终不负知己之报而已"，所谓"言有尽而意无穷"，王阳明将席书对他的洪恩表述得真挚深沉、刻骨铭心，此非席书于心灵之抚慰阳明者乎？

正德十三年初，王阳明在《寄薛尚谦》中表达了希望薛侃尽快回到自己身边的愿

---

① 《别阳明王先生序》，《元山文选》卷1，《明别集丛刊》第1辑第76册，第350页。
② 《年谱三》，《王阳明全集》卷35，第1293页。
③ 《席书传》，《明史》，第17册，第5205页。
④ 《祭元山席尚书文》，《王阳明全集》卷25，第963页。

望:"尚谦既去,仕德又往,欧阳崇一病归,独惟乾留此,精神亦不足。诸友中未有倚靠得者,苦于接济乏人耳。……尚谦更静养几月,若进步欠力,更来火坑中乘凉如何?"①薛侃前脚离开,阳明后脚就追了上来,"诸友中未有倚靠得者,苦于接济乏人",吐露孤独之感,要求薛侃"更静养几月,若进步欠力,更来火坑中乘凉如何",希望薛侃尽早回到自己身边。这年春天,薛侃携兄薛俊、弟薛桥、侄薛铠来赣,聚集阳明身边。②阳明归越后,即便身边有钱德洪、王畿等高足陪侍,也曾动念让薛侃到绍兴陪侍,但薛侃回复说有钱、王等在阳明身边,他也就放心了:"向虑左右乏人任接引之劳,每怀走侍。今有德洪、汝中、师伊诸友在侧,侃可以缓咎矣。"③显然,王阳明对薛侃有一种心灵陪伴的需求。

南大吉离职后,王阳明回信说:

近得中途寄来书,读之恍然如接颜色。勤勤恳恳,惟以得闻道为喜,急问学为事,恐卒不得为圣人为忧,亹亹千数百言,略无一字及于得丧荣辱之间,此非真有朝闻夕死之志者,未易以涉斯境也。④

这里不仅倾诉了"见字如人"的思念,而且表达了对南大吉志业、品格的赞许。阳明与南大吉不仅是感情上的同志,更是事业上的同志。在另一函中,阳明对南大吉的心灵依赖表现得尤为直接和清晰。王阳明说:

贱躯入夏咳作,兼以毒暑大旱,舟楫无所往,日与二三子讲息池傍小阁中。每及贤昆玉,则喟然兴叹而已!……楚国宝又尔忽去,子京诸友亦不能亟相会,一齐众楚。"道之不明也,我知之矣。"虽然,"风雨如晦,鸡鸣不已","至诚而不动者,未之有也"。非贤昆玉,畴足以语于斯乎!⑤

---

① 《寄薛尚谦一》,《王阳明全集》卷4,第170页。
② 《薛中离年谱》,《薛侃集》附录5,第509页。
③ 《奉尊师阳明先生二》,《薛侃集》卷9,第271页。
④ 《答南元善》,《王阳明全集》卷6,第210页。
⑤ 《与南元善二》,《王阳明全集》卷6,第212页。

王阳明向南大吉透露了自己身体状况、身边诸友聚少离多、对世道黑暗不满等极少告诉他人的"秘密",所谓"非贤昆玉,畴足以语于斯乎"!足见阳明多么希望有知心者倾听他的诉说?又多么希望从知心者那里得到同情与理解?

　　王阳明虽然心灵孤独,但也是有"道福"之人,因为那些虔诚的弟子成为他心灵上的重要陪伴。学生或道友对其遭遇的同情与帮助,对其学问的认同和支持,对其才能的肯定和称许,对其诉说的倾听与分享,无不成为陪伴阳明心灵的重要元素,使王阳明的精神世界趋于丰满而强盛,诚如阳明所说:"希颜之深潜,守忠之明敏,曰仁之温恭,皆予所不逮。"[①]因而在某种意义上说,王阳明的精神世界是其自我精神世界与其弟子、道友精神世界的组合。因此,如果说王阳明心学格局的形成离不开其精神世界的完整与健康的话,那么阳明的弟子和道友厥功至伟。

八、分化一方以光大心学

　　阳明心学格局的形成,既是阐释、传播心学思想的过程,亦是心学支脉的建立的过程。阳明的弟子虽然都有自己的事务,但他们无不以自己的能力与方式,或阐述阳明心学,或传播阳明心学,或组建学术组织,为阳明心学格局的形成做出了积极贡献。

　　正德十六年秋,黄绾访阳明于绍兴,阳明授以"致良知"之教。稍后,黄绾游学永康,所谓"正德辛巳,予访友人应天彝于永康之寿岩"。[②]黄绾自述道:

　　　　从剡入永康,与石门子游寿岩。……同游林典卿、周凤鸣、应抑之、周德纯罗坐其中,周晋明、周仲器后至,遂与论学,皆欢然有省。……霜风益急,木叶尽赤,诸友渐去,应天监、赵孟立、徐之实相继复来、论各有得。山中小生程梓、周玲、孙桐皆奋有志。……石门、舜夫、凤鸣列坐石上,皆喜,呼童携酒共酌,久之不忍去。[③]

　　这不仅是一次愉快的出游,更是一次收获丰厚的学术之旅!因为陪同者或是阳明

[①] 《别三子序》,《王阳明全集》卷7,第226页。
[②] 《题应天成悲感册》,《黄绾集》卷22,第416页。
[③] 《游永康山水记》,《黄绾集》卷14,第259—261页。

的学生,或是阳明再传弟子,他们切磋学问,各有长进。其中的应典正是永康地区王学的领军人物:"介黄崇明见王守仁于稽山,授以致良知之学,归而讲学五峰书院。"① 黄绾也要求晚辈学习良知学:

> 夫所谓学者无他,致吾良知、慎其独而已。……天地间只有此学、此理、此道而已。明此则为明善,至此则为至善。今诸子侄同此良知而不知以为学,虚度光阴,将同草木,遂成腐落。……诸子侄其戒之勉之。②

可见,黄绾为阳明心学的传播做了许多实际的工作,为扩大阳明心学在浙中的影响做出了积极贡献。

正德十四年(1519),薛侃回到家乡,便与杨毅斋兄弟共同讲学:"先生居乡,与杨氏兄弟讲学金山之麓。……中离归自虔,始闻精一之旨,毅斋邀处北山精舍,三年乃豁然。"③嘉靖三年,薛侃结屋中离山,继续讲学,使潮州学者为之一变:"服阙,结茅中离山,以正学接引,潮士为之一变。"④嘉靖四年,薛侃继续讲学中离山,影响日盛,周边学者闻风而动,纷纷前来拜师问学。"讲学中离山,日与士友讲习不辍。四省同志闻风远来,至不能容,各自架屋以居,会文考德,兴发益多。"⑤这表明,自正德十四年始,阳明心学的种子便由薛侃引入潮州。"师王守仁于赣州,归语兄助教俊。俊大喜,率群子侄宗铠等往学焉。自是王氏学盛行于岭南。"⑥目睹亲手播下的种子在潮州开花结果,薛侃抑制不住喜悦的心情向老师汇报:"旧岁山斋初就,聚者皆新学之士。又为儿婚草创一居,不免为累。乃今痛自鞭勉,良友多集,为久聚计。又颇见大意如李承、陈琠、李鹏、赖曰道,皆卓然有负荷意。朝夕相磨,歌游于岩谷水石之间,使真意自长,妄意自消,似觉简易。"⑦这气象不能不令千里之外的阳明欣喜若狂,阳明说:"自是其邑之士,若杨氏兄弟与诸后进之来者,源源以十数。海内同志之盛,莫有

---

① 《附录》,《明儒学案》卷63,《黄宗羲全集》,第8册,第993页。
② 《劝子侄为学文》,《黄绾集》卷9,第158页。
③ 《薛中离年谱》,《薛侃集》附录5,第515—516页。
④ 《薛中离年谱》,《薛侃集》附录5,第522页。
⑤ 《薛中离年谱》,《薛侃集》附录5,第523页。
⑥ 《薛侃传》,《明史》,第18册,第5486页。
⑦ 《奉尊师阳明先生二》,《薛侃集》卷9,第271页。

先于潮阳者,则实君之昆弟之为倡也。其有功于斯道,岂小小哉!"①信奉心学的同志莫此为甚,潮州已成为海内又一传播良知学的中心。

邹守益拜师阳明之后,心潮澎湃,曾这样描述自己的感受:"某之醉梦,二十有九年矣。日颠踣于荆棘泥淖而自以为康庄也。赖先觉者大呼而醒之,将改辙以追来者。而八九同志相与磨砻而夹持之,以图不枉此生。"②因而传播、弘扬阳明心学,便成为其重要使命:一是仿照南赣模式推行教化。嘉靖三年,邹守益幸运地成为广德判官,便效仿王阳明在南赣的做法,推行敬祖孝长、整顿赋税、清除邪说、举善惩恶、除暴安良等措施,对坑蒙拐骗、敲诈勒索者予以严厉打击,对直谅刚正者予以奖赏。③二是建造书院传播阳明心学。邹守益说:"嘉靖丙戌,某判广德二年矣。日与诸生从事于复初之教。"④书院建成后,邀请学者讲学。"谪广德州判官。废淫祠,建复初书院,与学者讲授其间"⑤,从而为阳明心学的传播做出了积极贡献。三是成立惜阴会以展开学术交流。邹守益说:"吾邑惜阴之会,始于丙戌。"⑥"惜阴会"作为讲会组织,成为江右王学交流、传播心学的另一重要途径。阳明听闻"惜阴会"创立,给予高度评价:"同志之在安成者,闲月为会五日,谓之'惜阴',其志笃矣。……知良知之运无一息之或停者,则知惜阴矣。知惜阴者,则知致其良知矣。……知微之显,可以入德矣。"⑦阳明不仅肯定江右门生讲学传道的志向,而且教导他们"知良知无时不在、片刻不息,便知惜阴",这样,阳明实际上为"惜阴会"确定了精神方向。可见,邹守益不仅推动了阳明心学在皖南地区的传播与发展,更是江右王学的旗手。

王艮拜师后,坚信阳明心学乃千年绝学,必须为世人知晓。"阳明归越,先生从之。来学者多从先生指授。已而叹曰:'千载绝学,天启吾师,可使天下有不及闻者乎?'"⑧王艮雷厉风行置一蒲轮,直驱北方。"既辞归,制一蒲轮,标其上曰:'天下一个,万物一体。入山林求会隐逸,过市井启发愚蒙。尊圣道天地弗违,致良知鬼神

---

① 《祭国子助教薛尚哲文》,《王阳明全集》卷25,第959页。
② 《学说》,《邹守益集》卷8,第435页。
③ 《广德告谕士民》,《邹守益集》卷18,第869页。
④ 《广德州志序》,《邹守益集》卷3,第146页。
⑤ 《儒林传二》,《明史》,第24册,第7269页。
⑥ 《惜阴申约》,《邹守益集》卷15,第734页。
⑦ 《惜阴说》,《王阳明全集》卷7,第267—268页。
⑧ 《处士王心斋先生艮》,《泰州学案一》,《明儒学案》卷32,《黄宗羲全集》,第7册,第829页。

莫测。欲同天下人为善，无此招摇做不通。知我者，其惟此行乎？罪我者，其惟此行乎？'于是作《鳅鳝赋》。沿途聚讲，直抵京师。"①宣讲的是"万物一体""致良知"，并宣告"欲同天下人为善，无此招摇做不通"。虽然王艮的怪诞行为不被阳明认同，但却产生了奇效。赵贞吉说："所至化导人，耸人听观，无虑百千，皆饱义感动。……先生留一月，竟谐众心而返，然先生意终远矣。"②可见，王艮北上讲学对扩大阳明心学的影响无异于强力催化剂。

钱德洪、王畿对阳明心学的传播与发展也做出了特殊贡献。首先是以"教授师"身份传播阳明心学。由于求学者太多，阳明便安排钱德洪、王畿对求学者先"面试"一番，徐阶说："文成之门来学者日益众，文成不能遍指授，则属公与钱公等高弟子分教之。"③他们的主要工作是："使涤其旧见，迎其新机，然后归之师，以要其成。"④所谓"涤其旧见，迎其新机"，就是指钱、王要以阳明心学进行询问和考察，涉及求学者的志向、品质，以及对阳明心学的了解和认同等，合格者才能幸运地得到阳明的指导，所谓"然后归之师，以要其成"。有了这样的准备工作，效果自然非常理想："诸生每听讲出门，未尝不踊跃称快，以昧入者以明出，以疑入者以悟出，以忧愤愊忆入者以融释脱落出。"⑤也就是说，钱、王的"教授师"角色，实际上就是给求学者进行"心学"辅导，这当然是在实实在在地传授阳明心学。

其次是由"四句教"答问对阳明心学的发展。"四句教"即"无善无恶心是之体，有善有恶是意之动，知善知恶是良知，为善去恶是格物。"⑥据钱德洪、王畿所述，"四句教"是阳明在绍兴讲学时经常提及的话头。钱、王都是聆听者，但他们的理解有异。王畿认为"四句教"不是"究竟话头"，因为参悟了"心体无善无恶"即可省却工夫。他说："此恐未是究竟话头。若说心体是无善无恶，意亦是无善无恶的意，知亦是无善无恶的知，物亦是无善无恶的物矣。若说意有善恶，毕竟心体还有善恶在。"⑦钱德洪则认为"四句教"是根本教法，心体至善，只需去除恶念以复本体。他说："心体是天命

---

① 〔明〕董燧：《王心斋先生年谱》，《王阳明年谱长编》，第1465页。
② 〔明〕赵贞吉：《心斋王艮墓铭》，《王阳明年谱长编》，第1484—1485页。
③ 〔明〕徐阶：《龙溪王先生传》，《王畿集》附录4，第824页。
④ 〔明〕周汝登：《钱德洪传》，《徐爱·钱德洪·董澐集》附录，第400页。
⑤ 《刻文录叙说》，《钱德洪语录诗文辑佚》，《徐爱·钱德洪·董澐集》，第186页。
⑥ 《传习录下》，《王阳明全集》卷3，第117页。
⑦ 《传习录下》，《王阳明全集》卷3，第117页。

之性，原是无善无恶的。但人有习心，意念上见有善恶在，格、致、诚、正、修，此正是复那性体功夫，若原无善恶，功夫亦不消说矣。"①钱、王相持不下，只好请老师来裁判。王阳明说：

> 二君之见正好相资为用，不可各执一边。我这里接人，原有此二种：利根之人，直从本源上悟入。人心本体原是明莹无滞的，原是个未发之中。利根之人一悟本体，即是功夫，人己内外，一齐俱透了。其次不免有习心在，本体受蔽，故且教在意念上实落为善去恶。功夫熟后，渣滓去得尽时，本体亦明尽了。汝中之见，是我这里接利根人的；德洪之见，是我这里为其次立法的。二君相取为用，则中人上下皆可引入于道。若各执一边，眼前便有失人，便于道体各有未尽。②

就是说，王畿的理解可就利根之人而言，因为利根之人悟性高，所以致力于心体自修即可；钱德洪的理解可就常人而言，常人的心体也是善的，但常人容易被习气侵袭而使心体被遮蔽，所以需要格、致、诚、正、修等工夫。因此，钱、王二人的理解相互补充才完备。简言之，钱、王之问至少启示了这些议题：本体透悟后需不需要"四句教"、心体性质与工夫的关系、心体是主体还是实体、心体与教化对象的关系等。而经此一辩，阳明教法更为明确："已后与朋友讲学，切不可失了我的宗旨。"③因此说，"四句教"这一隐含了诸多议题从而在阳明心学中具有重要地位、并实际地影响着阳明心学后期发展的命题，竟然被钱、王"说破"，不能不承认钱、王对阳明心学的后期发展做出了重大贡献。这在严滩答问中也表现了出来。王畿说：

> 过江右，东廓、南野、狮泉、洛村、善山、药湖诸同志二三百人候于南浦请益。夫子云："军旅匆匆，从何处说起？我此意畜之已久，不欲轻言，以待诸君自悟。今被汝中拈出，亦是天机该发泄时。吾虽出山，德洪、汝中与四方同志相守洞中，究竟此件事。诸君只裹粮往浙，相与聚处，当自有得。"④

---

① 《传习录下》，《王阳明全集》卷3，第117页。
② 《传习录下》，《王阳明全集》卷3，第117页。
③ 《传习录下》，《王阳明全集》卷3，第117页。
④ 《刑部陕西司员外郎特诏进阶朝列大夫致仕绪山钱君行状》，《王畿集》卷20，第586—587页。

王阳明郑重其事地要求江右弟子"只裹粮往浙，相与聚处，当自有得"，这意味着钱、王二人可以代表阳明而高出其他弟子一截。不过，钱、王二人的贡献与地位，确也得到同门的认可和肯定。薛侃说："幸我绪山，侍师日久；微言奥义，具获指授；其爱同志、忧来学之心，与师一也。"①谓钱德洪不仅领悟了阳明心学奥义，并且在关爱同志、扶植后学方面与阳明毫无二致。欧阳德说："尝思譬之行路，吾辈直须稳步行走，作后来人引导。此实切望于兄，而弟不敢不竭力支撑也。"②谓后学的领路人非王畿莫属。可见，在心学大本营侍讲阳明的钱德洪、王畿，的确为阳明心学的传播与发展做出了特殊贡献。

总之，阳明弟子各尽其能地对阳明心学的传播与发展做了大量的工作。他们热情地向亲朋、学者传授阳明心学，他们积极地组建传播阳明心学的组织，他们智慧地阐释、辨析、充实阳明心学的观念。无疑，正是这种"分化一方"推进了王阳明心学格局的最终形成。

基于上述，似可做如下推论：

其一，阳明心学格局的形成是多种元素的聚合。既然接引弟子为阳明心学奠定了主体基础、刊刻语录为阳明心学提供了传承载体、修葺书院为阳明心学搭建了交流场所、处理事务为阳明专注思考腾出了时间、协调分歧为阳明心学清扫了路障、抵御毁谤为阳明心学争得了空间、心灵陪伴填补了阳明精神世界的空缺、分化一方为阳明心学组建了支脉部落，那么可以说，此八大元素的聚合成就了王阳明心学格局。从而意味着，王阳明心学的形成既非先天的，亦非单线的，而是社会性、经验性、综合性因素作用的结果。

其二，阳明心学格局的形成是长期历史的积累。如上所述，阳明心学自产生之日起，就开始了阳明与弟子、道友的交流互动，在这种多向的、长期的、深入的交流互动中，以王阳明为中心而总其成。钱德洪曾说："尝闻之同门先辈曰：'南都以前，朋友从游者虽众，未有如在越之盛者。此虽讲学日久，孚信渐博，要亦先生之学日进，感召之机申变无方，亦自有不同也。'"③这就是说，绍兴时期阳明的学问已达"从心所欲"之境界，其心学已臻成熟。可见，王阳明心学格局是历经了漫长岁月的多向融合

---

① 《书院成请钱德洪兄》，《薛侃集》卷9，第280页。
② 〔明〕欧阳德：《寄王龙溪》，陈永革编校整理：《欧阳德集》，凤凰出版社，2007年，第165页。
③ 《传习录下》，《王阳明全集》卷3，第118页。

而形成的，从而表明阳明心学是阳明生命历程的浓缩与升华，而非一蹴而就。

其三，阳明心学格局的形成显示阳明心学是一个有机整体。首先，"接引弟子"等八大元素之间是相互贯通的，而且相互支持、彼此成就，成为一种自洽而开放，同时兼具防御外来威胁任务的学术共同体。比如，接引弟子有助于书院的发展，而建造书院有助于弟子的培养；协调分歧有助于心灵陪伴，而心灵陪伴有助于分歧缓解；抵御毁谤有助于分化一方，而分化一方有助于抵御外在威胁。其次，"接引弟子"等八大元素成为阳明心学智慧与诸弟子心学智慧全方位交流互动的渠道，从而使二者从容地产生化学反应后被融入阳明心学体系而成为有机生命体。这个有机生命体的中枢是王阳明的心学理念，因而不能将阳明心学平面化为材料的累积和机械的架构。

其四，阳明心学格局的形成为正确理解阳明心学，提供了特殊而可靠的参照。"接引弟子"等八大元素无不具有物质化、数字化、感性化等社会科学属性，但阳明心学正是通过这些具有社会科学属性的元素成就自己。这就是说，对阳明心学的理解和把握不能脱离这些"形下"元素，只有借助对这些"形下"元素的把握才能真正洞察阳明心学形成的脉络与内容，从而走出纯粹观念演绎之窠臼。另一方面，阳明心学既然是由具有社会科学属性的元素聚合而成，说明作为人文理念的阳明心学经历了一个从社会知识到人文理念升华的过程，而这个过程是跌宕起伏、生死叵测而充满关怀的，从而突显了阳明心学的高度人文性，因而不能因为阳明心学的形成离不开这些"形下"元素而矮化为日常知识。质言之，阳明心学格局形成的这一特点，为认识与评论阳明心学提供了更宽阔、更真实的历史视域，从而既不神化阳明心学的精神高度，亦不淡化阳明心学的人文厚度，以确立对阳明心学的理性认知和自信。

（作者李承贵系南京大学哲学系教授）

心之本体与成德境界

——从"孔颜乐处"看阳明心学的"乐"与"学"

李 旭

内容摘要：自周敦颐和二程之后，"孔颜乐处"成为理学家的重要话头，其中明道由"识仁"和"体贴天理"来理解孔颜之乐，朱子从"格物穷理"到"豁然贯通"境地来理解孔颜之乐，是理学家体认孔颜之乐的两条基本线索。阳明提出"乐是心之本体"，这一思想为其弟子所继承，是理解"孔颜乐处"的一条独到路径。王阳明从其心学思想重新理解天理，着重发挥了天理中内在自然德性的一面，以"稳当快乐"和"䜣合和畅"来形容良知仁体之乐。从《论语》语境看，孔颜之乐与孔颜之学密切相关，我们可以依据孔颜乐处的本来意蕴来理解、重审阳明心学。阳明心学主张"乐是心之本体"，与之相关，将孔颜之学解释为去人欲之私、复心之本体的减法工夫，这一经验与孔颜之学中作为成德境界的乐有所偏离，虽然张扬了乐的内在性、平常性，但其现成性的特点却可能缺失了孔颜之乐中发愤好学的精神与日新不已的生机。

关键词：孔颜乐处 天理 心之本体 稳当快乐 发愤

乐是我们人心的一种基本情感样态，在我们的心灵和道德生活中具有重要的地位。古今中西的思想家对"乐"的意义和样态有不同的认识和评价。李泽厚先生基于中国文化与西方基督教文化的比较，有著名的中国文化是"乐感文化"之说。这个观点颇切合作为中国文化主体的儒家文化之实情。《论语》所记载孔子的言行中有颇多关于乐的表述，《孟子·尽心上》有君子"三乐"之说，声称"万物皆备于我，反身而诚，乐莫大焉"。北宋儒学复兴，周敦颐启发二程"寻仲尼、颜子乐处，所乐何事"[1]，这个"寻孔颜乐处"的话头遂成为推动理学形成和发展的重要指引。到了阳明心学中，伴随着发现本心良知的自信，"乐"以更沛然不容已的方式出现在阳明及其后学的言述中。阳明指出"乐是心之本体"，为理学中"孔颜乐处"的传统话题提供了本体学的经验依据，"乐"的哲理意义得到了极为鲜明和肯定的揭示。

儒者所讲的"孔颜乐处"与一般人所理解的快乐当然有所不同。孔子自道："饭疏食，饮水，曲肱而枕之，乐亦在其中矣。不义而富且贵，于我如浮云。"（《论语·述而》）他称赞颜回："一箪食，一瓢饮，在陋巷，人不堪其忧，回也不改其乐。"（《论语·雍也》）孔颜之乐显然不是世俗意义上吃喝玩乐的乐，也不是富贵功名、香车宝马的乐。这种乐不离伦常义务，也关乎好学与修德境界。理学家乐道"寻孔颜乐处"，一个重要背景是应对佛、老之学的挑战，包含"名教中自有乐地"（《世说新语·德行》）的意思。阳明心学"乐是心之本体"的思想承接了理学"寻孔颜乐处"的主题，包含对这个主题的深化。同时，探求"孔颜乐处"的本来意蕴，以之反观阳明心学的相关理解，也可以从一个侧面审查其与孔颜之学的继承、发展关系以及利弊得失。

陈立胜教授在万物一体思想的背景下探讨过阳明心学中的一体之乐，也在这一主题下介绍、分析了周、程以来理学家关于"孔颜乐处"的体认，对阳明心学中乐之体验的乐之体、乐之态等进行了全面、深入的论说。[2]不过这一研究也有其万物一体论主题思想的限制，并未穷尽阳明心学关于"乐"的思想，其对于"孔颜乐处"本身以及理学家的论述也只是作为话题传统来介绍，而并未以之论衡阳明心学的乐之体验与学问形态。在当今阳明心学于全社会大热的情形下，以"孔颜乐处"的论题为参照省察阳明心学之得失，以及其与孔子之学、周程之学的出入关系，也许是热潮下必要的一份冷思。同时，这一关于阳明心学的冷思，也是对孔颜之学与孔颜之乐本身的一次热思尝试。

---

[1] 〔宋〕程颢：《二先生语二上》，《河南程氏遗书》卷2上，〔宋〕程颢、程颐著，王孝鱼点校：《二程集》，中华书局，1981年，上册，第16页。

[2] 参陈立胜著：《王阳明万物一体论：从"身—体"的立场看》（修订版）第三章"'一体'与'乐'"，北京燕山出版社，2018年。

一、宋儒理解"孔颜乐处"的两条路径

孔子和颜子之乐在《论语》中早有记载，何以在周敦颐和二程那里才成为儒家学问中的明确主题？这其中大概至少有两个方面的原因。一个原因是治佛、老对士大夫读书人的强大影响，一个原因是应对科举官僚制中的"内卷"和"案牍劳形"。自东汉末以后，儒家的礼法开始呈现出束缚人性的"名教"缰绳的一面，真诚拥抱并热爱自由的士大夫更愿意通过逃向庄老玄学来冲出名教的网罗，魏晋玄学中即有"名教与自然"关系的论辩。隋唐之后，科举官僚制兴起，弊端渐显，同时佛教对知识界和民间的影响也越来越大，所谓"儒门淡泊，收拾不住"。在这种情况下，敏感而有抱负的学者需要在儒家的内圣之学中找到与佛老的洒脱自在相媲美的境界，同时这种洒脱自在又不需要以逃避人伦政治担当为代价，所谓"名教中自有乐地"。周敦颐的"寻仲尼、颜子乐处"，就在这样的时代精神使命中应运而生。

周敦颐的生活与佛、道有很深的因缘，但是他能从里面出来，提出了富有哲理和气象的儒家人生理想。周敦颐提出"圣希天，贤希圣，士希贤"的学问阶次，提倡"志伊尹之所志，学颜子之所学"。① 在颜子之学中，周敦颐又特别拈出一个"乐"字，指出：

> 颜子"一箪食，一瓢饮，在陋巷，人不堪其忧，而不改其乐"。夫富贵，人所爱也。颜子不爱不求，而乐乎贫者，独何心哉？天地间有至贵至富可爱可求，而异乎彼者，见其大而忘其小焉耳。见其大则心泰，心泰则无不足。无不足则富贵贫贱处之一也。处之一则能化而齐。故颜子亚圣。②

"富与贵是人之所欲也"，颜子却不爱不求，这是不是反人性？非也。颜子并不是苦行禁欲者，"回也不改其乐"，这个"乐"里面有另一个层次的自然、另一重性情。这个让颜子不改其乐的另一重性情是什么？孔子没有明说，周敦颐给出了一个解释："天地间有至贵至富可爱可求，而异乎彼者，见其大而忘其小焉耳。"但这个"至贵至

---

① 〔宋〕周敦颐：《通书·志学第十》，〔宋〕周敦颐著，陈克明点校：《周敦颐集》卷2，中华书局，1990年，第21—22页。

② 《通书·颜子第二十三》，《周敦颐集》卷2，第31页。

富可爱可求者"是什么，周敦颐也没有进一步说。

周敦颐将他对孔颜乐处的体认贯彻到了对二程的教导中，但采取的也是引而不发的方式。大程子明道曾说："昔受学于周茂叔，每令寻颜子仲尼乐处，所乐何事。"① 又："诗可以兴。某自再见茂叔后，吟风弄月以归，有'吾与点也'之意。"② 二程在周敦颐的指引下寻孔颜乐处，寻到了什么？我们可以在明道的诗文以及语录中看到其样态。明道所理解的"孔颜乐处"（及曾点之乐）有诗意的闲适气象，这从他的诗歌中可以看出来一些。

偶成
云淡风轻近午天，望花随柳过前川。
旁人不识余心乐，将谓偷闲学少年。③

秋日偶成二首·其一
寥寥天气已高秋，更倚凌虚百尺楼。
世上利名群蚁蠓，古来兴废几浮沤。
退安陋巷颜回乐，不见长安李白愁。
两事到头须有得，我心处处自优游。

秋日偶成二首·其二
闲来无事不从容，睡觉东窗日已红。
万物静观皆自得，四时佳兴与人同。
道通天地有形外，思入风云变态中。
富贵不淫贫贱乐，男儿到此是豪雄。④

这三首诗中都写到"乐"：第一首"旁人不识余心乐"；第二首"退安陋巷颜回

---

① 《二先生语二上》，《河南程氏遗书》卷2上，《二程集》，上册，第16页。
② 〔宋〕程颢：《二先生语三》，《河南程氏遗书》卷3，《二程集》，上册，第59页。
③ 〔宋〕程颢：《偶成》，《河南程氏文集》卷3，《二程集》，上册，第476页。
④ 〔宋〕程颢：《秋日偶成二首》，《河南程氏文集》卷3，《二程集》，上册，第482页。

乐",直接点到了颜子之乐;第三首"富贵不淫贫贱乐",则以孟子的大丈夫精神为乐之所本,同时也写到了静观万物生机的自得之乐。从这些诗歌中,我们看到了明道对周子"寻仲尼、颜子乐处,所乐何事"这一指引的诗意回应。但是,我们又不能仅仅将明道理解的孔颜乐处当作诗人雅兴、审美境界。在《秋日偶成二首·其一》中,我们看到了明道对唐人的诗人意气有明显的贬抑:"退安陋巷颜回乐,不见长安李白愁。"李白虽号称诗仙,但其实还心系长安的功名,怎及退安陋巷的颜回之乐!明道所理解的孔颜之乐有诗意的气象,但已经不是以李白为最高峰的唐人的诗人意气,而是以纯粹的儒者修养为底色。

这个有别于唐人的孔颜之乐气象,在明道那里主要有两层意味:其一,是以一体之仁为底色的反身而诚之乐;其二,是对天理的体贴。第一层又可以包含在第二层之中。我们先看第一层:

> 学者须先识仁。仁者,浑然与物同体。义、礼、智、信皆仁也。识得此理,以诚敬存之而已,不须防检,不须穷索。若心懈则有防,心苟不懈,何防之有?理有未得,故须穷索。存久自明,安待穷索?此道与物无对,大不足以名之,天地之用皆我之用。孟子言"万物皆备于我",须反身而诚,乃为大乐。若反身未诚,则犹是二物有对,以己合彼,终未有之,又安得乐?《订顽》意思,乃备言此体。以此意存之,更有何事?"必有事焉而勿正,心勿忘,勿助长",未尝致纤毫之力,此其存之之道。若存得,便合有得。盖良知良能元不丧失,以昔日习心未除,却须存习此心,久则可夺旧习。此理至约,惟患不能守。既能体之而乐,亦不患不能守也。①

明道体贴到,"仁"就是人心中"浑然与物同体"的天理,这个天理是义、礼、智、信的根源,识得这个"天理",只需要以诚敬存之即可,不需要防检,也不需要穷索。在明道这里,不仅"仁"作为天理是自然而然的,而且存养"仁"的工夫也是自然而然的,"反身而诚""勿忘勿助"即可,不需要穷索。对此理的体认存养中有大乐,如果能深切体会到这个乐,也就不用担心不能保守此理此道了。从这里我们也可以推

---

① 《二先生语二上》,《河南程氏遗书》卷2上,《二程集》,上册,第16—17页。

测，颜回的"三月不违仁"与他的"不改其乐"之间当有深切的关联。不改其乐，意味着体认之深，故能"三月不违"。

明道所体贴的乐境不只是以主体的"识仁"为主要内容的"反身而诚"之乐，也包括对天地万物的生机与自然秩序的静观自得。他说：

> 天地万物之理，无独必有对，皆自然而然，非有安排也。每中夜以思，不知手之舞之，足之蹈之也。①

这里讲"无独必有对"，应该是指一阴一阳的造化之理。明道于静中体会万物中此理"自然而然，非有安排"，兴奋到了手舞足蹈的地步，可见其真切。这种手舞足蹈的乐不只是思考的乐趣，而且包含对天地万物生机秩序的体察欣赏：

> "鸢飞戾天，鱼跃于渊，言其上下察也。"此一段子思吃紧为人处，与"必有事焉而勿正心"之意同，活泼泼地。会得时，活泼泼地；不会得时，只是弄精神。②

周敦颐以引而不发的方式令二程"寻仲尼、颜子乐处"，在明道这里可以说引出了极生动广大的一番气象。这个"鸢飞鱼跃""勿忘勿助"的境界，可以说是明道所体贴的"天理"风光，"吟风弄月以归"，所乐的即是这番"自然风光"，其中有贯通天人的妙理，不只是审美趣味而已。

那么，明道所体贴的孔颜之乐是否可以说就是"乐天理"呢？明道没有直接这么说。伊川甚至还反对那种以"乐道"来指认颜子之乐的看法。《二程遗书》中记载：

> 鲜于侁问伊川："颜子何以能不改其乐？"正叔曰："颜子所乐者何事？"侁对曰："乐道而已。"伊川曰："使颜子而乐道，不为颜子矣。"侁未达，以告邹浩。浩曰："夫人所造如是之深，吾今日始识伊川面。"③

---

① 〔宋〕程颢：《明道先生语二》，《河南程氏遗书》卷12，《二程集》，上册，第121页。
② 《二先生语三》，《河南程氏遗书》卷3，《二程集》，上册，第59页。
③ 《河南程氏外书》卷7，《二程集》，上册，第395页。这个公案还有其他的流传版本，可见当时在二程弟子及友人中是流传颇广的。这些版本大同小异，基本上还是暗示"颜子所乐何事"不能以"乐道"对之。

这段对话颇有点像禅宗的机锋棒喝，在二程弟子及其后的理学家中引发了纷纭的讨论，《朱子语类》中也记载了一些朱子门人与朱子之间关于这个公案的对话。朱子总的倾向是反对将孔颜乐处的话题引向玄虚的方向，特别警惕由此流入二氏之"异端"。但朱子也没有回避孔颜乐处的话题，而是将其引向工夫落实的方向。

朱子论"孔颜乐处"特别注重工夫，这一点在《朱子语类》中有不少记载：

> 问："颜子乐处，恐是工夫做到这地位，则私意脱落，天理洞然，有个乐处否？"曰："未到他地位，则如何便能知得他乐处！且要得就他实下工夫处做，下梢亦须会到他乐时节。"①
>
> 问："颜子之乐，只是天地间至富至贵底道理，乐去求之否？"曰："非也。此以下未可便知，须是穷究万理要极彻。"……"这道理在天地间，须是直穷到底，至纤至悉，十分透彻，无有不尽，则于万物为一无所窒碍，胸中泰然，岂有不乐！"②

朱子高徒陈淳从周子《通书》的话头入手，将颜子之乐理解为求"天地间至富至贵底道理"，这其实与鲜于侁以"乐道"来解颜子之乐相近。朱子不同意这种笼统的理解，指点陈淳去穷究万物之理，穷理到至纤细、至详悉，"十分透彻，无有不尽"，这样才能"于万物为一无所窒碍，胸中泰然，岂有不乐"。如此一来，朱子就把孔颜之乐解释成了穷究万物之理到十分透彻之后的格物穷理境界。这个解释与朱子补《大学》格物传的精神是一致的。朱子以颜子之乐为穷理十分透彻之境，亦即"用力之久，而一旦豁然贯通"的境界。在朱子这里，学者与天理的关系相对明道而言发生了改变，天理主要不是反身而诚后体认到的自然德性（一体之仁），甚至也不只是自然秩序，而是通过长久、艰苦的格物穷理工夫认识到的"理一分殊"之理。于是，孔颜乐处也就成了穷理的认知乐趣。后来王阳明想成圣人，按照朱子学指点的格物法去做，结果格竹子穷理不得，反倒落下病来。

不过，朱子的学问有自出心裁的一面，也有尊重经典本身语脉的"虚心涵咏"一面。朱子以颜子自道的"博我以文，约我以礼"来解释颜子"不改其乐"的工夫，较

---

① 〔宋〕朱熹：《论语十三》，〔宋〕黎靖德编，王星贤点校：《朱子语类》卷31，中华书局，1986年，第795页。

② 《论语十三》，《朱子语类》卷31，第796页。

之他自己的"格物穷理"说要来得真切：

> 问："叔器看文字如何？"曰："两日方思量颜子乐处。"先生疾言曰："不用思量他！只是'博我以文，约我以礼'后，见得那天理分明，日用间义理纯熟后，不被那人欲来苦楚，自恁地快活。你而今只去博文约礼，便自见得。今却去索之于杳冥无朕之际，你去何处讨！将次思量得人成病。而今一部《论语》说得恁分明，自不用思量，只要着实去用工。"①

这段问答中，我们再次看到朱子对工夫的重视，他严厉地告诫门人不要玄思颜子乐处，而要实下工夫，即夫子教导颜子（其实也是针对众弟子的普遍教法）的"博我以文，约我以礼"。博文约礼如何是乐的工夫？朱子在这里给出的一个解释是，博文约礼，"见得那天理分明"后，"不被那人欲来苦楚，自恁地快活"。这个讲法较之穷理后豁然贯通之说稍显真切。孔颜之乐不是万事如意，要什么有什么，而是无人欲之累，自在快活。这是一种克服私欲后获得精神自由的快乐。在理学家对"孔颜乐处"的解释中，无私欲之累是很重要的一个因素，理学家往往也用"洒落""洒脱"来形容这种无所累的心境。这种洒落无所累的心境应该是孔颜乐处中很重要的成分。无论颜子的箪食瓢饮"不改其乐"，还是孔子的"饭疏食，饮水，曲肱而枕之，乐亦在其中矣"，其中都有一份不以物累的超然洒脱。孔颜之乐诚然有其超然处。

但是，参照西方哲学关于消极自由与积极自由的辨析，不被人欲来苦楚还只是消极自由，只是消极的乐，严格说来只是超然、安然，如何就"自恁地快活"，其中实有朱子独知而人难知的跳跃。从义理看，朱子所解释的"理"有所以然、所当然两层基本意思。所当然固然与日用行事相关，但循其所当然（应然）而行严格说来还只是一个"安"，而未必即有积极的快活。康德就说过，遵循道德法则而尽义务只能够说得上有消极的快乐，谈不上积极的快乐。②这从他的义务伦理的角度来说是对的。但是孔子

---

① 《论语十三》，《朱子语类》卷31，第800页。
② 康德在论及实践理性的"二律背反"（有德者不必有福、有福者不必有德）时一再辨析，出自义务的道德行为所伴生的感受并非享受、幸福，而只是一种他称之为"消极的愉悦"的"自我满足"，即道德意志独立于爱好动机的智性满足感（参〔德〕康德著，邓晓芒译：《实践理性批判》，人民出版社，2003年，第161页）。康德所称的这种"自我满足"作为"消极的愉悦"，很接近孔子所讲的"安"。孔颜乐处当然是以"安"为基调的，但"乐"还不只是"安"。

并不像康德那样将义务与爱好对立起来,他说"知之者不如好之者,好之者不如乐之者","我未见好德如好色者也",又特别称赞颜回的"好学",孔颜乐处显然不能理解为只是康德所称"消极的愉悦",也不只是"安"。究其实,孔子所理解的"德"以仁、智、勇为主,并不只是理之"当然",也包含性之"能然"。孔颜之乐中当还有本己之德能畅达无碍的快活。明道所体贴的"天理"中也有这个"能然"的维度。他的"识仁"说中说到"良知良能元不丧失",又乐道鸢飞鱼跃的"活泼泼"处,可见其体贴的"天理"中有一股积极的能量在流行不息,"当然"中包含性之所"能"。伊川提出"性即理"后,又将理与气分为两橛,朱子继承发展了这个形而上的构架,于是"性之德"的"良能"意味就缺失了,程、朱之"理"成了"存有而不活动"(牟宗三语)的"所当然"和"所以然"。从这个"存有而不活动"的"理"来理解孔颜乐处,当然也难免隔阂。

濂溪、明道所体贴的孔颜乐处中那种超然、安定而活泼的意趣,要到阳明心学中才得到通透的发挥。王阳明基于其心灵经验而提揭"乐是心之本体"的话头,"乐"成为阳明心学学者的基本情态,这种乐的经验也通向阳明心学对天理的独到理解。

二、稳当快乐与䜣合和畅——阳明心学所体认的良知与性情之乐

"寻孔颜乐处"自周、程后成为理学的传统话头,朱子虽然对这一话头有一定的警惕性,但毕竟他也尊周、程,不否认"孔颜乐处"对儒家学问的终极指引意义。阳明学是对朱子学的突破,以接续周、程(明道)之学自命,对"孔颜乐处"的话头相比朱子而言更有内在的契合,更喜欢讲"乐",对孔颜之乐有独到的阐发。

"孔颜乐处"经过濂溪、二程的演绎成了理学中为人津津乐道的话题,王阳明早年的诗文中也时时用到这个典故。如《太白楼赋》曰:"进吾不遇于武丁兮,退吾将颜氏之箪瓢。"[①]《狱中诗·读易》曰:"箪瓢有余乐,此意良匪矫。"[②]《别三子序言》曰:"予有归隐之图,方将与三子就云霞,依泉石,追濂、洛之遗风,求孔、颜之真趣,洒然

[①] 〔明〕王守仁:《太白楼赋》,〔明〕王守仁撰,吴光、董平、钱明、姚延福编校:《王阳明全集》卷19,上海古籍出版社,2014年,第727页。

[②] 《狱中诗·读易》,《王阳明全集》卷19,第747页。

而乐，超然而游，忽焉而忘吾之老也。"①

阳明屡屡提到颜子的箪瓢之乐、孔颜之真趣，而且将其看作隐逸生活的旨趣。但此时的阳明未必真切体会到了孔颜的"不改其乐"，他的心灵还在出仕与隐逸之间彷徨不定，在学理上他还为朱子学中心与理不能为一的问题所困扰。阳明对孔颜乐处获得自己独到、究竟之体认，是在他的"龙场悟道"事件中。

贬谪龙场对王阳明是一个极大的考验，也是对其平日所学的一个验证。平日喜欢讲孔颜乐处，在尊严、地位被剥夺，又远离家人、朋友，甚至生命也可能面临危险的困境、险境中，阳明能像孔子困于陈蔡、颜回居于陋巷那般地不动心、不改其乐吗？从《年谱》的记载看，初到龙场，阳明还是能保持相当的超然态度的，但是还未能做到彻底的不忧、无累：

> 时瑾憾未已，自计得失荣辱皆能超脱，惟生死一念尚觉未化，乃为石墎自誓曰："吾惟俟命而已！"日夜端居澄默，以求静一；久之，胸中洒洒。

"死生有命"，君子惟修身俟之而已。通过默坐澄心，阳明化去了生死挂念，"胸中洒洒"。洒洒，就是洒脱无所系累。这已经是一种超然的安定自在，但仍然是消极的。

阳明在尽心服侍生病的侍从等事务中，反躬自问"圣人处此，更有何道"，并于一个深夜大悟到格物致知的道理："寤寐中若有人语之者，不觉呼跃，从者皆惊。始知圣人之道，吾性自足，向之求理于事物者误也。"②这就是著名的"龙场悟道"。③阳明悟到了"圣人之道，吾性自足"。所谓"吾性自足"就是内在自然的发现，这个内在自然当然主要不是"食色性也"的感性自然（但也不否定这个层次的自然），而是作为"圣人之道"根据的德性自然。相比由默坐澄心而来的"胸中洒洒"，这个与"悟"相伴随的"不觉呼跃"的身心情态，显然是更积极的乐态。这是一种充满内在能量的心体发现之乐。

---

① 《别三子序》，《王阳明全集》卷7，第253页。此序作于正德二年（1507），在阳明龙场悟道之前。
② 《年谱一》，《王阳明全集》卷33，第1354页。
③ 关于龙场悟道事件的解释，可参看陈立胜著：《入圣之机：王阳明致良知工夫论研究》第二章"龙场悟道论"，生活·读书·新知三联书店，2019年；也可参看李旭著：《心之德业：阳明心学的本体学研究》第五章"龙场彻悟心体的起点"，上海文艺出版社，2021年。

王阳明悟道之后的龙场诗中，多记载了其"乐在其中"的自得心态。如《诸生来》曰："讲习性所乐，记问复怀觍。"①《诸生夜坐》曰："讲习有真乐，谈笑无俗流。"②《诸生》曰："富贵犹尘沙，浮名亦飞絮。嗟我二三子，吾道有真趣。"③后来，王阳明在悟得"致良知"宗旨后，对悟道之乐又有更加强烈而深切的表达。他对弟子说："今幸见出此意，一语之下，洞见全体，真是痛快，不觉手舞足蹈。"④他用了"真是痛快"来形容自己晚年的"致良知"之悟。这个"痛快"感来自"一语之下，洞见全体"的整全觉知。何为王阳明在"致良知"一语下所洞见的全体？这个"洞见全体"的痛快与孔颜乐处又是什么关系？

王阳明所谓的"洞见全体"，在他晚年的"四句教"中被彻底道出，即"无善无恶是心之体，有善有恶是意之动，知善知恶是良知，为善去恶是格物"。这个"四句教"其实是以"致良知"为要领统合了《大学》"格物、致知、诚意、正心、修身"乃至"齐家、治国、平天下"（在阳明那里即是"格物"）的工夫全体。我们在此不拟详细展开讨论"四句教"，而仅就阳明的"致良知"教与孔颜乐处的关系来探讨这个"洞见全体"之乐。

王阳明在不少地方论及颜子，其中最具争议性的是"颜子没而圣人之学亡"这一断言：

> 颜子没而圣人之学亡。曾子唯一贯之旨，传之孟轲终，又二千余年而周、程续。自是而后，言益详，道益晦；析理益精，学益支离无本，而事于外者益繁以难。⑤

"颜子没而圣人之学亡"，这个断言来得猛烈而突兀，在阳明门人中也引起过疑惑。陆澄（字原静）即就此问过阳明，阳明答之：

---

① 《诸生来》，《王阳明全集》卷19，第772页。
② 《诸生夜坐》，《王阳明全集》卷19，第773页。
③ 《诸生》，《王阳明全集》卷19，第775页。
④ 〔明〕钱德洪：《刻文录叙说》，《王阳明全集》卷41，第1747页。
⑤ 《别湛甘泉序》，《王阳明全集》卷7，第257页。

见圣道之全者惟颜子。观"喟然一叹"可见。其谓"夫子循循然善诱人，博我以文，约我以礼"，是见破后如此说。博文约礼，如何是善诱人？学者须思之。道之全体，圣人亦难以语人，须是学者自修自悟。颜子虽欲从之，未由也已，即文王"望道未见"意。望道未见，乃是真见。颜子没，而圣学之正派遂不尽传矣。①

阳明之所以说"颜子没而圣人之学亡"，是因为"见圣道之全者惟颜子"。颜子见圣道之全，体现在其喟然一叹中，其大要则是"博文约礼"。然而，"博文约礼"本是孔门君子之教的通法，并非什么独门秘传，颜子在其中领受到夫子的循循然善诱人，只是体认得真，也正是颜子的好学处。阳明以"博文约礼"为颜子所见圣人之道的全体，看起来与朱子也没什么大异。然而，如果我们进一步考究阳明对"博文约礼"的解释，就会看到他眼中的颜子与朱子眼中的颜子实际上是有很大差别的。

阳明立知行合一、致良知之教，突破朱子的格物穷理之学，在其立教讲学的过程中一再被初学者质疑。在初学者的疑问中，非常重要的是朱子的格物法似乎于《论语》的"博文约礼"、《中庸》的"学问思辨行"、《易·大畜·象传》的"多识前言往行"等经典有所据，而阳明的致知格物说则与这些经典的讲法扞格不合。经典的权威不能轻易被质疑，阳明不能否认经典的讲法，需要对经典做出与己说一致的解读。以"博文约礼"为例，阳明对孔门这一宗旨性的教法做出了多次解读。较早的时候，针对徐爱的疑惑，阳明做出了自己的解释，反对朱子以"博文"为先、"约礼"为后的先后次第说，提出"博文"为"约礼"的工夫之说，即以"约礼"为本体、"博文"为工夫，将"博文"与"约礼"的关系由先后关系转变为外与内、工夫与本体的关系。我们看下面一段阳明与有王门颜子之称的徐爱之间的问答：

爱问："先生以'博文'为'约礼'功夫，深思之未能得，略请开示。"先生曰："'礼'字即是'理'字。'理'之发见可见者谓之'文'；'文'之隐微不可见者谓之'理'：只是一物。'约礼'只是要此心纯是一个天理。要此心纯是天理，须就'理'之发见处用功。如发见于事亲时，就在事亲上学存此天

---

① 《传习录上》，《王阳明全集》卷1，第27页。

理；发见于事君时，就在事君上学存此天理；发见于处富贵贫贱时，就在处富贵贫贱上学存此天理；发见于处患难夷狄时，就在处患难夷狄上学存此天理；至于作止语默，无处不然，随他发见处，即就那上面学个存天理。这便是'博学之于文'，便是约礼的功夫。'博文'即是'惟精'，'约礼'即是'惟一'。"①

通过将礼解释为此心之天理、文为礼之发见，阳明就证成了其"博文为约礼功夫"之说，"博文"与"约礼"因此是体（礼）用（文）内外的关系，而不是知先行后的先后关系。阳明讲"'约礼'只是要此心纯是一个天理"，看起来与朱子没多大差别，换成朱子，也会同意这样的讲法。但是，阳明与朱子对"天理"与"此心"的关系在理解上有重要的差别。在朱子，"天理"需要格物穷理始能透彻知得，而在阳明，"天理"则是此心本然之情理，所谓"心即理"。在提出"致良知"说之后，阳明对孔颜的"博文约礼"又有了进一步的解释。

在阳明晚年居越之后，南大吉之弟南逢吉（字元真）来问学，其问与徐爱相近，阳明作《博约说》答之。这篇文字义理与上引答徐爱问相近，但特别提到了颜子，可以见出阳明眼中的颜子之学为何：

南元真之学于阳明子也，闻致知之说而恍若有见矣。既而疑于博约先后之训，复来请曰："致良知以格物，格物以致其良知也，则既闻教矣。敢问先博我以文，而后约我以礼也，则先儒之说，得无亦有所不同欤？"阳明子曰："理，一而已矣；心，一而已矣。故圣人无二教，而学者无二学。博文以约礼，格物以致其良知，一也。故先后之说，后儒支缪之见也。夫礼也者，天理也。天命之性具于吾心，其浑然全体之中，而条理节目森然毕具，是故谓之天理。天理之条理谓之礼。是礼也，其发见于外，则有五常百行，酬酢变化，语默动静，升降周旋，隆杀厚薄之属；宣之于言而成章，措之于为而成行，书之于册而成训；炳然蔚然，其条理节目之繁，至于不可穷诘，是皆所谓文也。是文也者，礼之见于外者也；礼也者，文之存于中者也。文，显而可见之礼也；礼，微而难见之文也。是所谓体用一源，而显微无间者也。……是故约礼必在于博

---

① 《传习录上》，《王阳明全集》卷1，第7—8页。

文,而博文乃所以约礼。二之而分先后焉者,是圣学之不明,而功利异端之说乱之也。

昔者颜子之始学于夫子也,盖亦未知道之无方体形像也,而以为有方体形像也;未知道之无穷尽止极也,而以为有穷尽止极也;是犹后儒之见事事物物皆有定理者也,是以求之仰钻瞻忽之间,而莫得其所谓。及闻夫子博约之训,既竭吾才以求之,然后知天下之事虽千变万化,而皆不出于此心之一理;然后知殊途而同归,百虑而一致,然后知斯道之本无方体形像,而不可以方体形像求之也;本无穷尽止极,而不可以穷尽止极求之也。故曰:'虽欲从之,末由也已。'盖颜子至是而始有真实之见矣。博文以约礼,格物以致其良知也,亦宁有二学乎哉?"[1]

在这篇文章中,阳明仍是据其一贯思理,以礼与文为体用显微之关系,所谓"体用一源、显微无间",而反对朱子学以"博文约礼"为先后关系的观点。不同之处在于,在阳明提出"致良知"思想后,这段文字遂以"致良知于事事物物"的学说来解释"博文约礼"。在前面答徐爱的文字中,阳明将"博文约礼"解释为在事亲、事君、交友、治民等事务中学个存此心之天理,虽然他将"天理"的根据放在"此心"上,但毕竟用的还是宋儒的语言。在这段答南元真的文字中,阳明则将"博文约礼"解释为"格物以致其良知",虽然"良知"仍可以说是"此心之天理",但明显主体性的自信更强了。从行文风格看,《博约说》作为一篇书面文字,文风也更酣畅淋漓、汪洋恣肆,令人想起阳明早年五溺时期的辞章功夫。

在《博约说》中,阳明还对颜子的仰钻瞻忽之叹做了解释,认为颜子的"仰之弥高,钻之弥坚"是始学于夫子之时的情形,彼时颜子还未得其门而入。他认为颜子的"瞻之在前,忽焉在后","是犹后儒之见事事物物皆有定理者也,是以求之仰钻瞻忽之间,而莫得其所谓",及闻孔子博约之训后才知道"天下之事虽千变万化,而皆不出于此心之一理",自始才有真实之见,懂得斯道不可以方体形像、穷尽止极求之,因此有"虽欲从之,末由也已"的感叹。这里面阳明隐约地将自己走出朱子学而"悟道"的个人心路历程代入了颜子的从学夫子之叹,闻"博约"之说俨然成了颜子的"悟道"。这

---

[1] 《博约说》,《王阳明全集》卷7,第296—298页。

样，阳明就证成了孔颜的"博文约礼"之学与其致良知以格物之学的一致性，将孔颜之学解读成了良知心学。由这一对孔颜"博文约礼"之学的独到解释出发，阳明及其后学所体认的孔颜之乐实际上就是致知格物之乐，即"致良知于事事物物"的快活，其中确实有一股良知主体自我实现的痛快劲。这股痛快劲与宋儒、与孔子和颜子的乐处相应吗？我们最后再来探讨这个问题。

王阳明对孔颜乐处的解释，还可见之于《答陆原静》这封书信：

> 来书云："昔周茂叔每令伯淳寻仲尼、颜子乐处。敢问是乐也，与七情之乐，同乎？否乎？若同，则常人之一遂所欲，皆能乐矣，何必圣贤？若别有真乐，则圣贤之遇大忧大怒大惊大惧之事，此乐亦在否乎？且君子之心常存戒惧，是盖终身之忧也，恶得乐？澄平生多闷，未尝见真乐之趣，今切愿寻之。"
>
> 乐是心之本体，虽不同于七情之乐，而亦不外于七情之乐。虽则圣贤别有真乐，而亦常人之所同有。但常人有之而不自知，反自求许多忧苦，自加迷弃。虽在忧苦迷弃之中，而此乐又未尝不存。但一念开明，反身而诚，则即此而在矣。每与原静论，无非此意。而原静尚有"何道可得"之问，是犹未免于"骑驴觅驴"之蔽也。①

陆澄在这段问答中提出了一个很有哲理意义的问题：孔颜之乐与喜怒哀乐（惧）爱恶欲的七情之乐是什么关系？若放在一般学者甚至朱子那里，我们可以想见，可能的回答是：孔颜之乐非七情之乐，但阳明却给出了一个独到的回答：乐是心之本体，虽不同于七情之乐，而亦不外于七情之乐。基于此，他还认为圣贤的真乐（孔颜之乐）也是常人之所同有的，因为常人与圣贤一样同具此一心之本体，即心之良知，只不过常人对此缺乏自知，良知被遮蔽了，但这个乐的本体未尝不在，故"一念开明，反身而诚，则即此而在"。如此一来，阳明学的"见满街都是圣人"的观点在其"乐"观中也有了依据。

阳明学的基调确实是"乐观"的，只是这个"乐"并不忽视人心和世态的多样情态，而是人处于变化之境遇中依然能保持不变的"定盘针"那样的安定快乐。"乐是心

---

① 《传习录中》，《王阳明全集》卷2，第78—79页。

之本体"这个话,阳明讲过多次。

> 问:"乐是心之本体,不知遇大故于哀哭时,此乐还在否?"先生曰:"须是大哭一番方乐,不哭便不乐矣。虽哭,此心安处,即是乐也;本体未尝有动。"①

这段问答具体而微地解答了良知之乐与七情(之乐)的关系。针对弟子黄省曾(字勉之)的疑问,阳明肯定心之本体的"乐"无时无处不在,甚至遇大故哀哭时,例如孔子哭颜回时,这个"乐"也是在的。这个讲法听起来迥异常情常理,但阳明却给出了合理的解释。哀哭时此乐还在,其中有两个层次:其一,"须是大哭一番方乐",遇大伤痛,例如颜回的早死,须是大哭一番方痛快,所以"子哭之恸"是至情使然,"非夫人之为恸而谁为"(《论语·先进》)。阳明由此与孔子一样肯定了自然性情的表达层面的乐,无论喜怒哀乐,合理地发出来都是"乐"的、畅快的,不必压抑扭曲。其二,"虽哭,此心安处,即是乐也;本体未尝有动",这是另一个层次上的乐、本体安然不动的乐。这个乐与七情之发的乐不同,但也不在七情之外,而就是在七情之发的中节中和处。再以孔子哭颜回为例,虽然"子哭之恸",但是孔子并未因为特别痛惜颜回而主张越礼厚葬颜回。相反,当门人这么做的时候孔子是不同意的,也不同意颜子之父颜路请卖其车而厚葬颜回的请求。这绝非孔子的小气虚伪,而是孔子的克己复礼处。用阳明的语言来说,孔子不主张越礼厚葬颜回,是孔子的良知所安处,此安处即是乐。这也是自然的,是相对于七情而言更高层次的自然之理,即天理。

从上面这段问答中我们还可以看到,阳明所理解的"心之本体"的乐与常人所讲的"快乐"有同有异:同处是其中包含了性情宣发的畅快,异处是在性情的宣发中良知本体能保持安定不动,不越天理之矩,如丸不出盘,操舟得舵,处处安然。这个以"安"为基调的畅快感,阳明称之为"稳当快乐":

> 庚辰往虔州,再见先生,问:"近来功夫虽若稍知头脑,然难寻个稳当快乐处。"先生曰:"尔却去心上寻个天理,此正所谓理障。此间有个诀窍。"曰:

---

① 《传习录下》,《王阳明全集》卷3,第127页。

"请问如何？"曰："只是致知。"曰："如何致？"曰："尔那一点良知，是尔自家底准则。尔意念着处，他是便知是，非便知非，更瞒他一些不得。尔只不要欺他，实实落落依着他做去，善便存，恶便去。他这里何等稳当快乐。此便是格物的真诀，致知的实功。若不靠着这些真机，如何去格物？我亦近年体贴出来如此分明，初犹疑只依他恐有不足，精细看无些小欠阙。"①

陈九川这里所讲"寻个稳当快乐处"与周、程的"寻仲尼、颜子乐处"相呼应，只不过陈九川是要在自家心上求，这大概是受到了阳明心学熏陶的结果。在阳明看来，陈九川的问题在于去心上寻个（现成的）天理，这个天理反而成了"理障"②。要得到稳当快乐，需破除心中的"理障"。但并非走向任意妄为，而是循自家良知的是非而言动。阳明告诉陈九川"稳当快乐"的诀窍是致知，即"致良知"。良知之乐为知是知非、存善去恶之乐，这种乐不假外求，以稳当为其基调，而自有痛快处，存善去恶、改过迁善，就是良知的"稳当快乐"。这种乐包含消极面的安稳满足，也包含积极面的自我实现——良知良能的实现。

良知的乐也不只是心灵的自我满足和实现，其中包含与物同体的乐乃至忧。良知的稳当快乐在于知是知非、存善去恶。这个"善"不是自了汉的独善，而是成己成物的一体之仁。陈立胜教授指出："乐既然作为心之体，其与一体仁心是同一所指，而只是内涵不同而已。"③心之本体作为乐体与仁体是同一的。阳明用了一个词组来刻画心作为仁体的乐——䜣合和畅。在一封写给黄勉之的书信中，阳明这样写道：

来书云："阴阳之气，䜣合和畅而生万物。物之有生，皆得此和畅之气。故人之生理，本自和畅，本无不乐。观之鸢飞鱼跃，鸟鸣兽舞，草木欣欣向荣，皆同此乐。但为客气物欲搅此和畅之气，始有间断不乐。孔子曰'学而时习之'，便立个无间断功夫，悦则乐之萌矣。朋来则学成，而吾性本体之乐复矣。故曰'不亦乐乎'。在人虽不我知，吾无一毫愠怒以间断吾性之乐，圣人恐学者乐之有息也，故又言此。所谓'不怨''不尤'，与夫'乐在其中'，'不改其

---

① 《传习录下》，《王阳明全集》卷3，第105页。
② "理障"本是佛家用语，阳明以良知破"理障"，可见其受到了佛学破执之法的影响。
③ 《王阳明万物一体论：从"身—体"的立场看》（修订版），第193页。

乐'，皆是乐无间断否"云云。

> 乐是心之本体。仁人之心，以天地万物为一体，䜣合和畅，原无间隔。来书谓"人之生理，本自和畅，本无不乐，但为客气物欲搅此和畅之气，始有间断不乐"是也。时习者，求复此心之本体也。悦则本体渐复矣。朋来则本体之䜣合和畅，充周无间。本体之䜣合和畅，本来如是，初未尝有所增也。就使无朋来而天下莫我知焉，亦未尝有所减也。来书云"无间断"意思亦是。圣人亦只是至诚无息而已，其工夫只是时习。时习之要，只是谨独。谨独即是致良知。良知即是乐之本体。此节论得大意亦皆是，但不宜便有所执着。①

这段论学书信再一次讲到"乐是心之本体"，而且在这段话里面，阳明还将"心之本体"解释为"以天地万物为一体"的仁心。就仁人之心而言，"乐"具有与天地万物之间"䜣合和畅，原无间隔"的特点。

用"䜣合和畅"四个字来形容仁者之乐，耐人寻味。䜣，即欣喜，是万物之间顺应相得的情态。黄勉之的来信中讲到"阴阳之气，䜣合和畅而生万物。物之有生，皆得此和畅之气"，道出了"䜣合和畅"之乐的生命本源——阴阳二气的感应相得。《乐记》中讲"天地䜣合，阴阳相得"，阴阳相得即是欣喜的本源，故人间喜事莫大于庆婚与庆生。"䜣"字与"欣"字通，但"䜣合"之"䜣"从言，尤有深意。盖人之相合不只是男欢女爱的阴阳相得，更有亲子、兄弟、师友、君臣之间言谈赠答的欢洽，乃至男女之间的相得，也离不开言语的相通、心灵的相契。古之"琴瑟友之""钟鼓乐之"（《诗经·关雎》），今之"谈男女朋友"，说的都是阴阳以礼相得的"䜣合"。故"有朋自远方来，不亦乐乎"，乐在䜣合之广大也。仁者爱人，与天地万物为一体，无非是参赞化育、玉成万物的䜣合和畅，即成人成物之美的本心。这颗心原本是感应万物的，故䜣合；原本是亲亲仁民而爱物的、与物无隔的，由仁义行的，故和畅。和，是感通而有节度；畅，是元和之气的畅行无碍。䜣合和畅中有一股生命的元气在。

阳明以"䜣合和畅，充周无间"来解释"朋来之乐"，"充周"即是心之体物的充实周遍。在《答顾东桥书》的"拔本塞源论"中，阳明指出：三代圣贤"盖其心学纯明，而有以全其万物一体之仁，故其精神流贯，志气通达，而无人己之分、物我之

---

① 《与黄勉之二》，《王阳明全集》卷5，第216—217页。

间。……其元气充周，血脉条畅，是以痒疴呼吸，感触神应，有不言而喻之妙"。① 可见充周条畅乃是生命元气的运行，而此元气又是心物一体的感通之气。一体感通，即是心的良知良能。阳明所谓"心之本体"乃是感通之体。《文言传》解乾卦卦辞之"元亨利贞"说：

元者善之长也，亨者嘉之会也，利者义之和也，贞者事之干也。君子体仁足以长人，嘉会足以合礼，利物足以和义，贞固足以干事。

仁为乾元之德，为善之长，礼、义、信都不过是仁之元善的流行与畅遂，故明道说"义、礼、智、信皆仁也"。② 天理流行，究其本无非是乾元之仁德的充周无间。阳明以元气之感通和畅论说一体之仁，正合明道"识仁"说与《文言传》以乾元说仁德的宗旨。

乐就其根本而言乃是生命元气的畅达流行，有生之物皆含有此一元气或此一"天命之性"。就此而言，乐不只是"心之本体"，而且可以说是"生之本体"。庄子濠上观鱼之乐；濂溪窗前草不除，云"与自家意思一般"；明道"万物之生意最可观，此元者善之长也，斯所谓仁也"③；都是生命元气的一气感通与流行。儒家以仁之感通提揭人心的乾元，乃是就调适向上一路为这一乾元生命力指点德性的方向。由此，生命的元气流行之乐遂上达为仁心充周万物的䜣合和畅之乐，乐作为生命力的基本情调也就具有了广大深远的品性。

阳明心学提揭出"乐是心之本体"，为儒家"孔颜乐处"的传统话头指点出心体的本源，这与朱子就格物工夫于穷理贯通之境界处指点孔颜乐处颇为不同，而更具有简明直捷的品质。同时，阳明以稳当快乐、䜣合和畅来形容良知之乐、仁人之乐，也亲切具体地指点出了圣贤之乐的样态。这种乐固然不同于恣肆情欲的感官享乐（后果往往伴随着痛苦烦恼），但也不压抑正常合理的情感表达，而且就良知本来人人具足而言，此乐乃是人皆可有的。阳明对"孔颜乐处"的理解与朱子有方向性的重要差别，这其中也包含阳明与朱子对天理、对自然的理解在方向上的差别。陈畅总结过阳明关

---

① 《传习录中》，《王阳明全集》卷2，第62页。
② 《二先生语二上》，《河南程氏遗书》卷2上，《二程集》，上册，第16页。
③ 《二先生语二上》，《河南程氏遗书》卷2上，《二程集》，上册，第29页。

于"自然"的三重含义:"一、无为(自在,毫无掩饰造作的纯真);二、自发的趋势(自动,不容已);三、规律(秩序、必然如此)。"①这三层意思应该说在朱子的"天理"和性情观中也都具有,其中的差别主要在于:其一,阳明对自发的情感(七情顺其自然之流行)采取顺受的态度,孝悌恻隐这些道德情感就其自发不容已而言与七情并没有差别。而在朱子的性情、理气二分架构中,情是被性理管制的对象。其二,更关键的是,虽然阳明与朱子一样重视自然的条理、秩序义,一样讲"天理",但是阳明的"天理"是良知内在的自然条理,重视的是"理"的"所当然"义,朱子的"天理"则偏重万物普遍客观的自然秩序,在"所当然"之外也重视"所以然"。因为阳明的天理内在于心,故反求本心良知即可寻得稳当快乐,"乐"是现成的,当下即是,朱子的所以然之理则要"用力之久"方可期"豁然贯通"。当然,阳明的乐也并不只是主观的、内在的,而是与万物感通而䜣合和畅的,但这个"感通"也不同于朱子穷事事物物之定理而达到的"豁然贯通",仁体的感通更具有当下现成的品性。

从《论语》本身的脉络看,孔子"饭疏食,饮水,曲肱而枕之,乐亦在其中矣",颜子箪食瓢饮在陋巷"不改其乐",说明孔颜之乐都具有淡泊自得的情态,而朱子用力做工夫的格物穷理之乐却与之不类,倒是阳明致良知的"稳当快乐"更接近于孔颜的"内省不疚"、乐天安仁。从生命气象来看,阳明及其弟子的为人和讲学风格也更接近明道的活泼和乐②,而非伊川和朱子的谨严。那么,我们是否可以说阳明心学对"乐"的理解才更得孔颜乐处的真趣,才是濂洛正脉、孔门嫡传呢?似也未必。

三、从孔颜乐处重审阳明心学之"乐"与"学"

"寻孔颜乐处"在宋明理学的内圣之学中具有究竟性的意义,对这一话头的理解方向及其水准,可以作为学者见道深浅、修道高低的一个判准。阳明心学对这个话题提出了独到的理解方向,提供了真切有意味的经验,因此我们也可以借助"孔颜乐处"这个话头来重审阳明心学,以判定阳明及其后学对此话题的理解是否真能遥契濂洛、

---

① 陈畅著:《自然与政教:刘宗周慎独哲学研究》,上海人民出版社,2016年,第8页。
② 但明道的和乐气象中还有很强的"居敬"一面,这与明道对"天理"的自然秩序维度的体认相关。但在阳明心学中,"敬"的维度总体是比较弱的,阳明心学的基调是"稳当快乐",与二程"诚敬和乐"的基调有所不同。

远承洙泗。

我们就从上面王阳明写给黄勉之的信中对《论语》首章的解读入手。在"乐"这个话题下，阳明认为"乐是心之本体"，基于此一经验，他认为"学而时习之"，就是"求复此心之本体也，悦则本体渐复矣"；"有朋自远方来，不亦乐乎""朋来则本体之诉合和畅，充周无间""人不知而不愠，不亦君子乎"，则是因为"本体之诉合和畅，本来如是，初未尝有所增也。就使无朋来而天下莫我知焉，亦未尝有所减也"。这个解释紧扣"心之本体"，时习是复此心之本体，朋来之乐是本体的充周无间，人不知不愠是本体的不增不减。阳明还将此"心之本体"解释为独体、良知，时习之要是"谨独"，谨独即是"致良知"。如此一来，阳明就以他的"致良知"之教贯通了《论语》首章"学"的主题，学是致良知之学，乐是致良知之乐。那么，这个解释合乎孔门学与乐的本来面貌与宗旨吗？

我们不妨以朱子对这一章的解读来做对照。朱子在《论语集注》中解这一章的"学"为"效"：

> 学之为言效也。人性皆善，而觉有先后，后觉者必效先觉之所为，乃可以明善而复其初也。习，鸟数飞也。学之不已，如鸟数飞也。悦，喜意也。既学而又时时习之，则所学者熟，而中心喜悦，其进自不能已矣。程子曰："习，重习也。时复思绎，浃洽于中，则说也。"[①]

朱子将"学"解释为"后觉者必效先觉者之所为"，阐发了学之中包含的后生效法先生的时间性、成长性向度。他还接受了孟子"性善"的观点，将学解释为"明善而复其初"，这个解释是整个宋明理学理解"学"的基调。阳明将"学"理解为"求复此心之本体"，在这一点上与朱子的解读是一脉相承的。朱子虽然有很强的道问学旨趣，但在这章的解释上却是以尊德性为重，与汉唐古注颇为不同。

梁代皇侃的《论语义疏》疏解这一句，引《白虎通》云"学，觉也，悟也"："言用先王之道，导人情性，使自觉悟也。去非取是，积成君子之德也。"[②]这个解释也以成

[①] 〔宋〕朱熹：《论语集注》，〔宋〕朱熹撰，徐德明校点：《四书章句集注》，上海古籍出版社，2001年，第55页。

[②] 〔梁〕皇侃著，高尚榘校点：《论语义疏》，中华书局，2013年，第2页。

德为孔门之学的宗旨，当合乎孔子本意。但皇侃并未取孟子学影响下的"复其初"模式，而是将"学"解释为"用先王之道，导人情性"的生命对话过程，"学"离不开自己的觉悟，但这个觉悟并不只是"复其初"——"复此心之本体"，而是学者（后觉）在效法先王之道（先觉）的过程中"去非取是"、变化性情。在皇侃所理解的"学"中有减法（去非）也有加法（取是），但从生命的成长视角看，终归是加法（积成君子之德）。这个理解完整地包含了学的"改过迁善"（《周易·益卦·象传》）与"惩忿窒欲"（《周易·损卦·象传》）两个基本方面，有损有益。而在朱子和阳明的解释中，"学"基本上变成只是"为道日损"的过程，在阳明那里就是去"客气物欲"之蔽而复心之本体。

当然，朱子对"学"的解释中还是保留了"益"的维度，即积累成长的维度。"后觉者必效先觉者之所为"，就有取益于先觉的意思。关于学什么的问题，《朱子语类》中有这样的问答：

> 或问："'学而时习'，不是《诗》《书》礼乐。""固不是《诗》《书》礼乐。然无《诗》《书》礼乐，亦不得。"[①]

《诗》《书》礼乐即皇侃《论语义疏》中讲的"先王之道"。阳明当然也不会反对学习《诗》《书》礼乐，但在他看来，《诗》《书》礼乐也无非是"说这心体"[②]，并非学之必不可少的对象。阳明应该不会说出朱子"无《诗》《书》礼乐，亦不得"的话。但其实，孔子所讲的"学"首先就是学习《诗》《书》礼乐，学习先王之道。他提点其子孔鲤，只是问"学诗乎""学礼乎"，"不学诗，无以言""不学礼，无以立"（《论语·季氏》）。其教弟子，也是指点"小子！何莫学夫诗"（《论语·阳货》）、"兴于诗，立于礼，成于乐"（《论语·泰伯》）。王肃解"时习"为"学者以时诵习也"，大体也没错。诵即诵《诗》《书》，习即习礼乐。当然，诵《诗》《书》、习礼乐并非口耳之学，而是要"导人情性""去非取是"，以积累成就君子之德。这里面有良知的是非觉悟在，但首先不是自以为是的是非，而是以先觉之是非为是非，如此才有取益之道。"学"就是效法先觉之所为，因此确实也

[①] 《论语二》，《朱子语类》卷20，第447页。
[②] 《传习录上》，《王阳明全集》卷1，第17页。

包含"邯郸学步"的异化危险，只有在"时习"的对话中，先觉之所为才能与后觉的良知情性产生訢合无间的氤氲摩荡、浃洽于中，所学者熟而在我，故悦。悦来自后生在向上攀登、对话、超越（"鸟数飞"）中的成长、成熟，而不只是复其本体而已。"学"为好学的后生敞开了不拘现成、盛德日新的可能性，如此后生才是可畏的。

学有所成之际，即是朋来切磋取益之时。朱子引程子的话说："以善及人，而信从者众，故可乐。"①"有朋自远方来"，诚然是学有所成的验证，有"以善及人"的因素，然阳明解释为"本体"的"訢合和畅充周无间"，也是"以善及人"的意思。但是君子丽泽以"朋友讲习"，并不只是"以善及人"，不只是学有所成的验证，也包含切磋取益、教学相长的意思，所谓"三人行必有我师焉"。朋来之乐中也包含时习之悦，包含德业的日新和富有。实际上阳明本人基于其讲学经验也说到这方面，他坦承"诸友皆数千里外来，人皆谓我有益于朋友，我自觉我取朋友之益为多"（《明儒学案·南中王门学案·明经朱近斋先生得之》）。可见，朋来之乐不只是单向的"发散在外"，不只是本体的"充周无间"，而是相互增益的共同成长。

要之，阳明的良知学以尊德性为宗旨，主张良知本有，不可务外徇人而落为"为人之学"，这是合乎孔颜之学的旨趣的。但是他以君子之德为现成，主张学只是做减法的谨独，以复其本体工夫，这就偏离了孔颜之学的虚心求益精神，容易带来自是、自满的弊病。由"学"的主题，我们也可以再来重审阳明对颜子"博文约礼"的解释。他把"礼"解释为心之天理，"文"解释为发见于外的心之天理的节目条理。这个解释是失之偏颇的一家之言，不合乎《论语》的语脉和孔子时代对文、礼的通行理解。孔子说："行有余力，则以学文。"（《论语·学而》）"文王既没，文不在兹乎。"（《论语·子罕》）"周监于二代，郁郁乎文哉，吾从周。"（《论语·八佾》）这个"文"当然不是什么"吾心之天理"发见于外的条理节目，而是先王之道的旧迹，是"先觉之所为"，首要的就是周文，具体来说就是《诗》、《书》、礼、乐、《易》、《春秋》之文。这个"文"就是可见的先王之道，君子"博学于文"，就是博求先王之道。这个先王之道的核心纲要就是礼乐，孔子梦周公，念兹在兹的也就是复兴周公制定的礼乐。"约之以礼"，即是以周公制礼作乐的精义贯彻于学文的过程中，也贯彻于君子的修身中。阳明反对朱子将博文与约礼解释为知先行后的关系，而主张二者是工夫与本体的关系，这

---

① 《论语集注》，《四书章句集注》，第55页。

一点颇有深造自得之趣。但是将约礼与博文解释为由内而外的体用关系，恐怕并非孔颜之学的本旨。"子以四教：文、行、忠、信。"（《论语·述而》）孔子的教导是由外（文、行）而内（忠信），文质彬彬然后君子，阳明的博文约礼说则未免有是内非外、废文任质的偏颇。工夫理解有偏，故阳明对"孔颜乐处"境界的解释也就难免可疑了。从解经风格看，阳明对"博文约礼"、对《论语·学而》首章的解释等都是典型的"六经注我"，这种解经方式对阳明后学影响很大，也有很大的流弊。我们姑举阳明高徒王龙溪的《愤乐说》为例，这篇文字也与我们探讨的主题相关。

理解孔颜之乐离不开孔颜之学，儒者的"乐"是与儒者的"学"联系在一起的。阳明学讲"乐是心之本体"，这一论断也是基于其心学经验。王艮的《乐学歌》讲"乐是乐此学，学是学此乐"，明白浅易地道出了乐与学的一体关系。孔颜之"乐"与"学"的内在关联，在下面这句话里有所体现：

> 叶公问孔子于子路，子路不对。子曰："女奚不曰，其为人也，发愤忘食，乐以忘忧，不知老之将至云尔。"（《论语·述而》）

叶公问子路孔子是什么样的人，子路没有回答上来，朱子解释说其中一个原因大概是"圣人之德，实有未易名言者与"。[①]确实，君子不器，加以孔子道大德博，弟子很难准确、完整地向外人概述，达巷党人感慨"大哉孔子，博学而无所成名"，这个观感大概弟子们也有。但是孔子对自己却有明白的自知，他自道"其为人也，发愤忘食，乐以忘忧，不知老之将至云尔"，只用"学"和"乐"来标识自己的为人。《论语·述而》篇还记载了另一句孔子的自道："若圣与仁，则吾岂敢？抑为之不厌，诲人不倦，则可谓云尔已矣。""为之不厌"也包含"学而不厌"的意思，与"发愤忘食"相当，它刻画了孔子的好学态度。

孔子是什么样的人？是圣人、仁人？孔子从不以圣人、仁人自居。他说，我首先只是一个发愤忘食、学而不厌的好学之人。"学"意味着尚处于成长之中，即是又还不是的不自得的状态。"血气既衰，戒之在得。"（《论语·季氏》）这对于孔子来说，还真是做到了。发愤忘食，不知老之将至，其中有孔子勇猛精进、长葆青春的好学之心。

[①]《论语集注》，《四书章句集注》，第112页。

朱子曾发挥说：

> 为学要刚毅果决，悠悠不济事。且如"发愤忘食，乐以忘忧"，是什么样精神！什么样骨力！
>
> 对叶公之问，见其事皆造极，脱然无所系累，但见义理无穷，不知岁月之有改。①

从朱子的体贴看，孔子之好学与孔子之乐具有刚毅果决、至诚无息的品性。孔子自己的好学具有发愤忘食的势态，同样他也期待学生有此发愤之态，"不愤不启，不悱不发"。颜子感叹从学孔子"仰之弥高，钻之弥坚……欲罢不能，即竭吾才，如有所立卓尔"（《论语·子罕》），其中就有一股发愤之势。这是好学者的爱欲。

下面，我们再来看王龙溪对"发愤忘食，乐以忘忧"的解释：

> 先生过嘉禾，诸友会宿于东溪山房，请问愤乐之义。先生曰："此是夫子终身受用之实学。知夫子之乐，则知夫子之愤，知夫子之愤，则知夫子之乐。愤是求通之义，乐者心之本体。人心本是和畅，本与天地相为流通，才有一毫意必之私，便与天地不相似；才有些子邪秽渣滓搅此和畅之体，便有所隔碍而不能乐。发愤只是去其隔碍，使邪秽尽涤、渣滓尽融，不为一毫私意所搅，以复其和畅之体，非有所加也。愤乐相生，勉焉日有孳孳，不知老之将至，夫子至诚无息之学。譬之于目，自开自阖，原是快快活活，原是乐，才为些子沙屑所碍，便不快活，便入于苦。欲复本来开合之常，惟在去其沙屑而已，亦非有所加也。"②

龙溪以"愤乐相生"来解释"发愤忘食"与"乐以忘忧"的关系，理解方向是对的，他说"愤是求通之义"，也很有价值。关键在于"通"是通到哪里、通于什么？接下去，他转到了乃师的观点："乐者心之本体""人心本是和畅"。这样一来，发愤的"求通"就回到了心之本体与天地相为流通的状态，而要回到这个相为流通的状态，只

---

① 《论语十六》，《朱子语类》卷34，第889页。
② 〔明〕王畿《愤乐说》，吴震编校整理：《王畿集》卷8，凤凰出版社，2007年，第194页。

需要去掉意、必之私即可，只需要涤除邪秽、消融渣滓即可，因而"发愤"只是一个去除隔碍、复和畅之体的工夫，"非有所加也"。换言之，学问工夫全在做减法以回复本体，而不需有所增益。在这一点上，龙溪也完全接受了阳明的观点。然而，孔子的"发愤忘食"只是去意、必之私的做减法工夫吗？孔子在对叶公问的晚年之际[1]，还有那么多邪秽渣滓需要发愤涤除吗？

值得注意的是，龙溪《愤乐说》中"使邪秽尽涤、渣滓尽融"的说法其实来自朱子《四书集注》中对"兴于诗，立于礼，成于乐"（《论语·泰伯》）一章的注释：

> 乐有五声十二律，更唱迭和，以为歌舞八音之节，可以养人之情性，而荡涤其邪秽，消融其渣滓。故学者之终，所以至于义精仁熟，而自和顺于道德者，必于此而得之，是学之成也。[2]

在朱子的解释中，荡涤邪秽、消融渣滓是"兴于诗""立于礼"之后"成于乐"的境界，而不只是去其意、必之私的做减法工夫。荡涤邪秽、消融渣滓也只是学乐的一方面功效，学乐还有养人情性的其他方面的意义。孔子的好乐、知乐是其好学中极为重要的方面，《论语》对此多有记载：

> 子与人歌而善，必使反之，而后和之。（《述而》）
> 子在齐闻韶，三月不知肉味，曰："不图为乐之至于斯也。"（《述而》）
> 子谓韶，尽美矣，又尽善也；谓武，尽美矣，未尽善也。（《八佾》）

闻韶三月不知肉味，正与"发愤忘食"的意味相近。[3] "发愤忘食"或许是孔子志于先王之道的好学状态。这句话的前面还记载了孔子晚年好《易》、雅言《诗》《书》，后面又记载了孔子的话："我非生而知之者，好古，敏以求之者也。"（《论语·述而》）"发愤忘食"就是好古敏求的表现。从孔子晚年的好《易》"韦编三绝"的故事中，我

---

[1] 据钱穆先生考证，孔子见叶公当在鲁哀公六年，是年孔子63岁，"自陈避兵适蔡见叶公"（钱穆著：《先秦诸子系年》，商务印书馆，2001年，第58页）。这个年龄正是"老之将至"之际。
[2] 《论语集注》，《四书章句集注》，第121页。
[3] 朱熹也指出了这一点，参《论语十六》，《朱子语类》卷34，第888页。

们也可以想见这种好古敏求以至于"发愤忘食"的好学之诚，断不只是去意必之私、复和畅之体的减法工夫。

因此可以肯定地说，龙溪《愤乐说》对"发愤忘食"的解释是片面的，是"六经注我"的作风。"发愤忘食"对孔子而言就是好古敏求的工夫，就是"志于道"；相应于颜子，就是"夫子循循然善诱人，博我以文，约我以礼"到"欲罢不能"的地步。这是一种接近于热恋的"如好好色"的爱欲状态。①孔子的"发愤忘食"、颜子的"欲罢不能"，都是"好德如好色"的爱欲状态。晚明学者张岱对孔子的"发愤忘食"有一段出色的按语：

> 万物以怒而生，看一"愤"字真有龙雷震动之象。"愤"便是"乐"，原无二层，此是宣圣一生得力处。②

"万物以怒而生"，当是从庄子《逍遥游》中鲲鹏寓言的"怒而飞"化过来的。"怒而飞"，正是"发愤忘食"的学习势态，因为习之本义就是"鸟数飞"。本真的发愤学习中，包含飞翔的渴望与超越的势态，包含"去非取是"、以变化气质的"鲲鹏之变"。在这样的学习中，自然有大力量，也有大喜悦。张岱说"'愤'便是'乐'"，"此是宣圣一生得力处"，当是知味之言。

如果说孔子的发愤并不只是去私欲、复心体，而是好古志于道的笃学，那么"乐以忘忧"的"乐"也不应该取王龙溪的解释，因为"乐"未必即是心之本体的和畅。朱子解释"愤乐"说："未得，则发愤而忘食；已得，则乐之而忘忧。"③这个素朴的解释合乎此句的语脉。"乐以忘忧"之"乐"当作"已得"之境界来理解，与《论语》首章朋来之乐相当，"发愤忘食"则与"学而时习之"相当。"乐以忘忧"包含朱子所讲的"豁然贯通"之境界。只是这种"豁然贯通"并不一定是穷尽天下万物之理后的贯通，而是今日格一物有今日的发愤和今日的贯通之乐，明日格一物有明日的发愤和明日的贯通之乐。《朱子语类》说"但见义理无穷"④，已庶几接近之。义理无穷，故发愤

---

① 可对照柏拉图《会饮篇》中狄奥提玛传授给苏格拉底的爱欲奥义（刘小枫编译：《柏拉图四书》，生活·读书·新知三联书店，第246页以下）。
② 〔明〕张岱著，朱宏达点校：《四书遇》，浙江古籍出版社，2014年，第179页。
③ 《论语集注》，《四书章句集注》，第113页。
④ 《论语十六》，《朱子语类》卷34，第889页。

亦无穷，贯通之乐亦无穷，这才是"至诚无息"之学。发愤忘食，乐以忘忧①，学而不厌，诲人不倦，正是夫子的盛德日新之境界。颜回之所以感叹"仰之弥高，钻之弥坚，瞻之在前，忽焉在后"，正是因为深感于夫子的学而不厌、盛德日新，所以才会有"虽欲从之，末由也已"的感喟。"乐以忘忧"，乃是"盛德日新"的成德之乐，其中固然有心之本体的和畅，但又不拘泥于一现成的本体。

孔子自道其一生的学问进阶，就体现了由"发愤"而来的日新之得和日新之乐：

> 子曰："吾十有五而志于学，三十而立，四十而不惑，五十而知天命，六十而耳顺，七十而从心所欲不逾矩。"（《论语·为政》）

"志于学"相当于"发愤忘食"，孔子在周游列国的颠沛流离中，当"老之将至"之岁，仍然保持着十有五时的"志于学"状态，这正是孔子学问永葆青春的魅力所在。从志学到而立、不惑、知天命、耳顺、从心所欲不逾矩，发愤好学之志是一以贯之的，由此一以贯之的发愤志学，乃有从而立、不惑到从心所欲不逾矩的日新盛德。就"乐"为成德而言，我们不妨说"而立"时有而立之乐，"不惑"时有不惑之乐，"知天命"时有知天命之乐，"耳顺"时有耳顺之乐，"从心所欲不逾矩"时又有从心所欲不逾矩之乐。总之，"乐"是"纯亦不已"、日新又新的。如此我们倒可以说，"发愤忘食"之志是圣人心之本体，"乐以忘忧"之乐是圣人成德境界；"发愤"是始条理者，成德之乐是终条理者。②发愤中固然也有乐，但那是藏于心的潜在的乐；成德之乐中也有志，但那是光泽发见于外、与物同体的志。③由此也可见寻孔颜之乐离不开学孔颜之学，朱

---

① "乐以忘忧"之"忧"，朱子说是"不知身世之可忧"（《论语十六》，《朱子语类》卷34，第889页），不妥。孔子"忧道不忧贫"，"不知老之将至"，哪会忧个人身世之寿夭穷通，忘忧只是忘了忧道，是"乐天之命，故不忧"之"忧"，以道之将行与不行有命在焉，故忘忧。

② 《郭店楚简·五行》说："德之行五和谓之德，四行和谓之善。善，人道也。德，天道也。君子无中心之忧则无中心之智，无中心之智则无中心之悦，无中心之悦则不安，不安则不乐，不乐则无德。"（李零著：《郭店楚简校读记》，北京大学出版社，2002年，第78页）其中"中心之忧"即相当于"发愤忘食"，悦、安、乐的次第与《论语》也相应，"不乐则无德"，说明乐是成德的表征。

③ 皇侃疏解《论语》首章"悦""乐"之异同说："'悦'之与'乐'俱是欢欣，在心常等，而貌迹有殊。悦则心多貌少，乐则心貌俱多。所以然者，向得讲习在我，自得于怀抱，故心多曰'悦'。今朋友讲说，义味相交，德音往复，形彰于外，故心貌俱多曰'乐'也。"（《论语义疏》，第4页）"乐则心貌俱多"，是一个贴切的解释。孔子说颜回箪瓢陋巷"不改其乐"，当是颜回"德润身"，其乐有见于外，故夫子能察之而赞叹。

子让人从颜子博文约礼的工夫处寻孔颜之乐,是深有见地的。

从孔颜之学与孔颜之乐的关系中,我们也可以看到,乐是成德的境界,"回也不改其乐",就是颜回学问已熟、修德有成而不退转的验证。这个以"乐"为表征的成德境界,是我们更高的"自然"、更高的品性。但这个"自然"却不是我们本来的自然,"不虑而知、不学而能"的良知良能,而是通过"博文约礼"的工夫习得的品性。孔子讲"性相近也,习相远也"(《论语·阳货》),正是这个道理。孔子讲的这个"性"是不是程朱理学中讲的"气质之性",孔子会赞同孟子的"性善"、孟子和王阳明的"良知良能"之说吗?如果我们从孔颜之乐和孔颜之学的关系来看,乐是博文约礼的成德境界,这个博约之习在颜子那里表现为"欲罢不能"、在孔子那里表现为"发愤忘食"的"好德如好色"之态,其中即有孔颜的好学之性。好学发愤也是人的自然,是人性的高贵处。孔子感叹:"吾未见好德如好色者也。"好德、好学这种性情是罕见的,但并不意味着这样的性情不自然,而只不过是往往被过于强烈的酒食之欲、功名之念所遮蔽了而已。好德、好学可以"如好好色",初与好色之性不远。此即"性相近也"之性,其中包含善端,包含始条理的善。阳明反对朱子将"性相近"之"性"解释为"气质之性",他说:"夫子说'性相近',即孟子说'性善',不可专在气质上说。若说气质,如刚与柔对,如何相近得?惟性善则同耳。"[1]这个观点大体是对的。

孔子大体会赞同孟子的"性善"说,只是孔子同样重视"习",这个"习"不只是"复其初"而已,而是在效法先觉者、好古敏求先王之道的变化气质之中养成义精仁熟、日新不已的德性。脱离开孔颜的博文约礼之学来寻求孔颜之乐[2],将孔颜那里作为成德境界的"乐"置换为"心之本体"的"乐",虽然让"乐"变得更内在、更平常了,但也可能错失掉了孔颜之学中"如好好色"的"发愤"势态,错失掉了孔颜之乐中虽淡泊安定而又光辉日新的盛大生机。

(作者李旭系浙江省社会科学院政治学研究所副研究员)

---

[1] 《传习录下》,《王阳明全集》卷3,第140页。
[2] 王阳明虽然并未忽视颜子的"博文约礼"之学,但是对其解读却是片面的。

试析王阳明的"说贞之道"

王永年

内容摘要：王阳明继承发展孔孟"君子之乐"与周程"孔颜之乐"之观念，提出"说贞之道"，将"说"提升为具有客观性、普遍性、必然性的"道"，将诠释为"性"与"理"的"贞"确立为实现"说"的唯一根据与方式，将不可分割的"说"与"贞"看作人之存在的本相。这些思想具有重要的理论与实践意义，值得关注。

关键词：道 "说" 贞 良知

明代中期，皇权专横，朝政晦暗，政治生态日趋恶化；官学与科举联袂，带来普遍性、绝对性的"天理"观念对社会生机的压抑；工商业初步繁荣，人、商品、货币流动加速，一些地区、一些阶层的财富积累等因素，共同催发、激励了人的主体性觉醒与福乐期待。以"求为圣人"之志统领生活的士大夫王阳明，在上述特定时代背景下，为实践"内圣外王"这一儒家确立的"整体规划"，经"龙场悟道"，开辟了"觉民行道"这一有别于"得君行道"的治平路线。[①]正德十年（1515），王阳明借为同僚之子白说取字的时机，提举、阐释"说贞之道"，将"说"确立为士子、庶民之人生的当有价值，并提示实现这一价值的根本依据、内在动力在于"贞"。这一重要思想渊源于孔子、孟子的"君子之乐论"，丰富了以"乐感文化"为特质的中华文化内核，具有重要的理论意义与实践价值。

---

① 参见余英时著：《余英时文集》第10卷《宋明理学与政治文化》，广西师范大学出版社，2006年，第36—56页。

一、"君子有三乐"

现代美国学者本尼迪克特将西方、日本文化分别刻画为"罪感文化"和"耻感文化"。李泽厚先生则认为:"以儒学为骨干的中国文化的特征或精神是'乐感文化'。"[1]"乐感文化"的主要奠基者当推儒学创始人孔子与孟子,一个并非偶然的文本事实可以为证:

《论语》开篇《学而》便有"子曰:'学而时习之,不亦说乎?有朋自远方来,不亦乐乎?人不知,而不愠,不亦君子乎?'"孔子言及的内容近乎涉及儒者的主要生活,其意义与"说"或"乐"或"不愠"(亦为"乐")相关联。尽管三者不无差异,但大体都可归结为"乐"。尾篇《尧曰》再次谈到"乐":"宽则得众,信则民任焉,敏则有功,公则说。"此处则提示"公"即"公平、公正",乃众人"说"之渊源。

《孟子》开篇《梁惠王》记录了孟子谒见梁惠王时讨论"利"与"乐"的言论。孟子指出:"贤者而后乐此,不贤者虽有此,不乐也。"意即面对同一美妙的自然景观,只有有道德的人才能享受这种快乐,没有道德的人是无法享受的。末篇《尽心》中,孟子径直陈述:"君子有三乐,而王天下不与存焉。父母俱存,兄弟无故,一乐也;仰不愧于天,俯不怍于人,二乐也;得天下英才而教育之,三乐也。"

《论语》《孟子》开篇与收篇皆谈论"乐",此种纂述确实能契合孔孟立言的价值取向,"乐"的频繁出现也可以为此佐证。快乐之"乐"字是《论语》中出现次数最多的实词之一,达24次,此外表示"喜悦"之"说"亦出现16次之多。《孟子》与此相似,"乐"字出现77次,其中快乐之"乐"达55次,"悦"字达53次。

对"乐"之价值的推重与"君子之乐论"是孔孟之道的一个重要内涵,它贯穿于孔子、孟子的思与行、教与学之全过程,其基本思想可概述如下:

第一,"乐"是人生在世当有的价值。孔子赞誉的"说""乐""不愠",孟子期望的"三乐",皆是在人活生生的现实的社会生活、文化生活、精神生活中涌现出来的既在世间又超世间的生命情感,这同基督教所祈求的超越此世间的天堂之乐截然不同,对这类生命情感的肯定意味着孔孟将"乐"贞定为人生在世当有的价值取向。

---

[1] 李泽厚著:《论语今读》,安徽文艺出版社,1998年,第28页。

第二,"乐"生成的第一场域是以"五伦"关系为轴心的社会生活。"乐"只在此世间,意味着只能存在于社会生活中的人的"乐",首先或主要来源于与本己切近的人与人的交往之中。《孟子·离娄上》曰:"仁之实,事亲是也;义之实,从兄是也;智之实,知斯二者弗去是也,礼之实,节文斯二者是也,乐之实,乐斯二者,乐则生矣。"可见"有朋自远方来"之乐、"得天下英才而教育之"之乐,显然来自与朋友、师生之和睦共在;"人不知而不愠"之乐、"仰不愧于天,俯不怍于人"之乐,也来自内省人际交往时的坦然无疚。这同决然逃离正常的家庭生活、社会生活,试图以种种方式与某种信仰对象"神交"而获取宁静、狂喜之乐的某些宗教主张截然不同。

第三,"乐"本质上是主体在内外两个向度活动中与道同在的情感体验。孔子所言之"说"、孟子所说之"三乐",皆由"觉与习""教与育""为人之道"即"为仁之道"所致。孟子所言之"一乐"、孔子所言之"乐",皆由主体笃行孝悌之道、师友之道所致。"贤哉,回也!一箪食,一瓢饮,在陋巷,人不堪其忧,回也不改其乐。"(《论语·雍也》)孔子赞赏的颜子之乐,在于颜子在贫贱之中不违仁德,在与道同在中感受并不改其乐。"乐"与"仁"联系在一起,仁者乐,能仁便能乐。

第四,"乐"重在精神上的安怡。孔孟并不排斥关联外物的感性之乐,比如由"子之燕居,申申如也,夭夭如也"(《论语·述而》)所体现的闲居之乐,由"食不厌精、脍不厌细"(《论语·乡党》)而来的饮食之乐,等等。但儒家推崇的是在"学而时习之"或"得天下英才而教育之"之中,即在传授、理解、体悟、践行道的过程中所获取的乐,是在"人不知而不愠""仰无愧""俯无怍"中所体证的为己之乐,其基本特质是精神性的,是"求则得之,舍则失之"的"乐"。这种精神性的乐在各种乐的价值级序上是最高一级,能给人带来终极的价值安顿感:"子曰:饭疏食,饮水,曲肱而枕之,乐亦在其中矣。不义而富且贵,于我如浮云。"(《论语·述而》)"君子有三乐,而王天下不与存焉。"(《孟子·尽心上》)而西方居勒尼学派、伊壁鸠鲁学派青睐的,由感性满足带来的,而极易被人剥夺与消逝的"快乐",则非儒家所祈。

第五,"乐"是君子当有的境界。拥有此世的、人伦的、道义的、精神的"乐",在孔子、孟子看来,乃是君子的标志。清代大儒王夫之就曾指出:"'君子有三乐',在一'有'字上不同。言'有'者,有之则乐,而无之则愿得有之也。父母兄弟之存,英才之至,既皆非非望之福;仰不愧,俯不怍,亦必求而后得。故当其既有,唯君子能以之为乐,而非君子则不知其可乐。然当其不能有,则不愧、不怍,正宜勉而自致。"①君子与非君子的重大区别在于"君子有三乐""非君子则不知其可乐"。需要指出的是,"乐"作为君子境界的确立,还表明儒学要求读书人、士大夫通过"学与思""知与行"来实现之。对于广大庶民而言,这自然具有导向意义,但儒家并非以此来苛求他们,而是基于"食色性也",富贵人之所欲、贫贱人之所恶的立场,要求居于执政、行政地位的君子,应当首先设法满足百姓由安全、繁衍、富足而来的快乐之需求,其次才是教化。

二、"天下之道说而已,天下之说贞而已"

孔孟确立、阐释、践行的"君子之乐论",对儒学尤其对宋代儒学的影响广泛而深远,诚如冯友兰先生所言:"关于这个问题的讨论,后来成为道学的一个主要问题。"②宋代诸儒守持了孔孟"君子之乐论"的基本观念,并与时俱进,提出了一些新的主张:

第一,"学而不至于乐,不可谓之学。"③被誉为宋代道学先驱、"中国人中最讲究人生艺术"(钱穆语)的邵雍,自称"安乐先生",并将其居所冠名为"安乐窝",身体力行"快乐哲学"。他演绎"学而时习之不亦说乎"之说,明确将"乐"提升为"学"之目标。

第二,"孔颜之乐"成为理学讨论永恒的议题。自宋代道学开创者周敦颐,经二程子,将人对乐的追求导向"孔颜之乐"。"乐"虽有"心体之乐""生机之乐""体知之乐"种种面向,但就其"乐"之倾向而言,是向内收敛的、更多关乎人之身心的内圣之乐。南宋儒者罗大经的以下这番话便揭示了这一特点:"学道而至于乐,方是真有所得。大概于世间一切声色嗜好洗得净,一切荣辱得丧看得破,然后快活意思方自此生。"④

第三,将孟子"反身而诚乐莫大焉"之"乐"发展成为"与物同体"之乐。孔孟

---

① 〔明〕王夫之:《孟子》,《读四书大全说》卷10,〔明〕王夫之著:《船山全书》,岳麓书社,2011年,第6册,第1127—1128页。
② 冯友兰著:《中国哲学史新编》(下卷),人民出版社,1999年,第64页。
③ 〔宋〕邵雍著,郭彧整理:《邵雍集》,中华书局,2010年,第156页。
④ 〔宋〕罗大经《忧乐》,〔宋〕罗大经撰,刘智友校注:《鹤林玉露》丙编卷2,齐鲁书社,2017年,第475页。

把"乐"理解为本己行道之后的情感体验，即把"道"看作"乐"之本源，而"道"在孔孟那里即为"仁"。程颢对"孔颜之乐"之本源的"仁"作了更深的开掘："学者须先识仁，仁者浑然与物同体。义、礼、知、信，皆仁也。……此道与物无对，大不足以名之。……孟子言'万物皆备于我'；须反身而诚，乃为大乐。若反身而未诚，则犹是二物有对，以已合彼，终未有之，又安得乐？"①其意思是说：天、地、人原来是浑然一体、休戚相关的整体，当人真实感觉到自己与人、与物同体时，那便是反身而诚，就有最大的快乐。如果我与人、与物"有对"，即反身未诚，怎么会有"乐"？由此看来，"浑然与物同体"即"仁"，而"仁"乃"乐"之本源。它表明，当"与物同体"的存在本相呈现于生活之中时，主观体验就必然为"乐"。

第四，明确指示出寻"孔颜之乐"的路径为"博文约礼"或"克己复礼"。孔孟、宋儒之乐论的思想与实践，深刻影响了明代的知识分子与士大夫。"自六世祖以来，王阳明的家族之'乐'一直便在五伦的从游之乐与隐逸之乐之间游弋。"②王阳明的好友、右副都御史白圻将儿子命名为"白说"，这显然寄托了白氏家族的志趣、对后生的期待与祝福。在白说成人时，白圻邀请王阳明参加其子的冠礼，礼仪完成后，白圻又请王阳明赐字以教。王阳明慎重地为其取字并撰写《白说字贞夫说》，"说贞之道"遂由此应运而生，时在"龙场悟道"后八年、"致良知"话头提出前四年的正德十年。

《白说字贞夫说》继承、发展了孔、孟、周、程之乐论，以简洁的语言，锻制了思想内涵丰富、体现时代精神的"说贞之道"："天下之道，说而已；天下之说，贞而已。"③《集韵·祭韵》："说，悦也。"朱子注《论语·学而》"不亦说乎"之"说"为"悦"。韦昭注《国语·吴语》"诸侯必说"之"说"为"乐"。"悦""乐"大体相通，意思为高兴、愉快、快意、喜畅、欢欣。"天下之道，说而已"，是将整个道的论述染上了"说"（"悦""乐"）的底色。毫无疑问，天下之道涵括天地万物，"天下之道，说而已"，无非是说天、地、人及万物之生存、运行、活动、变化的基调就是"说"

---

① 〔宋〕程颢：《二先生语二上》，《河南程氏遗书》卷2上，〔宋〕程颢、程颐著，王孝鱼点校：《二程集》，中华书局，2004年，上册，第16—17页。

② 陈立胜著：《王阳明万物一体论：从"身—体"的立场看》（修订版），北京燕山出版社，2018年，第180页。

③ 〔明〕王守仁：《白说字贞夫说》，〔明〕王守仁撰，吴光、钱明、董平、姚延福编校：《王阳明全集》卷24，上海古籍出版社，1992年，第906—907页。以下《白说字贞夫说》文字皆引自此文，不复——加注。

("悦""乐")。

那么,"天下之说"何以可能、怎么实现呢?或曰"天下之说"的根据何在呢?它又是通过何种路径达成的呢?王阳明的回答斩钉截铁、一言道尽:"贞而已。"就是说,天将天下万物之内在目的或理想归宿设定为"说"的同时,也指明了实现"说"的根据与路径,这便是"贞"。唯有"贞",才能实现、守持、葆有"说"。"天下之说,贞而已"这一命题,表明"贞"对于实现"说"之根据、路径的决定性、普遍性和唯一性。至此,"道"之核心要素或内在规定便呈现了出来。而所谓"天下之道,说而已""天下之说,贞而已",则可以统而言之为"说贞之道"。对此,王阳明作了如下论证:

> 乾道变化,于穆流行,无非说也,天何心焉?坤德阖阙[①],顺成化生,无非说也,坤何心焉?仁理恻怛,感应和平,无非说也,人亦何心焉?

这段话的意思是:天按照它的内在之道,无穷变化,和畅谐欣流行,无非是为实现"说"而已,除此之外,天还有什么其他祈求吗?地按照它的内在之道,不断开合,顺遂化生万物,无非是在实现"说"而已,除此之外,地还有什么其他意愿吗?人亦按照其内在之理,恻怛友爱,与物感应和平,无非是在实现"说"而已,除此之外,人还有什么其他趣向吗?这些论证自然不宜作为"外延真理"或"科学真理"来看待,它们是以"启发语言"表述"内容真理"或"人文真理"。王阳明是在"天人合一"的思想传统背景下,以"人化"方式,将乾之"于穆流行"、坤之"顺成化生"之自然、自由、和畅状态即"说",确认为"天极"("天道""乾道")、"地极"("地道""坤道")运行的根本性状,进而下贯于"人极"("人道"),天、地、人"三极"成为"说乎说乎"之三极。值得注意的是,作为天下之道的"说",在天、地、人三极被展现为"于穆流行""顺遂化生"和"感应和平"之不同形式。用牟宗三的话说,"于穆流行"体现了"天道"的"创生原则","顺遂化生"体现了"地道"的"终成原则","感应和平"则体现了人与天地万物的"感通原则"。三者是"天命之性"下贯落实的本然性状。天依"乾道变化",地依"坤道阖辟",人依"仁爱恻怛"感应外物。"说"的实现方式是多样的,但其本质则是共同的,即

---

① 此处"阙"当为"辟"。

天、地、人按内在的"道"或"理"生存、生活，这即是"贞"。由此，王阳明断言："天下之说，贞而已。"除此之外，别无他法。

那么，"贞"与"说"的关系究竟应作何解？为何可将"天下之说"归结为"贞而已矣"？

三、"贞者说之干""说者贞之枝"

"说也者，情也。"王阳明以"情"来界定"说"，"说"属于"发用"的范畴，其"体"自然是"性"。"贞乎贞乎，三极之体"；"说乎说乎，三极之用"。很显然，天、地、人三极之"说"均是"贞"这一"三极之体"的发用流行，离开这个"贞"之体，"说"就会荡越无归、情肆而荡。故阳明又说："说而不贞，小人之道，君子不谓之说也。"君子之"说"是由"贞"即性而来，因而是"理"之"说"。

何谓"贞"？"贞"的本义为卜问和占卜（《说文》："贞，卜问也"），后来引申为"正""固""定""当""干"等。① 王阳明在"龙场玩易"期间撰写的《五经臆说》中曾诠释过"贞"：

> 天地感而万物化生，实理流行也。圣人感人心而天下和平，至诚发见也，皆所谓"贞"也。观天地交感之理，圣人感人心之道，不过于一贞，而万物生，天下和平焉，则天地万物之情可见矣。……贞即常久之道也……天地之道，一常久不已而已。日月之所以能昼而夜，夜而复昼，而照临不穷者，一天道之常久而不已也。四时之所以能春而冬，冬而复春，而生运不穷者，一天道之常久不已也。圣人之所以能成而化，化而复成，而妙用不穷者，一天道之常久不已也。夫天地、日月、四时，圣人之所以能常久而不已者，亦贞而已耳。观夫天地、日月、四时，圣人之所以能常久而不已者，不外乎一贞，则天地万物之情，其亦不外乎一贞也，亦可见矣。②

---

① 宋福邦、陈世铙、萧海波主编：《故训汇纂》，商务印书馆，2007年，第4064—4065页。
② 《五经臆说十三条》，《王阳明全集》卷26，第978—979页。

"元亨利贞"四德对应于"仁义礼智",王阳明于龙场悟道期间即已将"贞"视为天、地、人三极之"体"。"贞"对应于"智",是非之心,智之端也。阳明后来以"良知"作为"天道""易"的代名词,在《五经臆说》中就已有端倪可寻。昼夜交替之道(天道)、四时不忒之道(地道)与圣人赞天地化育之道(人道)都是"一贞"之道,而"天地万物之情"亦不外是此"生生不息"的贞道之体现。显然,此一"贞"是统摄"元亨利贞"四德之"贞",是广义的"贞"。此"贞"就是性、理的同义词。"贞也者,性也";"贞也者,理也"。王阳明以"贞"称"性""理",旨在展示性理之"常久不已"、流行不息而又井然有序之性质。

王阳明虽未就"性""理"做一系统、完整的说明,但其论性首重其"本原"义。他特别看重《中庸》首章,并专门撰《修道说》以发明其大义,又说子思括《大学》一书之义于《中庸》首章。他承继了传统儒学之天道下贯而为人性的观念:"天命于人,则命便谓之性。""道即性即命。"①此是就天道源头处说性;而就性之彰显与落实处,阳明则说:"性是心之体。""尽心即是尽性。"②又说:"心之本体即是性。"③对于"理",阳明则有理之凝聚曰"性"之说,性之"条理节目"就是"理",而理之"凝聚之主宰"就是"心"。所以在阳明心学中,性—理—心是三位一体的概念,它是人的真己。这个主宰一身的性—理—心,性能够透过目、口、耳、四体发用出来,是谓"形色",在此意义上"形色"也是天性。④目、口、耳、四体与形色都属于"气"的范畴,故阳明又说"气亦性""性亦气"。另外,阳明强调"性"之"超越"义,称性是"至善""粹然至善",它超越了善恶分别义的善,故又说"无善无恶是心之体"。⑤

既然性之"条理节目"曰"理","贞也者,理也"即是表明天—地—人之道本质上就是一"贞体"("贞乎贞乎,三极之体"),并必然在其流行过程中表现出畅顺、和乐的性质("说乎说乎,三极之用")。"贞"是"体""干","说"是"用""枝"。"体用一源","干枝一体"。脱离"体",无"用"可言;脱离"枝",无"干"可言。不

---

① 《传习录上》,《王阳明全集》卷1,第37页。
② 《传习录上》,《王阳明全集》卷1,第5页。
③ 《传习录上》,《王阳明全集》卷1,第24页。
④ 《传习录下》,《王阳明全集》卷3,第117页。
⑤ 关于王阳明对"性""理"二概念的分析,详参邓克铭著:《王阳明思想观念研究》第一章"王阳明之天理观的新义及其实现"、第二章"王阳明心学中之性体观的特色",台湾大学出版中心,2010年。

过，就逻辑先后与价值格序而言，"体""干"为先为重，"用""枝"为后为轻。因此，王阳明指出："故天得贞而说道以亨，地得贞而说道以成，人得贞而说道以生。"这意思是说：上天按自身内在之"性""理"运行，便会实现"说"，行此"说贞之道"，天便亨通；大地按自身内在的"性""理"顺成，便会实现"说"，行此"说贞之道"，大地便利成；人按自身内在的"性""理"生活，便会实现"说"，行此"说贞之道"，人便畅生。这里隐约将天道、地道、人道之运行与"亨""利""元"联系在一起。"人得贞而说道以生"意味着心之本体（"良知"）是"元贞"之体，是"仁且智"之体。要之，天运的亨通、地道的利成、人道的真诚恻怛，都是"贞之道"的体现，作为"三极之体"的"贞"是"说"的基础和源泉。

人只要守护住"贞之体"，由"理"（"良知""天性"）贞定自家性命，君子在其生活世界中就自会"感应和平"，自会体验到种种"说""乐"，以实现"快活""自得"与"真乐"。"快活"系指人之心性生活的畅快与活泼，阳明有"常快活"便是工夫的说法。"自得"指人随其所处境遇（富贵贫贱、患难生死）独立自主，依良知、循天理应对："素夷狄，行乎夷狄；素患难，行乎患难。君子无入而不自得焉。""真乐"就是孟子所谓"乐莫大焉"之"乐"、"乃为大乐"之"乐"；它是人在超越我与你、人与物的隔阂，达至"与天地万物一体"时，涌现出来的"欣和欢畅"之情态，是人与天地万物浑然一体的无我的存在状态，是超越时空的与天地同在的"大乐"境界。此"真乐"人人所同有，但"常人有之而不自知。……但一念开明，反身而诚，则即此而在矣"。[①]

王阳明《白说字贞夫说》又曰：

> 目而色也，耳而声也，口而味也，四肢而安逸也。说也，有贞焉，君子不敢以或过也，贞而已矣；仁而父子也，义而君臣也，礼而夫妇也，信而朋友也，说也，有贞焉，君子不敢以不致也，贞而已矣。

这里的"贞说对扬"说，让我们想起《孟子·尽心下》的"性命对扬"说："口之于味也，目之于色也，耳之于声也，鼻之于臭也，四肢之于安佚也，性也，有命焉，

[①]《传习录中》，《王阳明全集》卷2，第70页。

君子不谓性也；仁之于父子也，义之于君臣也，礼之于宾主也，知之于贤者也，圣人之于天道也，命也，有性焉，君子不谓命也。"孟子性命之辨中，口、耳、目、鼻、四肢五者之欲是性，但有分限与品节，不能皆如其所愿（"有命焉"），故不谓之性；仁、义、礼、智、天道在人乃天之所赋，其禀赋虽有厚薄清浊之不同，但最终可以通过变化气质而尽之，故不谓之命。而在王阳明的贞说之辨中，口、耳、目、四肢之欲虽有其乐处（感情之乐），但过之则流于炽而荡，故必须正心养性，以性"贞"定之，是为"性其情"，纵之而不贞，则是"情其性"；仁、义、礼、信之"说"是"天乐"（"真乐"），此"说"是由"贞"而来的"乐"，故需推致之、充分实现之。由"贞"而发之"说"是"真乐"，外"贞"而来之"说"是"小人之道"。贞道落实于心则心说，落实于家、国、天下则家、国、天下说。"说"的呈现是由"贞"而来，故"贞者，说之干也；说者，贞之枝也"。

四、"贞必说"的根据："良知即是乐之本体"

王阳明告诫并告慰白说及天下士子，君子的使命即坚守"贞道"，养心、齐家、治国、平天下皆以一"贞"道贯之，进而实现"心说""家说""国说""天下说"。由此王阳明提出"说也，有贞焉，君子不敢以不致也"的修身要求，此语置换成正面肯定性语句，便是说：君子在现实生活中，务必以"致贞"作为行为准则。如前所述，王阳明以"性""理"释"贞"，性理之贞与其稍后几年提出的"良知"概念在内涵上是大体一致的。在此意义上，"致贞"之教也就是"致良知"之教。

那么，何以"致贞"或"致良知"就能实现"说"以至说"贞必说"呢？《白说字贞夫说》对此尚未有系统与深入的揭示。随着"致良知"教的提出与发展，王阳明正式提出"良知即是乐之本体"的主张，"贞必说"的奥秘也因此昭然若揭。

面对川流不息的社会生活，人们总会产生这样那样的意念、行为动机。如何确保意念、行为动机的合理性、正当性，进而实现"说"这一终极目的与价值，对于君子而言始终是一项重要的修身任务。圣贤言说、道德条规、典型事例、过往经验、权威律令，自然会为人对当下意念、行为动机的审察提供指南或参照，但能否将其作为合理性、正当性的最高准则，则显然是有困难的。这是因为，人的意念或行为动机都是在现实生活中产生的，生活中的每一个片段，其所处的时空、所依据的条件都是现实的、个别的、具体的,以至于都是唯一的;而原则、条规、律令往往是抽象的、普遍的,圣言、典型、经验往往是历史的、独特的,直接以它们作为准则来确认意念、言语、行为的合理性、正当性、是非善恶性,难免会产生捉襟见肘之感。按照"娶必告"与"葬后伐"的规则,舜将不得娶,武将不得伐,其后果将是悖逆孝与忠之天理。王阳明"良知"说的一个本质特征就在于:引导人们对本己伦理与社会实践之牢固支撑的寻求,不是在外部规则与制度中,而是在本己的心或精神中。[1]故此,在弟子陈九川苦于"难寻个稳当快乐处"时,王阳明遂告诫他:"尔那一点良知,是尔自家底准则。尔意念着处,他是便知是,非便知非,更瞒他一些不得。尔只不要欺他,实实落落依着他做去,善便存,恶便去。他这里何等稳当快乐!"[2]

良知之所以能够成为"自家底准则",一方面是意念生发时,其是非性质良知即同时做出准确判断;另一方面,依着良知的判断去实践,是者是之,非者非之,"善便存,恶便去"。良知兼道德判断与道德实践于一体,良知之所以能够发挥如此功能,在王阳明看来是因为:"良知是天理之昭明灵觉处,故良知即是天理。"

王阳明做出这一论断的理由何在?在于其"良知"在存在论上与演化、建构天地万物的"气"紧密绾结在一起。"良知是造化的精灵"之论断,表明良知并非现象学意义上的纯粹意识,而首先是"精灵之气"。此"精灵之气"是由具有"生生"的性之"元气",经历"最粗者""稍精者""又稍精者""又精者""至精者"等阶段,而进一步发展成就为"至灵至明""能作能知者"即"良知"。此"良知"即"精灵之气"。它一方面具有"生生的功能性",其功能性具体表现于其感通与感应的能力(见孺子入井知恻隐);另一方面这"生生的性能"在人心这里"结穴"遂成一"自觉的生生"、一"自知自证的生生"。"精灵之气"在人心这里得到"自觉""自醒",此为"存有论"的"觉情",故能随感而应,无物不照,而任何偏离、扭曲、破坏生生之德的念头、行为,良知无不自知。[3] "精灵之气""生生的功能性"乃是天理,而天理之"灵明""明觉"便是良知。

---

[1] 〔瑞士〕耿宁著,倪梁康译:《人生第一等事——王阳明及其后学论"致良知"》,商务印书馆,2014年,第31页。
[2] 《传习录下》,《王阳明全集》卷3,第92页。
[3] 陈立胜著:《入圣之机:王阳明致良知工夫论研究》,生活·读书·新知三联书店,2019年,第280—301页。

"良知即天理","尔只不要欺他,实实落落依着他做去,善便存,恶便去。他这里何等稳当快乐"!王阳明曾以社会生活经验来印证此理:"若夫君子之为善,则仰不愧,俯不怍;明无人非,幽无鬼责;优优荡荡,心逸日休;宗族称其孝,乡党称其弟;言而人莫不信,行而人莫不悦。所谓无入而不自得,亦何乐如之!"① 而我们需要进一步追问的是,何以依从、遵循、随顺良知,便得以乐?王阳明总的解释是:"乐是心之本体。仁人之心,以天地万物为一体,䜣合和畅,原无间隔。"用其弟子黄勉之的话说:"人之生理,本自和畅,本无不乐。观之鸢飞鱼跃、鸟鸣兽舞,草木欣欣向荣,皆同此乐。"② 这里的意思是说:乐是心或良知本然应有之情态,或者说"仁人之心""人之生理","本自和畅,本无不乐"。人在致良知的过程中,良知无遮蔽,全然朗现,乐便同时油然而生。清代儒者戴震对此有过类似体验:"凡人行一事,有当于理义,其心气必畅然自得;悖于理义,心必沮丧自失。以此见心之于理义,一同乎血气之于嗜欲,皆性使然耳。"③

王阳明又曰:

虽则圣贤别有真乐,而亦常人之所同有。但常人有之而不自知,反自求许多忧苦,自加迷弃。虽在忧苦迷弃之中,而此乐又未尝不存,但一念开明,反身而诚,则即此而在矣。④

他在这里深刻指出:乐有"七情之乐"与"真乐"等层次上的区别,常人与圣贤一样都可能享有。遗憾在于常人常常有了这些快乐而不自知,常常因其"客气、物欲"遮蔽良知,搅此和畅之气而带来许多忧苦。"自求忧苦""自加迷弃"的常人,尽管处在忧苦、迷弃之中,但"此乐又未尝不存",只要达到对良知的觉悟,反省自身,以至诚立身行事,真正的、本有的快乐将再现,即由忧苦重返乐之生活。

---

① 〔明〕王守仁:《为善最乐文》,〔明〕王守仁著,王晓昕、赵平略点校:《王阳明集》,中华书局,2016年,第786页。
② 《与黄勉之二》,《王阳明全集》卷5,第194页。
③ 〔清〕戴震:《孟子字义疏证》卷下,〔清〕戴震撰,张岱年主编:《戴震全书》,黄山书社,1995年,第6册,第158页。
④ 《传习录中》,《王阳明全集》卷2,第70页。

在王阳明看来:"这良知人人皆有……众人自孩提之童,莫不完具此知,只是障蔽多。然本体之知,自难泯息。"①因着"良知即是乐之本体",天下人只要皆致良知,便可实现"天下说"。这期待、这承诺自然不无几分浪漫,但就其理论逻辑而言是严谨的、可能的、可望的。

五、余论

王阳明提出的"说贞之道",把"说"看作天、地、人之目的或理想归宿或终极价值,把内涵为性、理、道的"贞"看作"说"得以实现与持存的根本,把"致贞"视为实现"说"的工夫路径。四年后,王阳明的"致良知"说以更简明的话头、更深刻的内涵,统摄"说贞之道"与"致贞"之教的核心思想,成为阳明学成熟时期的标志。尽管如此,"说贞之道"与"致贞"之教的理论意义与实践价值,依然值得关注:

其一,我们要看到王阳明的"说贞之道"与"致贞"之教,继承了孔、孟、周、程倡导的"君子之乐论"与"孔颜之乐论"的基本观念:"乐"为"此世间"的价值需求;"乐"首先是道德实践中的情感体验;与美的人伦关系是"乐"的主要生成场域;"乐"是君子当有的精神境界。其二,我们更要注意王阳明的"说贞之道"对孔、孟、周、程之"乐"论思想的丰富与发展:(1)作为内在目的、理想归宿的"说"获得了具有客观性、普遍性、必然性的"道"的地位。(2)"说贞之道"将"说"标榜为社会成员易于接受的目的、归宿,为"觉民行道"提供了新的思想资源,受"贞"规约的"乐"成为面向包括君子在内的社会所有成员的价值指点。(3)在"性"或"理"的生成中,或"良知"的许可下,由人之道德理性与自然本性的实现而形成的"乐"都是正当的、合理的。由此,"乐"的实现场域向包括经济生活、娱乐生活在内的所有社会生活场域拓展,这与更多倾向于向内收敛的"孔颜之乐"有着明显差异。(4)深刻揭示了"乐"之本源,指出"乐"由"性"或"理"而生,为"良知即乐之本体"论的提出准备了思想资源。(5)指明了"说"与"贞"在人的生活过程中的相互关系和"贞"的本体地位,为君子实现"家说""国说""天下说"提供了实践指南。

---

① 《传习录下》,《王阳明全集》卷3,第95页。

王阳明的弟子王艮继承了先师的上述思想与主张,对"乐"的诠释沿着通俗化的路子作了新的充实,创作了《乐学歌》:"人心本自乐,自将私欲缚。私欲一萌时,良知还自觉。一觉便消除,人心依旧乐。乐是乐此学,学是学此乐。不乐不是学,不学不是乐。……于乎!天下之乐何如此学,天下之学何如此乐!"[1]《乐学歌》以通俗语言,传播了以"致良知"重构快乐人生的思想,产生了跨越时空的巨大能量,对中国社会发展产生了重大影响。正如一些学者指出的那样:"致良知"说、"说贞之道"中的一系列核心思想、主张,同西方文艺复兴时期的一批思想家的主张大体相似。因此,雅斯贝尔斯有理由如是说:是西方文艺复兴时期的一批思想家与中国的阳明先生共同开创了这个属于我们的新时代。

(作者王永年系福建江夏学院阳明学研究院特约研究员)

---

[1] 〔明〕王艮:《乐学歌》,《明儒王心斋先生遗集》卷2,〔明〕王艮撰,陈祝生等点校:《王心斋全集》,江苏教育出版社,2001年,第54页。

"天泉证道"在王畿思想中的位置*

〔日〕山路裕 著

徐修竹 译

内容摘要：本文以"天泉证道"对于王畿思想中工夫论的确立产生的影响为视角进行论述。众所周知，"天泉证道"中，王守仁的两位高徒王畿与钱德洪围绕所谓的"四句教"展开争论，而王守仁又对二人的争论进行评判。在"天泉证道"中，王畿提出"四无说"，被钱德洪批判为无视工夫。对于王畿的这一批判，日后也见于"良知见在说"。但是，考察王畿相关的文献资料，可知他并未否定工夫。本文对上述内容持问题意识，考察王畿相关文献的成书年代，对成为王畿确立工夫论的契机的"天泉证道"展开论述。

关键词：王畿 工夫论 天泉证道

一、前言

本文拟从王畿思想中工夫论的确立这一视角出发，考察"天泉证道"在王畿思想中的位置，同时通过对王畿中年以后史料的考证，考察其有关工夫论的相关论述，以揭示"天泉证道"的意义。

明嘉靖六年（1527），围绕王守仁提出的"四句教"，即"无善无恶是心之体，有善

---

* 本文根据在2021年12月4日二松学舍大学东亚学术综合研究所阳明学研究中心主办的"阳明后学的现状"研讨会上发表的主旨演讲修改增补完成。

有恶是意之动,知善知恶是良知,为善去恶是格物",他的两大弟子王畿(1497—1582)与钱德洪(1496—1574)展开了辩论。在这场辩论中,王畿认为王守仁的"四句教"并不是终极的说法,他以"心是无善无恶"为前提,进一步认为"意""知""物"也都是"无善无恶"的(四无说)。另一方面,钱德洪遵循王守仁的"四句教",认为王畿对"四句教"的理解是无视工夫问题,以所谓"四有说"对"四无说"展开批判,而王守仁也暗中认同钱德洪。[①]

关于"心体"的理解,钱德洪与王畿一致,认为"心体"是"无善无恶"的,但在"意念"问题上却与王畿产生了分歧。钱德洪认为"善恶"必须通过日日积累"习心"才能有结果。在他看来,"意念"中含有"善恶",因此王畿在对"四句教"理解的过程中将"心体"的"无善无恶"扩展到"意",认为应该保存的善和应该去除的恶都不复存在,也就是否定了工夫修养的必要性,是对王守仁"四句教"的误解。

钱、王二人互不相让,争论不下,最终只得请教王守仁。王守仁给出的评判是:王畿的见解是"即本体是工夫"(依据本体/本来性即为工夫本身),适合于上根之人;而钱德洪的见解是"用工夫复本体"(因为欠缺本体/本来性而必须做恢复的工夫),适合于下根之人,从而将王畿与钱德洪看上去是两种说法的观点结合在一起。

在"天泉证道"中,王畿虽然被钱德洪批判为不重视工夫,但是广泛考察其相关史料,可以发现王畿仍有一定数量的关于工夫论的言论。关于工夫论在王畿思想中的位置,已有不少优秀的研究成果。如中纯夫认为,从王畿五十岁左右的中年时期同时提倡本体与工夫来看,不能将两者对立而仅从"四无说"来论述王畿的思想,相反,这恰恰证明王畿的"四无说"是在与"四有说"相互融合、相互重叠的基础上提出的。并且,中纯夫还将王畿三十一岁"天泉证道"中看似偏重于本体的思想,称为王畿"早期思想的体现"。[②]此外,伊香贺隆也指出,王畿在"天泉证道"中提出"四无

[①] 关于王守仁认同钱德洪认为王畿对"四句教"的理解有轻视工夫的倾向,可详见王守仁的如下说法:"我这里接人,原有此二种。利根之人直从本源上悟入。人心本体原是明莹无滞的,原是个未发之中。利根之人一悟本体,即是功夫,人己内外,一齐俱透了。其次不免有习心在,本体受蔽,故且教在意念上实落为善去恶。"(〔明〕王守仁:《传习录下》,〔明〕王守仁撰,吴光、钱明、董平、姚延福编校:《王阳明全集》卷3,浙江古籍出版社,2010年,第128—129页)王守仁同时还说:"已后与朋友讲学,切不可失了我的宗旨,无善无恶是心之体,有善有恶是意之动,知善知恶是良知,为善去恶是格物,只依我这话头随人指点,自没病痛。"(《传习录下》,《王阳明全集》卷3,第129页)可知王守仁对"四句教"文意的阐述与钱德洪一致。

[②] 参考〔日〕中纯夫:《关于王畿的四无说》,《富山大学人文学部纪要》第25号,1996年。

说"之后，关于渐修的论述逐渐增加，并认为主要原因是受到当时轻视工夫论风气的影响。①

王畿的思想在研究史上被称为"良知现成说"，其特征为不将良知本身作为修养的必要因素，而将其视为"现成"。②王畿思想的这一特征，在当时被批判为忽视修养工夫。但是，查考王畿的相关资料可知，王畿并没有否定工夫。荒木见悟认为在良知说中所追求的工夫，是通过一定时间积累并与机根相适应的工夫，并进一步指出："然而在良知论中，这一时间并非在良知上花费的时间，而是良知自身的时间，工夫也并非在良知上所做的工夫，而必须是良知自身的工夫。换言之，无论是时间还是工夫，皆为良知自身展开、自己认知而存在的。"③这段论述阐明了良知并不是工夫的对象，而是通过良知的自己展开，使工夫自然而然地运行起来，而王畿的思想中也有与之相同的内容。④但是，纵览王畿全集，其论述工夫的资料仅见于中年以后。王畿三十一岁时在"天泉证道"中被钱德洪批判为忽视工夫，但是从史料中难以考证王畿在"天泉证道"时期是否论述过要还是不要工夫的问题。本文拟对王畿中年以后的史料中有关工夫论的内容进行考证，以论述其"天泉证道"的意义。

二、王畿思想中的工夫

考察王畿思想的基本史料，是《龙溪王先生会语》六卷与《龙溪王先生全集》二十卷，其中收录的大部分是王畿五十岁致仕之后真正开始讲学活动以后的内容。因此，关于王畿早年的思想，因受史料限制而无法得出确论。上文所举史料中记载

---

① 参考〔日〕伊香贺隆：《关于王龙溪"渐修"的考察》，《九州中国学会报》第53卷，2015年。
② 在研究史上，王畿思想最早被称为"现成派"（参〔日〕冈田武彦：《王阳明与明末儒学》（东京：明德出版社，1970年）。冈田武彦以王畿所记录的《抚州拟岘台会语》为依据，将阳明后学中对良知的六种不同观点大致分为"现成""归寂""修正"三派。之后中纯夫、马渊昌也指出将阳明后学分为三个学派的主张还有修正的空间，本文并不以此为论题，故不详论。具体可参考〔日〕中纯夫：《关于良知修正派——对王门三派说的疑问》，《富山大学教养部纪要》第22号，1989年；〔日〕马渊昌也：《战后日本关于王畿及其思想研究的回顾与展望》，《阳明学》第10号，1998年。
③ 〔日〕荒木见悟：《阳明学与禅学——关于顿悟的问题》，《斯文》第20号，1985年。
④ 参考〔日〕荒木见悟：《阳明学的位相》第二章"心的哲学"、第三章"圣人与凡人"，第69—70页，研文出版，1992年；《阳明学与禅学——关于顿悟的问题》，《斯文》第20号，1985年。

的有关王畿思想中工夫论之位置的内容，中纯夫已有详细的研究①，本文不再展开论述。本文并非先从王畿本人相关的史料入手，而是首先考察王畿同门学者眼中所见的王畿"工夫"，以确认他们是如何看待和评价王畿思想的，然后再对王畿的相关史料进行考察。

王畿的老师王守仁在"天泉证道"的翌年即嘉靖七年（1528），亦即其去世之年，曾写信给钱德洪、王畿，信中有如下内容：

> 德洪、汝中书来，见近日工夫之有进，足为喜慰。②

这封书信中并没有具体写"工夫"所指的内容。王守仁的这句话，或许仅仅只是询问他们学业是否进步的问候语，并无深意。尽管如此，王守仁在看到王畿所理解的"四句教"有轻视工夫的倾向后，次年仍将王畿与钱德洪并提，以"工夫有进"之语，肯定王畿在学问上的进步，还是值得留意的。

下文这段史料引自钱德洪写给"天泉证道"当晚出席宴会的张叔谦的书信〔作于嘉靖四十三年（1564）左右〕，信中有如下内容：

> 龙溪学日平实，每于毁誉纷冗中，益见奋惕。弟向与意见不同，虽承老师遗命，相取为益，终与入处异路，未见能浑接一体。归来屡经多故，不肖始能纯信本心，龙溪亦于事上肯自磨涤，自此正相当。能不出露头面，以道自任，而毁誉之言，亦从此入。③

上文中，钱德洪记述了尽管自己与王畿接受了王守仁的教导而"相取为益"，但当时二人还是因对"四句教"的理解相异，而无法理解本体与工夫一体的问题。一方面钱德洪因弹劾武定公郭勋而获罪，被投入大牢，获释后能根据自己的诸多实际经历而更加深了对心之本体的确信。另一方面也记录了王畿"于事上肯自磨涤"，也就是在具

---

① 参考《关于王畿的四无说》，《富山大学人文学部纪要》第25号，1996年。
② 《与钱德洪、王汝中三》，《王阳明全集》卷6，第239页。
③ 〔明〕钱德洪：《与张浮峰》，《钱德洪语录诗文辑佚》，钱明编校整理：《徐爱・钱德洪・董澐集》，凤凰出版社，2007年，第153页。

体的事上努力做工夫。钱、王二人的这一变化，说明二人"正相当"，也就是二人经过"天泉证道"而显现化的在本体与工夫之见解上的分歧，逐渐缩小了。该书信是由认为王畿的思想轻视工夫的钱德洪在距离"天泉证道"将近三十年之后写的，其中所记录的王畿勤勉于工夫这一点，是非常重要的。①

从上文的史料中可知，王畿并没有否定工夫。那么，王畿本人是如何论述工夫的呢？下面的史料引用自嘉靖二十九年（1550）刊行的《阳明先生文录》之附录重刻《传习录》中王畿撰写的序文，这篇序文未收录于《龙溪王先生全集》卷十三、卷十四序文部类中。②

> 良知在人，愚夫愚妇与圣人同。反身而求，无不具足，乃入圣之显宗也。顾惟圣远教衰，学者驰于外求，不得已略与开示，使之反求而自得之，如梦者之醒，初非有假于外也。是说流传既久，寖成玩屑。世之学者，未有必为圣人之志，不务实致其知以求心悟，漫然号于人曰良知，良知岂师教之使然哉。

上文引用内容中，王畿在前半段论述了王守仁提倡良知之说的意义，后半段论述了一些学者仅仅轻易地口说良知，而并未通过实践真正领悟良知的弊端。在后半段中，王畿还明确表达了自己的学术主张，强调仅凭口说良知在为学上并不充分，还必须通

---

① 此外，与钱德洪写给张叔谦的书信相类似的内容，在王畿撰写的《钱君行状》中也有记述："君既释狱，予亦以言官论荐，致忤时宰，罢归山中。聚处者二十余年，心迹合并，益得以究极所闻，会归于一。窃念吾人所志虽同，资性稍异，各有所得力处，亦各有受病处。……君谓：'彻底未尽透露，此正向来功行之未修耳。功行若修，更无可商量矣。先师云：眼前利根之人不易得。'学者未肯实用克己工夫，未免在意见上转，遂谓本体可以径造而得，乃于随时实用功处，往往疏略而不精，流入于禅寂而不自觉。甚者恣行无忌，犹自信以为本体自然。此吾党立言之过，不可以不察也。'予谓：'君指点学者之病，大概了了，未可执以为定见。司马君实功行非不修，说者以为未闻道。吾人所学，贵在得悟，若悟门不开，无以征学，一切修行，只益虚妄耳。此非言语所能及，姑默识之，以俟日后之证，可也。'"（［明］王畿：《刑部陕西司员外郎特诏进阶朝列大夫致仕绪山钱君行状》，吴震编校整理：《王畿集》卷20，凤凰出版社，2007年，第589页）钱德洪担忧学者口中妄论本体却不务着实之工夫，与此相对，王畿一方面肯定钱德洪的忧念，一方面却认为不能执着于此，若无法悟得本体则修行也毫无意义。由此可以明确看出，王畿重视本体而并不否定工夫的立场。

② 关于嘉靖二十九年刻本《重刻传习录》，本文主要使用美国议会图书馆公开的电子图片文档。此外，该刻本中王畿序文的翻刻版也收录于连玉明、陈红彦主编的《王阳明著述序跋辑录》（学苑出版社，2019年）中，本文亦作参考。关于嘉靖二十九年刻本《重刻传习录》的文献学研究，请参考任文利：《王畿重刻南大吉〈传习录〉与南本相关问题》，《中山大学学报》，2017年第2期。

过实践而致其良知以求心悟。虽然王畿引用了"心悟"这一佛教用语，但同时也阐述了"实致其知"的工夫论。

以上所引用的史料，除去王守仁的书信外，都反映了王畿中年时期的思想。但是，王畿应该不是突然产生承认工夫的必要性这一认知的。关于"四句教"，王守仁的另一弟子邹守益在《青原赠处》中也有记录。此文以将《传习录》等文献中的"无善无恶"的心之本体写作"至善无恶者心"而广为人知。邹守益在文中还记录了王守仁之语："洪甫须识汝中本体，汝中须识洪甫工夫。"又记述："逾年，先师薨于南安，不及稽二子之成也。而二子交砥互砺，以求不坠遗绪。"①并且描写了王畿与钱德洪二人在"天泉证道"之后，谨记王守仁的教诲，相互钻研、切磋学问的情况。

此外，在上文引用的《重刻传习录序》中，王畿批判了"学者漫然号于人曰良知"，阐述了工夫的必要性。正如前文所述，伊香贺隆指出王畿中年以后有关渐修的论述逐渐增多的原因在于轻视工夫的风气显现蔓延，与此观点不谋而合。但是，关于王门内部轻视工夫的问题，在王守仁尚在世时就已显露端倪。②因此可以说，因王门内部蔓延轻视工夫的风气，致使王畿积极地阐发工夫，这应该是事实。但问题是只将原因归于风气这一点，是否妥当？

王门弟子薛侃（1486—1545）曾与王畿一同刊印《则言》（1538），他在序文中阐述了该书刊行的意义：

> 虚明者，良知之谓也。致也者，去其蔽、全其本体之谓也。去其蔽者非谓有减也。蔽去则知行一，人己一，本体复矣。本体复非有增也。吾之性本无方体，无穷尽者也。能复其性，则可以抚世，可以酬物矣，夫是之谓学。然胡为而证其至也？考之书焉已矣，质诸圣焉已矣，资诸师友焉已矣，夫是之谓问学。问学之道无他，致其良知而已矣。此《则言》之意也。③

在上文引用的内容中，薛侃将"虚明"称为"良知"，将去除蒙蔽良知的欲望而使

---

① 〔明〕邹守益：《青原赠处》，董平编校整理：《邹守益集》卷3，凤凰出版社，2007年，第103页。

② 见《与陈惟濬》："近时同志亦已无不知有致良知之说，然能于此实用功者绝少，皆缘见得良知未真，又将致字看太易了。是以多未有得力处。"（《王阳明全集》卷6，第237页）

③ 〔明〕薛侃：《阳明先生则言序》，陈椰编校：《薛侃集》卷5，上海古籍出版社，2014年，第209页。

作为本体的良知恢复完全状态的工夫称为"致"。①后文所说的"性",是将前文所述的作为实践主体的"良知"放在本性论的体系中的另一种说法,薛侃将作为本性的"性"的无穷尽的特性称为"学"。至于能否将"学"进行到极致,则需要在此基础上通过阅读经书、圣人之言或者请教师友(问学)来实现,而能够证实此种问学方法的只有"致良知"。薛侃刊行《则言》的意图,或许就在于这种"致良知"与"问学"相结合为闭环的实践过程中,特别是在于"问学"之中。

薛侃的序文中需要引起注意的,是提及了作为工夫的"致良知"。该序文作于嘉靖十六年(1537),也就是"天泉证道"后十年。薛侃与王畿共同编纂《则言》,加上薛侃在序文中提及"致良知",从这两点推断,当时王畿能与薛侃共同编纂《则言》,说明他已开始倾向于本体,并在一定程度上将工夫论纳入其思想体系之中。

三、以根器区分教法

王守仁在"天泉证道"中,将王畿的观点称为"利根之人",将钱德洪的观点称为"其次",即中下根之人。王畿受到这一评价后应该进行了反省,并将根据不同的根器采用不同的教法纳入自己的思想体系中。下面,便基于这样的推断来考察相关史料。

王畿曾论述"天泉证道"的"大意"如下:

> 天泉证道大意,原是先师立教本旨,随人根器上下,有悟有修。良知是彻上下真种子,智虽顿悟,行则渐修。②

上文中,王畿论述了人的根器有上下之不同,良知贯彻其上下,要以良知为根基顿悟渐修,此为"天泉证道"之"大意"。王畿考虑到与人的上下根器相对应的修学方法,并提出了"智虽顿悟,行则渐修"的观点,在重视良知本体顿悟的同时,也重视以良知为根本的"渐修"工夫。

与上文所引内容相类似的史料还有不少,都可证明对应于学者的不同资质,王畿

---

① 但是,如"去其蔽者非谓有减也"所言,要除去私欲,若欠缺作为本体的良知,或其机能衰退,则无法实现,只有通过被私欲遮蔽的良知自身才能达成。

② 《答程方峰》,《王畿集》卷12,第311页。

主张有区分的为学方法。例如《抚州拟岘台会语》中有："为学贵于专一。人之根器不同，圣贤立教，浅深轻重，岂能一律齐得？"①此外，在收录王畿记录"天泉证道"内容的《天泉证道纪》的原典《龙溪会语》中，也有一篇《东游问答》，其中有以下内容：

> 龙溪曰："人之根器不同，原有此两种。上根之人悟得无善无恶心体，使从无处立根基，意与知物皆从无生，无意之意是为诚意，无知之知是为致知，无物之物是为格物，即本体便是工夫。只从无处一了百当，易简直截，更无剩欠，顿悟之学也。下根之人未曾悟得心体，未免在有善有恶上立根基，心与知物皆从有生，一切是有，未免随处对治，须用为善去恶的工夫。使之渐渐入悟，从有以归于无，以求复本体，及其成功一也。上根之人绝少，此等悟处，颜子、明道所不敢言，先师亦未尝轻以语人。……只缘吾人凡心未了，不妨时时用渐修工夫，不如此不足以超凡入圣。所谓上乘兼修中下也。其接引人亦须量人根器。有此二法，不使从心体上悟入，则上根无从而接，不使从意念上修省，则下根无从而接。"②

在这段引文中，王畿将"无善无恶"对应于上根之人，"有善有恶"对应于中下根之人，全文基本取自王守仁在"天泉证道"中的评论内容，只不过以王畿自己的话语来记录。③

除此之外，上文引用过的《重刻传习录序》中有："夫师之学，从忧患启悟，以易简为宗。故其为教，随机立法，易知易从，非有所强也。"从这段引文中可以看出，王畿认为王守仁的教学方法是根据人的机根随机而立，而并非强行遵循某种规范。而且这段内容亦并非仅仅叙述王守仁的教学方法，同时也是王畿自己的思考。

四、王畿弟子与周边人士的"天泉证道"受用

下面将通过对与王畿有交友往来的周汝登及王畿弟子查铎、丁宾有关"天泉证道"

---

① 《抚州拟岘台会语》，《王畿集》卷1，第18页。
② 《东游问答》，《龙溪会语》，《王畿集》附录2，第721页。
③ 以上资料均出自前文所述中纯夫的文章，因与本文主旨相同而引用。

之言论的考察,来看看王畿周边人士对于"天泉证道"的受用情况。

王畿去世前一直陪伴其左右的查铎(1516—1589)有如下论述:

> 自天泉一证龙溪公发出此意,文成公亦自谓时节因缘宜发时,此意遍传于海内。然学者未尝亲相指授,其于良知真体,尚未心悟,未免从情识上认了良知。故多不得力,双江、念庵遂提出归寂之说。性体本寂,又何事归,又未免头上安头矣。此《致知议略》所以费词也,然于龙溪之说终未相契。①

以上引文中的"龙溪公发出此意"中的"此意",是指王守仁所说的,既是心之本体又是虚寂的良知,在与具体的事物感应后,一方面呈现多种变化,一方面又保持不动摇。②查铎认为,"此意"通过王畿的"四无说"而得到了全面的阐释。同时查铎还批判了反对王畿有关本体与工夫论的罗洪先、聂豹的观点,认为他们是从"情识"的层面理解良知。对于其中的详细内容,本文并不展开论述,而是从中确认:王守仁认为应就王畿所提出的"四无说"展开讨论,而查铎则接受了王守仁的这一说法。也就是说,它证实了查铎对于王畿在"天泉证道"时提出的"四无说"是持肯定态度的。

但是,这并不意味着查铎仅仅接受了王畿略偏向于本体论的"四无说"。这是因为,查铎同时还提出:"吾人所入,各有分限。有工夫即本体者,又有以工夫合本体者。"③"慎独功夫,随人根器,不可强同。"④也就是说,工夫应当与人的不同资质相适应。而这一论述在上文所述的王畿思想中也有体现。为此,查铎又提出了以下观点:

> 四无之说,盖因既见本体,则名言俱忘。若初学之士,安得执四无之说,至茫无入头也。⑤

---

① 〔明〕查铎:《易有太极》,〔明〕查铎撰:《毅斋查先生阐道集》卷5,《四库未收书辑刊》,清光绪十六年泾川查氏济阳家塾刻本,第489页。
② 引用内容前文有:"吾人日用应感,虽千变万化,此心之明体,不为情迁,不为境易。此正是虚寂之体,原不出应感之中。文成公此意,于古本序中略发曰'乃若致知则存乎心悟,致知焉尽矣',引而不发,待人自悟。"(《易有太极》,《毅斋查先生阐道集》卷5,第489页)
③ 《再答孟我疆书》,《毅斋查先生阐道集》卷2,第448页。
④ 《与萧思学书》第十四书,《毅斋查先生阐道集》卷3,第468页。
⑤ 《会语》,《毅斋查先生阐道集》卷4,第476页。

对于查铎而言,"四无说"是已经达到了洞察本体之境界的教法,而不能仅仅执着于其言语表现。也即是说,在查铎看来,初学者固执于"四无说"而不知从哪里着手,是本末倒置的结果。

王畿去世后,被称为"今龙溪"的周汝登①(1547—1629)有以下论述:

> 或问本体、工夫。先生曰:"龙溪先师云:'上根人即工夫是本体,中下根人,须用工夫合本体。'盖工夫不离本体,本体不离工夫,此不易之论也。近有妄用工夫、戕贼本体者,是不知工夫不离本体,固甚害道。然亦有窥见本体影响,便任情无惮,谓工夫无有,是不知道本体即工夫,害道尤甚。"②

周汝登被问及本体与工夫的关系问题时,引用王畿的话说,上根之人的工夫就相当于本体的体现,中下根之人则根据工夫来恢复本体。他还批判了一味滥用工夫的人,以及与之相反的否定工夫之必要性的人,指出这些人都未理解本体与工夫相互依存、缺一不可的关系,而且认为后者的危害性尤甚,这一点需要引起注意。周汝登以王畿的话语为根据,批判了在本体与工夫之间只偏向于某一方的弊病。也就是说,在周汝登看来,王畿的思想并不仅仅倾向于本体,其所谓本体是与工夫相辅相成的。

此外,周汝登还被问及王畿语录与罗汝芳(号近溪,与王畿并称"二溪"③)语录的区别,他的回答是:

> 问:"龙溪子与近溪子语录如何?"先生曰:"龙溪子之语,上、中、下根俱接得着。近溪子之语,须上根方能领略。中、下根人,辏泊不易。"④

---

① 见〔明〕陶望龄《海门先生文集序》:"海门子少闻道龙溪之门,晚而有诣焉。自信力,故尊其师说也益坚,其契也亲,故词不饰而甚辨。四方从之游者,皆曰'先生,今龙溪也。'"(〔明〕周汝登著,张梦新、张卫中点校:《周汝登集》,浙江古籍出版社,2015年,上册,第3页。
② 《越中会语》,《周海门先生文录》卷2,《周汝登集》,上册,第55页。
③ 见〔明〕陶望龄《盱江要语序》:"新建之道,传之者为心斋、龙溪。心斋之徒最显盛,而龙溪晚出,寿考,益阐其说,学者称为二王先生。心斋数传至近溪,近溪与龙溪一时并主讲席于江左右,学者又称二溪。"(《歇庵集》卷3,〔明〕陶望龄撰,李会富编校:《陶望龄全集》,上海古籍出版社,2019年,上册,第160页)
④ 《越中会语》,《周海门先生文录》卷2,《周汝登集》,上册,第71页。

周汝登在这里强调指出，与罗汝芳相比，王畿的语录可让上、中、下根所有人都能接受。周汝登对于王畿的这一评价，和"天泉证道"中的利根（上根）之教以及接受教导的王畿的思想有所不同。

在丁宾（1543—1633）为王畿撰写的祭文中也有如下内容："唯我先师，证悟四无四有之秘于天泉，而致良知之学，益以丕阐缅。"①上文中需要注意的是，丁宾提到王畿在"天泉证道"中证悟了"四有""四无"两说。丁宾的这一认知，对于王畿来说虽并非事实，但考虑到上述史料是丁宾为先师撰写的祭文这一特殊情况，对于丁宾将王畿在"天泉证道"中证悟的内容写成"四无四有"这一点，依然是万万不可忽略的。

五、"天泉证道"对王畿的意义

以上考察分析了工夫问题在王畿思想中的位置，以及王畿根据人的不同根器而采取不同的教法。下面考察一下王畿所写的《钱君行状》中关于"天泉证道"的记录。这部分内容虽与《传习录》的记录有不同之处，但大体类似。为避免行文烦琐，释文从简。

> 夫子之学以良知为宗。每与门人论学，"无善无恶心之体，有善有恶意之动，知善知恶是良知，为善去恶是格物"，以此四句为教法。君谓："此是师门教人定本，一毫不可更易。"予谓："夫子立教随时，未可执定。体用显微，只有一路。若悟得心是无善无恶之心，意即是无善无恶之意，知即是无善无恶之知，物即是无善无恶之物。若是有善有恶之意，则知与物一齐皆有，而心亦不可谓之无矣。"君谓："若是，是坏师门教法，非善学也。"予谓："学须自证自悟，不从人脚跟转。若执定师门教法，未免滞于言诠，亦非善学也。"②

从上述引用内容中可以看出，围绕"四句教"王畿与钱德洪二人的观点并不一致。

---

① 〔明〕丁宾：《祭王龙溪先师》，《丁清惠公遗集》卷6，《四库禁毁书丛刊》，崇祯刻本，第195页。
② 《刑部陕西司员外郎特诏进阶朝列大夫致仕绪山钱君行状》，《王畿集》卷20，第585—586页。

丁亥秋，夫子将有两广之行。君谓予曰："吾二人所见不同，何以同人？盍相与就正夫子。"晚坐天泉桥上，因各以所见请质。夫子曰："正要二君有此一问，吾教法原有此两端。四无之说，为上根立教，四有之说，为中根以下通此一路。汝中所见，我久欲发，恐人信不及，徒起躐等之病，故含蓄到今。今既已说破，岂容复秘？然此中不可执着，若执四无之见，中根以下人无从接授，若执四有之见，上根人亦无从接授。德洪资性沉毅，汝中资性明朗，故其悟入亦因其所近。若能各舍所见，互相取益，使吾教法上下皆通，始为善学耳。"

对于前文所述王畿与钱德洪二人之间的不同观点，王守仁评价前者的"四无说"适合上根之人，后者的"四有说"适合中下根之人。如此，则"天泉证道"中王畿与钱德洪对于"四句教"的理解，乍一看是互不相容的。但是，对于王畿而言，"天泉证道"的意义并不在于将二人的见解区分开，而是通过王守仁的评价使两种见解"归一"。王畿总结如下："自此海内相传天泉辨正之论，始归于一。"[①]

上文这句话也被《龙溪王先生全集》的编纂者收录于《天泉证道纪》中而广为人知。但是，考虑到王畿被后世批判为没有认识到工夫的必要性，因此"海内""归一"的内容恐怕并非事实。然而，对于王畿来说，至少在主观上认为"天泉证道"的意义在于"四无说"与"四有说"是根据学者的不同资质而提出并"归于一"的。这意味着，对王畿而言，"天泉证道"正是他意识到本体与工夫不可偏向任何一方之必要性的转折点。

六、结语

王畿的思想从本体与工夫的角度而言，更明显地倾向于重视本体。但是，正如先行研究中所论述的，王畿中年以后的文献中，可以散见其积极提倡工夫或者说渐修的内容。本文结合先行研究的成果，考察以工夫、工夫与本体之关系为核心而展开辩论的"天泉证道"在王畿思想中究竟处于怎样的整合性位置，并以此作为问题的出发点而展开论证。

---

① 《刑部陕西司员外郎特诏进阶朝列大夫致仕绪山钱君行状》，《王畿集》卷20，第586页。

通过以上考察，本文得出"天泉证道"在王畿思想中的意义是：围绕本体与工夫的问题而展开争论的"天泉证道"，不仅反映了王畿三十岁左右时的思想特征，并且也为其中年以后积极提倡工夫打下了基础。若如此来理解"天泉证道"的意义，就可以系统地梳理出王畿中年以后明显重视工夫的思想变化历程，并探明"天泉证道"在王畿思想中的意义。但是，这并不意味着王畿的思想是从重视本体转变为重视工夫。对王畿而言，始终都是以本体的知觉为轴心，然后提倡以此为根基的工夫的必要性。

（作者山路裕系日本二松学舍大学大学院博士课程修满退学，
译者徐修竹系余姚市国际阳明学研究中心文博馆员）

从阳明心学看当代"心灵领导"的趋势及其意义

张崑将

内容摘要：阳明学热潮带动商界运用阳明心学成为经营管理学，以期尽到社会与国家责任，甚至提升到人类命运共同体的崇高理念。本文首先论述阳明心学在企业经营理论中的运用，举出王阳明最为人称道的保甲法制度，阐释其心学与组织制度相结合的特色。其次对阳明心学与目前管理学界所兴起的"心灵领导"(spiritual leadership，亦译为"精神型领导")进行比较，以窥探这种"心灵领导"在21世纪的新意义。最后，在结论中阐释王阳明"一体之仁"思想所含藏的丰富的灵性领导学。

关键词：阳明心学　经营管理　心灵领导

一、前言：当代阳明学热潮与儒商论坛现象

阳明学曾经在近代东亚国家的中、日、韩产生过重大的影响，首先是19世纪阳明学在日本得到发展，成为明治维新的精神动力之一，并在20世纪初的中国、韩国重新得到重视与发展，特别是维新派与革命派皆推崇阳明学。①但是，阳明学在二战后的中国因其心学的色彩，曾经沉寂半个世纪之久。20世纪90年代随着中国改革开放的深

---

① 参张崑将：《东亚阳明学与维新革命》，《阳明学在东亚：诠释、交流与行动》，台湾大学出版中心，2011年，第283—320页。

化以及国学热潮的兴起，阳明学得到前所未有的发展，诸如《王阳明全集》不断重印、增订再版，《阳明后学文献丛书》搜集整理了阳明后学主要代表人物的著作，使得阳明学成为显学。2009年以浙江学者为主体出版的《阳明学系列研究丛书》，从人物大传（王阳明、刘宗周、黄宗羲）到阳明后学主流学派、阳明学与佛教、道教之关系，乃至东亚地区的阳明学之比较研究，皆有所梳理与研究，堪称学界阳明学研究的初期高峰阶段。自2016年开始，北京、浙江绍兴陆续举办"阳明心学高峰论坛"，已经连续举办四届。王阳明纪念馆相继落成，纪念活动层出不穷，如2007年浙江余姚成立"王阳明故居纪念馆"，2016年阳明流放地贵州修文县建成"王阳明纪念馆及阳明文化园"，2019年阳明的故乡绍兴成立"浙江省稽山王阳明研究院"，王阳明的先祖居住地绍兴市上虞区陈溪乡建立"王阳明祖居陈列馆"，浙江余姚自2015年起在阳明先生诞辰日的10月31日连续举办"阳明文化周"，等等，阳明学热潮迄今不减。总之，阳明学在今日21世纪的东亚国家的研究发展已与一百年前不可同日而语，将来也有可能从中国、韩国、日本传播至全世界，成为世界文化。

尤其值得关注的是，阳明学的热潮正在由政界、学界转向企业界，有关儒商论坛与阳明学会议经常联合举办，例如北京三智书院举办的儒商论坛、海南博鳌论坛的儒商分论坛、浙江工商大学的浙商论坛等，使得儒商也成为企业界的显学，企业家大力资助了有关王阳明的越剧、姚剧等舞台戏剧以及话剧和电视艺术片的拍摄，丝毫不亚于朱子学在福建地区的推广。这波阳明学热潮还带动企业家摸索如何运用阳明心学经营其企业，以望能尽到社会、国家之责任，甚至提升到人类命运共同体的崇高理念。于是一些阳明心学研讨班、阳明心学与企业管理、阳明心学与企业家实修等企业讲座或论坛逐渐增多。人们将日本经营之圣稻盛和夫的经营理念与阳明心学相对照，借此宣扬和推广阳明心学与企业理念心心相印之关系。[①]

毫无疑问，阳明学讲究"心即理""知行合一""致良知"等，在现代企业管理看

---

① 如在2016年的"第一届阳明心学高峰论坛"中，翻译稻盛和夫著作《活法》的曹岫云在大会上作了题为《从"心纯见真"到"致良知"》的发言，认为稻盛和夫与王阳明就像是隔着时空对话，两人心心相印。稻盛和夫的很多理念都与王阳明所讲的"格物""为善去恶是格物""致良知"息息相通。曹岫云著有《稻盛哲学与阳明心学》（东方出版社，2018年）一书，在自序中提到稻盛和夫在2013年10月14日接受采访时，论及其事业与阳明心学的关系："核心的一条就是'致良知'，就是达到良知，按良知办事。'良知'在日本叫'良心'，用我的话叫'真我'，真正的我就是'良知'。遵循良知判断事物，我认为这是绝对性的东西。到达良知的境界，将良知付诸实行，就是至今我所有事业成功的最大原因。"（《稻盛哲学与阳明心学》，第4页）

来是一种"心灵领导"（spiritual leadership），不仅具有热诚的崇高目标，也深知必先有自己对良知的自觉，改变了自己，才可能在事业上产生本质的改变。但如果阳明学只是谈心学，没有实际的事功，恐怕也引不起实业家对阳明的称赞与学习。如所周知，阳明也带兵打仗，平定宸濠之乱。他在平定赣南山区的盗乱等时，清丈土地，减免赋役，建立乡兵，并实施保甲法及相配套的"十家牌法"等，都一贯以其良知心法作为宗旨、理念并加以实践。以上都显示了阳明作为一个心学者，如何用内圣的良知工夫，展现其外王事业，如何运用良知学组织军队，进行建制改革，以提高战斗效率，这其中有多少领导统御的智能与勇气，都可成为企业领导学或当代儒商关注与学习的部分。本文特地考察当代这波阳明热中有关阳明心学所体现的领导学与当代西方"心灵领导"的关系问题，以阐明阳明"一体之仁"的良知召唤与"心灵领导"所欲召唤出的个人超越经济利益的使命感和追随感，以及使彼此达到共鸣、共感的意义网，实有异曲同工之处，但亦有许多区别，由此窥得阳明心学实比西方"心灵领导"更有高明、实用之处。

二、阳明心学与企业经营理论之运用

自古以来，"心学"一词，儒者各有种种解说。从宋儒开始，为与佛教相对抗，遂提高《中庸》地位，强调孔门自有所谓的传授"心法"，如朱熹在《中庸章句》序中所说："'允执厥中'者，尧之所以授舜也。'人心惟危，道心惟微，惟精惟一，允执厥中'者，舜之所以授禹也。"[①]故宋儒以后虽重"理学"，也往往被认为是"心学"。[②]然而，朱子依张载之意提出"心统性情"的义理结构，实则心与性之间尚有一间未达。逮至陆、王，则将"心"提升至本体的形上位置，正式揭示出心学贯穿形上形下义理的地位。如王阳明"四句教"首辩"无善无恶是心之体"，并曾说：

---

① 〔宋〕朱熹：《中庸章句序》，〔宋〕朱熹撰：《四书章句集注》，浙江古籍出版社，2013年，第15页。
② 如钱穆先生说："纵谓朱子之学彻头彻尾乃是一项圆密宏大之心学，亦无不可。"（参钱穆：《朱子论心与理》，钱穆著：《朱子新学案》，九州出版社，2011年，第2册，第89页）又如西方汉学家狄百瑞（Willian Theodore de Bary）认为，程朱之学既可视为"理学"，也可称为"心学"（参 Neo-Confucian Orthodoxy and the Mind of Learning of the Mind-and-Heart, New York: Columbia University Press, 1981）。

"圣人之学，心学也。"①在其有名的"拔本塞源"论中，也说到"心学"："盖其心学纯明，而有以全其万物一体之仁，故其精神流贯，志气通达，而无有乎己之分，物我之间。"②由此可见，心学不只讲人我一体之仁，还强调物我一体之仁。阳明弟子如王龙溪更如此说"心学"："夫学，心学也。人心之灵，变动周流。寂而能感，未尝不通也；虚而能照，未尝不明也。此千圣以来相传之宝藏。"③总之，阳明的"心学"实是"心体之学"，迥异于朱子的"性体之学"。简言之，"心"除了在人道上是个判断善恶是非的主体"良知"，同时也具有道德形上学意义的"本体"内涵，阳明的"心"与"理"的关系扣紧伦理学意义，与朱子的"理"学同时兼有自然学与伦理学双重意义有很大的歧出。

正因阳明学凸显"心"与"理"的伦理学意义，捻出具有心学特色的"良知"学说，强调"知行合一""致良知""心即理"的直通思维，直指人心，先动转自己心意，相信心学无与伦比的力量，进而改变自己及影响他人行为，常呈现一种不可思议的内向超越力量，从而可以更弹性且灵活地运用在各个阶层的组织管理上。同时，阳明弟子来自各阶层，不以科举功名为要，如两大弟子王龙溪、钱德洪虽考取进士但皆弃官而讲学四方；另一弟子王艮则是商人出身，十九岁即随父亲商游四方，而跟随王艮讲学者多为贩夫走卒。事实上，学者的研究已指出，阳明心学带来了"新儒家的伦理观"，并扭转了过去的四民关系。④阳明说过："虽终日做买卖，不害其为圣为贤。"⑤"古者四民异业而同道，其尽心焉，一也。"⑥弟子王龙溪也呼应道："古者四民异业而同道，士以诵书博习，农以立稼务本，工以利益器用，商以贸迁有无。人人各安其分，即业以成学，不迁业以废学，而道在其中。"⑦

阳明学之所以能成为现今风靡商人圈的企业经营效法的典范，也与阳明本人擅长

---

① 〔明〕王守仁：《象山文集序》，〔明〕王守仁撰，吴光、钱明、董平、姚延福编校：《王阳明全集》卷7，上海古籍出版社，1992年，第245页。
② 《传习录中》，《王阳明全集》卷2，第55页。
③ 〔明〕王畿：《国琛集序》，吴震编校整理：《王畿集》卷13，凤凰出版社，2007年，第353页。
④ 参见余英时著：《中国近代宗教伦理与商人精神》，九州出版社，2014年。
⑤ 〔明〕王守仁：《传习录拾遗》，陈荣捷著：《王阳明〈传习录〉详注集评》，重庆出版社，2017年，第322页。
⑥ 《节庵方公墓表》，《王阳明全集》卷25，第941页。
⑦ 《书太平九龙会籍》，《王畿集》卷7，第172页。

组织管理这一特点有关。笔者举其最为人称道的保甲法制度，阐释其将心法与组织相结合的为学特色。

保甲法自宋代王安石变法时即已提出，但自王安石实施以来，弊端丛生。明代王阳明加以变革，成功运用保甲法制度，成为后世之美谈①，甚至朝鲜与日本皆加以沿用。保甲制是以家为基本单位，以"十"为编制标准，十家为一甲或一排，十甲为一保，形成半官方半民间的地方自治组织，目的是有效防止内外盗贼的串联，协助官方维护地方社会的和谐与治安。阳明的十家牌法，因原文颇长，分其具体重点为五说明之：

第一，清楚掌握县民户口。

> 凡置十家牌，须先将各家门面小牌挨审的实，如人丁若干，必查某丁为某官吏，或生员，或当某差役，习某技艺，作某生理，或过某房出赘，或有某残疾，及户籍田粮等项，俱要逐一查审的实。十家编排既定，照式造册一本留县，以备查考。及遇勾摄及差调等项，按册处分，更无躲闪脱漏，一县之事，如视诸掌。②

以上从清查各家人丁数量到职业、专长、户籍迁徙状况、田粮多寡等，甚至有无残疾者，皆翔实登录，以利编排十家，造册留县查考。

第二，纠察各家习恶可能为盗者。

> 每十家各令挨报甲内平日习为偷窃，及喇啼教唆等项不良之人，同具不致隐漏重甘结状。官府为置舍旧图新簿，记其姓名，姑勿追论旧恶，令其自今改行迁善。果能改化者，为除其名。境内或有盗窃，即令此辈自相挨缉。若系甲内漏报，仍并治同甲之罪。又每日各家照依牌式，轮流沿门晓谕觉察。如此即奸伪无所容，而盗贼亦可息矣。③

---

① 如清代道光年间闽浙总督程祖洛奏章所说："保甲之设，由来旧矣。昔王安石行之而失，王阳明行之而得者，何也？安石借民以为兵，故民扰；阳明禁盗以安民，故民便。"（〔清〕王琛等修，张景祁等纂：《邵武府志》卷13《寇警》，成文出版社，1967年，第36页）

② 《申谕十家牌法》，《王阳明全集》卷17，第609页。

③ 《申谕十家牌法》，《王阳明全集》卷17，第609页。

以上目的在于防起盗心、与外盗串联，若不如此，一甲容一贼，十甲即容十贼，百甲即容百贼，千甲即容千贼，一旦聚之，官府难防。其中若能感化者，则除其恶名。

第三，防止各家互相争讼。

> 十家之内，但有争讼等事，同甲即时劝解和释，如有不听劝解，恃强凌弱，及诬告他人者，同甲相率禀官，官府当时量加责治省发，不必收监淹滞。凡遇问理词状，但涉诬告者，仍要查究同甲不行劝禀之罪。又每日各家照牌互相劝谕，务令讲信修睦，息论罢争，日渐开导，如此则小民益知争门之非，而词讼亦可简矣。①

以上规定十家之内若有争讼，同甲必须互相规劝，目的在于让各家互相劝谕，讲信修睦，息讼罢争。这种做法既可让彼此互相监督，也能做到互相关怀，形成命运共同体。

第四，推选年高有德服众者助行教化。

> 大抵法立弊生，必须人存政举，若十家牌式，徒尔编置张挂；督劝考较之法，虽或暂行，终归废弛。仰各该县官，务于坊里乡都之内，推选年高有德，众所信服之人，或三四十人，或一二十人，厚其礼貌，特示优崇，使之分投巡访劝谕，深山穷谷必至，教其不能，督其不率，面命耳提，多方化导。或素习顽梗之区，亦可间行乡约，进见之时，咨询民瘼，以通下情，其于邑政，必有裨补。若巡访劝谕著有成效者，县官备礼亲造其庐，重加奖励，如此，庶几教化兴行，风俗可美。②

以上是为了避免立法所存在的弊端，视人心为根本，故而要求县官亲自拜访为民所信服的当地年高有德者，并优厚礼遇之，以协助教谕乡里百姓，达到下通民情的目的。

第五，善教先于善政。

---

① 《申谕十家牌法》，《王阳明全集》卷17，第609页。
② 《申行十家牌法》，《王阳明全集》卷31，第1153页。

> 后之守令，不知教化为先，徒恃刑驱势迫，由其无爱民之实心。若使果然视民如己子，亦安忍不施教诲劝勉，而辄加棰楚鞭挞？孟子云："善政不如善教之得民也。"况非善政乎？守令之有志于爱民者，其盍思之！①

以上是为了改变过去官员不知教化为先，只知依据刑法来威胁乡民，而毫无爱民之实心的管理方式。

以上五点若对应到我们现今的企业管理上，第一点可谓"掌握翔实信息"，愈了解企业员工的习性、专长、家庭背景，就愈能够适才适用。第二点可谓"清楚风险控管"，要留意企业内部的不易控管人员或不确定因素，以避免泄露机密，损害甚至危及企业。当然，今天的风险控管还包括诸如重大灾害的防备、危险物品的管控等。第三点可谓"增进人事和谐"，人事纷争在组织内部最为复杂难解，处理不好，人才因之离职，企业氛围低迷猜忌，以至于严重影响业务进度。因而避免职场霸凌，引导员工彼此尊重，建立公平的升迁制度等都是至关重要的。而其中最为有效的方法就是建立心灵提升的学习渠道，让员工养成觉察自我的习惯，遇到事情应先反省自己，而不是一味指责对方。第四点可谓"选用人才原则"，要选拔资深有德、可服众者担任重要职务。企业组织最怕年轻无资历、难以服众又打击资深有才德者的人身居要职、掌握实权，这不仅影响员工士气，而且会使升迁制度成为摆设，以至于员工对企业失去忠诚度，这里德的考虑比才的考虑更为重要。第五点是有关企业成员进修教育的，相比业务技能的提升和培训，更重要的是使员工熟悉企业的愿景使命，找到认同归属。

以上所提炼的五点原则，是阳明所实施的保甲制度的重点，五点之间可谓环环相扣、不可分割，这应该也是各企业组织的实施原则，放在今天的企业运作管理看，确实不遑多让。但阳明的名言是"破山中贼易，破心中贼难"②，以上五点原则，每一项实施起来，都涉及执行人员的素质，每一项的处理都不离开人心的提升或净化。上述五点原则能否运作成功，不仅取决于执行者有无"用心"或"良知"，同时也取决于企业成员的良知唤醒，要让企业成员靠良知做事，而非听令做事。阳明推行以十家牌法为内核的保甲制度的目的，就是要使每一个社会成员做到"小心以奉官法，勤谨以办国

---

① 《申行十家牌法》，《王阳明全集》卷31，第1153—1154页。
② 《与杨仕德薛尚谦》，《王阳明全集》卷4，第168页。

课，恭俭以守家业，谦和以处乡里"。①很显然，这种保甲法不只是组织训练，更有心性修养的伦理精神。故阳明在《申行十家牌法》的最后说："守令之有志于爱民者，其盍思之！"认为执行者有无一颗爱民之心是最为重要的。同样，没有这颗良知的觉察之心，再好的制度，久了也会因人而败，企业也不可能会有凝聚力和归属感。也就是说，上述五点原则的实施，每一项都需要领导者传递爱民之心的良知。而实施的结果，很快就显出了成效，诚如阳明所言："其法甚约，其治甚广。"②故而也很快传播到朝鲜和日本，成为东亚诸国效法实施的良制。

由阳明制定的保甲法的成功实施，说明阳明不是不管组织制度及其运用的，而是清楚地了解是如何运用"良知"来贯彻法令制度的。尽管组织制度与良知之间是相辅相成、不可分割的关系，但体用之间的区分还是相当明显的，不可颠倒，即良知为"体"，制度为"用"。这也许是同样实施保甲制，阳明成功而王安石失败的主因。

值得注意的是，阳明所提倡的良知说，闻者常将其视为禅学或佛教的顿教说，这样的结合多少让良知学带有韦伯式"宗教伦理"的超越性的色彩。这种"超越性"指的是从企业经营到人心管理之间，需要有一个超越性的"伦理"，而这种超越性的伦理，带有利他即利己的超越向度。若没有这种超越伦理，或者只是当成口号而无切身实践，则企业经营是得不到员工共鸣的。这种超越向度的伦理在西方基督教文化中被称为"宗教伦理"，在儒家文化中被称为"道德伦理"。它们都具有一个高远或终极的伦理目标，以出世精神做入世的事业。经济学家也指出，这个"伦理"本身也是"财富的根本"。③诚如孔子所说："富与贵，是人之所欲也，不以其道得之，不处也。"（《论语·里仁》）那个"道"本身就有"该取"与"不该取"的道德伦理问题。因此，儒家思想与商业社会并非不兼容，它们不仅兼容，而且还有助于商业社会走上永续经营的大道。因为商业社会将"利"放在"义"的前面，因而势必会生出许多弊端，而在儒家思想中，"义"则是"利"的前提条件。④

---

① 王阳明推出十家牌法，并殷切告谕父老子弟："务要父慈子孝，兄爱弟敬，夫和妇随，长惠幼顺；小心以奉官法，勤谨以办国课，恭俭以守家业，谦和以处乡里；心要平恕，毋得轻易忿争；事要含忍，毋得辄兴词讼；见善互相劝勉，有恶互相惩戒；务兴礼让之风，以成敦厚之俗。"（《年谱一》，《王阳明全集》卷33，第1239页）

② 《申谕十家牌法》，《王阳明全集》卷17，第609页。

③ 孙震著：《儒家思想的现代使命：永续发展的智慧》，台湾大学出版中心，2016年，第46页。

④ 《儒家思想的现代使命：永续发展的智慧》，第46—47页。

经济学者指出，造成贫富差距的外部因素往往来自于"经济政策"与"社会制度"，而在政策制定与制度设计时，如果排除了上述超越性的"伦理"，许多事业都将成为明日黄花，甚至一代而止，其兴也速，其亡也快。为何如此？制定经济政策与设计社会制度，在理论上肯定是想让所有人都过上幸福、快乐的日子，但很多政策、制度在实施起来后，又常常是短视的、近利的，有脚痛医脚的现象，缺乏长远的规划，缺少对人才培育之重要性的认识，再加上贪污腐败、人谋不臧的情况，因而再好的制度也起不了作用。至于为何要将超越性的"伦理"层面考虑进来，这涉及传统学问中"道"与"器"的三个关系问题。

一是普遍性与特殊性的问题。"道"讲究的是普遍原理，它必然超乎经验，所关注的对象亦必然是普遍的而非特殊的；它希望所有人都能求道，故而特别重视提升人的自觉意志的能力，而"器"则强调个人的专业或技术的磨炼，关注的是特殊的人或事。

二是根本性与枝末性的问题。要成为具有道德的人，必须通过教育启发，怀抱"求道的使命感"，并以这样的伦理观为体为本。还要有一群人以此为乐，互相认同、产生共鸣，而不是只教技术层面的东西，道德与技术的体用、本末关系相当清楚。

三是"均富"与"分配不均"的问题。强调道德伦理的目的，是为了建构一个自利且利他的和谐秩序，故而必须重视利润共享的"均富"原则，正视在财富"分配不均"的情况下所造成的和谐秩序被破坏的问题。这种原则往往会反映在政策制定上，以制衡国家政策的制定，避免产生分配不均的结果。

在超越性的伦理层面所涉及的普遍性、根本性及共享的均富原则，随着20世纪90年代中国的经济崛起，其重要性开始逐渐凸显。"唤醒良知"的超越伦理，简易直截，直指人心，许多企业在成功之余或面临瓶颈之际，"唤醒良知"仿如石破天惊般地敲醒并指引企业主本有光明的良知精神，在阳明的"新四民说"的鼓励下，不仅拓展了商业文化的空间，也为商人们树立了道德标杆。

三、从阳明心学看当代西方的"心灵领导"

将阳明心学或良知学说运用于企业管理，以改变企业主的心灵质量为开端，进而改变员工乃至消费者的心灵质量，这样的领导学颇近于目前西方学术界所称的 spiritual leadership。spiritual leadership 在中文中被翻译为"灵性领导""心灵领导""精神领导"

等，笔者在这里暂称为"心灵领导"。过去谈领导学，多引进西方理论，美国更有影响力长久的《领导力季刊》(Leadership Quarterly)，以阐发各种类型的领导与实证研究，诸如变革型领导（transformational leadership）、仆人领导（servant-leadership）、伦理领导（ethical leadership）、诚领导（authentic leadership）。中国台湾学者郑伯埙则提出家长式领导（paternalistic leadership），等等。而近年来，最受关注的则是"心灵领导"。过去领导学偏重于将领导理论当成工具，但心灵领导则是将心灵视为内化到自己生命的特质，它不仅可以改变自己，也可以改变他人、组织及企业。

"心灵领导"之所以能形成一股西方的管理风潮，乃因面临着科技化使在地文化和全球化市场不断变化并出现混乱局面。身为企业领导者，在出现新兴的职业或工作场所的背景下，必须与广泛的利益相关者进行互动，包括供货商、客户、政府和行业监管者，或来自不同的具有多元文化、种族和宗教背景的员工，加上企业乃至国家因功利取向而引发的金融危机、环境破坏、气候变迁、食品安全等全球性问题的爆发。上述外在环境的快速变化，使人与自己、他人、自然环境、万事万物之间应联系在一起的"灵性"，因满足于外在物质世界的功利取向，缺少探索内心世界的祥和与宁静，而产生剧烈碰撞，导致严重割裂。

正是在这种巨大的挑战面前，新兴领导学从具有全球性人类关怀的灵性领域汲取灵感，探索迥异于传统的领导行为模式，转向重视组织意义与共同信念的新型领导模式，倡导以世界精神或宗教传统的精神素质作为领导者的灵性基础，以磨炼其技术和能力，并通过寻求更高的目标来培养可持续性的思维意识，以唤醒超越个人经济利益的使命感、追随感，强调领导者与组织成员之间应形成一个有命运共鸣、共感的意义网络，经营出一个不仅自利也能不断扩延利他范围的、具有坚定信念的组织团体，创造出高效能的工作使命与工作动机。[①]心灵领导的提倡者Louis Fry提出心灵领导的两个基本要素：一是建立一种愿景，使领导者和追随者感受到一种召唤，使他们的生活具有目的、意义并有所作为；二是建立基于利他主义、爱的价值观的组织文化，领导

---

① 关于"心灵领导"的内涵，可参L. W. Fry, "Toward a paradigm of spiritual leadership", *The Leadership Quarterly*, 2003, 14 (6), pp. 693-727. 该期刊迄今已发刊17年。随着全球化的快速变动，L.W.Fry最近有关心灵领导的研究增加了全球化变化的诸多论述，可参其与人共著的最新研究：Louis W. Fry, and Eleftheria Egel, "Spiritual Leadership: Embedding Sustainability in the Triple Bottom Line", *Graziadio Business Review*, vol. 20 Issue 3 (2017).

者和追随者具有成员的一体感、归属感,并感到被理解和赞赏。[1]

以上两个基本要素,没有脱离 Louis Fry 为其心灵领导理论所揭示的三大特质:愿景、利他的爱、希望/信仰。[2] 只是,基于以上心灵领导的意义与内涵,Louis Fry 将"永续性"(sustainability)贯穿到"个人的心灵领导"(personal spiritual leadership)与"组织的心灵领导"(organizational spiritual leadership)中,形成互相镶嵌的"三重底线的企业模型"(Triple Bottom Line Business Model)的意义网络。由此可知,心灵领导者带有强烈的使命感与崇高的永续性目标。他们不仅要提升个人内在生命于有意义的工作,而且能将这样的使命感与崇高目标贯彻到追随者身上。故而有学者甚至将这种心灵领导所创立的团体称为"灵性共同体"。而根据何丽君在其所著的《灵性领导研究》中对"灵性共同体"的定义:

> "灵性共同体"以组织成员的灵性发展为根本目标,组织成员体验内心的平静、共享深度的反思、追逐共同的希望、感受彼此的关爱,拟聚成一个相互认同、信任和支持的有机体。组织成员在内心平静之中体验静谧,在深度反思之中领悟真理,在彼此关爱之中感受快乐,进而达到灵性提升的共同目标。[3]

我们可以从中提炼出"灵性共同体"训练组织成员的四个基本要素:一是"体验内心的平静",改变过去忙于应酬、交际、娱乐,工作节奏不断加快,心态平静难以获得的状况,以通过共修而涤除内心的杂念,追求心灵的超拔与自由。二是"共享深度的反思",改变过去的反思模式,从片断式的线性思考转向系统性的整体思考,由彼此孤立、静止的思维方法转向相互联系、动态的思维方式,以一种新的方式认识自己与周遭世界。其三是"追逐共同的希望",不再像一般组织那样强调外在的制度性约束和契约性关系,而是更多强调群体内成员之间共同理想和内在精神的连接,以自愿达成愿景和理想。其四是"感受彼此的关爱",成员之间形成真诚的互爱关系,不仅关爱自

---

[1] Louis W. Fry, and Eleftheria Egel, "Spiritual Leadership: Embedding Sustainability in the Triple Bottom Line", *Graziadio Business Review*, vol.20 Issue 3 (2017).

[2] Louis W. Fry, "Toward a paradigm of spiritual leadership," *The Leadership Quarterly*, 2003, 14 (6), p.695.

[3] 何丽君著:《灵性领导研究》,中国法制出版社,2013年,第294—300页。按:大陆学界将 spiritual leadership 翻译为"灵性领导",故共同体也称"灵性共同体"而非"心灵共同体"。

己,更关爱组织成员;不仅关爱与自己有关系甚至没关系的他人,也关爱动物、植物和自然环境。由此建构起一个包容、平和的伦理秩序,以保障每位成员免受伤害。

当然,心灵领导在西方有其基督教文化的背景。但东方源远流长的心学传统,相较于西方心灵领导理论,具有更丰富的内涵、更深远的价值。我们几乎可以举出中国历史上出现过的大儒、高僧大德,都是这类心灵领导者。因为东方儒、释、道的文化传统走的是内向超越的信仰之路,而迥异于西方外向超越的信仰观。只不过相较于西方领导学,东方的心学传统比较缺乏实际有效的组织运用与管理,而往往依赖于既定的社会政策与组织制度,加之强调个人心性修行,多停留于单打独斗,顶多也只是小团体互相取暖,故而难以形成一股领导风气。但是,过去的这些缺陷,随着有识之士的呼吁,尤其是找到了传统的精神领袖(如王阳明),通过研习经典、开发现代课程,并利用网络平台,遂使以阳明心学为代表的传统文化资源成为人们争相学习的对象,并形成一股风气。这股风气目前正方兴未艾,能否永续经营,值得关注。

下面我们即进入王阳明直指人心的良知心学,来试图补充西方心灵领导学的不足。阳明所创立的保甲法中的十家牌法,其实施的目的在于防盗自立,以补偏救弊,共御外侮。若就今日的企业管理而言,阳明所制定的十家牌法,可被视为企业内部成功的经营管理模式。至于阳明的"拔本塞源"论,则可视为当今全球伦理的心灵管理原则。

过去儒者的使命与目标并不只是想管好一个组织,其最终的理想目标或使命乃是治国、平天下。王阳明更是以"天地万物一体之仁"的胸襟,不仅关心人类本身,也观照自然万物,用现代话语来说即是万事万物皆与我息息相关,我与万事万物心连着心,皆为命运共同体。这种"一体之仁"的共同体理念,涉及人与我、人与人、人与万物、人与宇宙的和谐共鸣。这也是阳明学能成为当代显学的原因之一。几乎每一场阳明学研讨会或高峰论坛,都离不开"命运共同体"这一主题。实际上,王阳明的"一体之仁"不只是谈论人类命运共同体,也涉及人与宇宙万事万物的和谐共存。这对于当下正在讨论的地球环境生态的永续课题,具有重要价值。下面我们就纯粹从"心灵领导"的视角来考察王阳明直指人心的"一体之仁",看看它能否补充西方心灵领导理论的欠缺。

"一体之仁"的思想源自于孟子的"万物皆备于我"。虽然孟子未将"一体"与"仁"合言,但实际上脱离不了仁者与天地万物为一体的思想。"一体之仁"经宋明儒者而发扬光大，王阳明堪称发挥"一体之仁"思想的高峰①，其著名的"拔本塞源"论即为他在这方面的代表。因内容较长，特分成三段加以诠释：

第一，宗旨确立，圣人之心以天地万物为一体：

> 夫圣人之心，以天地万物为一体，其视天下之人，无外内远近，凡有血气，皆其昆弟赤子之亲，莫不欲安全而教养之，以遂其万物一体之念。

第二，根本问题，在于有我之私、物欲之弊：

> 天下之人心，其始亦非有异于圣人也，特其间于有我之私，隔于物欲之蔽，大者以小，通者以塞，人各有心，至有视其父、子、兄、弟如仇雠者。圣人有忧之，是以推其天地万物一体之仁以教天下，使之皆有以克其私、去其蔽，以复其心体之同然。

第三，实践"一体之仁"的下脚处乃五伦之教：

> 其教之大端，则尧、舜、禹之相授受，所谓"道心惟微，惟精惟一，允执厥中"，而其节目，则舜之命契，所谓"父子有亲，君臣有义，夫妇有别，长幼有序，朋友有信"五者而已。唐、虞、三代之世，教者惟以此为教，而学者惟以此为学。当是之时，人无异见，家无异习，安此者谓之圣，勉此者谓之贤，而背此者，虽其启明如朱，亦谓之不肖。下至闾井、田野、农、工、商、贾之贱，莫不皆有是学，而惟以成其德行为务。何者？无有闻见之杂、记诵之烦、辞章之靡滥、功利之驰逐，而但使孝其亲，弟其长，信其朋友，以复其心体之同然。②

---

① 有关"一体之仁"从孟子到宋明儒的思想源流、发展与论辩，陈立胜《王阳明万物一体论：从"身—体"的立场看》（北京燕山出版社，2018年）辨析甚详，笔者不再赘述。特别是第一章"'一体'与'仁'"，揭示了王阳明"一体之仁"的六个面向："同此一气""感应之几""恻隐之心""宗族谱系""政治向度"与"天人相与"。

② 《传习录中》，《王阳明全集》卷2，第54页。

以上第一点中所说的"宗旨确立",回答的是所谓什么是"根本"(what)的意义问题。人之所以为人,是因为人有一个宏大的目标,有着与天地万物为一体的伟大胸襟。唯有如此广大的胸襟,才能发现自己的企业可以联盟更多的友善企业,扩大为人类谋求良善和平的服务机会。第二点中所说的"根本问题",回答的是为何(why)我需要改变的问题,找到自己创业迷失的原因,根本在于"有我之私、物欲之弊",以回到创业的初衷和宗旨。在前两点的基础上,再进一步回答如何(how)实践及其下脚处,明确指出实践要从五伦之教入手,而其关键又在于用"心"贯穿于五伦之教,使人皆能孝其亲、弟其长、信其友,以复其"心体之同然"。由于人同此心,心同此理,一体之仁当是从孝、悌、忠、信的根本之道做起,故而尤其重视企业员工的家庭幸福与美满,并由个体的家庭幸福美满扩展到整体的家庭、社会、国家的幸福美满,而不只是照顾员工个人。

以上所强调的对"一体之仁"的良知召唤,与心灵领导所欲唤醒的每个企业员工超越经济利益的使命感和追随感,使所有员工形成彼此共鸣、共感的意义网,当有异曲同工之处。只是"一体之仁"具有西方心灵领导学所缺乏的基本元素。下面,就来分析一下其中的原因。

第一,"自我"的观念不同。"一体之仁"关注的自我是"整体论的自我",而非"个体论的自我",既要关注组织的整体利益,也有共同的利他利己目的。然而,近代西方对"自我"的基本看法仍然不离以权利为本的"个体论",这实有西方基督教文化的背景。而东方的"自我"观则是一种基于义务与责任的"整体论的自我",也就是在"群己关系下的自我"。因此,在"自我"展现过程中,西方是通过外放的方式"表现自我",而东方是以内敛的方式"消解自我",并形塑"自我"之人格。我们可以从东方的儒、释、道传统中,看出东方人强调"虚己"甚至"无我"的内心省察功夫与西方人注重外在自我表现之行为方式的明显差异。

第二,人性的看法不同。"一体之仁"相信人性的光明面,因而具有以觉察自我良知为先的内向超越的信仰观,而西方文化中具有人性原罪意识,因而寻求外向超越的上帝信仰观。王阳明的良知学说,相信人人心中皆有良知的光明面,故而面对外在情境,一切皆以能引发本心的良知为主,做任何事都要从良知出发,省察是否违背良知。尤其在做事动机上,讲求自己内心的净化,觉察自我良知的萌动。这与西方心灵领导学中的基督教文化,制定许多法规来制约人性,并在此基础上将其扩大为信仰,承事上帝,成为上帝的仆人,向上帝负责,具有显著区别。前者是"内在超越性",后者是

"外在超越性",二者截然不同。①

第三,实践工夫的下脚处不同。东方文化迥异于西方文化的,还在于前者高度重视家庭伦理的功能扩展。"一体之仁"说依然相信家庭环境的重要性,所谓"孝弟也者,其为仁之本与"(《论语·学而》),将孝心视为实践仁德的最初的有机土壤,没有孝环境的家庭,仁德种子就难以发芽长大。因此,传统儒家极为强调家庭伦理的功能,再依次将其推广到社会、国家、天下。实际上,儒家强调孝的家庭功能,还有一个更重要的理由,即从"小父母"扩展到天地的"大父母"。毕竟"小父母"也是源自于天地之"大父母"的,故而必须从孝心做起,像孝敬自己的父母那样敬天爱地。《易经》的乾卦与坤卦代表着天地与父母,后经过宋代张载的《西铭》,而进一步凸显出"民胞物与"的天地一体之仁。这些都充分说明了孝的源头,来自于敬天爱地乃至爱万物。

第四,克制私欲的重视程度不同。西方通过健全的组织制度、契约法规来制约组织成员"公"的行为,至于个人私欲则属于个人修养的自由,"公"与"私"基本上是"领域概念",无关道德问题,因而并不刻意强调克制私欲的问题,并且适度承认私欲的正面合理性,"公"与"私"可以被截然切割。但是,在东方的儒家伦理色彩中,"公"与"私"往往不易分割。在这方面传统儒家一般被批评为只有私德而没有公德,或是认为公德是私德的延伸(如梁启超),其实这是误解。在孔孟的思想中,如李明辉最近通过对《论语》"子为父隐"章、《孟子》"舜为天子瞽瞍杀人"章的分析研究,认为就孔孟而言,一是对公德与私德各有其分际且有清楚的认识;二是对公德与私德同样重视,并强调在各自的领域可以同时保存两者;三是承认公德与私德会产生冲突,并思考可能的解决之道;四是对公德与私德冲突的解决,孔孟首先顾及公德,私德次之。这正如孔子弟子子夏所说:"大德不逾闲,小德出入可也。"(《论语·子张》)这里的"大德"与"小德",可以理解为"公德"与"私德"。②而无论"大德"与"小德",或是"公德"与"私德",其实共同的元素是"德"。"德"是通"大"与"小"、"公"

---

① "内在超越性"是牟宗三先生所用的词语,他将"内在超越性"与"外在超越性"进行比较,以凸显中国文化与西方文化在思维模式及世界观方面的根本差异。当然学界对"内在超越"与"外在超越"之二分以论述中西文化有诸多争议,特别是美国学者郝大维(David L. Hall)和安乐哲(Roger T. Ames)合著的《孔子思想探微》(*Thinking Through Confucius*),对新儒家有关"内在超越性"的说法提出了批评。李明辉先生在《儒家思想中的内在性与超越性》一文中,已有详细回应(杨祖汉编:《儒学与当今世界》,台北:文津出版社,1994年,第55—74页)。笔者甚为赞同李明辉的观点。

② 李明辉:《公德、私德之分与儒家传统》,《鹅湖学志》,2021年第66期,第19—22页。

与"私"的。一般言公私不分,而并没有将"德"性内涵纳入其中。若将"德"性内涵加进去而言所谓"公德"与"私德",则皆具有其正面的价值观,而不能说"私德"便不好,因为"德"本身就具有自利又利他的特质。儒家所言的德行,是通过修养,成己成物,不断积累而来的,它可使"私德"转"公德","小德"变"大德"。这个德性涵养涉及个人内在心性的修养工夫,于是才将私欲问题当作阻隔人与我、人与自然之间的障碍,认为私欲是蒙蔽本善之心或良知的源头。换言之,私欲会阻碍自己内在德性种子的成长。从孔子回答弟子颜渊"克己复礼为仁"开始,后朱子将其解释为"克去己身之私欲","克去私欲"便成为儒门共同的修身工夫。① 前引王阳明的"一体之仁"说,也是要达到"复其心体之同然",去除"有我之私,物欲之弊"的目的;也是把私与欲当成"有我"的自私,认为随物质名利之恶而引发的欲,是导致良知被蒙蔽的根本原因。因此,为了克制己身的私欲,儒门特重正心、诚意、修身的内圣之学。而西方的心灵领导学,虽然有基督教的灵修与禁欲主义之背景,但是作为宗教场域的一环而被遵守的,而非作为人伦日用的伦理场域及其实践。另外,面对上帝的灵修、禁欲与面对自我良心的克欲之间,还是存在内向超越与外向超越的区别。因此,在西方较少看到这方面克制私欲的讨论,这也是双方领导学的关键差别之一。

以上简略分析了王阳明"一体之仁"思想中为西方心灵领导学所没有的基本元素,若能真正发挥良知学,其实是比西方心灵领导学更为高明、更为实用的。言其"高明",实是因为"一体之仁"怀抱天地万物的伟大的心灵胸襟。本着此宗旨目标,西方心灵领导学虽触及人与万物的联系性,但尚未触及对深刻的内在心灵之探求。言其"实用",是因五伦关系在传统文化中源远流长,实践下脚处的孝道亲切实用,且从小即可训练替人着想、将心比心的人际关系,由此而扩展出同心圆的和谐人际关系,这些都是西方所欠缺的。

四、结语:"一体之仁"含藏丰富的灵性领导

由上可知,东西方哲学中虽然都有心灵领导的共同内涵,但也存在本质上的差异,

---

① 有关《论语·颜渊》篇首章"克己复礼"的思想史考察,可参张崑将:《朱子对〈论语·颜渊〉"克己复礼"章的诠释及其争议》,《台湾大学历史学报》第27期,2001年,第83—124页。

若能各取所长，互补有余，当是美事，也是从对立走向对话，从"去异求同"走向"求同存异"的新世纪价值观的必然选择。之所以必须东西对话，乃是因为当代西方价值与体制在世界局势的变化当中，面临极大的挑战，出现了学者所称的"三恶并举"的现象。这三恶指的是"政治之恶""资本之恶"和"社会之恶"。本来西方政治体制基于权力制衡机制所设计的三权分立，是想有效制衡政治上过大的权力设计，但却因忽略了"资本之恶""社会之恶"，结果造成了政治上愈来愈民主（一人一票的平等），而经济上却愈来愈不民主（贫富差距愈来愈悬殊）的恶果；同时亦因政治上的意识形态之争、经济上的阶级之争，以及公民与移民的冲突，而造成了整个社会更大的撕裂，"三恶"堪称环环相扣、不可分割。[1]有识之士早已敏锐嗅出，西方价值所主导的全球政治经济的秩序格局，正随着西方世界的逐渐没落、东方亚洲的迅速崛起（特别是中国），正处于"新旧秩序交替的黎明破晓时分，也正处于科技大爆发对现有社会体制带来颠覆性冲击的文明蜕变前夕"。全球正处于五个巨大的不确定性之中[2]，质言之，处在这样巨变的时代，仅靠西方"公"与"私"的体制或价值，绝对无法应对风起云涌的变局。

东方传统家庭伦理曾被视为是扼杀自由、服从权威的渊薮，但如果回归到原典儒学的家庭精神，本是基于替人着想、利他胸怀的仁爱精神，家庭在许多东亚国家的传统中本是一个人从出生到死亡不可割舍的伦理场域，也是哺育最初的爱与敬的感恩心所在，由家庭伦理推广到社会伦理、国家伦理乃至天下一体之伦理，都需要感恩心的培养。陈立胜在研究王阳明的"一体之仁"时，也特别注意到宗族谱系是其重要的思想向度，认为传统宗谱的功能不仅仅在于家族成员之间的恩爱流凑，亦构成乡村自治中的一个重要环节，它集伦常（上下有序、大小相维）、教育（愚而无能也，才者教之）乃至社会救济（少者贫而无归也，富者收之）于一身。[3]若能将此宗谱的血脉相连、一体相亲想象成一个"大身体"，便能使这个亲情一体的不容已之情，超越个体的亲疏、远近、贫富、贵贱、智愚、贤不肖等具体的社会性等级之别，并进一步推广至社会、国家、天下，以形成天地万物与人类命运共同体的理想世界。

---

[1] 参郑永年：《全球化下的西方与中国：读朱云汉〈全球化的裂解与再融合〉的一点感悟》，朱云汉著：《全球化的裂解与再融合》，中信出版社，2021年，第16页。

[2] 关于这五个巨大的不确定性，可详参《全球化的裂解与再融合》，第27—34页。

[3] 参《王阳明万物一体论：从"身—体"的立场看》，第69—71页。

"一体之仁"中如此重视从家庭伦理出发的观念，堪称东方儒家伦理的最大特色。

管见以为，东方家庭伦理功能发挥了重大作用，特别是在年轻族群中产生了很大效果。家庭伦理功能不仅有助于制约年轻族群过度自由的行为方式，同时也发挥了互相珍视、互相支持、相互关怀的特殊作用。只不过，为了让家庭具有父慈子孝的双向功能（而不只是单向要求子孝），就必须重新审视如何健全家庭教育，因为教育才是最根本的解决之道，没有健全的家庭教育功能，也就不会有健全的社会、国家功能。因此，重拾儒家家庭伦理观，把握其精神，加以现代教育的创造性转换，并非不可行。家庭教育的重点，必始于慈爱的感恩心。不仅要教人关心自己的家庭，也要关心别人的家庭，让儒家"不独亲其亲，不独子其子"的大同理想种子，或是王阳明的"一体之仁"理念，一开始就落实到家庭教育的环节中。目前的儒商企业，其领导者从关心自己的企业，到关心员工的心灵健康，之后也必然会转向对员工家庭乃至社会家庭环境的营造与培育，进而由企业的小共同体迈向整个社会、国家的大共同体。由此可见，王阳明的"一体之仁"思想所内含的极为丰富的灵性领导学资源，绝对可以在21世纪的领导学中占有重要的一席之地。

（作者张崑将系台湾师范大学东亚学系教授）

近代心学研究

罗泽南对朱子、阳明二学的辨析

张天杰

内容摘要：在晚清同光"理学中兴"之中，能够对于朱子、阳明二学进行较为深入的学理辨析的代表人物当属罗泽南。他的重要著作是与《四书》相关的《读孟子札记》与《姚江学辨》，前者主要围绕阳明学发端的《孟子》，后者之辨析则围绕朱、王之争的关键文本《大学》而展开。罗泽南的辨析，虽然主要是为了更好地传承朱子的思想，然而又结合晚清时代的需要而在经世致用等方面作了独特的发挥。

关键词：罗泽南　朱子　阳明　尊朱辟王　晚清理学

罗泽南（1808—1856），字仲岳，号罗山，一字培源，号悔泉，又字子畏，湖南湘乡（今属双峰）县人。少年时代怀有大志，研习理学与经世之书。太平军起，以在籍生员身份率生徒倡办团练，协助曾国藩编练湘军，转战江西、湖北等地，后死于武昌之战。因功勋卓著而历任知县、同知、道员并加按察使衔。

罗泽南从小就深受朱子学的影响，其祖父罗拱诗在其"四岁后，即授书，《四书章句集注》及五经注疏之有关于要义者"；[①]其外祖父萧积璋也是"紫阳纲目，犹手不停披"。[②]曾就学于涟滨书院、双峰书院，成为生员之后得以前往理学重镇城南书院，与刘典、谢景乾等学人结交，讲习讨论，互相砥砺。后就馆贺长龄家，与唐鉴时相过从；而在就馆于陈氏尚友山房时，则与同馆塾师"常论为学之要，因取《性理》一书读之，

[①]〔清〕罗泽南：《先大父六艺公事略》，《罗忠节公遗集》卷8，〔清〕罗泽南撰，符静校点：《罗泽南集》，岳麓书社，2010年，第126页。

[②]《外祖萧公蔗圃先生传》，《罗忠节公遗集》卷7，《罗泽南集》，第121页。

遂究心洛、闽之学，改号悔泉"。①他曾在《石鼓书院怀朱子》一诗中说："天不生尼父，万古曚其视。天不生紫阳，百代聋其耳。"②另外还有郭嵩焘、刘蓉等友人，也都崇尚理学经世，与其在学术上相互影响。罗泽南逝世后，刘蓉作有祭文，郭嵩焘则为其编刊年谱、诗文集。

罗泽南的理学类著作主要有《西铭讲义》《人极衍义》《姚江学辨》《读孟子札记》《小学韵语》等。这些著作有着明显的尊朱辟王色彩，《西铭讲义》发挥张载思想，先列朱熹《西铭解义》而将自己的讲义附在其后；《人极衍义》解释周敦颐，但多承继朱熹《太极图说》《通书解》的思想；《小学韵语》即为解释与补充朱熹《小学》一书；《姚江学辨》则模仿朱熹《杂学辨》而严辨王阳明学说为异端。至于其四书学的代表作《读孟子札记》，则多引朱熹《四书章句集注》与《四书或问》之中《孟子》部分的句子，说明朱熹之书"补孟子言外之意"③，而他自己的札记则是补朱熹言外之意。曾国藩《罗忠节公神道碑》曾对其著作有过概述：

> 公之学，其大者，以为天地万物，本吾一体，量不周于六合，泽不被于匹夫，亏辱莫大焉。凛降衷之大原，思主静以协中，于是乎宗张子而著《西铭讲义》一卷，宗周子而著《太极衍义》一卷。幼仪不慎，则居敬无基；异说不辨，则谬以千里。于是乎宗朱子而著《小学韵语》一卷、《姚江学辨》二卷。严取与出处之义，参阴阳消息之几，旁及州城之形势，百家之述作，靡不研讨，于是乎有《读孟子札记》二卷、《周易本义衍言》若干卷、《皇舆要览》若干卷、诗文集八卷。其为说虽多，而其本躬修以保四海，未尝不同归也。④

曾国藩主要强调其学术有本有源、辨异说、辨义利，旁及地理形势以及百家之述作，而指归则为"躬修以保四海"。他另外还说："公在军四载，论数省安危，皆视为一家骨肉之事，与其所注《西铭》之指相符。其临阵审固乃发，亦本主静察几之说。

---

① 〔清〕郭嵩焘：《罗忠节公年谱》，台北：台湾商务印书馆，1980年，第11页。
② 《石鼓书院怀朱子》，《罗忠节公遗集》卷2，《罗泽南集》，第32页。
③ 《读孟子札记一》，《读孟子札记》卷1，《罗泽南集》，第281页。
④ 〔清〕曾国藩：《罗忠节公神道碑铭》，〔清〕曾国藩著：《曾国藩全集》，岳麓书社，2011年，第14册，第343页。

而行军好相度山川脉络,又其讲求舆图之效。"①则是着重强调罗泽南对太平军作战的成功,因其根植于理学与经世之学,根植于《西铭》之义以及主静之说。曾国藩的评价,对后世的影响极为深远,比如钱基博《近百年湖南学风》对罗泽南评价极高,也特别强调理学思想的指导意义:

> 泽南以所部与太平军角逐,历湖南、江西、湖北三省,积功累擢官授浙江宁绍台道,加按察使衔、布政使衔。所部将弁,皆其乡党信从者,故所向有功。前后克城二十,大小二百余战,其临阵审固乃发,以坚忍胜。或问制敌之道,曰:"无他,熟读《大学》'知止而后有定,定而后能静,静而后能安,安而后能虑,虑而后能得'数语,尽之矣。《左氏》'再衰三竭',其注脚也。"亦本周敦颐主静察机之说。其治军以不扰民为本。而视东南安危,民生冤苦,如饥溺之在己,与其所注《西铭》之指相符。②

罗泽南制敌之道,就是《大学》之定、静、安、虑以及周敦颐的"主静察机之说";至于治军能够不扰民,等等,则又与其注解《西铭》、体会"民胞物与"的思想有关。再如李肖聃《湘学略》说:"湖南之盛,始于湘军,湘军之将,多事罗山。大儒平乱之效,湘中讲学之风,皆自罗山而大著。"③他还有"儒门出将,书生知兵"等句,都将其"平乱"与"讲学"对于湘军将领的影响并称。由此可知,对罗泽南之事功的评价,必然绕不开其理学。罗泽南自己也说过:"以四子之书为宗旨,以六经为菽粟,以宋五子之言为尺度。"④他的理学正是在吸收朱熹思想的基础上形成了自己的学说,除《读孟子札记》外,《姚江学辨》等多种著作的核心思想,其实都源自朱熹的《四书》学,主要涉及《大学》《孟子》的相关问题。对此,他都结合晚清时代的需要而作了独特的发挥。⑤

---

① 《罗忠节公神道碑铭》,《曾国藩全集》,第14册,第345页。
② 钱基博著:《近百年湖南学风》,岳麓书社,2010年,第15页。
③ 李肖聃:《曾左学略第十五》,《湘学略》,李肖聃撰,喻岳衡校点:《李肖聃集》,岳麓书社,2008年,第79页。
④ 《与高旭堂书》,《罗忠节公遗集》卷6,《罗泽南集》,第88页。
⑤ 关于罗泽南理学思想及其《姚江学辨》的研究,参见张晨怡著:《罗泽南理学思想研究》,三秦出版社,2007年;张晓敬:《罗泽南〈姚江学辨〉理学思想新探》,湖南大学硕士学位论文,2012年。

一、《姚江学辨》之论辩《大学》

湖湘经世理学派倡导程朱理学，故而在罗泽南的理学著作中，非常明显的一个特征就是重视正学与异端之辨。他曾说："象山之学，已经朱子明辨，弟固未曾及，惟姚江良知之说，窃禅门之宗旨，乱吾儒之正道，虽经前人议论，而其中之似是而非者，尚未能一一剖晰，故曾为明辨之。"①朱熹《杂学辨》等著作，已经对陆九渊（象山）学术的弊病作了论辩，到了清代对王阳明"姚江良知之说"的弊病则尚未进行充分论辩，故而他要著书加以"一一剖晰"。罗泽南还说：

> 若陆子品谊、阳明勋业，固有不可磨处，但欲废讲学以求顿悟，窃禅门之宗旨，为吾儒之工夫，有害吾道匪浅。吾辈固欲取其长、嘉其功，尤不可不知其偏而辨其谬也。仆谓读书必先择书，奉圣贤之旧典，明吾心之体用，细心研求以归至是，吾心之理明，而后异说不能扰。②

在《与高旭堂书》《答云浦书》这两封书信里，罗泽南告知其学侣，自己著《姚江学辨》并非门户意气之争，而是在承继朱熹的事业，将"窃禅门之宗旨"而混为儒门之正道的阳明心学，究竟如何混淆得"似是而非"的具体情形加以论辩，同时结合《四书》等"圣贤之旧典"以及身心体用作了"细心研求"，最终则是希望讲明程朱理学而使得"异说不能扰"儒者之心。在《姚江学辨》之中，罗泽南也时刻强调只有朱子学才是孔孟之"嫡传"："孔孟之精微，非朱子无以发；濂洛之蕴奥，非朱子无以明。""夫朱子之道，孔孟之道也；格致之旨，孔孟之嫡传也。"③所以他对于朱熹的推崇，乃是从对《四书》等经典研习的基础上出发的，特别是其中的《大学》，因为王阳明也特别关注此书，故成为《姚江学辨》讨论的重点所在。

《姚江学辨》开篇即说：

---

① 《答云浦书》，《罗忠节公遗集》卷6，《罗泽南集》，第98页。
② 《与高旭堂书》，《罗忠节公遗集》卷6，《罗泽南集》，第88页。
③ 《姚江学辨二》，《姚江学辨》卷2，《罗泽南集》，第267页。

> 昔人谓佛经三藏十二部五千四百八十卷，一言以蔽之，曰无善无恶。吾谓阳明《传习录》《大学问》论学诸书，亦可以一言以蔽之，曰无善无恶。无善无恶，阳明所不常言也。其说本之告子，出之佛氏。常言之，则显入于异端而不得托于吾儒也。然而千言万语阐明致良知之旨，究皆发明无善无恶之旨，阴实尊崇夫外氏，阳欲篡位于儒宗也。①

罗泽南的批驳，主要围绕王阳明的《传习录》《大学问》，也多有论及《朱子晚年定论》。②其中将佛经"一言以蔽之"为"无善无恶"，又将"无善无恶"也"一言以蔽之"为王阳明诸书的宗旨，再加之《孟子》一书所反复论辩的告子，认为凡是这几种异端之学，其宗旨都是"无善无恶"。然而在讨论"无善无恶"时，其重点则是结合《大学》之"八条目"而展开。他说：

> 嗟乎！自无善无恶之教行，为其学者率多言本体，不言工夫。夫吾儒之学，有本体斯有工夫者也。维皇降衷，厥有恒性，日用事物莫非道之所在。故必格物致知，穷之有以极其精，诚意、正心、修身、齐家、治国、平天下，行之有以充其量。工夫有一毫之不至，本体即有一毫之不尽，是本体之外无工夫，工夫正所以完其本体也。知本体为至善，即工夫即本体矣。以无善为本体，有本体无工夫矣，以工夫适足为本体累也。虽假为善去恶之言，以遮盖其头面，实崇无善无恶之教，以大张其宗风。扫除学问，捐弃实修，使天下之士尽不知荡检逾闲之为非。其为世道人心之忧，可胜言哉？③

罗泽南认为，王阳明"四句教"中的"无善无恶"等学说，造成了后世学者"多言本体，不言工夫"，真正的儒学则"有本体斯有工夫""本体之外无工夫，工夫正所以完其本体"，通过格物致知，在日用事物之中体会"道之所在"，而不是悬空本体、揣摩性道。这些认识自然是符合朱子学的。至于他所理解的阳明学"以无善为本体，

---

① 《姚江学辨一》，《姚江学辨》卷1，《罗泽南集》，第209页。
② 罗泽南批评王阳明《朱子晚年定论》，详见《答刘孟容书》，《罗忠节公遗集》卷6，《罗泽南集》，第93页。
③ 《姚江学辨一》，《姚江学辨》卷1，《罗泽南集》，第210页。

有本体无工夫",则与上文所说的将阳明学简单地归入佛禅学一样,当是一种误判。不过罗泽南特别强调儒学必须具体落实于日用事物,落实于"诚意正心"等具体的条目之中,在其中作工夫而求其无一毫不尽,等等,则体现了湖湘经世理学的实践特色。所以《姚江学辨》的重点之一便是"格物致知"论,以讲明朱熹《大学》的工夫论。

《姚江学辨》卷二主要围绕王阳明《大学问》等书,进行条分缕析的批判。首先论辩的问题即为《大学》古本、改本之争。罗泽南先引王阳明《大学古本序》:"《大学》之要,诚意而已矣。诚意之功,格物而已矣。诚意之极,止至善而已矣。止至善之则,致知而已矣。正心复其体也,修身着其用也。""不务于诚意而徒以格物者,谓之支。""去分章而复旧本,傍为之什,以引其义,庶几复见圣人之心。"然后则说:"《大学》一书,旧杂于《戴记》中,有错简有缺文。朱子订之补之,圣经贤传昭若日星,后世有志圣道者,因得见古人为学次第。"[1]很显然,罗泽南站在朱子学的立场,认为朱熹等人改订《大学》之章节次序、作《格物致知补传》都是极有道理的,为的是后世之有志于圣道者,为的是将古人为学次第呈现得更加完善。接着,他又指出:

> 诚意者,《大学》八条目之一耳。人当格致之后,自修工夫即从此处下手,然亦不过在心之发动上用功。下面正心、修身、齐家、治国、平天下,节节有工夫在。[2]

依照朱熹的解释,罗泽南认为"诚意"只是《大学》"八条目"之一,而且必定在"格物致知"之后,讲的是人的自修工夫从此处下手,以及如何在心的发动上用功,而下面则还有"正心""修身"等几项接续,所谓"节节有工夫在",决不可混同。接着,他就分析了"古本"在义理上的弊病:

> 今观古本所载,自"所谓诚其意者",至"君子必诚其意"以后,即接以"瞻彼淇澳"二节。"恂栗威仪",预言正心修身之功矣;"亲贤乐利",预言治国平天下之道矣。下又接以"康诰曰:'克明德'",至"与国人交,止

---

[1]《姚江学辨二》,《姚江学辨》卷2,《罗泽南集》,第241页。
[2]《姚江学辨二》,《姚江学辨》卷2,《罗泽南集》,第241—242页。

于信",是明德、新民、止至善,尽括人诚意一目矣。又接以"听讼"一节,知本之谓附于所谓诚意之内矣。诚如古本,《大学》当以诚意为明新、至善之纲,何至以明新、至善为纲乎?当以格、致、正、修、齐、治、平为诚意之目,何至以诚意列于八条目之中乎?……其与《大学》先后之序,固已迥不相符矣。①

罗泽南认为,若是依照"古本",则无法理解《大学》的先后之序。依照王阳明的解释,《大学》"古本"核心的概念为"诚意",将"八条目"的工夫都归为"诚意",则当以"诚意"为"纲";那么《大学》之首章为何又以"诚意"为"明德""新民""止至善"这"三纲领"下面的"八条目"之"一目"?他还说:

> 明明德,纲也。格致诚正修,目也。目虽有五,只完得明明德一事。明德虽一,工夫实各有其节次。必此五者之兼尽,而后明德始明。身曰"修",心曰"正",意曰"诚",知曰"致",物曰"格",节节有工夫,在此功之不可阙也。曰"先"、曰"而后",工夫如是之循循做去,此序之不可乱也。阳明谓"身心意知物,只是一物,格致诚正修,只是一事,条理工夫实无先后次序之可分"。夫既是一物,《大学》已先言个明德矣,何必复言许多名目乎?既是一事,《大学》已先言个明明德矣,何必复言许多节次乎?是明明德于天下一节,亦几赘而又赘矣。②

这是针对王阳明将"身心意知物"看作"一物","格致诚正修"看作"一事",认为《大学》工夫不必细分先后次序而言的。在罗泽南看来,若是混作一物、一事,则《大学》原书何必区分那么多的名目、节次呢?所以他得出结论,《大学》"明明德"一纲原本包括"格致诚正修"五目,就是强调具体工夫"各有其节次",每一节次的工夫都不可或缺。接着他又说:"且《大学》之要,不在于诚意,而实在于致知。如其所论,必增入一个'良'字,而后其邪说始可伸。"③王阳明批评朱熹增字解经,而他自己

---

① 《姚江学辨二》,《姚江学辨》卷2,《罗泽南集》,第242页。
② 《姚江学辨二》,《姚江学辨》卷2,《罗泽南集》,第239页。
③ 《姚江学辨二》,《姚江学辨》卷2,《罗泽南集》,第242—243页。

却在讨论《大学》之时将"知"解释为"良知",增入一个"良"字,这确实是其经典解释的一个矛盾之处。

王阳明在强调《大学》之工夫只是诚意的同时,还特别强调要将"正心"归入"诚意"工夫之中,主张"正心只是诚意工夫里面。体当自家心体",对此,罗泽南又有驳斥道:

> 《大学》诚意而后又有正心一段工夫者,盖人过得诚意一关,所好所恶已皆准之天理,特恐忿懥、好乐、恐惧、忧患之情一有之而不察,事前将迎,事后凝滞,此心不能廓然而大公,物来而顺应,意虽已诚,心犹不可谓之正。诚意,诚此好恶也;正心,即正此好恶也。岂有诚意遂着意好善恶恶,正心遂不着意好善恶恶乎?……诋有于其所当好者亦不必好,于其所当恶者亦不必恶乎?不着意好善恶恶,则好恶非出于中心之诚,尚得谓之正心乎哉?[①]

依照朱熹,"诚意"之后必须再做"正心"的工夫,而且这两项工夫的侧重点是不一样的。罗泽南进一步认为,"诚意"之后还有"忿懥、好乐、恐惧、忧患"需要省察,需要注意其中的好恶,"诚意"的对象是此好恶,"正心"的对象也是此好恶,而"正心"工夫涉及更具体的"事前将迎,事后凝滞"等问题,故必须着意于此心,实现"中心之诚"。

与此相关的还有"理障"与"事障"的问题,罗泽南举出王阳明《传习录》中的一段对话:"问:'近来工夫虽若暂知头脑,然难寻个稳当快乐处。'阳明先生曰:'尔却要悬空,去心上寻个天理,此正所谓理障'。"他进一步批驳道:

> 嗟乎!以仁、义、礼、智非性之固有,则凡求理于心,便以为理障矣。理既不具于心,则事物之感应皆为外起,留心事物便以为事障矣。以理为障,故以格物穷理为求之于外也;以事为障,故不能不厌动以求静也。吾见其为达摩之传法沙门、护法善神而已。[②]

[①]《姚江学辨二》,《姚江学辨》卷2,《罗泽南集》,第246页。
[②]《姚江学辨一》,《姚江学辨》卷1,《罗泽南集》,第212—213页。

"理障"亦是佛语,王阳明认为悬空求天理就是"理障",其实是在批评外向的格物穷理。罗泽南则强调仁、义、礼、智为人性之固有,但需要结合事物去探求:

> 舍事物而别有天理,则孔子之所言所行,皆出天理之外矣。阳明令人存天理去人欲,终不指天理为何如。又言至善只是纯夫天理之极,不必求之于事物,则其所谓天理者,果何物哉?①

王阳明认为"至善"虽是"天理之极",但不必从事物之中求,也即不必格物穷理。而罗泽南认为,离开了事物也就没有所谓天理,比如孔子的所言所行,也都是从事物出发的。于是他推论,王阳明所说的"存天理、去人欲",所谓的天理、至善都不是儒家所说的天理、至善。诸如"良知即是天理""无善无恶即是至善"等命题,也都是有问题的。他甚至认为:"所谓天理、所谓至善者,只是养得此心,极虚极灵,光明洞彻,莹莹净净,一尘不染,一丝不挂……其所言者仍不出佛氏之空虚矣!"②

亦因此,罗泽南《姚江学辨》一书遂特别注意对《大学》"格物致知""即物穷理"等相关义理的辨析,并且批评王阳明在《大学》诠释上所存在的混同现象:

> 即物穷理,朱子以释格物,颠扑不破。阳明诋之为告子之外义,不知事物散在天下,理则具于一心。即天下之物以穷吾心之理,内也,非外也。故事父有事父之理,吾即事父之事以穷吾心所以事父之理,非求孝之理于亲之身,以裨益吾之理也。事君有事君之理,吾即事君之事以穷吾心所以事君之理,非求忠之理于君之身,以裨益吾之理也。义也者,因事而制宜者也。因事制宜不得谓之为外,即物穷理又何疑其为外也哉?……夫即物穷理,穷吾心所具之理也,穷吾身所当为之理也。尚何待于牵扯乎?③

这一段针对的是王阳明的"孝亲"论,罗泽南批评其局于内而遗其外,使为学工夫完全转向内心,而排斥读书应事与即物穷理。朱熹以"即物穷理"来解释《大学》

---

① 《姚江学辨一》,《姚江学辨》卷1,《罗泽南集》,第217页。
② 《姚江学辨一》,《姚江学辨》卷1,《罗泽南集》,第217页。
③ 《姚江学辨二》,《姚江学辨》卷2,《罗泽南集》,第244页。

"格物"，主张"即天下之物以穷吾心之理"，王阳明认为这是"外义"，罗泽南则强调外在事物与内在之理的统一，认为事父之理就在事父之事中，在具体的事情当中体会理之当否，这绝不是"外义"。接着他又分析"义"字，认为"因事而制宜"就是"义"，故而亦非外求。

有弟子问起朱子"一草一木亦皆有理，不可不察"一句时，王阳明说"且先去理会性情，须能尽己之性，然后能尽物之性"，并且举其格竹失败的例子来说明朱子"格物"说向外求理为非。对这一段话，罗泽南也有详尽的辨析：

> 然一草一木亦皆有理，不可不察，非欲人不穷身心家国天下之道，而徒留心于一草一木以矜博洽也。特以一草一木各有至理，取之必有其道，用之必有其节，亦不可不审察耳。君子之于物也，爱之而弗仁，故仁民之心重且长，爱物之心轻且短。非不欲重且长也，物与我既同生而弗类，则其爱之之势亦有不能遍及者。其格物也亦然。于身心家国天下之道，穷之必极其精，究之必尽其量；而于草木鸟兽，亦惟察其所以取之用之之道而已。盖其所以格之者，即格我所以爱之之方。不格其理，则必有不得其宜者矣。使谓草木鸟兽不必致察，则孔子所谓"多识于鸟兽草木之名"，不亦无所裨益也哉！①

站在朱子学的立场，罗泽南认为草木之理"不可不察"，但是察识"一草一木"之理，并非不关心"身心家国天下之道"，也并非"以矜博洽"。草木之中亦有"至理"，只是具体的"格物"工夫"必有其节"，最终才能"得其宜"。他还举出《论语》中孔子要弟子读《诗》"多识于鸟兽草木之名"的例子，来说明关心草木鸟兽一定是有益的。朱熹等人的"格物"，虽说向外于物，但却是从"爱物"到"仁民"，最终指向的是"身心家国天下之道"，求的也是道德实践的"得其宜"。再说草木鸟兽之理的讲求，也是察识"取之用之之道"，也即落实于实践而非知识。

而且罗泽南对"格竹"事件本身也提出了疑问：

> 若夫亭前竹子之说，不过阳明设言以嘲格致之学者耳。彼将格生竹子之道

---

① 《姚江学辨二》，《姚江学辨》卷2，《罗泽南集》，第245—246页。

乎？万物禀天地之气以生，形形色色，莫非孕此二五之精，不必独即竹子格之也。其格竹子之用乎？则彰明较著，不劳如此之审索也。以智慧之阳明，七日尚不解竹子之道，阳明何若是之愚乎？以不学而知之良知，七日尚不解竹子之理，良知何若是之昏乎？以不肯格物之阳明，于日用伦常不肯稍为穷究，于一竹子竟格至七日而成病，又何舍其所当格而格其所不必格者乎？此嬉笑怒骂之言，实未尝有其事耳。①

王阳明所谓"于一竹子竟格至七日而成病"，罗泽南怀疑未必真有此事，认为王阳明只是打个比方，用以嘲笑朱熹的格致之学。因为若以王阳明对于天地万物一体的认识来看，"生竹子之道"，就像《太极图说》中说的"二五之精"，竹子的化生与天理的关系，像王阳明这样聪明的人不会不理解；至于"竹子之用"，以王阳明的良知学说来看，对其中的理也不会不理解。所以罗泽南指出，王阳明原本不愿意"格物"，就连日用伦常都不愿去穷究，更何况竹子？"舍其所当格"，"格其所不必格"，这显然是有问题的。

进一步再看格物与穷理的关系，罗泽南指出：

格物之功，固不必举天下而尽穷之，而后可以尽吾心之理也。今日格之，明日格之，穷索既久，自有豁然贯通之候。虽事有为前人所未行、思议所未及者，一到面前，亦可以权其轻重而为之，以合乎中正之则。故事有常有变，格其理之常者，而变者始可因时而制宜；道有经有权，格其理之经者，而权者始可随地而协义。②

程朱理学的"格物"被误解最多的是所谓"举天下而尽穷之，而后可以尽吾心之理"，所以罗泽南说"不必举尽"，而是"穷索既久"，自然就有豁然贯通的境界。然后在面对事情时，就能权衡其中的轻重并做出符合"中正之则"的判断，也即把握道理的常者和经者，从而"变者始可因时而制宜""权者始可随地而协义"。关键在于通过

---

① 《姚江学辨二》，《姚江学辨》卷2，《罗泽南集》，第245—246页。
② 《姚江学辨二》，《姚江学辨》卷2，《罗泽南集》，第251页。

一事一物的"格物",渐渐体会天理本身。

罗泽南还谈到了读书对于天理的把握,同样有其积极意义:

> 谓解经即是好博,尤不可也。……若夫探义理之精微,穷圣贤之蕴奥,究其当然,复究其所以然,以之体于身心,则为修德之要功;以之达于国家,则为经世之大用。此圣学入德之门,非好博也。不博,则其理有所不明也。是故五经者,圣道之所寄也。……读其书可以明圣人之道,明其道即以晰吾心之理。①

在他看来,读书并非王阳明所说的"好博",而是"探义理之精微,穷圣贤之蕴奥"。五经之中记载了圣人之道,读书就是为了明圣人之道,并且将其体察于自己的身心。只有将读书与明道结合在一起,才能真正明晰"吾心之理",最终实现自身"修德之要功"及国家"经世之大用"。

另外,还可补充罗泽南对"物"与"知"二字的训诂,这也是他关注的重点。先看他对"物"字的解释:

> 若夫格物之物,阳明已训之为事矣。事固非身心意知也,又以意之所在之事谓之物,释之谓事,即我之意不知事,既发之于意,则必行之于身,身果与事为二乎?亦即与事为一乎?②

"格物"中的"物",王阳明训为"事",则本是古训,然而他又特别强调"意之所在之事谓之物"。与朱熹的差别在于,王阳明的"格物"几等于"诚意""知行合一",故而"既发之于意,则必行之于身"。那么"意"之所在的"事",是否即等同于"身"之践行呢?也就是说,将"物"限定在道德实践的范围内,是否过于狭隘?摒弃了对外在客观事物、自然规律的研求,对于天理的探索也仅限于内在道德的"在事上磨",这在罗泽南看来,显然是不符合《大学》"格物"之本意的。

---

① 《姚江学辨二》,《姚江学辨》卷2,《罗泽南集》,第257—258页。
② 《姚江学辨二》,《姚江学辨》卷2,《罗泽南集》,第239页。

再看罗泽南对"知"字的分析：

> 阳明之为此说者，欲人废格物致知之学也。欲废格致之学，故以知性知天为知州、知县之知矣。以知性天为生知安行之事，故不得不强夭寿不贰，修身以俟，为困知勉行之事矣。为伸一己之邪说，至屈圣贤之言而就之，天下万世安能尽为所欺哉？①

"致知"之"知"以及《孟子》"知性知天"之"知"，王阳明认为都与"知州、知县"的"知"是一样的，"知州则一州之事皆己事"，那么"与天为一"，所以说"尽心知性知天者，生知安行，圣人之事也"。至于将"强夭寿不贰，修身以俟"解释为"困知勉行，学者之事"，也是王阳明别出心裁的解释，或者说是其"一己之邪说"。其实王阳明对于"知"以及《孟子》此段的解释不符合经典本意，其解经的漏洞确实被罗泽南抓住了。

二、《读孟子札记》的辟王学与经世特色

罗泽南认为，古今诋毁朱子最多的就是王阳明一人，而其"致良知"说与朱子"格物致知"说的不同，是众所周知的。然而更重要的不同则不仅于此，而是"体用之异"。故罗泽南的论辩，更多还是集中在《孟子》中有关仁、义、礼、智的"四端之辨"。其所著的《读孟子札记》一书，一方面阐发了经世致用之学，另一方面则与《姚江学辨》结合起来，质疑王阳明在《孟子》诠释上的错误。

先来看《姚江学辨》是如何讨论《孟子》"四端"说的，它与"无善无恶"之宗旨是密切相关的"体用之异"问题：

> 古今之深诋朱子者，莫如王阳明一人也。人皆谓其致良知之说与朱子格物致知异，而不知其所以与朱子异者，不仅在格物致知也。……然则阳明之所以异于朱子者，又何在与？曰：其本体异也，其大用异也。体用之异，可得而辨

---

① 《姚江学辨二》，《姚江学辨》卷2，《罗泽南集》，第257页。

与？曰：朱子以性为有善无恶，阳明以性为无善无恶也；朱子以性为理，心不可谓之性，阳明以心为性，吾心之灵觉即天理也；朱子以仁、义、礼、智为性之本然，阳明以仁、义、礼、智为心之表德也，此本体之所以异也。①

关于"仁、义、礼、智"为"表德"，以及"四端"与"已发未发"的关系，罗泽南引了王阳明《传习录》中的一段话："问：'仁、义、礼、智之名，因已发而有？'曰：'然。'曰：'恻隐、恭敬、羞恶、是非，是性之表德耶？'曰：'仁、义、礼、智也是表德。'"此处是说仁、义、礼、智的名称来自"已发"，至于以"仁、义、礼、智"为"表德"，也当是指其名为外、为已发。罗泽南则借此而提出"惟有此实理具于心"等观点：

> 阳明以仁、义、礼、智为表德，为因已发而有，此即"有善有恶意之动，无善无恶心之体"之说也。仁、义、礼、智，性之德也。……孟子曰："恻隐之心，仁之端也；羞恶之心，义之端也；恭敬之心，礼之端也；是非之心，智之端也。"盖惟有此实理具于心，而后有此端绪著于外。恻隐、羞恶、恭敬、是非，因已发而有者也，表也；仁、义、礼、智，未发之中也，大本也。此由于天命之自然，而为万事之主宰者，阳明独以为表德，以为因已发而有。是则仁、义、礼、智非我固有也，是则仁、义、礼、智由外铄我也。②

罗泽南强调的是仁、义、礼、智为"实理"，而"恻隐""羞恶"等则为"端绪"。仁、义、礼、智内在而非显现于外，为"未发之中"，为"性之德"，为"大本"，为"主宰"；而"恻隐""羞恶""恭敬""是非"则为"已发而有者"，为"表"。他还以《孟子》中"仁、义、礼、智非由外铄我也，我固有之也"一句来作证明。不难看出，就此条对《孟子》"四端"的理解而言，罗泽南的纠错是有道理的。

联系《孟子》一书批评王阳明的还有"良知"二字，罗泽南说：

---

① 《姚江学辨二》，《姚江学辨》卷2，《罗泽南集》，第265页。
② 《姚江学辨一》，《姚江学辨》卷1，《罗泽南集》，第212页。

"良知"二字本之孟子,曷病耶?曰:非"良知"二字之病,阳明所言之良知有病也。阳明所言之良知,非孟子之所谓良知也。人之为人,有心、有性、有情。仁义,性也;爱敬,情也;知爱知敬者,心也。人得天地之理以成性,即得天地精英之气而为心。心之为物,虚灵不昧,性之具于其中者,能烛照而不差。事物之来,心即运此理以应之。能知者,气之灵也。所知者,心之理也。孟子言良知,随明之曰:"知爱其亲,知敬其长。"……阳明谓良知即天理、即本体,盖误认气为理矣,误认心为性矣。孟子之言岂如是哉?①

由于"良知"一词来自《孟子》,故罗泽南不去直接否认"良知"二字,而是论证王阳明所说的"良知"并非《孟子》的"良知",也即将王学之"良知"与孟学之"良知"脱钩,其中特别重要的就是否定王阳明所展开的"良知即天理""良知即是非之心"等系列论断。此段即针对"良知即天理、即本体"的观点,认为这是将气误认为理、心误认为性,故不符合《孟子》原意。罗泽南认为,天地之气为人之心,天地之理为人之性,故而《孟子》所说的"良知"为"知爱知敬","知"的是"心之理"。在这里,他发挥的还是朱熹的观点。

接着他又说:

孟子言知言、知性,言博学详说,尝示人以学问之道,盖必有学而后可以充其知,固未尝以此良知遽欲人废学也。阳明则谓人人有此良知,是便知是,非便知非,……捐弃学问,徒恃良知,孟子之言又岂如是哉?然则阳明之于良知,何津津言之不置耶?曰:阳明之学,佛氏之学也;阳明之"良知",即佛氏之"本觉"也。②

这段进一步将王阳明说的"良知"归为"佛氏之本觉",因为其称良知能够"知是知非","人人有此良知",与后天的学习无关。而在罗泽南看来,《孟子》讨论的"知言、知性"却是与"博学详说"相关的,王阳明这是在"欲人废学"。

---

① 《姚江学辨一》,《姚江学辨》卷1,《罗泽南集》,第218—219页。
② 《姚江学辨一》,《姚江学辨》卷1,《罗泽南集》,第219页。

相关的讨论还有:

> 阳明谓良知只是个是非之心,四端不已遗其三耶?曰:阳明以知觉为性,故以良知为本体。止以是非之心言之,固与孟子之四端异。即此是非之心一言,亦有迥异于孟子者。孟子言是非之心,情也。情发于性,内有此智之理,故外有此是非之心也。阳明是非之心,亦从良知发用上说。而其本体则是无善无恶。人所以有是非之心者,不过此心虚灵之照,非谓有个智之理存于中也。故其言曰:"无知无不知,本体原是如此。"所谓无知者,心之体无善无恶,故亦无所谓知也。无不知者,此心之虚灵自能照见一切,不待深穷理之功也。嗟乎!日固无心于照物也,大地万物原非日之本体所有也。圣人不能不有心于知也,万事灿陈,其理实具于心,故必格之有以极其精,穷之有以尽其量,而后可以行之不差也。舍其实有,矜其虚见,其为道之害者,岂浅鲜哉!①

针对"良知只是个是非之心"一句,罗泽南认为这是以知觉为性、以良知为本体,而他对于王阳明所说的"是非之心"与孟子"四端"中的"是非之心"不一致的指正,也是符合实际的。罗泽南还认为,王阳明此说的重点与《孟子》所说的也不一样。良知的"是非之心"为"虚灵之照",而不是"智之端"的"理",所以"无善无恶心之体","无知无不知"的本体"自能照见一切",因而也就不必穷理。这样的分析,当然是对王阳明"良知"之学的误解。

再看《读孟子札记》一书,罗泽南撰写的目的其实也是针对阳明学等"诐淫邪遁之词",他的主张其实还是在讲明程朱正学:"惟先深格物致知工夫,将圣贤大中至正之道,辨得明白,表里精粗,毫无蒙蔽,则彼说来前,便能烛其病之所在。"②所谓"格物致知工夫"以及"大中至正之道",就是指朱子学。但罗泽南的诠释也有自己的发挥,比如讨论理气问题,他说:

> 理在天地间,初无偏、全之分,有是气即有是理。气之清者,此理固无不

---

① 《姚江学辨一》,《姚江学辨》卷1,《罗泽南集》,第220—221页。
② 《读孟子札记一》,《读孟子札记》卷1,《罗泽南集》,第285页。

存；气之浊者，此理亦无不在。惟其气有清浊之殊，故其理有明蔽之异。

> 天地之气，万有不齐。和风甘雨，其气清明；阴霾浊雾，其气昏暗；迅雷烈风，其气震荡；愆阳伏阴，其气偏戾。天时有不齐也，西北之地高峻，其气多刚劲；东南之地平衍，其气多柔弱。得山之气者，其人多雄健，其恶者为粗顽；得水之气者，其人多秀丽，其恶者为淫靡。故数里之间，其气多有不同，地势有不齐也。天地之气各殊，故人之禀之者，其气质亦不相侔矣。①

"有是气即有是理"，这是程朱理学的观点，罗泽南则进一步阐发与天地相互感应的气质之论。天地之气"万有不齐"，故有清明也有昏暗，有震荡也有偏戾；而天时也有"不齐"，还有刚劲与柔弱、雄健与粗顽、秀丽与淫靡之别，所以人与人的气质多有不同。

罗泽南发挥气质之说，其实与批评王阳明"良知"有关：

> 今乃创为良知之说，谓"良知自然昭明灵觉"，"善与吾心之良知自知之，不善与吾心之良知自知之"，《大学》之道并无俟扩充其知识"。不知人之一心莫不有本然之理，即莫不有自然之知，惟其气禀有清浊，故其知识有广狭。人之良知不过识其大略，不能洞烛其精微也。兹无论良知之不可恃也。②

王阳明说良知自知，而罗泽南则强调人心虽有本然之理，但气禀有清浊，故"良知"不可凭恃，所以需要后天的"格物致知"工夫。

罗泽南还以感应说来说明性与情的体用关系，他说：

> 仁、义、礼、智具足于心，故随其所感，则恻隐、恭敬、羞恶、是非之心见。然有从一条路上发者，有一时并发者，亦有连类而发者。看他是甚么事来，即有甚么心应之。如见孺子入井，此恻隐之心发也。设见有人推孺子入井，必怒其人之不仁，此是羞恶之心；知其人之不仁，是是非之心；不忍孺

---

① 《读孟子札记二》，《读孟子札记》卷2，《罗泽南集》，第306、307页。
② 《姚江学辨二》，《姚江学辨》卷2，《罗泽南集》，第239—240页。

子之死，是恻隐之心。霎时间此心尽为流露，皆有不待安排者，此理各足于中故也。①

"仁、义、礼、智"为心之性，"恻隐、恭敬、羞恶、是非"为心发而为情，由"寂然不动"的性到"感而遂通"的情，需要外在的事，才能产生内在的感应，而且发而为情，往往"一时并发"。罗泽南举了"孺子入井"的例子来说明恻隐、羞恶、是非之心霎时间一起流露，而其原因则在于心中之性，也即天理。

罗泽南在诠释《孟子》的过程中，还多结合张载的《西铭》。比如他说：

乾父坤母，化生万物；四海黎献，尽属天地之赤子。然天虽生此民，厚生正德，有非天之所能为者，则命此有德之君以统治之。故君之行政以治民，实为代天理物，而有父母斯民之责。是必生育涵濡，如天之无不覆；抚字卵翼，如地之无不载。斯民之身家性命，无一不在爱惜之中，而后父母之责乃尽。纵一己之嗜欲，视人命如草菅，是大拂天地生物之心矣。尚得谓之父母乎哉？②

罗泽南特别喜欢张载的《西铭》，故此段对《孟子》的诠释，化用《西铭》之义，强调四海之黎民本是天地之赤子，天地有其"厚生正德"，故"命此有德之君以统治之"，而君主"代天理物"以行政治民，就有了为斯民之父母的职责。因而君主对黎民，就必须"生育涵濡"，如同天地之覆载，黎民的身家性命"无一不在爱惜之中"，这才算是尽了父母之责；反之，若是背弃天道，违反民意，"纵一己之嗜欲，视人命如草菅"，就是"大拂天地生物之心"，不得称为民之父母了。

同样讨论君主与黎民之关系的还有：

人君杀人，非尽以刃杀之也，以其有杀人之政。其有杀人之政也，以其有杀人之心。暴敛横征，则杀人于赋税；峻法酷刑，则杀人于罪狱；工作频兴，则杀人于力役；兴兵构怨，则杀人于战争。且兵连祸结，我欲杀邻国之人以辟

---

① 《读孟子札记一》，《读孟子札记》卷1，《罗泽南集》，第286—287页。
② 《读孟子札记一》，《读孟子札记》卷1，《罗泽南集》，第277页。

疆土，人亦欲杀我国之人以资富强，是皆因嗜利之心不能割断，因而杀机日启，无所顾惜，人命草菅，中原肝脑，天下之大，几尽为杀人之区矣。①

君主"杀人"，在其"杀人之政"的背后是"杀人之心"，而且君主"杀人"会有赋税、罪狱、力役、战争等多种情形，目的在于开辟疆土、以资富强等，而其实背后都是"嗜利之心"。此时的君主已没有了"天地生物之心"，因而也就不能称为民之父母。由此罗泽南提出，最为重要的就是"格君心之非"，这也是与朱熹相一致的地方。他说：

大人正君，未必于用人行政全不管他，而其紧要则在于格君心之非。非心格，则用人行政可以次第而理，非心不格，则源本不清，下梢终难救正。即其所适所闲，有能听从，而适之将有不胜适，闲之将有不胜闲者。注中有"大人之德"宜玩，必能自正其身，而后可以积诚感动，以正君心之不正。若以口舌争之，智术迎之，终有不能济者。②

孟子曾三见齐王而不言事，门人疑惑，孟子解释道："我先攻其邪心，心既正，而后天下之事可从而理也。"朱熹对此的注释是："言人君用人之非，不足过谪；行政之失，不足非间。惟有大人之德，则能格其君心之不正以归于正，而国无不治矣。"③值得注意的是，罗泽南并非迂腐之人，他另外论及《孟子》"徒善不足以为政，徒法不能以自行"的时候曾说："虽治天下之本，不徒恃乎法制，而必在乎君德，然未有置一切法制全不讲求，遂可以治天下者。"④也就是说，他虽然特别强调君主之德，但也强调法制本身的重要性，故而各种政典以及其他经世之学也都在他的研习范围之中。

除了"格君心"，罗泽南还强调士人自身的担当：

圣学不明，利欲熏心。士当穷庐诵读，惟揣摩利世之文，博取科第。一登仕籍，则奔竞干谒，贪婪恣肆，罔所不至，朝廷之安危，生民之休戚，一无所

---

① 《读孟子札记一》，《读孟子札记》卷1，《罗泽南集》，第278页。
② 《读孟子札记二》，《读孟子札记》卷2，《罗泽南集》，第295页。
③ 〔宋〕朱熹：《孟子集注》卷7，〔宋〕朱熹撰：《四书章句集注》，中华书局，1983年，第285页。
④ 《姚江学辨》，《姚江学辨》卷2，《罗泽南集》，第253页。

顾惜于其间。是贱大夫不在市井，而在朝廷矣。州县登垄断以罔愚氓，督司登垄断以罔州县，朝廷登垄断以罔督司。竭生民之膏血，填无厌之溪壑，上下交征，无所不至，天下之祸遂有不知所终极者。①

君主需要有德，士人同样需要有德，士人读书不能以"揣摩利世之文，博取科第"为目的，而是要考虑"朝廷之安危，生民之休戚"。无论是州县、督司还是朝廷官员，都不可以为了一己私利而造成天下之祸。而为了保证官员的质量和清廉，他主张将如何得到人才、培养人才作为重点：

> 曰"为天下得人"，此足见圣人大公无我之心。世主之欲得人，为一己起见，欲其相为辅翼，保我之天下勿失也。圣王之欲得人，为天下起见也，欲其广此德教，令万物之得所也。②

孟子说"为天下得人者谓之仁"，得人是为了天下黎民，故需要有"大公无我之心"，君主得人也不可为一己私心，而要为天下寻找辅翼，还要广播德教。至于具体得到什么样的人才，罗泽南认为：

> 世俗之见，动谓儒术迂疏，不能切时势以立论。予谓善用时势者，莫如真儒之经济也。盖急小利，图近功，逐时逞势，以遂一己之私，每至坐失机会，不能成王业于天下，此甚暗于时势者也。惟道德之儒，本原素裕，时有可为，不难返运会于皇初；势有可凭，不难沛仁义于海内。盖有其德，则可乘时势；无其德，虽有时势亦难为功。③

依世俗之见，儒者大多迂腐、疏阔，但在罗泽南看来，儒者不是追求小利、近功，以求一时之势、一己之私，而是"有其德"之后"乘其势"者，还是"善用时势"的"真儒之经济"。

---

① 《读孟子札记一》，《读孟子札记》卷1，《罗泽南集》，第288页。
② 《读孟子札记一》，《读孟子札记》卷1，《罗泽南集》，第290页。
③ 《读孟子札记一》，《读孟子札记》卷1，《罗泽南集》，第283页。

再就经济之学而言，罗泽南曾在与友人的书信中，对士人之学术提出过如下具体要求：

> 即或有一二特异之士，语品行，则涉于福田果报，……语经济，则惟考求乎海防、河务、盐法、水利，以待用于斯世，明德新民之学视为迂疏矣。迹其所学，似胜于窃取富贵者之所为，究其所为，要皆从功利上起见，是以所见日陋，所行亦日卑。不知君子之学，淑身淑世，为性分内所当为者而已。平日格物致知，以求义理之蕴奥，若何为修己之要，若何为治世之业，表里精粗，不使有一毫之蒙蔽，因而体之身心，罔或差谬。酝酿既深，体验日熟，由是笔之于书，则为不磨之文章；推之家国天下，则为不朽之功勋。此体明者用达，本深者末茂也。苟不务此，徒向枝叶上用功，纵做得伟然可观，终是三代以下品诣，三代以下作用。况乎以利己之心行之，尤终不能有成也哉。①

在罗泽南看来，士人必须有待于经世，但也要重视"明德新民之学"；既要懂得海防、河务、盐法、水利，但也不可在功利上起见，因为经世原本就是士人性分内所当为之事。所谓格物致知，以求义理之蕴奥，为的是修己，也是为了治世，这样的学问才既可以写成文章，又可以推之家国天下，成就一番大业。

最后还有一个处于变乱时代的学者特别喜欢讨论的问题，即《孟子·告子下》中所论及的春秋五霸以及天子与诸侯的关系问题。罗泽南站在对晚清时局把握的基础上，即所谓"井田坏，学校废，民之或贫或富……天下之田，又多为富者所占"②，联系封建、井田制而进行了独特的思考：

> 论封建者，无不以强侯违命、尾大不掉为虑。不知先王众建诸侯，有庆有让，有贬爵削地，六师移之之法。可见王者操大柄以赏罚天下，天下臣工罔敢逾越，若网在纲，有条不紊，是以夏传四百，商传六百，周自春秋以前几五百年，未闻强侯敢有僭制者。厉王王纲不振，天子失德，是以降而为春秋、战

---

① 《寄郭意城书》，《罗忠节公遗书》卷6，《罗泽南集》，第104—105页。
② 《读孟子札记一》，《读孟子札记》卷1，《罗泽南集》，第276页。

国，诸侯互争，非封建之不善，无德以御之故也。夫天子有德，封建亦治，郡县亦治；天子无德，封建亦乱，郡县亦乱。后世罢侯置守，寇盗之发至于长驱中原，莫之敢制，良以州县之权轻，无侯国以屏藩之故也。①

到了晚清，清廷对于地方的约束力远远不及其中前期，以至于内忧外患一旦袭来就完全无法收拾。罗泽南虽然没有看到随着湘军成立而逐步发展起来的军阀割据，但他的思考却是为内忧外患的到来而做的一种准备。他所说的封建制，也即诸侯林立的地方自治。在他看来，春秋、战国时期诸侯互争，并非制度的问题，而是德行的问题，故关键在于天子是否有德。诸侯互争，是因天子无德、无法控制局面所导致的。至于诸侯国的"屏藩"意义，无论晚明还是晚清，其实都可以看到。

罗泽南接着又说：

立一法，则有一法之弊，从古无不弊之法者。然则封建与郡县，既皆互有得失矣，而先儒多主封建之说，何也？曰：以利害论，则封建与郡县同；以治民论，则封建大胜于郡县。王者治天下之法，亦当视其于民何如耳。盖郡县行，则井田不可复，养民之道坏矣。井田坏，学校不可兴，教民之道失矣。教养既失，治道乃乖，欲求世之道一风同，不可得矣。古之圣贤，兢兢于封建者，为民计，非专为国家之利害计也。世徒见春秋战国之乱，遂谓封建必不可复，岂至论哉？②

封建制与郡县制的利弊，确实互有得失，但是儒者大多主张封建。分析其中的原因，罗泽南指出，关键在于"以民治论"，就是从普通平民的角度考量，封建制与井田制相辅相成，学校遂因此而兴起，对民众的道德教化亦因此而成为可能。当然，这只是基于上古文献的一种设想。类似的说法，罗泽南在《人极衍义》中也有表述：

天子有道，封建亦治，郡县亦治。天子无道，封建亦乱，郡县亦乱。然欲跻天下于郅治，终非封建不为功。盖封建者，井田、学校之所由行也。不封

---

① 《读孟子札记二》，《读孟子札记》卷2，《罗泽南集》，第310页。
② 《读孟子札记二》，《读孟子札记》卷2，《罗泽南集》，第310页。

建，则不能井田，贫富不均，养民之道失矣；不井田，则不能学校，庠序无法，教民之道失矣。①

他还提到朱熹"杂封建于郡县之间，又使方伯、连帅分而统之"，以及张载"井田卒归于封建乃定"等主张。封建而井田，带有均贫富的儒家理想，学校而教民，更是儒家理想。罗泽南对于《孟子》以及朱熹《孟子集注》的思考，一是基于他个人的理想，二则体现了变乱时代的特色。

至于罗泽南理学思想的疆土经世之学，则主要体现在《皇舆要览》九卷三十三篇，其中就有纵论山川、河流、水患、水利、漕运、盐政等。②所以说罗泽南不仅喜谈理学，也喜谈经世，他对《孟子》的诠释，在辨正学术的同时，也已将其经世观念融入其中。关于其理学，钱穆先生《罗罗山学述》指出："自来攻击阳明，未有如罗山之严正明快者。……凡罗山之学，上自孔孟，下至周张，非有新论奇说，而止以程朱之说说之。"③钱先生还在《中国近三百年学术史》之《罗氏学术大要》中说："罗山之学，大率推本横渠，归极孟子，以民胞物与为体，以强勉力行为用。"④罗泽南的理学思想，以程朱之说为主，又通过张载而归本于《孟子》，故在《四书》中用力最多的是《孟子》，"民胞物与"的态度即为其经世致用之学的基本出发点。关于罗泽南的经世思想，陆宝千指出："泽南经世之学，重点在对君主专制制度之意见。此重点不在对君主专制制度之本身施何检讨，若昔日黄梨洲、唐铸万之所为；而系先肯定君主专政制度，而复依儒家之义，建立理想的君主标准。"⑤罗泽南不像清初的黄宗羲、唐甄那样对君主专制制度本身进行批判，而是依照传统儒家的观点，更确切地说是依照宋儒的观点，来阐释其理想中的君主标准，故而他的态度是非常温和的，这也符合他后来从军之后经世实践的风度。

（作者张天杰系杭州师范大学国学院教授）

---

① 《人极衍义》，《罗泽南集》，第197页。
② 范广欣：《乱世从政之地理指南：罗泽南手稿〈皇舆要览〉初探》，《台湾大学历史学报》第37期，2006年。
③ 钱穆：《罗罗山学述》，钱穆著：《中国学术思想史论丛》第8册，九州出版社，2011年，第452、455页。
④ 钱穆著：《中国近三百年学术史》，九州出版社，2011年，第656页。
⑤ 陆宝千：《论罗泽南的经世思想》，《近代史研究所集刊》第15期下册，1986年。

论阳明心学在近代中国的重振与发展

——以"心力"为核心的考察

朱义禄

内容摘要：近代中国有原创力且影响较大的哲学家，大多浸沉于阳明心学中。本文以龚自珍、谭嗣同、梁启超、康有为、章太炎五人为重点，考察了阳明心学在近代中国发展的新趋势。这是由于近代中国的国力与西方列强存在着明显差别的现实，他们想用抽象的范畴，来排除现实中强力压迫的愿望的反映。他们借助于阳明心学注重发挥人的主观意志的作用，在对"心力"做出不同特色的诠释中，形成了各殊的主张乃至于成体系的学说，并将它们作为向旧社会、旧制度、旧风俗进行抗争的精神武器。与古代大儒们有别，阳明心学在近代中国的重振与发展中，炫动着异域的色彩，融合了西方学理（西方自然科学与唯意志论），构成了近代中国哲学历史行程中的新形态。这也是阳明心学在近代中国得以重振与发展的缘由所在，希望关注儒学历史命运的人们对此要引起足够的重视。

关键词：阳明心学　心力　我　以太　除心奴　自贵其心　意志　唯意志论

一

"心力"一词古已有之，只是在近代才成为显赫的哲学范畴。近代中国有原创力且影响较大的哲学家，大多浸沉于心学中，而主要是阳明心学。这可以列举出一大批声名卓著的思想家，如龚自珍、谭嗣同、康有为、梁启超、章太炎、梁漱溟、熊十力、贺麟等。受程朱理学影响并自成哲学体系的，只有冯友兰一人。前者注重发挥人的主观意志的作用，借助于西学的引进，在各自对"心力"做出不同特色的诠释中，形成了各殊的主张乃至于成体系的学说，并将它们作为向旧社会、旧制度、旧风俗进行抗争的精神武器。心学在近代中国的重振与发展，构成了近代中国哲学历史进程中的新形态，也是传统儒学在近代中国的发展趋势所在，值得我们关注。本文仅就龚自珍、谭嗣同、梁启超、康有为、章太炎这五位作些分析。

"心力"较早见于《左传·昭公十九年》："尽心力以事君。"《后汉书·方术列传下》记载了太医郭玉的事迹："玉仁爱不矜，虽贫贱厮养，必尽其心力，而医疗贵人，时或不愈。"汉和帝问他为何如此？他说，治病时贵人居高临下，自己有恐惧感。为穷人治病时，没有这种外在的恐惧感，自己就会费尽心思与能力去治病。"心力"通常的理解，就是人的心思与能力。

与历史变易论相结合，是龚自珍的"心力"论的主要特征。近代是西学东渐的时代，但在鸦片战争前后，思想家们仍浸沉于文化传统之中。被列为六经之首的《周易》，是他们精神世界的重要源泉之一。龚自珍的历史变易论亦依从于《周易》："《易》曰：穷则变，变则通，通则久。"[①]古往今来，一切客观事物、典章制度、风俗习惯，都是处于不断变化中的，这是据《周易》得出的见解："自古及今，法无不改，势无不积，事例无不变迁，风气无不移易。"[②]任何一个朝代，能够兴旺发达而有活力，关键在于革除以前存在的弊病："抑思我祖所以兴，岂非革前代之败耶？前代之所以兴，又非革前代之败耶？"龚自珍认为，与其让别人取而代之进行改革，还不如自己动手实行改革："一祖之法无不敝，千夫之议无不靡，与其赠来者以劲改革，孰若自改革？"[③]意思很明确，就是一个社会的统治者，不对已经存在的弊端进行自我改革的话，就会被新兴的朝代取而代之。

"自改革"的"自"就是"我"：

> 天地，人所造，众人自造，非圣人所造。圣人也者，与众人对立，与众人

---

① 〔清〕龚自珍：《乙丙之际箸议第七》，〔清〕龚自珍著：《龚自珍全集》，上海人民出版社，1976年，第6页。
② 《上大学士书》，《龚自珍全集》，第319页。
③ 《乙丙之际箸议第七》，《龚自珍全集》，第6页。

为无尽。众人之宰，非道非极，自名曰我。我光造日月，我力造山川，我变造毛羽肖翘，我理造文字语言，我气造天地，我天地又造人，我分别造伦纪。①

这里有几点值得关注。第一，世间一切事物无一例外地都出于"我"的创造，而不是程朱理学的"极"（太极）、"理"（天理）的派生。天地日月、山川人物、文字语言、人伦秩序等，都源于"我"之"造"。这个"我"就是王阳明"良知"之翻版："良知是造化的精灵。这些精灵生天生地成鬼成帝，皆从此出。"②"我的灵明，便是天地鬼神的主宰。"③第二，人人都有一个"我"，世界是由"我"所创造的。第三，这样的"我"即人的主观意识就是"心力"："心无力者，谓之庸人。报大仇，医大病，解大难，谋大事，学大道，皆以心之力。"④没有"心力"的人，被龚自珍称为"庸人"；有"心力"的人，能干出惊天动地的大事来。这里又见到了王阳明的"良知"。学者钱明认为，"良知"就"意味着个体独立人格的确认和对自我意志的确认"。⑤王阳明的"良知"（"我的灵明"）与龚自珍的"我"，虽说都是造化天地人物的宇宙本体，但差别还是很大的。龚自珍的"我"突出的是人的意志力，而"良知"的伦理道德意义却被弱化了。

龚自珍之"我"的核心就是"心力"。"心力"指促成人们行为的驱动力，主要是指意志力，这从逻辑上说必然导向"自改革"。"自改革"是指对现存社会进行自我批判的政治要求。鸦片战争前后，中国社会正处于这种状态："痹痨之疾，殆于痈疽；将萎之华，惨于槁木。"⑥社会情况好似一个中了风、生了病的病人一样，像将要凋谢的花朵，已陷于日暮途穷的境地。康乾盛世不能重造，但士大夫们仍沉湎于莺歌燕舞之中。"留心古今而好议论"⑦的龚自珍，他的"自改革"主张，就是把自觉进行内部自我改革当成社会历史发展的动力。而龚自珍把"心力"论与其历史变易观结合起来，又是时代的迫切要求。近代中国受西方列强的侵略，中国向何处去成为当时的主要问题，因

---

① 《壬癸之际胎观第一》，《龚自珍全集》，第12—13页。
② 〔明〕王守仁：《传习录下》，〔明〕王守仁撰，吴光、钱明、董平、姚延福编校：《王阳明全集》卷3，上海古籍出版社，1992年，第104页。
③ 《传习录下》，《王阳明全集》卷3，第124页。
④ 《壬癸之际胎观第四》，《龚自珍全集》，第15—16页。
⑤ 钱明著：《儒家正脉——王守仁传》，浙江人民出版社，2006年，第197页。
⑥ 《乙丙之际箸议第九》，《龚自珍全集》，第7页。
⑦ 《京师乐籍说》，《龚自珍全集》，第118页。

而必须认清中国是怎样从过去变到现在，将来又会朝什么方向发展？于是，古与今的辩论就被突显了出来。凡是在中国近代真正有过影响的思想家，都是善于贯通古今的。讲究古与今的内在联系，就是对历史规律性的认识。因此，历史哲学的问题在近代中国便显得异常突出。

龚自珍的历史变易论，虽比同时代人来得高明，但还留着形而上学的尾巴。他的改革方案具有浓郁的传统气息，如恢复井田制、宗法制等。"何敢自矜医国手？药方只贩古时丹。"① 龚自珍医治衰世的改革方案，并未超出历史上地主阶级改革派的框架。所以他并不冀望衰世来一番剧烈的变动："可以虑，可以更，不可以骤。"② 他要求的社会变更是一种渐变，是寄托于封建统治者自上而下的改良，而不是剧烈的"骤变"。

二

谭嗣同要比龚自珍激烈得多，他称颂法国大革命："誓杀尽天下君主，使流血满地球，以泄万民之恨。"③ 他渴望做陈胜、杨玄感那样的反叛者，死而无憾。而如此激烈的反清言论，是龚自珍不敢说的。

同样强调"心力"，谭嗣同注入了龚自珍所没有的西方自然科学的内容，且与佛教相结合，以期"冲决网罗"。在古今之辨中，谭嗣同不讲"药方只贩古时丹"，而是反对复古主义。就民族而言，如果"中国动辄援古制，死亡之在眉睫"；就个人来说，"今之自矜好古者，奚不自杀以从古人"。④ 谭嗣同力今反古的倾向是明显的，他希望中国出现一个日新的局面。对欧美、日本与亚、非、澳的现状，他作了个比较："欧、美二洲，以好新而兴；日本效之，至变其衣食嗜好。亚、非、澳三洲，以好古而亡。"新的动力是什么？谭嗣同以为是"以太"："日新乌乎本？曰：以太之动机而已矣。"⑤ "以太"是古希腊哲学家所设想的一种弥漫性物质。到19世纪，"以太"被看作是传播光

---

① 《己亥杂诗》，《龚自珍全集》，第513页。
② 《平均篇》，《龚自珍全集》，第79页。
③ 〔清〕谭嗣同：《仁学》，〔清〕谭嗣同著，蔡尚思、方行编：《谭嗣同全集》（增订本），中华书局，1981年，第342—343页。
④ 《仁学》，《谭嗣同全集》（增订本），第319页。
⑤ 《仁学》，《谭嗣同全集》（增订本），第319页。

的媒质，电磁相互作用以及引力相互作用，是"以太"特殊机械作用的结果。"以太"假设被19世纪的西方科学家所普遍接受。[1] "以太"假设被介绍到中国后，对近代中国哲学家有重大影响，谭嗣同、康有为、章太炎与孙中山等人皆按照自己的需要与理解加以解释和发挥，以作为构筑思想体系的依据。谭嗣同视"以太"为"原质之原"[2]，是天地万物的本原，是世界上一切事物日新月异变化的推动者。"以太"就是"心力"："仁以通为第一义。以太也，电也，心力也，皆指出所以通之具。"[3] 把"心力"等同于"以太"，也就是把"心力"视为宇宙万物之本原，这是"心力"的一重意思。另一重意思，是赋予"心力"以无比巨大之威力：

因念人之所以灵者，以心也。人力或有做不到，心当无有做不到者。……自此猛悟，所学皆虚，了无实际，唯一心是实。心之力量虽天地不能比拟，虽天地之大可以由心成之、毁之、改造之，无不如意。[4]

谭嗣同的"心力"是指人的主观能动力，它足以改造"天地"，能使人们的目的得以圆满实现，这是王阳明"良知"概念的翻版："良知者，心之本体。"[5] "人只要成就自家心体，则用在其中。"[6] 谭嗣同以为，"心力"是人从事各种活动的驱动力，显现于外就转化为物质力量，故而可以用西方的力学原理来描述：心力可见否？曰：人之所赖以办事者是也。吾无以状之，以力学家凹凸力之状状之。愈能办事者，其凹凸力愈大，无是力，即不能办事，凹凸力一奋动，有挽强持满不得不发之势，虽千万人，未能遏之而改其方向者也。[7] 这是用力学的语言来描述意志的双重品性——自主与专一。谭嗣同"心力"论与龚自珍有相通之处，但又有自己的特点，这就是把他所学到的西方自然科学运用于对"心力"的诠释。

---

[1] 1907年，爱因斯坦相对论得到物理学家劳厄的实验证实后，"以太"假设被否定。关于"以太"传入中国的情况，参见侯外庐主编：《中国近代哲学史》，人民出版社，1978年，第217—218页。
[2] 《仁学》，《谭嗣同全集》（增订本），第306页。
[3] 《仁学》，《谭嗣同全集》（增订本），第291页。
[4] 《上欧阳中鹄书十》，《谭嗣同全集》（增订本），第460页。
[5] 《传习录中》，《王阳明全集》卷2，第61页。
[6] 《传习录上》，《王阳明全集》卷1，第21页。
[7] 《仁学》，《谭嗣同全集》（增订本），第363页。

谭嗣同以为，"心力"还是一种同情仁爱之心。为证实这一点，他又糅进了佛教的因素。他说："盖心力之实体，莫大于慈悲。慈悲则我视人平等，而我以无畏；人视我平等，而人亦以无畏。……故慈悲为心力之实体。"①佛教把菩萨爱护众生、给予欢乐称作"慈"，怜悯众生、拔除苦难称作"悲"。从心理学角度看，慈悲是在对他人予以同情与爱意后施以援救行为的心理前提。谭嗣同把"心力"与佛教慈悲说相结合，强调因慈悲而产生的平等，能使人产生一往无前的大无畏精神，什么艰难险阻都不能遏制。相反，愈是艰险愈向前："阻者进之验，弊者治之效也。"②于是"以心挽劫运"的论断，就顺理成章地被提了出来：

> 以心挽劫者，不惟发愿救本国，并彼极强盛之西国，与夫含生之类，一切皆度之。心不公，则道力不进也。……以此居心，始可言仁，言恕，言诚，言絜矩，言参天地也、赞化育。以感一二人，而一二化，则以感天下，而劫运可挽也。③

以"仁""恕""诚"为"心"的功能，不但能够感化人，而且能够"感天下""挽劫运"。在谭嗣同看来，当今中国处于"网罗"笼罩之中，此为最大的"劫运"，而解决问题的办法只能是"心力"："夫心力最大者，无不可为。"④

立志"以心挽劫运"的谭嗣同，在给好友唐才常的信中说，近日考虑的是"别开一种冲决网罗之学"。⑤此"学"即"仁学"，为此他写了《仁学》一书。"仁"的首要含义就是"通"，"通"有四个含义，即"中外通""上下通""男女内外通"与"人我通"，以达到完全之平等。这是因为，"通之象为平等"。⑥"中外通"，即打破保守人士对学习西学的阻挠，把西方的科学技术与社会政治学说引入中国；后三个"通"，则与"冲决网罗"有关。谭嗣同向往"心力"，目的是要达到人与人之间的平等，有了平等

---

① 《仁学》，《谭嗣同全集》（增订本），第357页。
② 《仁学》，《谭嗣同全集》（增订本），第460页。
③ 《仁学》，《谭嗣同全集》（增订本），第460—461页。
④ 《仁学》，《谭嗣同全集》（增订本），第357页。
⑤ 《报唐才常书》，《谭嗣同全集》（增订本），第251页。
⑥ 《仁学》，《谭嗣同全集》（增订本），第291页。

的前提，人们才有自由发挥意志力的可能。因为要破除种种不"通"，所以要冲决"网罗"。谭嗣同把要冲决的"网罗"分为八个层次：利禄、俗学、全球群学、君主、伦常、天、全球群教、佛法，其中最为关键的是君主、伦常和天这三个层次。以君主为核心的封建政治制度，由三纲五常的"伦常"为其提供合理性与正当性的依据，并配之以君权神授作为形而上学的基础（"天命"）。既然"心当无有做不到"的威力，则破除世间种种束缚，冲决不同层次的"网罗"，便成为顺理成章的事情。

然而，谭嗣同的思想深处又是十分矛盾的。一方面他激烈反对君主专制，以杀尽天下君主为快；另一方面他又觉得维新变法非得依靠光绪帝不可。1898年光绪帝发布"明定国是"诏书后，便征召谭嗣同进京，使之有了绝处逢生的感觉，遂一方面要破除"佛法"，另一方面又把"佛法"与"心力"相结合，并赋予其大无畏的品性。但如此的矛盾品性，又使谭嗣同无法把自己的诉求贯彻到底。但是，谭嗣同的"心力"论对当时国人的思想是有很大启蒙意义的。而且他还身体力行地实践"心力"说，在可以逃亡时大义凛然，以自己的英勇就义来唤醒时人，成为近代中国的"敲钟人"。

三

如果说龚自珍与谭嗣同是从正面去彰显"心力"的话，那么梁启超便是从消除"心力"的负面因素去张扬"心力"，两人可以说是殊途同归。为此，梁启超提出了"自除心奴"说。梁启超说自己读龚自珍的文章有触电般的感受，而他论述"心力"的语言、形式也类似于龚自珍。梁启超在《新民说》中指出：

> 盖心力散涣，勇者亦怯；心力专凝，弱者亦强。是故报大仇，雪大耻，革大难，定大计，任大事，智士所不能谋，鬼神所不能通者，莫不成于至人之心力。[①]

《新民说》写于1902—1906年，这是梁启超一生中思想最为激进的时代。1902年，梁启超撰《释革》一文，提出"革也者，天演界中不可逃避之公例"和"为今日救中

---

① 梁启超：《论尚武》，梁启超著，宋志明选注：《新民说》，辽宁教育出版社，1994年，第157—158页。

国独一无二之法门"的主张，甚至与其师康有为反唇相讥。①梁启超的"革命"，不仅是当时人们经常说的宗教革命、道德革命、学术革命、风俗革命、产业革命、经学革命、史学革命、小说革命等，而且是一场政治制度的革命："革之云者，必一变其群治之情状，而使幡然有以异于昔日。"②梁启超一度赞同革命派的主张，主要目的就是要将国民从传统的"心奴"中解救出来，而"心力"要完成报仇雪耻、革难任事的目标，则必定是自由的、不受束缚的，把这两个要求结合在一起，就顺理成章地得出了"自除心奴"说。

"心奴"的核心是身体上的自我奴化与意识上的自甘为奴。"心奴"在汉代有一个美称，叫"攀龙附凤"，特指依附帝王而建立功业。《汉书·叙传下》说："舞阳鼓刀，滕公厩驺，颍阴商贩，曲周庸夫。攀龙附凤，并乘天衢。"樊哙封舞阳侯，原本为屠狗之流；位为滕公的夏侯婴，先后做过沛县厩司御和滕令；食颍阳2500户的灌婴，是睢阳贩布的商贩；郦商原本是一个凡人，却被封为曲周侯。这四人以屠狗、贩布等低贱出身一跃而登公侯之位，完全是依附刘邦的结果。另据《后汉书·光武帝纪》载，刘秀在争夺天下的过程中，下了称帝的决心，但何时称帝还未定，得视时局再定。文官武将纷纷劝其称帝，刘秀不为所动，唯耿纯以"攀龙附凤"道出手下人之心志，才使刘秀决定称帝。耿纯指出："天下士大夫捐亲戚，弃土壤，从大王于矢石之间者，其计固望其攀龙鳞，附凤翼，以成其所志耳。""士大夫"为求得荣华富贵而出生入死于沙场，如果你刘秀再不称帝，你的手下的人就会"望绝计穷，则有去归之思，无为久自苦也"。

"攀龙附凤"的心理，沿袭中国千年之久，成为国人的传统。1901年，有篇佚名写的《说国民》的文章，对"心奴"现象描述得非常形象："官吏者，至贵之称，本无所谓奴隶者也；然中国之官，愈贵而愈贱。"官吏出行时，"武夫前呵，从者塞途，非不赫赫乎可畏也"，但是"其逢迎于上官之前则如妓女，奔走于上官之门则如仆隶，其畏之也如虎狼，其敬之也如鬼神"，以至于"上官之皂隶、上官之鸡犬、亦见而起敬，不敢少拂焉"。然上官之上更有上官，"即位至督抚、尚书，其卑污诟贱、屈膝逢迎者，

---

① 梁启超：《释革》，张枬、王忍之编：《辛亥革命前十年间时论选集》第1卷上册，生活·读书·新知三联书店，1960年，第243、244页。

② 《释革》，《辛亥革命前十年间时论选集》第1卷上册，第244页。

曾不少减焉"。①对身心上的双重奴化现象,可谓描绘得入木三分。人有贵贱上下,自己被人奴役,也可以奴役别人,一级一级地奴役,使各级官员都丧失了独立自主的人格,成为俯仰他人鼻息而生存的依附者。甘心情愿地做他人的奴隶,这是古代专制社会里依附人格的写照。

到了近代,国民性中这种劣根性依然存在。梁启超大声疾呼要去除的"心奴",就是与"心力"相对立的劣根性。他断言:"辱莫大于心奴,而身奴斯为末矣。"②"心奴"比"身奴"更为可耻,是因为"心奴"乃出于自愿原则,而非外力强制所致:"心中之奴隶,其成立也,非由他力之所得加,其解脱也,非由他力之所得助,如蚕在茧,著著自缚,如膏在釜,日日自煎,若有欲求真自由者,其必自除心中之奴隶始。"③

与龚自珍的"自改革"相映照,梁启超同样强调"自"而非"他"。他曾列举"心奴"的种种表现:诵法孔子,"为古人之奴隶";俯仰随人,"为世俗之奴隶";听命运安排,"为境遇之奴隶";心为形役,"为情欲之奴隶"。④他进而主张以"公理"为"我"的主心骨:

> 我有耳目,我物我格;我有心思,我理我穷。高高山顶立,深深海底行。其于古人也,吾时而师之,时而友之,时而敌之,无容心焉,以公理为衡而已,自由何如也!⑤

"心奴"的各种表现中对国人影响最为深远的是圣人崇拜,而梁启超所说的"古人"主要是指孔子。每一个"我"都有自己的人格与思想,所以对待孔子,就不能持膜礼顶拜之态度,而应该视情况而定,有时待之以老师,有时则视为朋友,有时不妨看作是敌人,一切都得根据是否合乎"公理"也就是真理来定夺。"我"是自由的,不能让"古人"来控制自己:"古人自古人,我自我,彼古人之所以能为圣贤为豪杰者,

---

① 《说国民》,《辛亥革命前十年间时论选集》第1卷下册,第76页。
② 《论自由》,《新民说》,第64页。
③ 《论自由》,《新民说》,第64页。
④ 《论自由》,《新民说》,第64—68页。
⑤ 《论自由》,《新民说》,第65页。

岂不以其能自有我乎哉？"①梁启超在"我"中突出的是"自"，这同龚自珍是完全一致的。他大声疾呼"自除心奴"，又是同革命派要求铲除奴性的社会思潮相合拍的。

在辛亥革命前的十余年即革命准备时期，比较多的有识之士意识到了依附人格所造成的奴性与中华民族的兴亡息息相关。被称为"革命军中马前卒"的邹容说："革命者，除奴隶而为主人者也。"②革命的目的之一，对广大民众来说，就是"脱去数千年种种之奴隶性质"③，而成为一个具有独立、自由、平等意识的"主人"。"主人"更多地被称为"国民"，它与奴隶的区别即在于："奴隶无权利，而国民有权利；奴隶无责任，而国民有责任；奴隶甘压制，而国民喜自由；奴隶尚尊卑，而国民言平等；奴隶好依傍，而国民尚独立。"④"国民"是革命派宣传独立人格的术语，指的是在立宪国家或民主共和国里享有民主权利的人民，而"奴隶"则是指专制国家里充满奴性的人民。邹容断言，推翻清廷的革命，目的就是"拔去奴隶之根性，以进为中国之国民"⑤，而这又是保种保国、反抗外侮的重要前提。民众的奴性集中体现在做古先圣贤的奴隶、做天命神学的奴隶、做君主专制的奴隶这三个方面。这三者之间并非相互割裂而是有内在联系的，其目的就是要叫人匍匐在圣、天、君之下，丧失独立、自由、平等的意识。梁启超在20世纪初努力宣扬"自除心奴"说，也是有见于此。不过他更多地是从抽象的角度出发，与革命党人贴近现实政治的视角略有区别。梁启超的"自除心奴"说，是"心力"论的另一种表现形式，尽管它也张扬"心力"，但从消除"心力"的负面因素着眼，与龚自珍、谭嗣同实为殊途同归。

四

早年康有为不满于程朱理学与清代考据学，一度热衷于陆王心学与佛学。1890年，他在广州听了经学家廖平的谈论后得到启发，遂开始倾心于今文经学，进而把公羊学派的"三世说"改造成历史进化论。但他早年思想中所留下的心学痕迹，在戊戌变法

---

① 《论自由》，《新民说》，第64页。
② 邹容：《革命军》，《辛亥革命前十年间时论选集》第1卷下册，第651页。
③ 《革命军》，《辛亥革命前十年间时论选集》第1卷下册，第651页。
④ 《说国民》，《辛亥革命前十年间时论选集》第1卷上册，第72页。
⑤ 《革命军》，《辛亥革命前十年间时论选集》第1卷下册，第673页。

期间却又浮现了出来。1898年4月17日（农历三月二十七日），保国会在北京粤东会馆举行第一次集会，与会者有京官和各省举人两百多人，公推康有为登台演说。康有为在演讲中认为，当今国人的处境正处于"种族兴亡"的时刻。他指出：

> 吾中国四万万人，无贵无贱，当今日在覆屋之下，漏舟之中，薪火之上，如笼中之鸟，釜底之鱼，牢中之囚，为奴隶，为牛马，为犬羊，听人驱使，听人宰割，此四千年中二十朝未有之奇变。加以圣教式微，种族沦亡，奇惨大痛，真有不能言者也。

想要保国保种的办法只有一个："欲救亡无他法，但激厉其心力，增长其心力。"[1] 20世纪初，在流亡海外期间，康有为又鼓吹以保皇为拯救中国的不二法门，坚持"心力论"，断言"心力不毅，多中道沮废，颓然自放"。[2] 当时，手无寸铁的康有为面对的是以慈禧为首的强大的保守势力，因此只能诉诸人的主观精神的极度膨胀。他一方面痛斥慈禧："然则四万万之同胞，神明之全族，将坐听于顽固之西后、逆贼之权奸二人，鬻之卖之乎？其果甘心卖于女子奸贼之手乎！其犹有不忍于心者存耶！"[3] 另一方面要求海外华侨发挥"人心"到"十分"，以期达到保住光绪复位之目的：

> 今既知脉证确凿，将束手待毙乎？抑将欲医活救活之乎？若我同胞不肯自鬻身，不愿自绝种，但同心大发其忠君爱国之心救之，固自易易耳。吾为开二方：上方曰保皇会，则保已能医我救我国民之圣主复位，则四万万人立救矣；下方曰保工商会，则我海外五百万同胞，合力自行保护，则亦可救我四万万人矣。上方至顺至易，下方至厚至稳，而皆以人心十分为引，愿吾同胞，真知病危者，亟服此良药，以救万死。[4]

---

[1] 康有为：《三月二十七日保国会上演讲会辞》，《国闻报》，1898年5月29日。

[2] 康有为：《中庸注》，康有为著，楼宇烈整理：《孟子微·中庸注·礼运注》，中华书局，1987年，第195页。

[3] 康有为：《保救大清皇帝公司序例》，上海市文物保管委员会编：《康有为与保皇会》，上海人民出版，1982年，第245页。

[4] 《保救大清皇帝公司序例》，《康有为与保皇会》，第254页。

无论上策还是下策，康有为都希望把"人心"张扬到"十分"的极致，而这一主张是有其理论根据的。一年后的1901年，康有为在《孟子微》一书中说：

> 不忍人之心，仁也，电也，以太也，人人皆有之，故谓人性皆善。既有此不忍人之心，发之于外即为不忍人之政。若使人无此不忍人之心，圣人亦无此种，即无从生一切仁政。故知一切仁政皆从不忍人之心生，为万化之海，为一切根，为一切源。一核而成参天大树，一滴而成大海之水。人道之仁爱，人道之文明，人道之进化，至于太平大同，皆从此出。①

"不忍人之心"出自《孟子·公孙丑上》。依照孟子之意，"不忍人之心"就是性善论的另一种表达方式，而"仁政"即"不忍人之政"是以性善论为基石的。康有为说"不忍人之心发之于外即为不忍人之政"，那是孟子原意的复述。这是一层意思。另一层意思是融合中西学术思想，所谓"不忍人之心，仁也，电也，以太也"，就是把孟子学说与西方自然科学相整合，"人心""仁""电""以太"，不过是异名而实同的概念罢了。康有为是想把"电""以太"这些当时被视为物质的东西精神化，进而使类似于虚空的"电""以太"等同于"人心""仁"。尽管康有为在自然科学上的造诣要高于谭嗣同，但同样是将略知半解的科学知识杂糅在自身已接受了的传统思想里。② 第三层意思是把"不忍人之心"当作宇宙万物的本原，"为一切根，为一切源"。第四层意思是把"不忍人之心"的作用夸大到极点，使之成为人世间的"仁爱"和人类"文明"的源泉，进而通过社会进化，到达大同之世这样的理想社会。

总而言之，在"心力"问题上，康有为与谭嗣同的主张有颇多相同之处，他们均将"心力"与西方自然科学相糅合，都膨胀了"心力"在社会实际活动中的作用，以期通过"心力"战胜实力远远大于自身的力量。所不同的是，康有为的哲学理论高过谭嗣同，其自然科学知识也非谭嗣同可及。

到了章太炎那里，"心力"论出现了新的发展趋势，即与西方的唯意志论相结合。近

---

① 康有为：《孟子微》，《孟子微·中庸注·礼运注》，第9页。该书《中庸注》中亦有"仁从二人，人道相偶，有吸引力之意，即爱力也，实电力也"的说法（第208页）。
② 康有为早年就有《诸天讲》这样的自然科学专著。关于康有为的科学精神，参见朱义禄著：《康有为评传：时代的弄潮儿》，广西教育出版社，1996年，第14—24页。

代受心学影响的哲学家多强调一个"自"字,章太炎也不例外。他说:"仆所奉持,以'依自不依他'为臬极。"①而章太炎在这里所表明的,是其在辛亥革命前的哲学思想宗旨。这篇写于1907年6月8日的《答铁铮》,对理解章太炎的哲学见解颇为关键。章太炎又说:

> 盖以支那德教,虽各殊途,而根源所在,悉归于一,曰"依自不依他"耳。上自孔子,至于孟、荀,性善、性恶,互相阋讼。讫宋世,则有程、朱;与程、朱立异者,复有陆、王;与陆、王立异者,复有颜、李。虽虚实不同,拘通异状,而自贵其心,不以鬼神为奥主,一也。②

文中所说的"德教",为传统儒学在不同历史时期的表现形态。历史上的儒学虽有不同派别,但殊途同归,形成一个好传统,即"依自不依他""自贵其心"。③章太炎大力表彰阳明心学,说"明之末世,与满洲相抗,百折不回者",除了禅宗信徒外,就是"姚江学派之徒"。并且断言:"王学岂有他长?亦曰'自尊无畏'而已。"④

章太炎所说的阳明心学("王学")"自尊无畏",可从两个方面去分析。首先,心学的"自尊无畏",同尼采哲学中的"超人"是"相近"的,有着激励人们斗志的功效。章太炎以为,虽说阳明心学("王学")"不免偏于我见","然所谓我见者,是自信,而非利己,犹有厚自尊贵之内,尼采所谓超人,庶几相近。排除生死,旁若无人,布衣麻鞋,径行独往,上无政党猥贱之操,下作懦夫奋矜之气,以此褐橥,庶于中国前途有益"。⑤"尼采所谓超人"一语,涉及尼采哲学的东渐与章太炎对尼采哲学的撷取这两个问题。

"超人"源出于希腊文,意为"在人之上",即精神上和肉体上都具有非凡的力量,

---

① 章太炎:《答铁铮》,《章太炎全集》,上海人民出版社,1985年,第4册,第374页。这是一篇极能说明章太炎思想的书信,故学术界同仁多有引用。但"铁铮"究为何人,从无文章提及。据本人所见材料,铁铮本姓李,在北平教过中学,为《古兰经》第一个完整汉文本的译者。至于铁铮写给章太炎的信是什么内容,则不得而知矣。

② 《答铁铮》,《章太炎全集》,第4册,第369页。

③ 关于佛教中的禅宗、法相宗,章太炎认为"自贵其心,不依他力,其术可用于艰难危急之时,则一也",并都有"勇猛无畏之心"(《答铁铮》,《章太炎全集》,第4册,第367—368页)。

④ 《答铁铮》,《章太炎全集》,第4册,第369页。

⑤ 《答铁铮》,《章太炎全集》,第4册,第374—375页。

能完成凡人做不到的事。尼采依据他的权力意志论，把这一概念加以改造，用以表述其所设想的人类发展之目标。"超人"指未来的一个全新的族种，是由意志力最强的人所组成的一个超越民族范围的新的族种，是人类发展的理想状态。尼采以为，现代人中的大多数人已难以成为超人，只有少数血统高贵的上等人的后代，历经几代的优生选择与严格训练，才能产生出充满权力感的"新主人"——超人。

而首次把尼采介绍到中国的是梁启超，他在1902年写的《进化论革命者颉德之学说》中对尼采作了介绍。1906年，章太炎从上海工部局狱中获释后，第三次东渡日本，并在那里参加了同盟会，还担任了《民报》总编辑和发行人。这一时期，章太炎深入研究了西学："既出狱，东走日本，尽瘁光复之业。鞅掌余闲，旁览彼土所译希腊、德意志哲人之书，时有概述。"[①] "德意志哲人"，是指康德、尼采与叔本华。《答铁铮》即为"时有概述"之一，那时章太炎哲学思想的经典表述大多集中于这一书信中。章太炎断言，那种为了政党的利益而做出卑鄙行为的人，那种畏缩不前的懦夫，在相信阳明心学的人们中是不会有的。他们心中充满着勇气，有着一往无前的大无畏精神，个人的生死在他们看来是不值得计较的。而这种蹈死如饴的志士仁人，正是20世纪初想推翻清廷的革命派所急需的。这种"旁若无人、径行独往、排除生死"的人，与尼采哲学中的"超人"极为相似，他们的存在，对中华民族的前途是大有益处的。

其次，"自尊无畏"的"自"是主体，但不是指肉体或感官，而是指"心"，即独立人格与自由意志。"心"能让人面对一切艰难险阻而不却步，明末气节之士抗清而矢志不变者，都是阳明心学（"王学"）的忠实信徒。"自尊"强调的是在人的行为中起主导作用的自由意志，重视的是不依附他人之权势而去奋力实现自我之目的。章太炎说："即实而言，人本独生，非为他生。而造物无物，亦不得有其命令者。""盖人者，委蜕遗形，倏然裸胸而出，要为生气所流，机械所制，非为世界而生，非为社会而生，非为国家而生，非互为他人而生。"[②] 这是说，一个人赤条条地到世界上来，生来具有独立的人格，并不是为社会、国家、他人而生的，更没有上帝对他发布命令，更不要说什么责任了。这种独立人格的思想虽有浓厚的虚无主义色彩，但就反对国家、社会、他人乃至造物主，强制人们片面承担各种责任和义务而言，无疑具有明显的反封建权威、

[①] 章太炎：《自述思想变迁之迹》，朱维铮、姜义华编注：《章太炎选集》，上海人民出版社，1981年，第588页。

[②] 《四惑论》，《章太炎全集》，第4册，第444—445页。

否定依附人格的进步因素存在。

五

从龚自珍"自改革",经谭嗣同的"以心力挽劫运"、梁启超的"自除心奴",到康有为的"不忍人之心"、章太炎的"自贵其心","心力"之所以有如此大的威力,皆出于对"心"的极度尊重。龚自珍说:"心尊,则其官尊矣;心尊,则其言尊矣。官尊言尊,则其人亦尊矣。"①章太炎在与宋教仁的交谈中,提出了"万事万物"源于"我心"的主张:"晚餐后,与章枚叔谈最久。谈及哲学,枚叔甚主张精神万能之说,以为'万事万物皆本无者,自我心之一念以为有之,始乃有之矣'。"②两人交谈的时间是1906年12月6日,与前说的"依自不依他""自贵其心"是完全吻合的。在龚自珍看来,躯体的尊贵与言论的高尚,在于人是否确立了"心力"。自身的尊严,是由主体自身建立的;不像荣誉,是由外在力量确认的。自尊其心的思想,包含了个性解放的要求与对自由意志的渴望。谭嗣同、梁启超、康有为、章太炎等人,他们突出"自我"、赞美"心力",皆与龚自珍的"皆以心力"之命题息息相关。梁启超以其亲身感受来描绘龚自珍的启蒙作用:"晚清思想之解放,自珍确与有功焉。光绪间所谓新学家者,大率人人皆经过崇拜龚氏之一时期。初读《定庵文集》,若受电然。"③足见,自鸦片战争以后,对人的尊严与自由的呼唤,已是思想家们所关注的重大问题并逐渐成为社会思潮。

王阳明及其后学,没有明确提到"心尊"与"心力",但仔细阅读王阳明及其后学的诸多著作,就不难发现对"心"之"尊"与"力"有诸多议论,并极为崇敬。突出"心"的主宰作用与人的主观奋斗精神,是王阳明及其后学的主要特征。王阳明说:"人者,天地万物之心也;心者,天地万物之主也。"④无待乎外的"心",就是最高权威;最高权威就在自己"心"中,天地万物、纲常伦理、六经学术,都不出于吾"心"之外;任何外在的强力,如神灵、天命、权力、圣人崇拜等,都不能左右自己的心。

---

① 《尊史》,《龚自珍全集》,第81页。
② 汤志钧编:《章太炎年谱长编》,中华书局,1979年,第230页。
③ 梁启超:《清代学术概论》,梁启超著,朱维铮校注:《梁启超论清学史二种》,复旦大学出版社,1985年,第61页。
④ 《答季明德》,《王阳明全集》卷6,第214页。

阳明后学中的泰州学派，其创始者王艮明言"造命"："我命虽在天，造命却由我。"①这种夸大人的主观意志的力量，具有唯意志论的色彩。综观心学的发展历程，几乎都合乎逻辑地沿着一个方向而去——崇尚人的精神力量，凸显人的主观意志力。王艮之后的刘宗周，是一代大家黄宗羲的老师，曾直截了当地打出"主意"的旗号，赤裸裸地向着唯意志论迈进。刘宗周一再申明，王阳明对"意"的理解是错位的。刘宗周强调"心之主宰曰意，故意为心本"，但王阳明只认同"心之所发便是意"。②阳明心学中凸显人的主观能动性、强调"心"（"良知"）的权威性这些特征，必然导致心学朝着唯意志论的方向发展，这也是近代一些哲学思想家把西方传入的唯意志论与阳明心学相糅合的理论基础。

唯意志论夸大意志的本质与作用，主张把意志冲动置于理性之上，认为意志创造世界万物，是宇宙的基础。龚自珍的"天地，人所造，众人自造"、梁启超的"人间世一切之境界，无非人心所自造"③、康有为的"不忍人之心"能"为一切根，为一切源"、章太炎的"万事万物皆本无者，自我心之一念以为有之"等，均具有唯意志论的因素。唯意志论者都强调人的意志能够改造天地万物，其威力无穷无尽，世界上的万事万物都只是意志的表现形式。"排除生死，旁若无人，布衣麻鞋，径行独往"，是章太炎对超人的描绘，其实也就是他与众多革命志士的真实写照。章太炎生前被人们讥讽为"章疯子"，但鲁迅却称赞说："（章太炎）七被追捕，三入牢狱，而革命之志，终不屈挠者，并世亦无第二人；这才是先哲的精神，后生的楷范。"④这说明章太炎是个意志坚定、高扬自身人格力量的革命志士，同时也说明章太炎是把阳明心学与尼采哲学结合起来，并付诸自身政治实践的哲学家。

六

近代哲学家为何要凸显"心"的力量，诠释出对"心力"的各种界说呢？这涉及

---

① 〔明〕王艮：《再与徐子直》，《明儒王心斋先生遗集》卷2，〔明〕王艮撰，陈祝生等点校：《王心斋全集》，江苏教育出版社，2001年，第53页。
② 参见朱义禄：《论刘宗周的唯意志论——兼论阳明心学的终结》，《东方论坛》，2001年第3期。
③ 《论尚武》，《新民说》，第158页。
④ 鲁迅：《关于太炎先生二三事》，《鲁迅全集》第6卷，人民文学出版社，1981年，第547页。

传统儒学与唯意志论的合流因素是什么,我想可以从三个方面来剖析这一问题。

第一,从这些哲学家所处的时代与社会状况来考察。由于近代中国的国力与西方列强存在明显差距,所以这些人大都具有借抽象的范畴来排除现实中的强力压迫的愿望,梁启超《论尚武》一文在这方面有着典型性的意义。该文首先批评了"野蛮人尚力,文明人尚智"的流行观念,认为这与中外历史不相吻合。在古代中国,周"见辱于犬戎";汉有"匈奴大患";"降及魏晋,五胡煽乱";李唐王朝虽说受外族牵制较少,但"突厥、契丹、吐蕃、回纥,迭为西北之边患,以终唐世";至宋兴则始受辽、后受金的威胁,最后亡于蒙古;明朝更弱,"遇满洲而国遂亡"。5世纪,西罗马帝国遭到蛮族入侵而亡。19世纪,俾斯麦行铁血政策而统一德意志,使德国成为世界上的强国,"伟然雄视于欧洲,曰惟尚武故"。古代希腊的斯巴达城邦,以其奴隶式的军事训练而声威大震,"雄霸希腊,与雅典狎主齐盟也,曰惟尚武故"。在"绝北苦寒"的俄罗斯,"文化程度不及欧美之半",但因其"富于野蛮之力",势力日盛,"代为世界之主人翁,若是者何也?曰惟尚武故"。人数不及中国十分之一的日本,"好武雄风,举国一致",结果战胜了泱泱大国的中国,"屹然雄立于东洋之上也,曰惟尚武故"。梁启超认为,"中国以文弱闻于天下,柔懦之病,深入膏肓",解决的关键即在于"心力""胆力""体力",而"胆力"为"心力"的表现形式,"胆力者,由自信力而发生者也"。故梁启超寄言道:"吾望我同胞奋其雄心,鼓其勇气。"他认为无形的"心力"能够激起被压抑的人们的内在力量,并转化为强大的精神力量,从而冲破一切外在的障碍。为此,梁启超还有感于备受西方列强压迫与民族精神意志的萎靡而发出了振聋发聩的声音:"今日群盗入室,白刃环门,我不一易其文弱之旧习,奋其勇力,以固其国防,则立羸羊于群虎之间,更何术以免其吞噬也?"①

总之,梁启超的"心力"就是与列强抗争的斗争精神,他想以这种精神来唤醒国民,这也是他写《新民说》的动机所在。因为只有振奋起这种精神,才能御敌于国门之外,而这又是"心力"能干大事的真谛所在。章太炎以为"庶于中国前途有益"而断言的"排除生死"的大无畏精神,不也正是这种斗争精神的体现吗!不过,龚自珍与谭嗣同、康有为的"心力"论,更多的是针对清廷的专制统治,与章

---

① 《论尚武》,《新民说》,第147—161页。

太炎、梁启超抵御列强的侧重有所不同。"心力"论为主观唯心论，但它的产生有其真实的历史背景与文化氛围。按照龚自珍、谭嗣同、梁启超、康有为、章太炎的想法，尽管现实中的对立面非常强大，但完全可以通过膨胀主观意志中所蕴藏的力量的方式来予以消除。尽管他们的主张过于空泛而带有幻想的色彩，但他们的愿望是善良的。

第二，从意志的特性来考察。意志有两大特征：一是自主，二是专一。《荀子·解蔽》早就有见于此：

> 心者，形之君也而神明之主也，出令而无所受令。自禁也，自使也，自夺也，自取也，自行也，自止也。故口可劫而使默云，形可劫而使诎申，心不可劫而使易意，是之则受，非之则辞。故曰：心容，其择也无禁，必自见；其物也杂博，其情之至也不贰。

相对于"形"而言，作为"神明之主"的"心"，就是意志。意志具有自制、坚毅、果断、自信、勇敢、自夺等品性，外力可以强迫嘴巴张开或闭合，可以迫使形体伸张或弯曲，但意志却能够自由选择，可以自主地表现自我而不考虑其他。意志认为正确的就接受，不正确的就拒绝。"其择也无禁，必自见"，是申明意志的自主性；"其情之至也不贰"，是突出意志的专一性。龚自珍"谋大事，学大道，皆以心之力"、梁启超"任大事，智士不能谋，鬼神不能通，莫不成于至人之心力"、谭嗣同"以心力挽劫运"、梁启超"自除心奴"、康有为"激厉其心力"、章太炎"依自不依他"，都是对意志的自主与专一之双重品性的不同诠释。谭嗣同虽极力鞭挞荀子，说"二千年来之学，荀学也，皆乡愿也"①，但他对意志之双重品性的肯定却与荀子同调："盖心力之用，以专以一。"②至于章太炎所谓的"造物无物，亦不得有其命令者"，则与荀子的"出令而无所受令"，在突出自主性、不受外力干涉上是看不出区别的，所不同的只是文字表达上的差异。

第三，从儒学海纳百川的传统品性来考察。孔孟创立的传统儒学，被后世大儒们

---

① 《仁学》，《谭嗣同全集》(增订本)，第337页。
② 《仁学》，《谭嗣同全集》(增订本)，第361页。

在汲取各种学说的过程中不断丰富与发展。董仲舒提倡"独尊儒术",而他的"儒术"融合阴阳家、法家、名家、墨学等各家,成为一个包容性的体系。他以阳尊阴卑来论证"三纲",以五行附会于社会伦理的"五常",用"奉天法古"(德主刑辅)来容纳法家,用无差别的"爱民"来包容墨家,而所谓"深察名号"则无疑汲取了名家。①传统儒学这一因其包容性而发生变形的演化过程,在隋唐期间虽有过停顿,但到宋明理学那里又有了加速。"昔明道泛滥诸家,出入于老、释者几十年,而后返求诸《六经》;考亭于释老之学,亦必究其归趣,订其是非。"②"吾亦自幼笃志二氏,自谓既有所得,谓儒者为不足学。其后居夷三载,见得圣人之学若是其简易广大,始自叹悔错用了三十年力气。大抵二氏之学,其妙与圣人只有毫厘之间。"③前者是说,程朱理学在创立的过程中是以儒为主,融进了佛教与道家(包括道教)的内容后,才得以形成。同样,王阳明以"致良知"为宗旨的心学的创立,同样离不开从佛、道二家中吸收自身所需的理论养料。到了近代,加速更进了一步。因着古今中西之争,儒学在进一步变形中,增添了异域的风情。无论是纳入了西方的自然科学(谭嗣同、康有为),还是同尼采唯意志论的糅合(章太炎),阳明心学并没有失去其本色,只是在包容性中炫动着西学的色彩。作为传统儒学的重要支柱之一的阳明心学,在近代中国得以重新振作并取得了理论上的新发展,这是近代中国哲学史上的一个重要内容,是学者研究这一领域绕不过去的门槛。

顺流而下,现代新儒家四个代表人物中,唯有冯友兰自称,自己是"接着"宋明理学"讲"的。"贞元六书"的面世,确实是新理学诞生的标志。其他三人的学说,之所以自成一家,都与阳明心学有着脱不开的干系。贺麟把新黑格尔主义与陆王心学相结合,构筑了一个"新心学"的体系,断言自戊戌变法到抗战胜利这五十年间,是心学大放光芒的时代。梁漱溟是法国哲学家柏格森生命哲学的信徒,他把这一哲学与孔子、孟子、阳明心学结合起来,完成了以直觉主义为显著特征的"新王学"。④至于熊

---

① 参见朱义禄:《论董仲舒的宗教道德观》,《宁波师范学院学报》,1984年第4期。
② 〔清〕黄宗羲:《朝议大夫奉敕提督山东学政布政司右参议兼按察司金事清溪钱先生墓志铭》,沈善洪主编,吴光执行主编:《黄宗羲全集》,浙江古籍出版社,2005年,第10册,第351页。
③ 《传习录上》,《王阳明全集》卷1,第36页。
④ 参见朱义禄:《梁漱溟"新王学"述评》,方克立、李锦全主编:《现代新儒学研究论集(一)》,中国社会科学院,1989年,第197—211页。

十力，将《周易》、陆王心学、佛教中的唯识论与柏格森的直觉主义结合起来，并命名为"新唯识论"。限于篇幅，这四位哲学家与阳明心学的关系是无法缕陈了。不过有一点值得重视，对关注儒学历史命运的人来说，必须认真考虑阳明心学在近现代中国获得新发展这一客观事实。

（作者朱义禄系同济大学人文学院教授）

东亚心学研究

王阳明学说与东亚文明的发展

——2021 阳明心学大会"天泉会讲"开幕致辞

徐兴庆

尊敬的出席"阳明心学大会·天泉会讲"的各国学者们,大家好。

我是中国文化大学校长徐兴庆。今天很高兴,也很荣幸,受到钱明教授的邀请,借由"天泉会讲"开幕的时间,围绕"阳明心学与东亚文明"的主题,向各位报告一下"王阳明学说与东亚文明的发展"的相关问题。

2008年为王阳明在贵州龙场悟道五百周年,也是日本阳明学的先驱者中江藤树(1608—1648)诞辰四百周年。日本学习院大学马渊昌也教授等人在日本东京举办了一场"东亚的阳明学"国际研讨会,颇具纪念意义。马渊昌也将国际学术研讨会的相关论文与日本学习院大学东洋文化研究所"阳明学研究的现在"研究计划汇编、出版了《東アジアの陽明学——接触·流通·変容》(东京:东方书店,2011年)一书。这本书主要以"作为东亚共同文化遗产的阳明学"为视野,探讨华人圈以外"东亚阳明学"的各种问题,从东亚"接触空间(contact zone)"的角度切入,阐述阳明学的学术交流,分析阳明学在东亚各国文化与思想交流过程中的多层性价值及其现代意义。研究方法则从文化交流史的"结果"转换成以"过程"为焦点,同时思考今后"东亚阳明学"发展的可能方向。透过这本书,我们可以反思阳明学作为思想领域的学问,对日本、韩国社会产生了哪些影响?而日本、韩国的阳明学研究带给华人圈的学术界又有哪些启发?

一、作为东亚文化遗产的阳明学

　　台湾大学的黄俊杰先生，先从日本出发，再探讨韩国的情况，最后回到对中国问题的思考，引导读者思考"阳明学是东亚文化遗产"的问题。但在有关日本研究的部分，未见王阳明思想或大盐中斋、熊泽蕃山等日本阳明学派相关思想的论述，较难看出"日本阳明学"研究的最新全貌。

　　韩国关系的论考计有五篇，中纯夫从总论的角度叙述朝鲜阳明学的特质；辛炫承概说朝鲜阳明学派的形成与发展，介绍近现代韩国研究阳明学的动向。这两篇文章相互参照，可窥知近年来韩国阳明学研究的全貌。崔英辰论述了18至19世纪朝鲜性理学的心学化倾向。这部分可视为该书架构"接触·流通·变容"的重点，主要从外部到内部，逐步探讨朝鲜阳明学的思想转换问题。

　　有关中国阳明学的论述，中国台湾清华大学杨儒宾教授从李士实的交友记录与诗文集的内容，再考"宸濠之乱"的故事真相；台湾大学的蔡振丰教授针对明代后期的三教论，分析王阳明、王龙溪、方以智等人开展阳明心学的过程及其与中国"知识主义"之间的关联性。这两篇聚焦式的人物思想论述，可为日、韩两国拓展阳明学的研究提供参考。

　　另外，该书所呈现的"阳明学研究的现在"研究计划的成果有：在日本阳明学文献学研究方面颇具知名度的永富青地教授介绍天津图书馆所藏《邹东廓先生文集》；三泽三知夫从易学史的角度分析李卓吾的《九正易因》；渡边贤论述无善无恶派的代表人物周汝登评述袁了凡提倡"功过格"的内涵；该书主编马渊昌也探讨明清时期"恕"的儒学思想脉络等。

二、日本研究阳明学的现代意义

1.中日思想的流通、受容与再生

　　阳明学在日本是随着德川时代的"国风文化"掀起的新学问，日本也是东亚最早将近代化与阳明学思想相提并论的国家。永富青地的《中日阳明学の交流と非交流について》，主要探讨阳明学借由"无仲介人物"途径东传日本的情形，指出杨嘉猷编的

《传习录》(杨本)在《中国古籍善本书目》中都找不到,在中国几乎绝迹。反观和刻本《传习录》(1650)、《标注传习录》(1712)均以杨本为底本刊行而广泛流传于德川社会。明治以降,《汉文大系》《阳明学大系》等所收之《传习录》仍以《标注传习录》为底本,当时地方的藩校是以和刻本在教授阳明学,这种间接式的流通,逐渐引起德川知识人对阳明学的共鸣。

台湾大学陈昭瑛教授论述阳明学者中江藤树,认为藤树的"凡经济之所遇,谓之时。时有天、地、人之三境,曰时、曰处、曰位也"的实学思想在德川社会开始萌芽,后由其弟子熊泽蕃山(1619—1691)发扬光大。蕃山认为朱子学并不适合日本社会与民情,因而提出"水土论"及"处、时、位"的实学理论,企图打破德川幕府坚持的身份(士、商、工、农)制度。此举与当时在江户、水户讲学的朱舜水(1600—1682)所倡导的"经世致用"之实学理论有异曲同工之妙,引起庶民的共鸣。明治之后,日本文化论的先驱者和辻哲郎(1889—1960)提出的"风土"与文化、思想是相互连结的概念,阳明学逐渐与日本人的文化性格相结合,遂成为日本人的行动哲学,并在明治维新时期发扬光大。当时以"文明开化"为目标,用精神主义为主的教义来诠释阳明学,提出何谓"正统的阳明学"。该书堪称引导读者从周边看日本及了解阳明学之现代意义的代表作。

2. 水户学、阳明学与明治维新

儒教原为德川幕藩体制下武士社会以"家(ie)"为秩序基础的政治伦理思想,有别于中国固有的"家"的概念。林罗山(1583—1657)一门在倡议儒教思想近百年的过程中,以朱子学为中心,维护德川社会的身份制度,导致水户学与阳明学的发展都曾遭到排挤。19世纪德川幕末,作为"官学"的朱子学解体后,陆续出现了藤田幽谷(1774—1826)和藤田东湖(1806—1855)父子、会泽正志斋(1782—1863)等倡议的"尊王攘夷"的"后期水户学"与以大盐平八郎(1793—1837)为代表的江户后期的阳明学。

后期水户学的核心,在继承水户彰考馆的尊皇思想之后发展成为国体与尊王攘夷思想,即以"天皇"为最崇高的精神共同体。这种尊皇论对德川幕末志士吉田松阴(1830—1859)等人的思想影响至深,甚至明治新政府亦将"国体"思想加以利用并广泛传播。大盐平八郎的学问原点来自儒家经典《大学》,其思想虽形成并源自于晚清,但他开设私塾"洗心洞",编纂《古本大学刮目》六卷,罗列了诸多中国儒者,通过批评与辩护，呈现出自己的学问主张，并成为日后批判现实政治的思想依据。近代以后，平八郎的思潮吹回到中国的思想界。《大塩平八郎傳》（1920年）的著者石崎东国为大阪阳明学会的创立者，他在《水戸学と陽明学》（《阳明学》第十号，1909年）一文中，屡屡述及阳明学在清朝几乎销声匿迹，但阳明学却通过朱舜水移至日本。对日本而言，朱舜水是与"前期水户学"渊源深厚的外来儒者。水户学与阳明学原本是两个对立的流派，但石崎东国却认为二者同属一轨，他感受到"水户学与阳明学是在紧密的默契下促成明治维新革命的学问"，从而表明了对阳明史观的看法。

三、日本的平民主义与阳明学

明代后期，王阳明的学说在中国风靡一时，不但知识分子，连一般庶民都倾心他的思想，甚至对日本、朝鲜都有深远的影响。日本战国时代的临济禅师了庵桂梧于1513年在宁波与王阳明首次见面，双方谈论了儒教、佛教的教义问题。当时王阳明尚未提出"致良知"的学说，也未形成完整的思想体系。17世纪中叶，日本出现了阳明学者，日本学术界对阳明学说的兴起有两种说法：一为了庵桂梧传入说；另一种说法是有"近江圣人"之称的中江藤树于1640年冬天获读王阳明高徒王畿的《王龙溪语录》《阳明全书》之后，释然有悟，遂由朱子学者转为阳明学者，并开始在日本弘扬王阳明的良知学说，强调"心之良知斯之谓圣"，认为道德秩序的最高境界存在于每个人的心中，只要"尊德性"，通过"格物致知"，即可希圣成贤，进而展现出日本阳明学所具有的非体制的变革理论，中江藤树遂被称为日本阳明学之祖。中江藤树的弟子冈山藩儒熊泽蕃山起而继之，三轮执斋（1669—1744）标注《传习录》（1712），刊行《四句教讲义》（1727），进一步将阳明学说发扬光大。18世纪后，佐藤一斋（1772—1859）、大盐平八郎等人一脉相传，尤其是在德川幕末学术界具有很大影响力的佐藤一斋，促进了行动主义的阳明学说在日本社会广为流行。一斋以同时治朱子学与阳明学而闻名，门下人才辈出，诸如渡边华山（1793—1841）、佐久间象山（1811—1864）、大桥讷庵（1816—1862）、山田方谷（1805—1877）、安积艮斋（1791—1861）等人都是日本行动主义的阳明学者。大盐平八郎是当时日本平民起义的代表人物。他信奉王阳明"知行合一""致良知""万物一体之仁"的思想，从宗教观点出发探索《孝经》的思想颇具特色，特别是在大阪开设私塾"洗心洞"，传播阳明学说而备受关注。相对于朱子学的官学立场,大盐平八郎的思想虽被视为异端,但他却带给德川社会一股民间革新思想的新风。这些人的思想与行动又影响到近现代的日本思想家吉田松阴、高杉晋作(1839—1867)、西乡隆盛(1828—1877)等人的变革行动。"幕藩体制"所固有的内在矛盾进一步激化,使德川幕府失去威信,无法对抗外来势力。在此之际,吉田松阴等人的变革思想与行动开启了日本的近代化,进而促进了明治维新运动的实现。

此外,九州大学中野三敏教授的《近世李卓吾受容之概论》(《国語と国文学》,2011年6月号)一文,从诸多未以活字刊行的原始文献及用例内容中,揭示出日本自近世(德川)初期即开始接受李卓吾学说的现象,认为日本近世思想的支柱并非朱子学而是阳明学,同时认为阳明学与文学史有着深厚的关联性。中野的论点极具挑战性,引起日本思想史学界广泛的回响,值得我们关注与探讨。

四、明治维新与阳明学

日本在近代化的过程中,曾将王阳明的部分学说脱胎换骨,然后蜕变成"日本阳明学",理由是这个学说并非忠于王阳明的原教义理论,而是"变容"成以适应近代日本社会为依归的学问。对此,小岛毅解释为"他们(部分日本人)的阳明学,而非王阳明的阳明学"。这当中存在着日本人认为是朱子学或考证学无法推动的实践主义,或者说在日本阳明学中见到了行动的曙光。甲午战后,晚清政府模仿或采用日本明治维新的"近代化"政策,大量的留学生东渡日本留学,而这批中国留学生大部分都接受了阳明学为明治维新的原动力的说法。于是,当时的日本也成为中国革命的大本营,变法派的《清议报》(1898)、中国革命同盟会的《民报》(1905)都在日本发刊,其内容与日本阳明学亦具有关联性。

明治维新的重要指导者西乡隆盛倾心阳明学,他曾经接受萨摩藩(今鹿儿岛县)阳明学者伊东潜龙(1816—1868)的《传习录》讲义,手抄佐藤一斋《言志四录》一百条,精读大盐平八郎的《洗心洞劄记》。他认为"知"即是"良知"即是"心",并从日本阳明学的思想中确立了变革的主体与个人的行动力。日本近代著名的海军大将东乡平八郎(1848—1934)亦曾为王阳明学说所折服。

阳明学在近现代中国也有广泛的影响力。现代新儒学的开山祖师之一熊十力

（1885—1968）及其弟子牟宗三（1909—1995）都继承并发扬了阳明学说。中国当代的知名学者徐梵澄（1909—2000）等人也对阳明学说赞赏有加。阳明学无论在中国还是日本，的确都具有近代改革的意义。

　　本人也曾从比较的观点探讨过日本阳明学派熊泽蕃山的思想体系，检视过他与朱舜水"经世致用"实学理念的关联性。朱舜水的为学之道倾心于"圣贤之学"，其核心要义是保持政治哲学与人伦关系的密接性。熊泽蕃山则从前述的王阳明"时、处、位"的不同立场，解释了人际关系的重要性，并结合"知行合一"的理念对人伦、政治问题作了深入思考，体现出强烈的实践诉求。在政治与道德方面，朱舜水展现出"仁政"的爱民观，熊泽蕃山则强调"仁政"的民本论，二者都以民本政治为理想，从道德实践到齐家、治国、平天下，皆发挥了"经世致用"的社会功能，饱含着"言行一致"的实学理论。但朱舜水与熊泽蕃山在佛学观方面却各有不同的诠释。朱舜水认为，"圣学之道"为实学，佛书与佛语皆为虚学，二者截然对立，无法并存。因此，朱舜水严厉辟佛，就连赋诗等文学创作也被他视为"无用之学"。熊泽蕃山则反其道而行之，提出了"空则实"的理论，对佛教及诗词文学皆持包容态度。我曾试图对二人的实学理论与实践准则加以诠释，并思考过在传统与近代的学问之间如何转化、如何应用等相关问题。

　　今天，我欲借由以上的背景报告，祝愿此次以阳明学与东亚文明为主题的"天泉会讲"圆满、成功！祝各位尊敬的学者专家身体健康、万事如意！

（作者徐兴庆系台湾中国文化大学前校长、特约讲座教授）

西田哲学中的阳明心学影响考

——以《善的研究》为中心*

赵熠玮

内容摘要：以1911年《善的研究》初次发表为标志，西田几多郎开创了日本最早的独创性哲学。通过运用西方哲学的基础概念与论证说理方式，西田成功将独具东方思想特色的哲学体系推向世界舞台。但观其西方逻辑框架下的东方思想内核，尤其是围绕"行为与知行合一""统一力与道""纯粹经验与实在""道德伦理的形而上"四个核心概念展开的阐释，与阳明学有着紧密的逻辑关系。阳明学相比于其他学术体系而言，对西田哲学产生了无可替代的影响。甚至可以说，西田哲学是中国哲学日本化的一次近代性尝试。

关键词：西田几多郎　阳明学　纯粹经验　《善的研究》

日本思想史的发展是一个不断吸收并内化外来思想的过程。历史上无论是汉传佛教抑或程朱理学，在日本都经历了从相对的"他者"走向内包性的"自我"这一转变。具体从江户思想史角度看，几乎处处体现着儒学日本化这一核心脉络。[①]而明治维新以

---

* 基金项目：本文受江苏高校哲学社会科学研究重点项目"明清江南考据学对日本十八世纪启蒙思想影响研究"（项目编号：2018SJZDI025）和江苏高校青蓝工程专项资金资助。

① 儒学的日本化是一个后起的观念，是以现今的研究立场重新审视江户幕府三百年间儒学发展的过程而得出的结论。作为当时儒学的阐释者而言，未必是有意识而为之的一个过程。对儒学日本化这一问题，可参阅日本学者黑住真的《德川儒教と明治における再編——近世日本社會と儒教》（东京ぺりかん社，2003年）或中国学者吴震的《当代日本学界对"儒学日本化"问题的考察》（《社会科学》，2016年第8期）、《十九世纪以来"儒学日本化"问题史考察：1868—1945》（《杭州师范大学学报》，2015年第5期）等研究。

来，日本近代哲学也同样经历了由对外部的汲取与接受向内部的自我反省与发现创新的转变过程，并最终以西田几多郎（1870—1945）于1911年发表的《善的研究》为标志，实现了真正意义上的自我创新。《善的研究》一般被认为是日本最早的独创性哲学。[1]

但当论及作为日本近代哲学开拓者之一的西田几多郎的学术体系时，我们往往会将其与西方哲学尤其是西方伦理学做对比。这一方面是因为西田对胡塞尔与海德格尔的批判性吸收，也与其受威廉詹姆斯、马赫和柏格森的影响，在重新审视西方哲学理念的同时，以自己的立场创造性地解释并构建了自身"纯粹经验"这一概念有着密切的关系。但这样单纯地去理解西田几多郎的哲学，未免失之偏颇。

西田几多郎生于明治初年，虽然日本明治时期（1868—1912）是以国家意志推进脱亚入欧开启近代化进程的时代，但同时仍然是深受江户学术传统深刻影响的时期。明治五年（1872），日本政府颁布新学制，表面上看在日本学术界占据主导地位的已是西学，但自江户时期传承的汉学教育仍然在基础启蒙教育阶段占据着不可撼动的地位。作为江户时期官学的朱子学以及幕末兴盛的日本阳明学与日本国学，仍由近世遗老们开办私塾而传承发扬。当时的国文基础教育无不体现着被称为"汉文"的中国古典文献的重要作用。即便是作为明治时期标准书面语的"普通文"（或称"汉文调"），也是一种以汉文训读方式书写日文的特殊文体。在非自然科学的基础教育领域，中国古典文献对普通日本民众的影响依然不是西学可及。西田作为明治初年出生的思想家，其受到的教育扎根于儒学传统之中，观其生平，其思想中所受宋明理学的影响是毋庸置疑的。[2]

西田哲学虽然将东方哲学精神以西方哲学的逻辑话语体系重新诠释，但其伦理价值追求与内在超越性逻辑仍有奠基于儒学的部分，尤其是幕末兴起的阳明学对西田哲学体系的影响是一个非常值得探讨的话题。但迄今为止，日本学界对西田哲学与中国哲学联系问题上的关注点，主要体现在其与佛教思想的关联部分，与阳明学之关系的讨论并不多见。日本学者小坂国继指出，研究阳明学对西田哲学之影响的启发点，最直观的有两处：其一，《善的研究》中第三篇"善"的开篇论述"行为"的特点，西田

---

[1] 〔日〕腹部裕圭：《「哲学」としての倫理学の成立とその影響：西田幾多郎『善の研究』から》，《倫理学研究》（50），第127页。

[2] 〔日〕铃木成高：《西田幾多郎先生のこと》，《芸文》，東京三興出版，1948年，第69页。

引用了"知行合一"学说来阐释其观点;其二,在明治四十一年(1908)日记的备注栏中,西田抄录了王阳明的两首诗。[①]但仅依据此两处便推测而得出结论,似乎未免过于主观。国内学者吴光辉则围绕西田哲学中"至诚"这一概念,并基于现代性,而深入探讨了西田对阳明学的再诠释。[②]

本文将基于对《善的研究》之文本分析,在先学研究的基础上,进一步阐释阳明学对西田哲学中"行为""统一力""纯粹经验"等几个核心概念的独特影响。

一、"行为"与"知行合一"

在《善的研究》正文中,西田曾直接借助阳明学的"知行合一"学说来进行分析,称:

> 如王阳明所主张的知行合一那样,真正的知识必须伴随着意志的实行。所谓自己虽然那样思维但却不那样希望,这是由于还没有真知的缘故。[③]

西田以此阐明自己想要强调的论点:"由此可见,思维、想象和意志这三个统觉在其根本上都是同一的统一作用。"[④]由于在《善的研究》中,西田直接提及阳明学的文字只此一处,国内外研究者也多于此处各抒己见,故而若先从此处反观全篇,或可发现将西田哲学与阳明学紧密联结的关键之处。

小坂国继认为,单从西田文中引用王阳明的观点这一点来看,不足以证明其受到阳明学说的影响。为强调这一观点,他又补充说:"事实上,在西田提及王阳明'知行合一'说的那个地方,就算换成苏格拉底的'知德合一'说,也没有丝毫不妥。"[⑤]

诚然,仅凭这一处便断定阳明学影响了西田哲学是毫无说服力的,但此处可以苏

---

① 〔日〕小坂国继:《『善の研究』と陽明学》,《場所》2005(4),第17—34页。
② 吴光辉:《西田哲学与儒学思想的对话》,《日本研究》,2009年第2期,第4—9页。
③ 〔日〕西田几多郎著,何倩译:《善的研究》,商务印书馆,1965年,第80页。
④ 《善的研究》,第80页。
⑤ 〔日〕小坂国继、胡嘉明:《〈善的研究〉与阳明学》,《阳明学刊(第七辑)》,巴蜀书社,2015年,第179—197页。

格拉底"知德合一"学说替换的说法，却显然误解了"知行合一"在此处的意义。这便涉及西田哲学中所谓"善"和行为的关系，及其与阳明学的"知行合一"说在根源上的同一性问题。

为证明这一同一性，首先要厘正上文提到的误解——西田、阳明学与"知德合一"在思想根源上的异同。虽然将苏格拉底的道德观总结为"知德合一"四字本身并无不妥，但由于又有阳明学"知行合一"这四字总结，即使二者其实是完全不同的观点，理解时也很容易会将它们相关联甚至混淆。苏格拉底认为，一个人在追求知识的过程中就建立起了良好的品德。他强调的正是人们所追求的这个"知识"，认为只有探求普遍的、绝对的善的概念，才是人们最高的生活目的和至善的美德。由此可以看出，在苏格拉底的观点中"知"与"德"从根本上讲是两件事，而且他还主张侧重知，并且是具有普遍性和绝对性的知。① 而阳明学则强调知与行的关系是辩证统一的："知是行的主意，行是知的功夫。知是行之始，行是知之成。"② 也就是说，两者本为一体，是绝不能分开来看的。由此可知，这个"知行合一"的"理"，并不是从普遍的、绝对的现实中由人提取出来的"理"，而是自然存在并融入万事万物之中的"理"。此"理"可在万事万物中得到证实："圣人之心如明镜。只是一个明，则随感而应，无物不照。"③ 反之，若仅仅想从"格"④ 万事万物中求得这个"理"，那是不可能的。

问题的关键还是在于西田对此究竟持什么观点？西田在"行为（上）"与"行为（下）"两章中所论述的内容，是意志、动作在"统一力"的作用下与"行为"之间的关系。此处"行为"并非"知行合一"中的"行"，而是意识现象与外界动作统一的结果。西田先将"行为"分为意志与动作两个方面来进行分析，最后表明"两者之间并不存有因果关系，而是同一物的两面。动作是意志的表现。即从外面来看是动作的东西，从内面来看就是意志"。⑤ 通过这样的对辩证关系的表述，自然而然地便可以联想到"知行合一"——当此"意志"完全符合"善"时，便是"知"，而伴随此时"意志"

---

① 〔日〕山川偉也：《古代ギリシアの思想》，講談社学術文庫，1993年，第293页。
② 〔明〕王守仁：《传习录上》，〔明〕王守仁撰，吴光、钱明、董平、姚延福编校：《王阳明全集》卷1，上海古籍出版社，2011年，第5页。
③ 《传习录上》，《王阳明全集》卷1，第13页。
④ 出自《大学》"格物"之说。朱熹所训"格"为探知意，阳明所训"格"为格正意，此处指朱熹所训。
⑤ 《善的研究》，第83页。

的"动作"便是"行",此时动作与意志在统一力作用下的"行为"便是"知行合一"。

由此可知,真正的"知行合一"可以理解为"行为"的最"善"之境界,所以此处是断不可替换为"知德合一"的。不但如此,若假设换作除阳明学外的、引用至今的任何学术观点都是不妥的,包括王阳明与西田也都修习过的朱子学说。正如《传习录》中所记阳明之论:

> 朱子错训"格物",只为倒看了此意。以"尽心知性"为"物格知至",要初学便去做"生知安行"事,……所以使学者无下手处。[①]

以上引文所体现出的阳明思想之意蕴是不言而喻的。阳明不但强调格正真知,而且重视用"知行合一"的辩证观点教导弟子,而西田则默认了这种辩证关系,并在此基础之上向人们证明了如何才能达到"善"的境界,这也是两人建立在同一思维前提下的细微差别。由于维新的时代浪潮,"知行合一"说成为阳明学说中对日本影响最大、最广的一部分,西田也同样得益于此,这一点都不奇怪。

二、"统一力"与"道"

在《善的研究》中,西田首次提出了其"纯粹经验"的概念,并以此为核心阐释了西田哲学中的"统一力""实在""善"等概念。作为《善的研究》的核心,以这几个概念为线索的比较研究是必不可少的。

在《善的研究》一书中,"纯粹经验""实在""善"被分别作为前三编的题目,而只出现于正文中的"统一"或"统一力",则可以在第二编第十章"作为实在的神"中得到很好的理解。西田是利用"神"作为精神原理来更全面地阐释"实在"的概念,以完善本体论的结构:

> 那么神是以什么形状存在的呢?从一方面来看,有如库斯的尼古拉等人所说的那样,神是一切的否定;凡是能够指明肯定的东西,即能够捉摸的东西就

[①] 《传习录上》,《王阳明全集》卷1,第6页。

不是神；如果是能够指明而加以捉摸的东西，就已经是有限的，从而不能成为对宇宙进行统一的无限的作用。从这一点来看，神就完全是无。但我们是否能说神单纯就是无呢？决不能这样说。①

西田的以上所述，若用一句话来说，即可道之道非常道。他认为，宇宙天地间最根本的那个"道"，加上语言修饰使之具象化地表达出来后，便不是所谓"道"原本的样子了。真正的"道"不但看不到且说不出，对寻常人来说似乎便是"无"的状态，但若说它是"无"，又无时无刻不渗透于宇宙万事万物之中。但有一种力量可以将这样的矛盾统一起来，这就是西田所谓的"统一力"，他还以一个相对具象的名词——"神"来代称之。他说：

神就是在这些意义上的宇宙统一者和实在的根本。只是因为它经常是无的，所以它又是无处不有、无处不在活动的。②

而这里所谓的"神"，只是西田将自己"统一力"的哲学概念置于西方宗教神学的氛围中加以呈现罢了，归根结底它与阳明学所谓的"道""天理"等是同义词。③

《传习录》中记录的陆澄问王阳明有关程伊川之"冲漠无朕而万象森然已具者"的一段话，同样也是关于本体的探索。王阳明不仅对此说表示赞同，而且还强调说："义理无定在，无穷尽。"④在具象的事物还未存在时，抽象的事理即"天理"就已存在了。"天理"的存在是确定的，而"天理"所在之处是不确定的。"天理"体现于具体的事物时是有限的，如尧舜之大善、桀纣之大恶，但"天理"本身却是无限的，所谓大善大恶之上善无尽、恶不止。正是在这种辩证统一的关系中，构成了人人欲求之"理"、欲得之"道"。而西田想要表述的意思，可谓与王阳明有异曲同工之处。最关键的还在于，西田也在文中明确指出："实在的根基里有精神的原理，这个原理就是神。"⑤所以

---

① 《善的研究》，第74—75页。
② 《善的研究》，第75页。
③ 〔日〕佐野之人：《純粋経験の体系性と『善の研究』の体系性》，《哲学》2021（72），第127页。
④ 《传习录上》，《王阳明全集》卷1，第14页。
⑤ 《善的研究》，第73页。

说到底，西田哲学与阳明心学的根本点都是"精神原理"或"心"的学说，这也是即使西田的初衷是折中唯物论与唯心论，但其哲学最终却被归于唯心主义的原因之所在。

接下去再来看看，西田有关人是如何认识"实在的神"的观点，与王阳明在有关人是如何求"道"即人与真理之关系中的观点有何相同之处。西田认为：

> 正如不懂数理的人，无论怎样也不能从深远的数理得到任何知识；不懂得美的人，无论看怎样美妙的名画也不能使他受到任何感动一样，……想认识真正的神的人，必须相应地锻炼自己，使自己具有能够认识神的眼光。①

西田在这里举了两个极端"不懂"的例子，稍加分析也能看出其中的"知行合一"思想，尽管西田的重点不在于此。所谓懂"数理"，就是在"数理"上"知"了，这时的"行"，不论是浅近的还是深远的"数理"，都能让人得到知识，若没有"行"，便还是相当于不"知"。此处的重点又在于，在西田看来，若想要认识"真正的神"（也可以理解为想要达到"知行合一"的境界），关键在于人本身或人本心。《传习录》记录的王阳明在回答陆澄问"道之精粗"时，所讲的便是这个道理："道无精粗，人之所见有精粗。"②懂美的人，心镜澄明；不懂美的人，如明镜蒙尘。所以哪怕是同一幅美妙的名画，在不同人眼里都有不同的境界。正如王阳明所言："如何讲求得许多？圣人之心如明镜。只是一个明，则随感而应，无物不照。"③

最后再回到"实在的神"之原始概念即"统一力"上。西田认为，这种"统一力"并不是从已经存在的万事万物中产生的，而是在万事万物中体现出了"统一力"的存在。他说：

> 宇宙间有个一定不变之理，万物即是由此成立的。这种不变之理，是万物的统一力，又是意识内部的统一力。理不是由物或心所具有的，而是促使物或心成立的。④

---

① 《善的研究》，第75页。
② 《传习录上》，《王阳明全集》卷1，第23页。
③ 《传习录上》，《王阳明全集》卷1，第13页。
④ 《善的研究》，第56页。

此即王阳明所谓的"众理具而万事出,心外无理,心外无事"。①不难看出,西田对于此"理"的阐释与王阳明所述之"理"基本无异。而在物质与意识的关系上,西田更是认为,结合了此"统一力"的是意识内容,然后才体现于物质之成立。按此逻辑推论,若要求得此"理",便首先要在个人主观意识中发明,而"理"被发明后,又自然体现在物质现象中。就这样,西田成功地将"理"的概念与"统一力"结合了起来。乍一看,"统一力"好像是个新概念,但不难看出其中的阳明学色彩。

三、"纯粹经验"与"实在"

关于"实在"的概念,西田在《善的研究》第二编第二章的标题中直接点明了自己的观点:"意识现象是唯一的实在"。西田认为:"我们的身体也只是自己的意识现象的一部分。不是意识存在于身体之中,反而是身体存在于自己的意识之中。"②如上文所述,在意识现象与物体现象的相互关系中,西田认为只有一种意识现象,故意识现象自然是"唯一的实在",是统一面,而物体现象则是客观的被统一面。正是基于这样的立场,西田直接对认为物的存在是无可置疑的唯物主义者表示了否定,认为他们是试图以此来说明精神现象是本末倒置的观点。

而作为《善的研究》之中心思想的"纯粹经验",也是作为意识现象而存在的。关于"纯粹经验"的概念,西田认为:"当人们直接地经验到自己的意识状态时,还没有主客之分,知识和它的对象是完全合一的。这是最纯的经验。"③所谓"纯粹经验"的"纯粹",并不是指这种意识状态是单一的,它可以细化分解并最终严密地统一于根本状态中;"当表象体系自行发展的时候,整个体系即成为纯粹经验"。④也就是说,"纯粹经验"的状态是单纯性和复杂性的辩证统一,不论"纯粹经验"如何复杂,在特定的瞬息之间它又是单纯的。"纯粹经验"便是这样一种主客合一的意识状态。这种状态正是王阳明在"心即理"统摄下所提出的"知行合一"的境界。说痛,必然是自己痛了才知道;说冷,必然是自己受寒了才知道,知行本体便是如此。王阳明在回答徐爱

---

① 《传习录上》,《王阳明全集》卷1,第17页。
② 《善的研究》,第40页。
③ 《善的研究》,第7页。
④ 《善的研究》,第10页。

有关《大学》之"如好好色,如恶恶臭"的提问时说:"只见那好色时已自好了,不是见了后又立个心去好。"①正因为王阳明将"知行合一"作为"致良知"的最高境界,而西田则将意识现象的"纯粹经验"当作真正的实在,所以上山春平、小坂国继等西田哲学研究者认为,《善的研究》一书"是地地道道的唯心论"。②

故此,西田在"纯粹经验"下的理论架构,又与王阳明的"心即理"说面临着同样的唯我论难题。西田说:"认为意识必然是某个人的意识这种说法,只是意味着意识必须有统一。……作为这个意识统一的范围的东西,从纯粹经验的立场来看,是不能在彼我之间加以绝对区分的。"③换言之,"纯粹经验"是超出彼我的个人主观经验之上的,在"纯粹经验"之上不存在个人与他人的区别,只有在"纯粹经验"之下、在具体的物质现象的世界中才有了差别。"不是有了个人才有经验,而是有了经验才有个人"。④同样,对于"心即理"说,若从驳斥的角度看,亦多从此出发。既然人人都有所谓"心",那么恶人之"心"所发明的"理"难道也是"天理"吗?对此,王阳明的回答是:"恶人之心,失其本体。"⑤当此"心"只限于具体的个人讨论时,便已失去了其统一性而不能成立。由此可见,西田的"纯粹经验"说依然是建立在对阳明学的"心即理"的理解之上的。

四、道德伦理的形而上

在《善的研究》的序言中,西田表示:"我所以特别将本书命名为《善的研究》,是由于在本书里,尽管哲学上的研究占据了前半篇幅,但人生的问题毕竟还是本书的中心和终结。"⑥明治后期,被西方思潮席卷后的日本知识阶层,对人生、出世等问题的关注度越来越高,并不断碰撞出思想的火花。可以说,西田的《善的研究》,就是在此背景下,以对人生、出世等问题的思索为契机和动力,并立足于将包括脱胎于东方思

---

① 《传习录上》,《王阳明全集》卷1,第4页。
② 〔日〕上山春平、马秀芬:《西田几多郎的〈善的研究〉》,《外国问题研究》,1985年第3期,第64—65页。
③ 《善的研究》,第41页。
④ 〔日〕上山春平:《西田幾多郎——東洋の思惟方法》,《心》32(4),第86—94页。
⑤ 《传习录上》,《王阳明全集》卷1,第17页。
⑥ 《善的研究》,第5页。

维的道德伦理观在内的有关人生实践的真知哲学理论化后的成功之作。

命名为"善"的第三编阐述的是西田的伦理观。无论是从西田的主观思维分析，还是从客观立场来看，"善"之道德伦理一编与东方思维的联系最为密切。究其原因，与当时深刻影响着日本思维的宋学传统是密不可分的。西田在此编中除了直接提到了王阳明的"知行合一"外，还引用了孔子"饭疏食，饮水，曲肱而枕之，乐亦在其中"的观点，借以阐释自己对"善"与"快乐"的理解："真正的幸福反而应该从严肃理想的实现而获得。"①西田在辩证批判地分析了他律、自律、直觉等伦理学派后，从"活动主义"的学说出发提出了"善"的真正概念。他认为：

> 所谓善就是满足自我的内在要求；而自我的最大要求是意识的根本统一力、亦即人格的要求，所以满足这种要求、即所谓人格的实现，对我们就是绝对的善。②

人对于包括食物、金钱、精神等各个方面的欲求有很多种，但人格的欲求高于一切，人格欲求得到实现后的美好情感高于其他一切情感。正如曾被许多人误解的"去人欲"，并非一味地泯灭人性之诉求，而是"正因为有着非追求不可的更大要求，才产生抑制较小的要求的必要"。③这其实就是为了达到实现人格要求的目的而做出的比较与取舍。

相比西田在序言中直言对"善"的探索与追求，王阳明也说过平生讲学只是"致良知"三字这样的话。"无善无恶心之体，有善有恶意之动，知善知恶是良知，为善去恶是格物"之"四句教"中的善与恶是抽象的概念，可以理解为矛盾对立的关系，也可以理解为主次轻重的关系，完全是随感而应的。若与西田的伦理观联系起来也很好理解：个人内在的自我需求有对立、有主次，知其对立、主次便是知善知恶之良知，而为了实现其中"绝对善"的人格需求就必须"去恶"。相比于阳明学，西田的伦理观将来源于儒学的道德伦理思想总结为一种形而上的概念，遂使其哲学理论满足了近现代西方哲学的思维逻辑方式。但纵观其所阐释的核心概念，却依然与阳明学密不可分。

---

① 《善的研究》，第108页。
② 《善的研究》，第114页。
③ 《善的研究》，第108页。

五、结语：西方哲学框架下的东方思想内核

在倡导"全面西化"的明治维新之前，在思想文化领域对日本影响最深的国家非中国莫属。同属于东亚汉字文化圈的中日两国，其近现代之前的哲学发展情况及特征大有相似之处，即都处于一个尚未引入"哲学"概念，诸多哲学思想尚未构建起清晰完整的框架，与西方哲学相比尚不系统的零散状态。[①]或如冯友兰先生所言："中国哲学家之哲学，在其论证及说明方面，比西洋及印度哲学家之哲学，大有逊色。……在中国哲学史中，精心结撰，首尾连贯之哲学书，比较少数。往往哲学家本人或其门人后学，杂凑平日书札语录，便以成书。成书既随便，故其道理虽足以自立，而所以扶持此道理之议论，往往失于简单零碎，此亦不必讳言也。"[②]承载了绝大部分王阳明之思想精髓的《传习录》亦是如此成书的。而这一特征在日本思想史上表现得尤其明显。

只不过不同于中国的是，明治维新以后的日本大量吸收了西方的哲学思想，有"日本近代哲学之父"之称的西周（1829—1897）首先将西方的"Philosophy"译为"哲学"，并将西方哲学系统地介绍到日本。此后，福泽谕吉（1835—1901）、中江兆民（1847—1901）等人又全面吸收并传播了不同流派的西方哲学，与之相对的西村茂树（1828—1902）、井上哲次郎（1855—1944）、井上圆了（1858—1919）等人则是通过剖析西方哲学的思想根源，而将其与东方（佛儒）思想相结合。这两种对西方哲学不同的接受方式，以及唯物、唯心两派之争论，贯穿于日本近代哲学发展的全过程。西田几多郎正是在此基础上，试图运用西方哲学的观念与逻辑来传达自己立足于东方思想的立场，并尝试建构一种能够折中唯物论与唯心论的哲学思想。可以说，西田最终能够成功构建起一个完整且被广泛认可的哲学体系，虽得益于西方式的哲学逻辑，但仍根源于其东方式的思想内核。所以，亦可以将西田哲学看作是东方思想与西方哲学相互理解与沟通的桥梁。

从黑格尔到德里达，关于"中国没有哲学"这个命题，被大部分西方学者所接受。这恰好说明，以西方哲学的标准来溯源中国的哲学思想是困难的。诚如冯友兰先生所

---

① 〔日〕城阪真治：《『善の研究』における「哲学的思想」とその方法》，《日本哲学史研究：京都大学大学院文学研究科日本哲学史研究室纪要》（11），第103页。

② 冯友兰著：《中国哲学史》（上），华东师范大学出版社，2000年，第7页。

述，中国哲学家的任务就是要把中国思想背后的严谨逻辑结构发掘出来。同样，要比较阳明学与西田哲学，探究阳明学对西田哲学的影响，只有将二者置于同一逻辑结构当中才有可能。因此，也只有在对西田哲学进行剥茧抽丝、抽取内髓的同时，尝试将阳明学的思想雕刻在用西方哲学的逻辑建构起来的框架之上，才能在平等的基础上，更细致准确地探究二者的关系。

《善的研究》成书于1911年，其构思细述应有十年之久。1907年到1908年，西田先后遭遇了自身的病痛与家庭的变故，在成书过程中也遇到了如何将哲学思想提高到形而上的高度等难以解决的思维障碍。明治四十一年，西田在其日记的备注栏中抄录了王阳明《咏良知四首示诸生》中的两首：

其三
人人自有定盘针，万化根源总在心。
却笑从前颠倒见，枝枝叶叶外头寻。

其四
无声无臭独知时，此是乾坤万有基。
抛却自家无尽藏，沿门持体效贫儿。[1]

王阳明也正是在龙场困顿幽玄之际得悟"心外无物""心外无理"说的。《传习录》中记有王阳明游南镇时与友人的一段对话：

先生游南镇，一友指岩中花树问曰："天下无心外之物，如此花树，在深山中自开自落，于我心亦何相关？"先生曰："你未看此花时，此花与汝心同归于寂；你来看此花时，此花颜色一时明白起来，便知此花不在你的心外。"[2]

再来看西田，在他的人生境遇处于与王阳明相似的低谷时，抄录阳明诗作，其中

---

[1]《咏良知四首示诸生》，《王阳明全集》卷20，第870页。
[2]《传习录下》，《王阳明全集》卷3，第122页。

之深意乃是不言自明的。就像王阳明与友人游南镇时一样，西田与王阳明也完成了一场思想上跨越时空的对话。可以试想，西田在当时的环境下抄录王阳明这首诗时的心境：正是在人生漂泊不定时，更要守住本心之"定盘针"。无论采用怎样的逻辑表述方式，都不过是装点，是枝节末叶，其中之根源还在于心中，这一点是不应改变的。可见，王阳明的精神对处于人生逆境时的西田产生过影响是毋庸置疑的。

西田构建了一个完整精细的近代哲学体系，其中的理论来源非常丰富，受到的影响也是多方面的。由于语言表达方式的直观性，以西方哲学对西田哲学的影响为前提的讨论与研究始终占据主导地位，即便为数不多的关于阳明学与西田哲学的比较研究，也由于中国古代哲学思想普遍存在着论证说明方面的不足，而无法做到绝对客观的比较分析，这一缺憾是不可否认的，也是难以克服的难题。因此，虽然阳明学对西田哲学产生过影响，但若囿于在表述方式与字里行间搜寻阳明学在何处、以怎样的方式影响了西田哲学，那就失去了本身的研究价值。

以上尝试着将阳明学与西田哲学置于同一框架下进行比较研究，虽还不够成熟、深入，但足以证明阳明学中同样蕴含着足够的表现力与严密的逻辑关系。所以将阳明学对西田哲学的影响作为视点与桥梁，以实现两种不同形态之哲学思想的交流与对话，就显得尤其有意义。在某种意义上可以认为，西田哲学是中国哲学在近代日本的一次较为成功的发展尝试，也是中国哲学概念在近代西方哲学话语体系中的一次再阐释。西田哲学的成功对于东方哲学来说究竟意味着什么？这是值得继续深入研究的问题。

（作者赵熠玮系南京理工大学外国语学院副教授）

性理学中本性实体化的远因及其样状

〔韩〕辛正根　著
陈　涵　译

内容摘要：长期以来，本性一直是包括儒学在内的东方哲学讨论的中心话题。在儒学中本性承接着天命思想，同时与天命结合在一起，成为人内在的特性。但是对本性及其善恶的定义却并不那么简单，每个人对本性和善恶的定义都可能不同。更有甚者，本性永远需要和本性之外的他者共存。要求人"依照本性"虽然简单，但是对于个人而言，其中的意味并不十分明了。在东方哲学中，为了实现本性论的简明性和鲜明化，在漫长的时间长河里，不可避免地一直进行着知性的冒险。性理学最大的特征便是对本性进行了实体化。本文将分析本性实现实体化的远因及实体化的样状。

关键词：本性　实体　禀受　气质　体用

一、问题的提出

一般来说，提到"佛教"我们就会想到一些概念，诸如"缘起""一切唯心造"等。如果说东方哲学中也有可以和佛教的这两个概念相对应的概念或是思想的话，会是什么呢？也许"化"可以和"缘起"对应。儒家和道教都认为这个世界不是神的设计（创造），而是不断变化的过程。①

---

① 不过"变化"在儒家和道教中的具体含义是不同的。儒家的变化指的是向着善的方向，通过积累来实现发展。而道教的变化是与方向无关的不断的流传。

儒家和道教虽然没有可以对应"一切唯心造"的用语,但是我们可以使用"一切唯心造"或是"一切唯道造"。儒家认为,人凭借自身自觉和实践的本性,就可以达到与世界的本来面目合为一体的"天人合一"。而道教则将"道"看作是世界生成与运动的根源。

本性因其与本质主义（essentialism）思想之间的关联,不仅与缘起的佛教不太一样,与主张变化的道教也多少有一些不同。当然,本性并不是世界的本质本身,而是认识世界的本来面目,并遵循其生活的动力。从这一脉络来看,在佛教和道教中也可以展开对本性的丰富讨论。

儒家承认现实和理想之间的差异,认为人必须要通过后天的学习和修养,才能不断接近理想。这个理想以多种形式存在,可以是过去圣王的言行,也可以是经传,或是客观的原理、内在的心性等。人通过学习,认识到这一理想,并通过修养以恢复这一天生具有却往往被人们无视的理想,然后在生活和认识中灵活地运用它。

这样的灵活运用,在个人的层面上是对本性的充实具现,在宇宙的层面上是对天人合一的崇高实现。通过这样的灵活运用,在现实与理想的背离之中,人不是处在被动的位置,而是和天、地一起构成参与这个世界运行的"三才"。①

为了阐明这一特征,本文将围绕性理学的本性问题展开讨论。检讨性理学本性论的最大特征,便是对之前被解释为是倾向性的本性进行形而上学的实体转化。接下来,我们将讨论这一特征出现的脉络。

二、性理学本性论的基础

1. 气的禀受：差异的原因论

关于早期的本性论研究虽然也取得了一些成果,但是仍然有一些课题没有得到很好的解决。这里所说的成果,指的是早期的本性论提出了本性是如何与道德生活产生关联的。早期的本性论为了实现对社会性的善的模仿与学习,与之前的时代划清了界线。届时,不借助天命或是皇权等外在的权威,人依靠自己就可以调整自己的自然倾向,从而过有道德的生活。

---

① 〔韩〕辛正根：《中庸：超越极端的时代走向均衡的时代》,坡州：四季节,2010年,第205—239页。

不过，早期的本性论若想要确保理论的体系性，就必须解决三个难题。

其一，在本性论形成之后，也就是自孟子以来，我们要如何回答"都是一样的人，为什么会产生道德上的不同"这一十分古老的问题。针对这个问题，孟子虽然提供了"大体"与"小体"的解答，但尚未充分解释现实中存在的各种差异。[①]战国时期的邹衍和汉初的董仲舒，在自然与历史领域中将阴阳五行确立为解释各类现象与关系的框架。此时，在本性的层面上，差异的问题多少可以得到解释。

其二，就算本性具有将人引领至道德生活的力量，那么这种力量又是如何具体地使人产生变化的呢？人就算具有性善的本性，也不是说都可以像神一样自主地展开这个本性。并且，我们无法在短期内改变性恶的本性，改变需要持续的努力。在这一层面上，人就算具有性善的本性，紧随其后的这些问题还是没有得到解决。西汉之后，在当时积累了一定社会影响力的道教，通过养生和修炼也对这一问题展开了讨论。

其三，如果说本性作为一种自然的倾向性将人引领至道德生活的话，那么也会存在和本性的运动相反的力量。自然的倾向性对于道德生活来说，就如同一把双刃剑。早期的本性论虽然发现了道德生活的根源和力量，但是未能确定其中的必然性。而佛教和道教则通过"佛性"和"道性"的概念，对这一问题展开了讨论。

以上便是早期的本性论能够发展到下一阶段的基础。下面，我们再来详细探讨前面介绍的几种观点。

与第一种观点相关的，我们需要关注王充的"禀性"和"禀气"概念。这两个概念是性理学中非常重视的"气质"和"气质之性"概念的初期形态，具有十分重要的意义。按照董仲舒的观点，人的思维和感情与阴阳五行有关，而人的阴阳五行与天的阴阳五行是有共鸣（连动）的。这个观点被称为"天人感应"说，或是天人相关性思想。[②]在董仲舒的解释中，天与人以及情感与行为等之间的共鸣关系得到了充分的解答。

但是，董仲舒没有详细讨论到底是气的哪一个层面不适用于人。他虽然提到了气

---

① "孟子曰：'从其大体，为大人；从其小体，为小人。'曰：'钧是人也，或从其大体，或从其小体，何也？'曰：'耳目之官，不思，而蔽于物。物交物，则引之而已矣。心之官，则思。思则得之，不思则不得也。此天之所与我者。'"（〔战国〕孟子：《告子章句上》，〔汉〕赵岐注，〔宋〕孙奭疏：《孟子注疏》卷11下，北京大学出版社，2000年，第314—315页）

② 〔韩〕郑日童：《秦末汉初天人相关论的展开》，《中国史研究》，2006年第42期，第1—27页；〔英〕葛瑞汉著，〔韩〕罗圣译：《道的论争者们：中国古代哲学论争》第四章，首尔：新浪潮，2015年。

的共鸣关系，但没有明确提出这一共鸣的准确机制和原因。因而王充批判董仲舒的天人感应体系是恣意的、主观的，也不无道理。不过，王充并没有否定气学本身。王充导入了"禀性"和"禀气"的概念，以试图解决董仲舒遗留下来的问题。

王充认为，就好像酒的浓淡全部取决于酒曲一样，人的善恶也全部来自于"元气"。按照气的多寡不同，本性有贤愚之区别。[1]王充所说的元气和气的多寡，与董仲舒的主张其实没有太大的不同。不过，王充将元气和气的多寡延伸到对禀性和禀气的讨论中，这一点是董仲舒没有提到过的。这里他不是在说君子和小人具有完全不同的禀性，而是在用五谷的不同来进行说明。五谷对人而言都是有用的，相互之间没有什么不同，但是在效果的层面上却是各不相同的。

正是在这一层面上，按照先天禀受的气的多寡，人被区分为善与恶。[2]王充在区分禀性和禀气的同时，还尝试说明了气的多寡，也就是由于禀气而产生的多种多样的差异。可以说，禀气代表的就是先天区分开来的气的多寡。如此一来，尽管人都由元气而生，却又因元气的多寡，也就是因禀气而产生不同。

接下来，我们可以将第二个观点养生与第三个观点本性放在一起来进行分析。"天命"指的是天以命令的方式接近人，而人则具有执行天的命令的义务。就这一义务是否被忠诚地执行而言，必须要有责任与审判的支持。[3]"天根"则指的是天以赋予（植入）人心以本性的方式接近人，而人关注并照料自己被赋予的本性，将其完全变成自己的经历即"体化"的过程。孟子提出了"存心养性"和"专心致志"等对体化的要

---

[1] "是故酒之泊厚，同一曲蘖。人之善恶，共一元气。气有少多，故性有贤愚。"（〔东汉〕王充：《率性》，〔东汉〕王充著，北京大学历史系《论衡》注释小组注释：《论衡注释》，中华书局，1979年，第1册，第118页）

[2] "豆麦之种，与稻粱殊，然食能去饥。小人君子，禀性异类乎？譬诸五谷皆为用，实不异而效殊者，禀气有厚泊，故性有善恶也。"（《率性》，《论衡注释》，第117页）"人之禀气，或充实而坚强，或虚劣而软弱。"（《气寿》，《论衡注释》，第55页）"臣备生人伦视听之类，而禀性愚戆，不识忌讳。"（〔南朝宋〕范晔撰，〔唐〕李贤等注：《后汉书》卷30下《郎𫖮传》，中华书局，1965年，第1058页）"死生气禀焉，万智斟酌焉，万事废兴焉。"（〔战国〕韩非：《解老》，〔战国〕韩非撰，梁启雄著：《韩子浅解》，中华书局，2009年，第157页）《韩非子》中最初使用的"气禀"一词出现在生死的语境中，不过并没有像《论衡》中一样被充分使用在讨论人的差别和本性的哲学语境里。

[3] 因此，在《春秋》等史书中，出现了天子因为没有履行自己的角色而失去受命资格的内容。不过，其中并没有出现以所有人为对象的死后审判。大概在基督教传入以前，东亚的人们可以通过佛教的轮回思想来知晓死后的世界以及死后的审判。

求①，但没有对其内涵作具体展开。

2.道教的神仙可学论

从西汉末期到魏晋南北朝时期，政治混乱，政权交替频繁。比起想要将现实变成理想，人们更多关注的是怎样才能让自身远离消耗性的、危险的世界，实现长生不老。简单来说，比起努力成为儒家被视为理想人格的"圣人"，人们更多地追求道教所说的长生不老，或是不死的神仙和真人。②

想要成为神仙和真人，就不能像孟子一样只提出一个方向，而是需要在这个方向之外，提出修炼和养生的具体过程。这一思想与道教在西汉之后的兴起一同展开。道教大体上可以分为服用外部药物的"外丹"派与侧重自身修炼的"内丹"派。

外丹派所说的成为神仙的方法是服用仙药和丹药，因而也被称为是丹鼎派。就炼制丹药这一点而言，还被称为是炼丹术。魏伯阳的《周易参同契》是道教丹鼎派最初的理论书籍。③《周易参同契》中的"周易"指此书以《周易》为理论根据，"参"指的是《周易》、黄老、火炉三者，"同"是通合，"契"指的是书。这里出现的火炉与炼丹的方法有关。④

东晋时期的葛洪（283—363）也认为通过炼制和服用金丹，人可以长生不老成为神仙。在这一点上，《抱朴子》被认为是奠定了外丹派的基石。除此之外，葛洪还批判了嵇康的主张。嵇康认为，只有生来具有特别之气的人才可以成为神仙。葛洪则提出了人通过后天努力便可以成为神仙的"神仙可学论"。⑤这一观点对后来理学的"圣人

---

① "今夫弈之为数，小数也，不专心致志，则不得也。"（《告子章句上》，《孟子注疏》卷11下，第361页）"孟子曰：尽其心者，知其性也。知其性，则知天矣。存其心，养其性，所以事天也。夭寿不贰，修身以俟之，所以立命也。"（《尽心章句上》，《孟子注疏》卷13上，第412页）

② "神仙"的核心在于不老不死的"长生不死"，以及飞升到仙界的"升天"。"仙"将仙界表现为是山，"僊"将仙界表现为是天，二者之间存在差别。葛洪将二者区分为"天仙"和"地仙"。《抱朴子·论仙》中说道："按仙经云，上士举形升虚，谓之天仙。中士游于名山，谓之地仙。"相关内容参照〔韩〕金炫秀：《对葛洪的神仙可学论与神仙命定论关系的考察》，《中国学报》，2017年第82期，第420—422页。

③ 参照南怀瑾著，〔韩〕崔一凡译：《参同契讲义》上，第一讲，首尔：Bookie，2019年。

④ 牟钟鉴著，〔韩〕李奉镐译：《中国道教史：梦想成为神仙的人们的故事》，首尔：艺文书院，2015年，第44—46页。

⑤ 《对葛洪的神仙可学论与神仙命定论关系的考察》，《中国学报》，2017年第82期，第425—433页。

可学论"产生了影响，理学也认为人可以通过后天学习改变气质而成为圣人。①

葛洪具备一定的科学知识，他知道对物质进行加热，可以改变其性质。比方说，泥土虽然容易消失，但是我们将其烧制成瓦片，泥土就可以长久地保存下来。同样，橡树容易腐烂，但将其烧成灰，橡树也可以被长久保存。辕豚被精心饲养也可以长寿，良马经常出入险峻之地也会早夭。只生活在冬天的虫子只要生态合适，也可以延长数倍的寿命。②按照葛洪的主张，尽管人都会死，但若服用丹药，就可以改变身体的性质，实现长生不老。

然而，尽管外丹派认为普通人可以通过服用丹药而改变身体的性质，最终成为真人，但实际上却会致使人们水银中毒。唐朝在国家层面鼓励道教的发展，其间频繁发生皇帝因服用丹药而中毒身亡的事件。因此，在《隋书·经籍志》等书中出现了大量告诫人们不要服用丹药的内容。③

道教内部也开始反省炼制和服用丹药以求长生不老、成为真人的外丹，开始从外丹转换为内丹。认为不是在人的外部，而是在内部就具有让人可以长生不老、成为真人的灵丹妙药，而无须去关注外部的丹药。④

内丹派认为，人的身心由精、气、神构成，通过辟谷、吐纳、冥想、体操等修炼，可以改变身心的性质。⑤这一过程被解释为"炼精化气→炼气化神→炼神还虚"。⑥清代李西月（1806—1856）又将这一过程扩展为"炼精→炼气→炼神了性→炼神了命→炼

---

① "圣可学乎？曰：'可。'曰：'有要乎？'曰：'有。'请问焉。曰：'一为要。一者，无欲也。无欲，则静虚动直。静虚则明，明则通。动直则公，公则溥。明通公溥，庶矣乎！'"（〔宋〕周濂溪：《圣学》，〔宋〕周濂溪著，陈克明点校：《周敦颐集》卷4，中华书局，1990年，第29—30页）

② "泥壤易消者也，而陶之为瓦，则与二仪齐其久焉。柞楢速朽者也，而燔之为炭，则可亿载而不败焉。辕豚以优畜晚卒，良马以陟峻早毙，寒虫以适己倍寿。"（〔晋〕葛洪：《至理》，〔晋〕葛洪著，〔韩国〕昔原台译注：《新译抱朴子》，坡州：书林文化社，1995年，第152页）

③ 《中国道教史：梦想成为神仙的人们的故事》，第159—160页。

④ "人人尽有长生药，自是愚迷枉摆抛。甘露降时天地合，黄芽生处坎离交。井蛙应谓无龙窟，篱鹊争知有凤巢。丹熟自然金满屋，何须寻草学烧茅。"（〔宋〕张伯端著：《悟真篇》卷二，《道藏》第2册，文物出版社，1988年，第924页）

⑤ 《黄庭经》以律诗的形式记录了内丹养生与修炼的原理，是道教上清派的核心经传（〔韩〕郑宇镇：《身体的神仙：黄庭经译注》，高阳：松树，2019年，第27—51页）。

⑥ 〔韩〕金京秀：《中国内丹道教》，首尔：文史哲，2020年，第199—231页。

神还虚"。①

　　这样的内丹修炼，可以被概括为是从"形神双修"发展而来的"性命双修"。这里所说的"性"与禅宗所说的本来面目基本上是一致的，都指向人心的本性，都与"神"有关。"命"则指依据气而变化的身体，指的是元气，与"形"相关。②人不必去追求外在的药物，而只需修养身心的性和命，就可以在自己的内部培养出一种具有不死性的胚芽。通过这一过程，人的身体就可逐渐成为不死之身。③可以说，这是用内丹的胚芽替代了外丹的药物。

　　如此看来，只要形成内丹的胚芽，也就是身心的金丹，就可以使无法免于衰老和死亡的普通人脱胎换骨，成为超越衰老和死亡的真人。这种胚芽或是种子的思想，与唐代道士孟安排的"道性论"有一脉相通之处。孟安排的道性论认为："不仅是人，草、木、泥土、石头都内在地具有可以领悟道的本性。"④尽管道性论的产生受到了佛性论的影响，但其实在道教思想中也可以延伸出这一观点。也就是说，在追求、领悟道的过程中，在想要引发身心变化的道教思想中，可以延伸出与道性论相似的观点。⑤

　　至此，我们基本上了解了葛洪的圣人可学说、内丹的胚芽或是种子说，还有孟安排的道性论。这些思想为儒家本性论的发展提供了养分，使儒家本性论可以发展出与之前不同的先天实体。⑥这样的本性论，与将"有"和"无"看作是宇宙根源的崇有论和贵无论等，一起走向了实体化的方向。如同种子一般的实体化，对宋代儒家在孟子性善论的基础上重新确立本性起到了直接和间接的作用。

---

　　① 《中国道教史：梦想成为神仙的人们的故事》，第292页。

　　② 〔韩〕金在淑：《性命双修：道教的修炼与神人的境地》，《道教文化研究》，2007年第27期，第98—99页。

　　③ 《性命双修：道教的修炼与神人的境地》，《道教文化研究》，2007年第27期，第96—97页。

　　④ "道性体义者，显时说为道果，隐时名为道性。道性以清虚自然为体。一切含识，乃至畜生、果木、石者，皆有道性也。"（〔唐〕孟安排集：《道教义枢》卷8，《道藏》第24册，文物出版社，1988年，第832页）

　　⑤ 〔日〕麦谷邦夫著，〔韩〕郑宰相译：《道教教理思想的形成和展开》，《宗教与文化》，2017年第33期，第2—4页。

　　⑥ 和佛教相比，朱熹对道教的态度是比较友好的。朱熹关于道教的认识，可参照〔韩〕金洛必：《朱熹的道教认识》，《泰东古典研究》，1993年第10辑，第851—864页；〔日〕三浦国雄著，〔韩〕李承妍译：《朱子和气以及身体》，首尔：艺文书院，2003年，第251—284页。

三、本性形而上学的实体化：与秩序实现一体化的本性

1. 朱熹：本性的先天性实体化与气质变化论

宋朝的建立伴随着对危机的应对，这一危机便是少数民族对中原的支配。从哲学史的层面来看，宋明新儒家试图确立中原地区文化的正统性，也就是文化的正统性"道统"。他们认为，自己必须坚持那些在危机和流散（Diaspora）等诸多变故中仍然没有被破坏的价值。[1]

同时，宋明新儒家还想确立儒教的道德根源。这个道德根源不仅不会受到某种外部刺激或是权威的影响，也不会因为个人的心理因素而被歪曲。宋明新儒家对儒教道德根源的确立，出现在从既有的气学转换为理学的过程之中。[2]这样的道德根源无法呼应早期本性论中提出的心理的自然倾向性问题。可以说，这也是他们试图确立作为本体（实体）的本性论的过程。

孟子运用包括五经在内的中原流域的知识成果，开辟了儒学本性论得以形成和发展的空间。朱熹则综合四书五经与汉唐经学，以及道教和佛教的养身、修炼和本性论，加上张载与二程等北宋五子的先驱性研究，构建了以理为中心的综合性哲学。

与本性论相关，朱熹在神仙可学论的基础上提出了气质变化的可能性，并在玄学的有无论争、道性以及佛教的佛性基础上，开辟了作为实体的本性思想。为了综合这些思想，朱熹完全舍弃了之前以天为基准的人格脉络，而关注于贯通自然与社会的客观性原则"天理"。[3]

天理并非理学的概念，而是一直以来被使用的概念，用以表达自然的道理或是人

---

[1] 参照〔韩〕李容周：《朱熹的文化意识形态：东亚思想传统的形成》，首尔：而学社，2003年，第27—68页；〔韩〕辛正根：《哲学史的转换：东亚性思维的展开与其转折点》，坡州：文缸，2012年，第14—49页。

[2] 韩正吉在哲学史之外对未发的理的意义进行了多层面的展望。按照他的看法，在未发的理中，蕴含了在形而上学中对人存在论地位的确保，在社会哲学中为了建立人伦社会而进行的对于主体内在本源的探求，在道德心理学中对纯粹的道德自我的发现，在工夫论中对道德本性的实现问题（〔韩〕韩正吉：《王阳明的"未发"观与良知体用论》，韩国阳明学会编：《阳明学》，2009年第23号，第9页）。

[3] 参照陈来著，〔韩〕安载皓译：《宋明性理学》，首尔：艺文书院，1997年，第239—253页。

的本性。①那时的天理概念并没有被看作是打通自然与社会乃至本性的原则和规范。程颐提出天理是不受他物影响的、规范这个世界的原则。程颢则自信地认为，自己的思想就算受到了之前学问的影响，但是天理却是他自己体会出来的。②这也体现了程颢为了对应以元气和太虚为基础的气学，而创造以天理为基础的理学的自负心。

那么，他们是如何构建天理论也就是理学的呢？世界的存在全部由"对"（concept of bi-polarity）的概念所构成，诸如阴和阳、善和恶等。在成对的概念中，一方增长则一方消减，双方以此消彼长的方式联动变化。③也就是说，这种变化的联动，与神性存在的意图、权势的操作或是人的主观怨恨无关，而是因其本身的原因而展开的。到这里为止，气学和理学还是共通的。他们认为，这一过程不是气本身的自然运动，而是理的设计和再生。

不过，尽管他们发现了天理，但是并不能说对于人之本性的讨论就此结束了。在这里，朱熹找到了让理不仅作为客观原则而存在，更是内在于人的方法。朱熹没有拘泥于人与事物，也就是世界生成的物理过程，而是将理的展开解释为创造价值的事件。也就是说，事物的生成毫无意外地是由获得的天地之理即天理并将其当作本性，与同时所获得的天地之气并将其当作形体之间的结合而产生的。④这样一来，理与性只是存在的地方不同而已，没有失去相互间的同一性。因此，派生出了一个著名的论题——性即理。事实上，说成是"理即性"也是无妨的。因为二者都呈现出了客观原则与个体本性之间的结合与相通这一特性。

---

① "依乎天理。"（〔战国〕庄周：《养生主》，陈鼓应注译：《庄子今注今译》，香港：中华书局有限公司，1991年，第96页）"夫至乐者，先应之以人事，顺之以天理。"（《天运》，《庄子今注今译》，第368页）"夫物之感人无穷，而人之好恶无节，则是物至而人化物也。人化物也者，灭天理而穷人欲者也。"孔颖达疏："理，性也，是天之所生本性灭绝矣。"（《礼记·乐记》，〔唐〕孔颖达疏：《礼记正义》卷37，北京大学出版社，2000年，第1262—1263页）

② "莫之为而为，莫之致而致，便是天理。""明道尝曰：'吾学虽有所受，天理二字却是自家体贴出来。'"（〔宋〕程颐：《伊川先生语四》，《河南程氏遗书》卷18，〔宋〕程颢、程颐著，王孝鱼点校：《二程集》上册，中华书局，2004年，第215页；《传闻杂记》，《河南程氏外书》卷12，第424页）

③ "万物莫不有对，一阴一阳，一善一恶，阳长则阴消，善增则恶减。斯理也，推之其远乎？人只要知此耳。"（〔宋〕程颢：《明道先生语一》，《河南程氏遗书》卷11，第123页）

④ "人物之生，同得天地之理以为性，同得天地之气以为形。其不同者，独人于其间得形气之正，而能有以全其性，为少异耳。虽曰少异，然人物之所以分，实在于此。"（〔宋〕朱熹著，〔韩〕成百晓译注：《孟子集注》，韩国传统文化研究会，1992年，第240页）

这一结合是朱熹所创立的本性论的基本模式。后来这一模式虽然发生了很多变化，但一直极具生命力，并长久以来占据支配地位。按照朱熹的主张，本性与理是具有同一性的。理不受某种外界力量的刺激和影响，也不会被破坏。理让世界按照秩序来运行，而作为原则的性也具有这样的特性。在这一层面上，本性与理一样可以被看作是实体。在这一点上，也可以说本性与秩序本身实现了一体化。秩序不是被全新构建的，而是要确认（再次确认）已经存在的秩序，并在现实中加以实现。

但是，性与理处在不同的条件之中。尽管理可以在气之前而存在，但事物的个别存在就有所不同。个别存在必然结合理和气，并以性（本性）和形（身体）的形式出现。"只有理的事物"或是"纯理的事物"从一开始就是不存在的。也就是说，事物的个别存在处于理的内在化——本性与气的个别化——形（身体）共存的情况之下。用本性的语言来说，也就是"天地之性"与"气质之性"的不同。①

这一模式在确保人可以实现善之根源的同时，成功地解释了为什么在现实中人还会有流于恶的可能性。这是对早期本性论中提到的性善、性恶、性三品说等思想的综合。在这一层面上，可以说朱熹的模式具有理论上的完美性。②

不过，理论的完美并不一定就会使道德生活被自动地激发出来。特别是在朱熹的模式中，个别存在因为气质之性的原因，理和气可能会和谐共存，也可能会相互对立。这一点可以说是朱熹的模式中所具有的不可避免的约束性。

那么，朱熹在提出了本性的模式之后，又是怎样揭示人如何按照本性进行道德生活的呢？针对这一问题，朱熹用体和用的模型来解释了性和情的概念。体和用可以被解释为本体和作用。本体（性）给作用（情）以指示，以指明作用的方向和价值，而作用（情）则按照本体（性）的指示来执行，使行为活动符合道德标准。

---

① "论天地之性，则专指理言。论气质之性，则以理与气杂而言之，非以气为性命也。"这里的"天地之性"是朱熹自张载那里继承而来的，也被称作"天命之性"和"本然之性。"〔宋〕朱熹：《答郑子上》，〔宋〕朱熹著，郭齐、尹波点校：《朱熹集》卷56，四川教育出版社，1996年，第2872—2873页）

② 在朱熹之后，新儒家对本性的讨论朝着两个方向进行：其一是阐明朱熹"没有提到的部分"，将朱熹的模式向更为精巧的方向推进；其二在朱熹的模式中重新定义"性"，寻找可以进行部分替代的方案。前者有朝鲜儒学中的人性同异论争、四端七情论争等。对后者的讨论，将在下一节进行。有关上述问题的讨论集中于以下资料：韩国思想史研究会编：《人性物性论》，首尔：hangilsa，1994年；〔韩〕黄俊渊：《译注四端七情论争》，首尔：学古房，2009年；〔韩〕洪元植：《从四端七情论看朝鲜性理学的展开》，首尔：艺文书院，2019年。

比方说，仁是性，恻隐是情。仁是上天赋予人的、让人可以向着爱的方向生活的价值（爱，像人一样），但是仁本身不能让人去行动。而恻隐之情则可以让我们共情他人的苦痛，并做出相应的反应。① 此时，仁是本体，恻隐是作用，仁通过恻隐的作用力而在具体的事物中得以实现。

如果说这里的情可以将人们指引到符合本性的价值和方向上，那么朱熹的本性论可以说是理论和实践的完美结合。但是，情也可能不会将人指引到完全符合本性的价值和方向上，因为朱熹对于人本性的认识本身就包含将本性区分为天地之性和气质之性。

这一问题往往不仅表现在概念的模型中，实际上还与人们的认知及解决实际问题的活动紧密相关。如果只有模型而没有具体的活动，那么就算认识到了问题，也无法做出积极的应对。正是针对这一点，朱熹关注到了气质变化。因为如果发生气质变化，那么朱熹的模型就具备可以自己解决问题的框架。

朱熹首先区分了人与事物的本性，揭示了人可以引发气质变化的根据。人的本性按照个人的不同而有"明暗"的差异，而事物的本性其本身就具有"偏塞"的局限。因此，即使人具有暗的气质，也可以将其改变成明的状态。而事物的偏塞则是无法进行根源性的变化的，也就是无法实现"通"的。②

从某种意义上说，这也是朱熹理论模式的必然走向和结果。气质之性因为现实与身体的原因而受到气质的影响，那么本性原来的价值和方向就必然无法完全展开。尽管活动的方向是既定的，但是其过程却非常困难，不是一两次努力就可以达成的。③ 若是觉得困难而停止努力，那么个人就无法摆脱气质的制约，朱熹理论模式的局限性也就会随之暴露出来。因此，"极难"不是让人停止努力的绝望，而是在向我们展示人必

---

① "孟子言：'恻隐之心，仁之端也。'仁，性也。恻隐，情也。此是情上见得心。又曰'仁义礼智根于心'，此是性上见得心，盖心便是包得那性情，性是体，情是用。"（〔宋〕朱熹：《性理二》，〔宋〕黎靖德编，王星贤点校：《朱子语类》卷5，中华书局，1986年，第91页）

② "人之性论明暗，物之性只是偏塞。暗者可使之明，已偏塞者不可使之通也。"（《性理一》，《朱子语类》卷4，第57页）

③ "人之性皆善，然而有生下来善底，有生下来便恶底，此是气禀不同。……人之为学，却是要变化气禀，然极难变化。……若勇猛直前，气禀之偏自消，功夫自成，故不言气禀。"（《性理一》，《朱子语类》卷4，第69页）

然尝试走向气质变化的命运。①

不过，我们不能误解气质变化的意思。提到气质变化，稍不留意就可能会将它误认为是人对自己的身体和精神的后天努力，以增进肌肉力量或拥有超人的能力。气质变化不是改变人的物理性质和条件，而是改变气质对人持续造成消极影响的状态和活动。②

正是在这一层面上，朱熹的气质变化与强调呼吸法、服用药物的道教区别开来。在道教那里，我们前面提到过人通过养生和修炼以产生质变而成为真人或神仙，也就是超越有限的人而成为不死的存在。佛教则是通过修行和坐禅等冥想，使认识发生根本性的转化，以追求领悟成佛。朱熹可以说是开辟了一条不同于道教、佛教的全新道路。

那么，朱熹一直坚持的气质变化真的可能实现吗？气质变化只不过是一种理论诉求，它只能构建理论上的完结性。如果说气质变化在现实中是不可能的，那么朱熹不就是在告诉人们不可能的事情是可能的吗？他是在给人们以残忍的希望吗？为了解答这一问题，我们还需要分析更多的事例。这里我们可以先来了解一下朝鲜后期诗人、学者金得臣（1604—1684）如何克服后天障碍而成为一代文豪的事迹。③

金得臣年幼的时候曾罹患天花，"性伤质鲁"，也就是说本性损伤了，气质变坏了，因此他没有办法接受当时的一般性教育。十岁，金得臣开始学习《十八史略》。然而《十八史略》的开头，也就是自"天皇氏"开始的二十六个字④，他学习了三天都不能很好地断句。于是周围的人都劝他放弃学习，只有其父坚信他虽资质不好，但"命直文曜"，今后将会向世人展示其文章的耀眼。⑤

---

① 这里便体现出了敬与志的重要性。因为敬是人在未发和已发中全部集中于性的工夫，而志则体现了普通人试图经过贤人阶段而走向圣人的自我决断的契机。

② 李承焕将气质变化具体分为四种：自我的确立、自觉的增进、自制力的强化、认知体系的改善等（参照〔韩〕李承焕：《朱子修养论中的性与性向：气质变化说的性品伦理学的意义》，《东洋哲学》第28辑，2007年，第151—162页）。

③ 〔韩〕Lee, Yu-Eun：《柏谷金得臣的工夫论》，《教育思想研究》，2019年第33卷第3号，第39—71页。

④ "天皇氏，以木德王。岁起摄提，无为而化。兄弟十二人，各一万八千岁。"（〔元〕曾先之编次：《十八史略》卷1《太古》，《汉文大系》5，东京：富山房，1984年，第1页）

⑤ "重经痘疾，性伤质鲁。十岁，始受曾史于曾王父，而天皇一章学三日，不成口读。三考之外舅梅溪公，睦参判叙钦，来见，谓曰，已之。曾王父曰，是儿质鲁虽如此，然命直文曜，他日可以文鸣于世。十五，虽勤受业，文理未违。"〔朝〕金得臣：《柏谷集》附录《行状草（金行中）》，韩国民族文化推进会编：《韩国文集丛刊》104，首尔：景仁文化社，1996年，第228页）

金得臣刻苦学习，把每本书每个字都阅读上万遍，最终科举及第，成为官吏，并且成为一名诗人，克服了"性伤质鲁"而"文鸣于世"，实现了父亲的心愿。金得臣的事迹告诉我们，他不仅克服了自己先天性的气质，更是克服了后天的障碍（"性伤质鲁"），可以说是朱熹所说的气质变化在现实生活中的成功事例。

可见，朱熹所说的气质变化不仅仅是为了实现理论的完结性而提出的要求，而是相信，人实际上是可以通过个人的持续努力，在现实生活中实现其气质变化的。[1]朱熹所说的气质变化，可能有意无意地受到了当时盛行的道教、佛教之修炼、修行的影响。[2]但朱熹的修炼、修行与道教、佛教的理论即使有密切关系，其中所具有的独立于那些理论的意义和作用也是确定无疑的。他所主张的修炼和修行，并不从属于道教、佛教，而具有其理论独创性。

朱熹提出气质变化理论的过程，与阴阳五行思想的发展过程非常相似。阴阳五行说最初虽由邹衍提出，但董仲舒却将其纳入儒家学说中，成为儒家解释宇宙论和人性论的基本框架。在成为儒家宇宙论和人性论的基础之后，便没有人关注阴阳五行说起源于阴阳家，也不去对它进行批判了。这是因为，如果在儒家的人性论和宇宙论中去掉阴阳五行说，那么抽象的原理与具体的现实之间就会产生巨大的割裂，从而出现很多无法解释的领域。

2. 王阳明：统合的实体与观点主义

王阳明（1472—1529）在《大学》的版本问题、《大学》"格物"的解释问题乃至本性论上，都与朱熹存在差异。对于二者之间的差异究竟是产生于儒学内部的细微的不一致还是决定性的不一致，按照立场的不同可能会有不同的看法。但在本性论的脉络中，王阳明和朱熹之间绝不是细微的差异。在心和本性以及修养和实践的问题上，二者的学说可以说呈现出了不同的发展方向。

首先，朱熹将本性供奉于本体（实体）的圣殿中。其次，朱熹认为人通过情可以获得道德生活（性体情用，性之发为情）。既然本性占据了本体（实体）的王座，那么本性就不能直接介入、统率身体和现实。本性处在自己纯粹的世界之中，就不可避免地与身体和现实产生距离。此时，情因为气质的原因而受到身体和现实的影响，人可

---

[1] 舜没有怨恨想要杀死自己的父亲瞽瞍和同父异母的兄弟象，真心实意对待他们，最终将他们感化为善良的人。这样看来，可以说儒学也是从对气质变化的叙事中开始的。

[2] 朱熹关于道教的看法，参照《朱子和气以及身体》，第251—255页。

能会走向道德生活，也可能会走向相反的方向。因此，依照朱熹模型的本性面临两个层面的问题：本性不能与身体和现实直接产生联系，以情为媒介的间接统率无法完全免于失误（失败）。

围绕这一问题，王阳明针对未发和已发提出了不同于朱熹的解释。朱熹在中和之辩后确立了心统性情的中和说。① 这里所谓的"未发"指的是作为本体之性（心性论）在尚未展开现象的、意识的指向性活动的潜意识状态②，而"已发"则是指展开了指向性活动并呈现出"好恶"等多样性的知觉状态。尽管王阳明也使用了未发和已发的概念，但是与朱熹是完全不同的脉络。

有人曾向王阳明询问未发和已发，开始时王阳明的回答是没有什么未发和已发之分。但他不是在否定未发和已发，而是让对方进行反省，以发现朱熹此说中所存在的问题。王阳明认为，如果我们能充分认识到这个问题，就算说有已发和未发之分也无妨。③

从朱熹的立场来看，王阳明的说法是在模糊本体（性）与作用（情）之间的严格区分。情作为本性之发显，亦即"性发为情"，强调的是性对于情的统率。因为本体与作用的原因，如果没有严格区分未发与已发，那么本性统率情的作用就会被弱化。由此可见，王阳明在未发与已发的问题上采取了与朱熹不同的方法，只不过两者之间的区别仅仅呈现在概念的层面。

那么，王阳明的已发与未发又是以什么样的方式加以区分的呢？可以说王阳明对未发与已发的区分，也是以喜怒哀乐的呈现为基础。从这一点来看，王阳明的主张与传统的观点并没有太多的不同。可以说，朱熹是在"心统性情"说中解释未发与已发的作用体系，并且将未发和已发看作是性体和情用，而王阳明则将未发和已发看作是

---

① 参照〔韩〕孙英植：《理性与现实：宋代新儒学中的哲学争论研究》第8章"朱熹心性论的形成：以中和论辩为中心"，蔚山：蔚山大学出版社，2013年。

② 〔韩〕李承焕：《朱子修养论中"未发工夫"的目的与方法，以及道德心理学的意义》，《东洋哲学》，2009年第32期，第326—327页。

③ "或问未发已发。先生曰：'只缘后儒将未发已发分说了。只得劈头说个无未发已发，使人自思得之。若说有个已发未发，听者依旧落在后儒见解。若真见得无未发已发，说个有未发已发。原不妨原有个未发已发在。'"（〔明〕王守仁：《传习录下》，〔明〕王守仁撰，吴光、钱明、董平、姚延福编校：《王阳明全集》卷3，上海古籍出版社，1992年，第115页）

心体和心用。①也就是说，王阳明没有将未发和已发看作是心的某种特定的状态，而是将它们都看作是心的本体和作用。②

因此，王阳明在未发和已发概念的区分上与朱熹相似，而在未发和已发的统合上与朱熹相悖。同时，王阳明在采纳"心统性情"这一观点上与朱熹相似，而在"性之发为情"的观点上与朱熹产生了分歧。进而，王阳明否定了在心中存在更深层次的、可以统率意识和思虑的、不动的、根源性的本性，而更为强调心统性情的特质。

本性并不独立存在于心之外，本性就是心本身。换言之，心本身便是本性。可以说，这就是区别于朱熹"性即理"说的王阳明的"心即理"说。③在王阳明看来，心在具有使人成为人的特性——性的同时，也使人具有思考和知觉——情。根据对心的不同观点，心可以成为性，也可以成为情。可以说这是一种观点主义。王阳明在否定"定性"说的讨论中，也采用了这一观点。④

朱熹以体用图示区分未发与已发、性与情，在保存本体的神圣性和绝对性的同时，执行统率的任务。但是，这样的二元化与体用本来的用法并不契合。体用原本针对的是同一实体的样态，而不是描述不同对象之间的关系。⑤比方说，眼睛具有能够看见物品的视力和实际上看到物品的视觉。此时眼睛的视力是体，眼睛的视觉是用。王阳明便是试图解释体与用不是指不同对象，而是指单一实体，也就是心。在这一点上，王阳明主张的不是"体用别源"，而是"体用一如""体用一源"。

朱熹的性体情用论有利于解释恶的产生。因为此说可以解释恶的产生与本性无关，而是情的作用。这样一来，本性的纯粹性和无误性就不会有任何问题了。而像王阳明这样将性与情规定为是心体与心用的话，那么恶就是由心所导致的。

---

① "喜怒哀乐之未发，则其指本体而言，性也。……喜怒哀乐之与思与知觉，皆心之所发。心统性情。性，心体也。情，心用也。"（《答汪石潭内翰》，《王阳明全集》卷4，第146页）

② 〔韩〕韩正吉：《王阳明的"未发"观与良知体用论》，韩国阳明学会编：《阳明学》，2009年第23期，第20页。

③ "心即理也。此心无私欲之蔽，即是天理。不须外面添一分。以此纯乎天理之心，发之事父便是孝，发之事君便是忠，发之交友治民便是信与仁。只在此心去人欲存天理上用功便是。"（《传习录上》，《王阳明全集》卷1，第2页）

④ "性无定体，论亦无定体，有自本体上说者，有自发用上说者，有自源头上说者，有自流弊处说者。总而言之，只是一个性，但所见有浅深尔。若执定一边，便不是了。"（《传习录下》，《王阳明全集》卷3，第115页）

⑤ 参照〔韩〕姜真硕：《体用哲学》第10章，首尔：文史哲，2011年。

此时，按照朱熹的立场，就可以对此提出疑问：心怎么可能既是恶的原因，又是道德的根源呢？

针对这一问题，王阳明没有使用朱熹"天地之性与气质之性"的模型，而是设定了"天理与私意""良知与私意""本体与私意"的模型。他在《传习录》中，是用"私意"隔断天理之运行而引发阻塞来加以回应的。于是他提出了"私意隔断""私意障碍""出于私意"等观念，而且"私意"还与"安排"和"思索"一同出现，以指向人脱离天理，操纵对己有利的利己活动。王阳明间或还会用"私欲"来代替"私意"。

这时候，王阳明还反复提到"此心无私欲之蔽，即是天理"。① 这显然不是说心中存在与私意不同的东西——天理，而是说心只要不萌生利己之欲望，那么心体本身便是天理。在王阳明看来，人并非是因为气质的不同而被性制约，而是关注了人可能会萌生出私意与私欲的可能性。因此可以说，王阳明否定了气质的实体性，将欲望看作是像私意或是私欲一样的利己的活动。

到了后期，王阳明用"良知"一词代替本性。良知指的是无须通过后天学习的、先天具有的、可以区分是非与善恶的心之本体。按照王阳明的说法，良知作为心之本体，可以一直观照人（恒照者）。② 因此，我们不能排除良知来谈论自我。因为良知便是"真吾"。③

王阳明注重将这样的良知完全地践行于日常生活，也就是"致良知"。"致良知"类似于我们今天所说的将"遵循健全的良知"或是"相信纯粹的良心"看作是行动依据。在日常生活中，当出现矛盾的时候，我们会按照良知和良心去进行判断，也会劝别人也这样做。现实复杂的情况和信息会干扰人们的心智。此时，只有按照自己的良知来进行判断，能获得真知。这样看来，王阳明的观点可以说是在劝告人们不要选择复杂的方法，在繁杂的信息中自寻苦恼、自我纠缠，而是要寻找到一直指引自己的良知，也就是本性，按照正确的方向努力。这个良知及其方向，比起朱熹的"格物致知"并以此寻找光明，具有直接简明的特性。

---

① 《传习录上》，《王阳明全集》卷1，第2页。
② "良知者，心之本体，则前所谓恒照者也。"（《传习录中》，《王阳明全集》卷2，第61页）
③ "夫吾之所谓真吾者，良知之谓也。"（《从吾道人记》，《王阳明全集》卷7，第250页）

四、结论

长期以来，本性一直是包括儒学在内的东方哲学讨论的话题。在儒家看来，本性承接着天命思想，同时还与天命结合在一起成为人内在的特性。因此，人若依照本性并在生活中实践本性的话，不仅可以在道德层面上变得完满，还可以在日常生活中变得幸福。

然而，这样的理想在现实中是难以实现的，于是儒家学者便围绕怎么做才能让本性在现实和生活中完全发挥作用展开了讨论，提出了经济、教育、气质变化等方案，从而使本性成为儒学乃至东方哲学中一个重要论题。

但是，对本性及其善恶的定义并不那么简单。每个人对本性和善恶的定义都可能不同，甚至本性永远需要和本性之外的他者共存。要求人"依照本性"虽然简单，但对于个人而言，其中的意味并不十分明了。在东方哲学中，为了实现本性讨论的简明性和鲜明化，在漫长的时间长河里，不可避免地一直进行着知性的冒险。

随着第四次产业革命与人工智能的兴起，对作为现生人类的智人（Homo sapiens）的定义也值得我们重新思考。近年来，还展开了关于"超人类（Transhuman）"的讨论。面对近代科学与现代的第四次产业革命，东方哲学界需要寻找重新诠释本性的方法与路径。

（作者辛正根系韩国成均馆大学校教授，
译者陈涵系韩国成均馆大学校儒学东洋韩国哲学系博士后研究员）

阳明学在朝鲜半岛的传播及其思想内容[*]

李红军

内容摘要： 阳明学在16世纪初传入朝鲜半岛之后，在朝鲜朝经历了与中国不同的发展历程。在朝鲜朝，五百年来朱子学独享官学地位，对其他学说进行排斥和攻击。在这种思想学说的专制下，阳明学被认定为"异端邪说"而受到了压制和排斥。但阳明学的开放务实的精神，为不同时期的学者所接受和发扬，最终形成了朝鲜朝阳明学的发展轨迹。本文通过阳明学在朝鲜半岛的传播及不同时期人物思想的考察，大体上呈现朝鲜朝阳明学的发展概貌。

关键词： 阳明学　朝鲜朝阳明学　传播　思想内容

相较于朱子学，阳明学在朝鲜半岛儒学史上的地位甚低。可以说在朝鲜朝，五百年来朱子学独享尊崇地位，阳明学几乎未能得到学界的认可，这种现象与中国大不相同。在中国思想发展史上，程朱理学和陆王心学虽然有其盛衰过程，但自宋元至明清，二者始终共存并共同发展。朝鲜朝独尊朱子学，把其他学说认定为"异端邪说""斯文乱贼"而进行残酷的践踏和压制。在当时，对"斯文乱贼"的惩处极为严酷，甚至株连子孙后代，即便再有才华的人也被排斥在科举之外，无法跻身上层阶级。因此，在朝鲜朝阳明学只能以特殊的方式——"阳朱阴王"的方式延续。

考察和分析在朝鲜朝接受和研读阳明学的士人们的学说，就不难发现其学说中，朱子学与阳明学混合并存。他们既坚持理气二元论，又在认识论或伦理实践等方面表

---

[*] 本文以金吉洛先生《韩国象山学与阳明学》（李红军译，社会科学文献出版社，2016年）一书为基础整理补充完成。

现出一元论立场。而且，大部分士人只字不提阳明学，或者只有支持或部分接受阳明学思想的痕迹。因此，在朝鲜朝阳明学的相关研究中，除了郑齐斗之外，之前士人们的"心学"思想很难确定它是阳明"心学"，还是朱子"心学"。

在当时，如果朝鲜朝实施包容学问多样性和多元化的宽松政策，那么，阳明学将会被接受和发展成为适合朝鲜朝社会的阳明学，将会确立基于"华夷一也"精神的和平开放的国际关系，将会实现基于"圣凡一也"平等意识的士、农、工、商职业平等的社会，从而实现产业发展和经济增长，开启富国强兵的历史，最终也不会遭遇外来势力的侵扰和统治。

本文基于以上思路，对阳明学在朝鲜半岛的传播及影响进行考察，以期进一步认识朝鲜半岛阳明学的形成及其思想内容。

一、朝鲜半岛阳明学的传入

朝鲜朝把朱子学作为官学而加以崇尚，把其他学派和学说视为"异端邪说""斯文乱贼"而加以排斥和严惩。相对于朱子学，阳明学被视为对绝对权威体制的威胁者、对朱子学即官学的挑战者。在此历史背景下，阳明学被扣上"异端""斯文乱贼"的罪名而遭到镇压。尽管朝鲜朝对阳明学进行了残酷镇压，但仍有一些学者将生死置之度外而公开主张阳明学。然而，大部分阳明学者却在严酷的生存环境下，在现实和学问追求的冲突中，要么采取表面上标榜朱子学、实际上吸收和传播阳明学的"阳朱阴王"的方式，要么采取折中朱子学与阳明学的方式。这是朝鲜朝阳明学的生存特性。

学界对阳明学何时传入朝鲜半岛，至今尚无定论。对阳明学的传入期，学界代表性的主张大致有以下三种：

一是认为阳明学的传入期是在明宗末宣祖初即1567年前后。学者根据李滉（1501—1570，号退溪）《退溪集》卷四十一《传习录论辨》、柳成龙（1542—1607，号西厓）《西厓集》卷十五《知行合一》《王阳明以良知为学》，以及《李朝实录》宣祖二十七年（1594）有关阳明学说的文献等，认为阳明学的传入期为明宗末宣祖初。[①]

---

① 参见〔韩〕李能和：《朝鲜儒界之阳明学派》，《青丘学报》，1936年第25号；〔日〕高桥亨：《朝鲜的阳明学派》，《朝鲜学报》，1953年第4辑；〔韩〕刘明钟：《朝鲜朝的阳明学研究及其发展》，《韩国哲学研究（下）》，东明社，1978年。

二是尹南汉认为阳明学在中宗末明宗初程朱学的心学化过程中传入,并被接受和批判。他认为,心学化的契机形成于金安国(1478—1543,号慕斋)[①]、朴永、徐敬德(1489—1546,号花潭)、李彦迪时期,而金安国最早研究明儒程敏政(1445—1499,号篁墩)的《心经附注》并将其传给弟子许忠吉(号南溪)。他把赵光祖(1482—1519,号静庵)的道学运动看作是心学化运动的开始。进而他认为,徐敬德、曹植(1501—1572,号南冥)以及与他们有关联的李履素(号仲虎)、洪仁佑、南彦经(1528—1594,号东冈)等人使心学学风更趋明显化。[②] 金安国比王阳明小六岁,如果说金安国的《赴京使臣收买书册印颁议》中包含王阳明作序的《象山集》,那么可以推测王阳明思想的传入时间应该更早。[③] 而且根据洪仁佑(1515—1554,号耻斋)《耻斋日记》癸丑六月十日条有关洪仁佑阅读《传习录》的记录,可以推测阳明著作在明宗八年(1553)即已传入朝鲜半岛。[④]

三是认为阳明学的传入时期是中宗十六年即1521年之前。吴钟逸根据朴祥(1474—1530,号讷斋)《讷斋集》中《年谱》(辛巳,讷斋48岁)和《辨王阳明守仁〈传习录〉》中批判王阳明《传习录》为禅学的言论,以及金世弼(1473—1553,号十清轩)《十清轩集》卷二《又和讷斋》中的"阳明老人,专治心学,出入三教,晚有所得",《十清轩集》卷四《附录》朴彝周所撰的《先生谥状》中的"王阳明文字东来未久,人莫知其为何等语,而先生早已觑破其为禅学,与朴讷斋祥,有酬唱三绝句"等内容,推测阳明学的传入时期为中宗十六年(1521)。[⑤]

除此之外,申香林根据金世弼赴明回朝的时间在1520年,主张《传习录》的传入时间可能为1520年。[⑥]

如上所见,对于阳明学的传入时间,大体上有四种不同的立场。由此,对于"谁是接受阳明学的第一人"的问题,也存在不同的看法。刘明钟认为,南彦经与李瑶

[①] [韩]尹南汉:《朝鲜时代的阳明学研究》,集文堂,1982年,第112页。
[②] 《朝鲜时代的阳明学研究》,第23页。
[③] 《朝鲜时代的阳明学研究》,第100页。
[④] 《朝鲜时代的阳明学研究》,第132页。
[⑤] [韩]吴钟逸:《阳明传习录传来考》,《哲学研究》,1978年第5辑,第67—86页。
[⑥] [韩]申香林:《十六世纪前期阳明学的传来与受容研究》,《退溪学报》,第118辑,2005年,第181—228页。

（庆安令）最早接受阳明学。①尹南汉认为，在朝鲜朝最早读到《传习录》的是洪仁佑②，洪仁佑的《耻斋遗稿》是推定阳明学传入期的原始资料，还可以通过《耻斋遗稿》获知徐敬德与阳明学者之间的关联性。③洪仁佑与南彦经是姻亲，所以在学术上有可能相互影响，而李瑶作为南彦经的门人至少在这个时期已接触了阳明学。但申香林认为，金世弼可能是朝鲜半岛接受阳明学的第一人。

南彦经很早就与徐敬德、李滉的门人有来往，并从游于成浑（1535—1598，号牛溪）、李珥（1536—1584，号栗谷）等人，而洪仁佑、南彦经、李仲虎等都受学于堪称畿湖学派乃至主气学派之渊源的徐敬德门下。因此可以说，在朝鲜朝早期接受阳明学的人大多出于徐敬德门下的中畿学派。④

在朝鲜朝早期接受阳明学的过程中，李瑶曾汇集阳明学说并向宣祖极力称赞。根据《宣祖实录》的记载，柳成龙曾向宣祖诤谏"近来受学于南彦经的大部分学者崇尚阳明"，并指认李瑶是代表人物。李瑶与宣祖曾就阳明学展开讨论，在两人的问答过程中，宣祖亦称赞过李瑶。⑤由此可知，李瑶和宣祖并没有被名分论所束缚，而是把阳明学视为解决时代问题的方案之一。

二、阳明学在朝鲜半岛的接受与传播

至于阳明学在朝鲜半岛的接受与传播过程，可以分为潜藏期、接受期、奠基期、完成期四个时期加以考察。潜藏期主要介绍李珥的阳明学思想因素；接受期和奠基期主要介绍许筠对阳明学的公开接受，以及张维、崔鸣吉对朝鲜半岛阳明学的形成所做出的贡献；完成期主要介绍郑齐斗的阳明学思想与特质。

1.朝鲜朝阳明学的潜藏期

可以说李珥为阳明学说在朝鲜半岛的落地生根提供了学问土壤，开创了"阳朱阴王"方式的先河。学界提出栗谷学的"非朱子学的异质性""非传统论的特性"等问

---

① 《朝鲜朝的阳明学研究及其发展》，第111页。
② 《朝鲜时代的阳明学研究》，第112页。
③ 《朝鲜时代的阳明学研究》，第129页。
④ 〔韩〕金吉洛著，李红军译：《韩国象山学与阳明学》，社会科学文献出版社，2016年，第31页。
⑤ 《宣祖实录》卷52，宣祖二十七年七月十七日（癸巳）条。

题，与阳明学是有一定关系的。作为朱子学者，李珥以开放、务实的学问态度，对朱子学作了阐释和解读。考察李珥性理学，我们不难发现李珥对朱子学的继承和反思、对阳明学的认同和肯定。比如，与朱子学把"心"分为"人心"与"道心"的二心说的立场不同，李珥支持一心说，主张心理一元说，并确立了"寂感一如"的理论体系。① 在格物说上，李珥也支持阳明学的观点，对朱子、象山将格物的"格"字解释为"至"表示不满，而与阳明一样把"格"字解释为"正"。② 朱子与象山主张"先知后行"说，李珥却提出了类似于王阳明"知行合一"说的"知行并进"说。③ 由此可见，李珥在标榜朱子学的同时，又表现出不同于朱子学的阳明学倾向。

在岭南学派把阳明学作为"异端""斯文乱贼"而严厉批判的时代风潮下，以徐敬德为首，成浑与李珥的门人乃至再传弟子却认同和接受了阳明学。李珥虽然对阳明学只字不提，但是在他的性理学思想中可以窥见对阳明学的认同和接受。对此，值得深入研究。

李珥在回答针对罗钦顺、薛瑄与王阳明三人的提问中认为：罗钦顺虽"拔萃人物"，然"所见少差"；薛瑄"虽无自见处"，但可谓贤者；而王阳明尽管"尝比朱子于洪水猛兽"，但"其学可知"矣。而且他还说，从明廷把王阳明供奉于圣庙，可以了解中国的学问。④ 尤其是针对当时比较活跃的陈建（1497—1567，号清澜），他说：批判陆王学时不要全盘否定陆王学，而是要取其功、去其过，这才是忠恕之道。⑤ 由此可见，李珥对阳明学是持肯定、友好立场的。

后来在李珥与成浑门下受学的李恒福（1556—1618，号白沙）与申钦（1566—1628，号象村）⑥，以及李恒福与申钦门下的崔鸣吉（1586—1647，号迟川）与张维（1587—1638，号谿谷）等人所表现出来的阳明学倾向⑦，可以使我们进一步确认畿湖

---

① 〔韩〕李珥：《答成浩原》，〔韩〕李珥著，栗谷思想研究院编纂：《栗谷全书》卷9，士林院出版社，1990年，第190页；《答安应休》，《栗谷全书》卷12，第250页；《杂记》，《栗谷全书》卷14，第297页；《圣学辑要二》，《栗谷全书》卷20，第456页。

② 《圣学辑要四》，《栗谷全书》卷22，第489页。

③ 《圣学辑要四》，《栗谷全书》卷22，第496页。

④ 《语录上》，《栗谷全书》卷13，第258页。

⑤ 《学蔀通辨跋》，《栗谷全书》卷13，第272—273页。

⑥ 《朝鲜时代的阳明学研究》，第34、36、149、174、199页。

⑦ 根据《儒教大事典》（博英社，1990年），崔鸣吉是李恒福与申钦的门人。另外，据尹南汉所著《象村先生集》解题，崔鸣吉、张维都是李恒福与申钦的门人。

儒学的鼻祖李珥与阳明学之间的关联性。可以说，在阳明学传播于朝鲜半岛的潜藏期，李珥开创了"阳朱阴王"的先河。

2. 阳明学的公开接受与朝鲜朝阳明学的奠基期

在朝鲜半岛阳明学发展史上，许筠（1569—1618，号蛟山）被认为是公开接受阳明学的学者。他因谋乱罪被处死，其思想和处境与阳明左派李贽（号卓吾，1527—1602）非常相似。李贽主张自由与个性解放，是师从阳明弟子、排斥朱熹的王门后学。而许筠在《闲情录》卷十七中，引用王阳明之说和李贽的《焚书》，反对朱子学的教条主义，明显接受了王学左派的思想，其《学论》《文说》《诗辨》明显受到李贽"童心说"的影响。[①]许筠还说"近世阳明、荆川之文，皆因内典，有所觉悟，心窃艳之"[②]，直接表达了对阳明学的赞赏。

在朝鲜朝阳明学派的形成过程中，张维起到了奠基作用。据史料记载，郑齐斗（号霞谷，1649—1736）从张维的《谿谷漫笔》中得到过启发，崔锡鼎（1646—1715，号明谷）也通过《谿谷漫笔》对《传习录》产生了兴趣。[③]张维在《谿谷漫笔》中对朱熹《中庸章句》存在的问题进行了批判[④]，并对朝鲜朝当时独尊程朱的学风予以抵制：

> 中国学术多岐，有正学焉，有禅学焉，有丹学焉，有学程朱者，学陆氏者，门径不一。而我国则无论有识无识，挟策读书者，皆称诵程朱，未闻有他学焉。岂我国士习果贤于中国耶？曰非然也。中国有学者，我国无学者。盖中国人材志趣，颇不碌碌，时有有志之士，以实心向学，故随其所好而所学不同，然往往各有实得。我国则不然，龌龊拘束，都无志气。但闻程朱之学世所贵重，口道而貌尊之而已。[⑤]

可见，张维对朝鲜朝时期独尊程朱的学风是持强烈批判立场的。他针对朱子学者指责阳明学为禅学而辩解说：阳明学不仅不是禅学，而且是与程朱学有明确区别的儒

---

① 《朝鲜朝的阳明学研究及其发展》，第116—117页。
② 〔韩〕许筠：《许筠全书》卷4《送李懒翁还枳山序》，《惺所覆瓿稿》卷4《文部》。
③ 《朝鲜朝的阳明学研究及其发展》，第121页。
④ 〔韩〕张维著，金哲熙译：《中庸章句中有疑者三》，《谿谷漫笔》卷1，乙酉文化社，1982年，第26—29页。
⑤ 《我国学风硬直》，《谿谷漫笔》卷1，第71页。

学。他说：

> 阳明、白沙论者，并称以禅学。白沙之学，诚有偏于静而流于寂者。若阳明良知之训，其用功实地，专在于省察扩充，每以喜静厌动为学者之戒，与白沙之学绝不同。但所论穷理格物，与程朱顿异，此其所以别立门径也。①

他认为王阳明的良知学并不是像禅学那样脱离现实的喜静厌动之工夫，而是在现实中通过内心省察和实地用功来完成人之本性的能动思想，由此肯定了王阳明的知行观。他说：

> 先儒以穷理为格物，致知之事，专属于知，唯王阳明以为兼知行而言。范淳夫曰：自君臣而言之，为君尽君道，为臣尽臣道，此穷理也。理穷则性尽，性尽则至于命矣。与阳明之说合。②

张维亦反对朱子学者把王阳明的学说归为禅学的主张，肯定和接受王阳明的良知说、知行合一说，主张气一元论、慎独说等。阳明学在朝鲜朝的强力镇压下，正是通过张维才存续了命脉，奠定了落根于朝鲜半岛的基础。郑寅普曾评价张维的《谿谷漫笔》"数行漫笔实为朝鲜儒学史的总论"③，肯定张维对包括阳明学在内的儒家学说在朝鲜半岛的落地生根所做出的突出贡献。

崔鸣吉与张维都是"仁祖反正"的功臣，两人还是姻亲，而郑齐斗则是崔鸣吉的兄长崔来吉的外孙。从他写给儿子崔后亮的《寄后亮书》中，可见其对阳明学的重视。他在书信中说：

> 汝书云："本来面目，只于恍惚间看得依俙，此乃工夫未熟而然也。"汝能觉得如此，亦见日间点检省察之功，深可喜也。阳明书云："心本为活物，久久守着，亦恐于心地上发病。"此必见得亲切自家体验分明，故其言如此。以

---

① 《阳明与白沙》，《谿谷漫笔》卷1，第100—101页。
② 《王阳明范纯夫格物致知辨》，《谿谷漫笔》卷1，第65页。
③ 〔韩〕郑寅普：《阳明学演论》，三星文化财团，1972年，第162页。

阳明之高明，犹有是忧，况汝方处逆境，心事何能和泰如平人耶？此时遽下刻苦工夫，过为持守，或转成他病，亦不可不虑。但就寻常言动间，时加提掇，不使此心走放，往往静坐默观，认取天机之妙。常使吾心之体，妙合于鸢飞鱼跃之天，则虽在囹圄幽絷之中，自有咏归舞雩之趣。……抑所谓本来面目常涵于虚明澄澈之地，而发见于喜怒哀乐之间，古人用功所以无间于动静。而日月寒暑之代谢，风云烟雨之变态，莫非道体流行之妙，而与吾方寸知觉之用，上下同流，滚合为一，但能觉得到此而常常体认，则所谓依俙者自然分明，所谓恍惚之间者自然恒久纯熟矣。①

崔鸣吉在信中援用了王阳明的话，以解释"心即理"说。虽然崔鸣吉没有直接提到"良知"，但根据"所谓本来面目常涵于虚明澄澈之地，而发见于喜怒哀乐之间，古人用功所以无间于动静"，可知崔鸣吉所说的"本来面目"就是"良知"。此外，从"故良知之天，一朝开悟而不可掩也"②，可以看出他可能不仅接受了王阳明的"心即理"说，也接受了"良知"说。

在当时的朝鲜思想界，朱子学者与阳明学者形成对峙之势，这在崔鸣吉身上表现得最为显著。"丙子胡乱"时期，以义理为绝对价值的朱子学者金尚宪（1570—1652，号清阴）主张"斥和论"，而崔鸣吉则经过冷静思考、实情考量，提出"主和论"，由此而形成了朱子学派的义理思想与阳明学派的事功思想的对立。当时朱子学者往往以观念性的"名分论"为基础对现实情况做出判断，所以无法出现能够打破现实格局的政治力量。因为崔鸣吉的立场，不是以观念性的大义名分为基础，而是从现实出发，在实际情况与主体利益相结合的基础上寻求现实的解决方案，其所坚持的恰恰是"实理"的立场。③

崔鸣吉的主和论不仅以追求实理的立场为基础，而且以王阳明的权变思想为根据：

故臣之为此羁縻之言者，非敢不顾是非，徒为利害之说，以误君父也。酌之以时势，裁之以义理，证之以先儒之定论，参之以祖宗之往迹，如是则国必

---

① 〔韩〕崔鸣吉：《寄后亮书》，〔韩〕崔鸣吉著：《迟川集》卷17，1996年，第531页。
② 《论典礼劄》，《迟川集》卷8。
③ 〔韩〕宋锡准：《关于韩国阳明学与实学以及天主教的思想关系性之研究》，成均馆大学博士学位论文，1992年，第91页。

危，如是则民可保，如是则害于道理，如是则合于事宜，靡不烂熟思量，有以信其必然。……盖道有经权，事有轻重。时之所在，义亦随之。圣人作易，中贵于正，良以此也。①

崔鸣吉明确表示，自己主张主和论，并非只考虑实利，而是以义理为根据。这种义理并不局限于某种固定不变的规范与原则，不反映时代的变化与实际状况，只追求名分与形式，而是注重"为民"与"民本"，保护和照顾百姓的实际利益，即实理。从"义亦随之"的主张可以看出，义理并不是固定不变的、外在的形式与规范，而是根据具体事态的变化而变化，同时又根据自己的本心而确立的。

王阳明强调："中，只是天理，只是易。随时变易，如何执得？须是因时制宜，难预先定一个规矩在。"②王阳明明确反对拘泥于某种固定不变的原则与规范，并且认为"义"乃是不拘泥于固定不变的法则与规范的人之良知，根据具体状况，自行判断事物之是非的本质要求，它反映出良知的随时性和变易性。③

崔鸣吉主张和谈，批评道："夫不自量力，轻为大言，横挑犬羊之怒，终至于生灵涂炭，宗社不血食，则其为过也孰大于是？"④而他主张主和论，根本目的是摆脱名分论与形式主义的羁绊，以救百姓与国家于危难之中。柳承国曾指出：

> 李滉1566年著述《传习录论辨》之后过了五十余年，在"仁祖反正"前后，开始出现研究阳明学的学者，崔鸣吉与张维就是有文献记载的学者。而且，根据南九万撰写的崔鸣吉的碑文来看，崔鸣吉与赵翼、张维、李时白交往甚密，世称四友。……他们深入研究在当时被忽视和冷遇的阳明学，形成了阳明学的一个学派。⑤

可以说，朝鲜朝阳明学是通过徐敬德门下的洪仁佑与南彦经等人才开始落地生根，

---

① 《丙子封书三》，《迟川集》卷11。
② 〔明〕王守仁：《传习录上》，〔明〕王守仁著，于民雄注，顾久译：《传习录》，贵州人民出版社，1997年，第53页。
③ 《传习录下》，《传习录》，第274页。
④ 《丙子封书三》，《迟川集》卷11。
⑤ 〔韩〕柳承国：《东洋哲学研究》，槿域书斋，1983年，第377页。

到了崔鸣吉与张维时才逐渐形成。

3. 朝鲜朝阳明学的完成期

如上所述，朝鲜朝阳明学是由洪仁佑、南彦经、李瑶等人接受，经张维、崔鸣吉等人奠基而形成的，到郑齐斗时，才进入了完成阶段。郑寅普评价郑齐斗：在朝鲜阳明学派中，郑齐斗是一流中的大宗[①]；作为阳明学者，著作没有人比霞谷多，也没有人像霞谷那样被埋没[②]。郑齐斗建立了非常综博的学说，留下了王门弟子也不能及的大作。[③]

朝鲜朝儒学大家宋浚吉（1606—1672，号同春堂）、宋时烈（1607—1689，号尤庵）与郑齐斗是师门、从游关系，两人是郑齐斗政治上坚实的后盾。郑齐斗的阳明学思想的形成，受到了尹拯、朴世堂、崔锡鼎、闵以升（号诚斋）等人的影响。郑齐斗虽然确立了朝鲜朝阳明学派，但其仍标榜朱子学，实际上汲取并发展了阳明学。因此，尽管当时一些接受阳明学的人，如尹镌、朴世堂等，因批判朱子学、改变朱子注而被斥为"斯文乱贼"，遭到处死，但郑齐斗却能在这样的乱世中确立阳明学派，且活到了八十八岁高龄。

尹南汉认为：郑齐斗从朱子学转向阳明学，不是出于否定朱子学，而是出于追求朱子学与阳明学的联系性，这是郑齐斗的局限。[④]尹南汉把郑齐斗的学问变化分为三个时期：四十一岁之前的居京时期、之后到六十岁的安山时期、六十一岁以后的江华时期。居京时期，他在程朱心性论的基础上找到了转向阳明学的起点；安山时期，他专注于阳明学的探究与发展；江华时期，他注重于阳明学与程朱学的联系性，并具有回归程朱学的倾向。[⑤]因此，霞谷学并不是强调"阳朱阴王"或朱子学与阳明学的对立，而是在注重朱子学与阳明学之联系性的基础上，发展成为统一朱子学与阳明学的圣学。[⑥]

郑寅普的评价与尹南汉稍有不同，他认为，郑齐斗在年少时专注于朱子学，研究

---

① 《阳明学演论》，第163页。
② 《阳明学演论》，第171页。
③ 《阳明学演论》，第163页。
④ 《朝鲜时代的阳明学研究》，第206页。
⑤ 《朝鲜时代的阳明学研究》，第226—228页。
⑥ 《朝鲜时代的阳明学研究》，第229页。

并发现了《朱子大全》《朱子语类》的精微之意,但是对朱熹把"格致"解释为"即物穷理"的部分却不以为意,于是重新回到周、程学说,深入研究诸经大旨,直到中年得到阳明著作并读到"致良知""知行合一"之训后,才豁然省悟,最终专注于阳明学。[1]而尹南汉在看来,郑齐斗批判的所谓"朱子学",并不是朱子的所有学说,而是"即物穷理"论。[2]

后人关于郑齐斗的行状、墓表及年谱等,都是从程朱学的价值观或以郑齐斗与王室的关系为重点而撰述。因此,郑齐斗思想中的阳明学因素被忽略了,或者说被程朱学掩盖了。[3]但是,他在《书牍》《学辩》《存言》等著述中谈论阳明学,并赞叹阳明学的简易和精要,所引内容虽未标明出处,但大都引用的是王阳明的《传习录》,即便是以阳明学为基础而形成的"主一"的心性学,也几乎没有记录其渊源或转化之动机。[4]可以说,郑齐斗是以阳明学为本旨,只是在为适应时代要求的礼仪形式等问题上坚持了程朱学的立场。因此,与其把霞谷学看成是注重朱子学与阳明学之联系性的思想体系,不如看成是内在精髓是阳明学、外在形式是朱子学的"阳朱阴王"的思想体系更为妥当。[5]

以上从阳明学的潜藏期、接受期、奠基期、完成期等方面,考察了阳明学在朝鲜半岛的传播过程。到完成期之后,以郑齐斗为先的朝鲜阳明学才进入了发展期。这一时期主要有由郑齐斗门人所构成的江华学派与以朴殷植为代表的近代思想家,而作为朝鲜半岛的阳明学派即江华学派,可以说是以霞谷学为基础而展开的。所以对于这一时期,本文暂不讨论,而仅以郑齐斗为考察对象,来展开对朝鲜朝阳明学思想内容的剖析。

三、朝鲜朝阳明学的思想内容——以郑齐斗为中心

郑齐斗与朝鲜近代儒学大家朴殷植(1859—1925,号白岩),被认为是朝鲜半岛

---

[1] 《阳明学演论》,第145—164页。
[2] 《朝鲜时代的阳明学研究》,第227页。
[3] 《朝鲜时代的阳明学研究》,第204页。
[4] 《朝鲜时代的阳明学研究》,第214页。
[5] 《韩国象山学与阳明学》,第47页。

的两大阳明学者。朝鲜半岛的阳明学派，从郑齐斗在江华地区宣讲阳明学、建立"江华学派"开始形成并展开。因此，谈论朝鲜半岛的阳明学，离不开郑齐斗的心学思想，也可以说郑齐斗的心学就是朝鲜半岛的阳明学。

关于郑齐斗的心学思想，本文以生理说、理气合一论、性情合一论等为主要内容。

1. 生理说

考察和分析郑齐斗的理气论，可以发现其内容不仅不同于朱熹的理气二元论，而且也有别于王阳明的理气一元论。以"生理说"为主要内容的理气论，可谓朝鲜朝心学的特征之一。

朱熹支持程颐的理气二元论，严格区分形而上者与形而下者，而王阳明却继承、发展了陆九渊的"心即理"说，主张理气一元论，并对本体（体）与现象（用）加以一元化，试图以此来克服理气二元论的矛盾。[1]在这一点上，郑齐斗的立场不仅有别于王阳明，而且基于自己的"生理"说，对朱子学的理气论作了进一步展开，从而在方法论上与朱子学保持了一致性。

王阳明主张"体用一源"[2]，认为"心即道，道即天""事即道，道即事""心即性，性即理"[3]，视天、事、心、性、理为一元。在理气关系上，他认为"理者气之条理，气者理之运用；无条理则不能运用，无运用则亦无以见其所谓条理者矣"[4]，强调理与气是不可分离的一体。尤其是在朱子学那里被定义为宇宙万物之根源、先验的、普遍存在的天理，在阳明学这里则被定义为内心本体的良知。[5]因此，与主张理先气后或理尊气卑的朱熹的理气论相比，在王阳明的理气论中，"理"较少作为形而上学之存在原理而具有主气论的特性。以这种主气的理气论为基础，王阳明主张"心即理"说，认为"夫物理不外于吾心，外吾心而求物理，无物理矣"[6]，将"吾心"与"物理"视为一体。

到了郑齐斗那里，则将"理"分为内心之理的"生理"与事物之理的"气道之条通"，认为只有生理才是真正的大本，是"性之本体"，并且强调说："以其条路为理

---

[1] 《韩国象山学与阳明学》，第214—232页。
[2] 《传习录上》，《传习录》，第48、88页。
[3] 《传习录上》，《传习录》，第58、43、67页。
[4] 《传习录中》，《传习录》，第168页。
[5] 王阳明说："良知是天理之昭明灵觉处，故良知即是天理。"（《传习录中》，《传习录》，第195页）"天理即是良知。"（《传习录下》，《传习录》，第293页）
[6] 《传习录中》，《传习录》，第117页。

者,盖物理是耳。"①接着他又以此为前提,指出:"然若其气道之条通而已者,则虽其无灵通而至粗顽者,亦皆有之,盖有物则皆有之矣。但是为其各物条贯而已,非所以为统体本领之宗主者也。"②他认为物理只是局限在事物世界的理之中的"条路",而并不是灵通于万事万物的本源之理。他说:"理性者,生理耳。"③精神生气即是体内的生理。

>只以其生理则曰生之谓性,所谓天地之大德曰生。惟以其本有之衷,故曰性善,所谓天命之谓性谓道者,其实一也,万事万理皆由此出焉,人之皆可以为尧舜者即以此也。④

在他看来,生理不同于物理,是人善的生命力之根源,生理包括灵通于万事万物的生命之主体的真理。⑤因此,物理并非是真正意义上的理,只有真正灵通的生理,才可以是"本领之宗主者"。因此,郑齐斗遂将"理"的存在严格区分为内心之理与事物之理。这一点非常独特。

朱子学的"理",可以说相当于霞谷学的"物理",本质上不同于"心之理"。对此,郑齐斗指出:

>朱子以其所有条通者谓之理,虽可以谓之该通于事物,然而是即不过在物之虚条空道耳。茫荡然,无可以为本领宗主者也。……朱子则以气道之条路者为之理,气道之条路者无生理无实体,与死物同其体焉。苟其理者不在于人心神明,而则是虚条。⑥

---

① 〔韩〕郑齐斗:《睿照明睿说》,《存言上》,〔韩〕郑齐斗:《霞谷全集》卷8,骊江出版社,1988年,第286页。
② 《睿照明睿说》,《存言上》,《霞谷全集》卷8,第286页。
③ 《生理虚势说》,《存言上》,《霞谷全集》卷8,第286页。
④ 《一点生理说》,《存言上》,《霞谷全集》卷8,第285页。
⑤ 郑齐斗:"其所以统体而为其条路之主者,即其真理之所在者,则即吾心明德是已。然其睿照之明,一膜之开,只有修治于此性之圣知者而可以开通者也,不当求之于彼物之条路而有开通者也。"(《睿照明睿说》,《存言上》,《霞谷全集》卷8,第286页)
⑥ 《睿照明睿说》,《存言上》,《霞谷全集》卷8,第286页。

在他看来，"理者，气之灵通处，神是也"①"理者，心之神明者，太极上帝"②，进而指出："一团生气之元，一点灵昭之精，其一个生理者，宅窍于方寸，团圆于中极……可以主宰万理，真所谓周流六虚变动不居也。"③由此推知，他的"生理"说非常接近于朱子学的"气"之属性。而且郑齐斗的"生理"，虽用"理"来表述，但事实上具有王阳明所主张的"心"的属性，甚至可以说就相当于王阳明所谓的"本心"。

当然，朱子学并不把太极——理仅仅看作是一种形而上学的抽象的存在原理。朱子学有时还把对理的解释扩大到上古时代的天、帝，看作是与创造万物的天相同的存在。④事实上，太极具有动静之理，气据此理而发挥动静之作用。对此加以逻辑推理，就能得出太极即理而生阴阳的结论。⑤更进一步，朱熹认为"有是理，后生是气"，并在《太极图说》批注中直接提出了"理生气"的主张。⑥因此，朱子学一方面被认为是理气二元论，另一方面又被认为具有主理论的倾向。朱熹既承认理的优先性，又肯定理的创造性。⑦因此朱子学认为，可以把"理"的本体解释为"生"，由此看来，郑齐斗的"生理"说似乎更接近朱子学的"理"。

然而，郑齐斗却把内心之本体的"生理"称为"良知"，从这一点可以看出，他受王阳明良知说的影响很大。郑齐斗认为："恻隐之心，人之生道也，良知即亦生道者也。良知即是恻隐之心之体。"⑧"夫以其全体之德，谓之仁，以其本体之明，谓之良知。"⑨以此为前提，他主张仁即是良知，这显然是受到王阳明良知说的影响。至于"生理"与"良知"的关系问题，郑齐斗指出"盖人之生理能有所明觉，自能周流通达而不昧者，乃能恻隐、能羞恶、能是非，无所不能者，是其固有之德而所谓良知者也，亦即所谓仁者也"⑩，明确主张"生理"即是"良知"。

---

① 《睿照明睿说》，《存言上》，《霞谷全集》卷8，第286页。
② 《道原》，《存言上》，《霞谷全集》卷8，第285页。
③ 《道原》，《存言上》，《霞谷全集》卷8，第285页。
④ 〔韩〕金吉洛：《朱子哲学的本体论》，《论文集》第XVI卷2号，忠南大学校人文科学研究所，1989年，第176页。
⑤ 《朱子哲学的本体论》，《论文集》第XVI卷2号，第176页。
⑥ 《朱子哲学的本体论》，《论文集》第XVI卷2号，第182页。
⑦ 《朱子哲学的本体论》，《论文集》第XVI卷2号，第176页。
⑧ 《与闵彦晖论辨言正术书》，《霞谷全集》卷1，第21页。
⑨ 《与闵彦晖论辨言正术书》，《霞谷全集》卷1，第22页。
⑩ 《与闵彦晖论辨言正术书》，《霞谷全集》卷1，第21页。

郑齐斗认为，人所具有的"生理"不同于"物理"，它是生神即灵明的存在，其本体具有分辨真伪的判断力，并且作为主体而发挥能动作用。[1]他说"是心之明，全体生生，事物虽未感，而其体则常活泼而混全，常昭昭而不昧；其真体也常廓然大公，至静无为，寂然未发而其感通不穷"[2]，认为所有的善都以理为据。他还说："仁者又知之全体知之生理也。"[3]"盖能仁义礼智者，是为性耳理耳。"[4]由此可以说，在霞谷那里，"生理"是充满活力的生命体，它作为活泼流通、生生不息的人生之本体，既是生命的根源，又是道德的源泉。

王阳明认为良知是所有存在的根据，在认识论上主张良知本体是"灵昭明觉者"，是"常觉常照""光明圆莹"的"恒照者"，在价值论上更是把良知作为道德的存在。[5]因此，王阳明多方面地强调了天理即良知。而郑齐斗则因重视人的存在，遂将人所独有的"生理"作为良知，并从多个方面强调了"生理"问题。可见，在人的存在之本质问题上，霞谷学与阳明学是相通的。

2.理气合一论

理气合一论可以说是郑齐斗理气论的重要特征，在理气合一论的基础上，他主张理气兼存，并以"生理"为根据而主张以理为本体的理体说。郑齐斗指出："道义之出于志者，固天理形气之由乎志者，亦天理也。"[6]在他看来，不仅实践道德的本体，而且与其相对立的形气也都是合理的，是天理的具体表现。相反，忽视理之本体，"苟有动其气焉，则形气之动于欲而不出于志者，固为欲矣。道义之着于私而不循于理者，亦是欲也"。[7]因此他认为，理与气时常兼存，如果气"不循于理"而动，便有可能脱离正常的轨道而无法实现正道。

不过相对于气，郑齐斗更重视理，即天理。他说："古人之学而敏求此心之理也。

---

[1] 郑齐斗："理性者，生理耳。盖生神为理为性，而其性之本自有真体焉者，是其性也理也。故于生神中辨其有真有妄，得主其真体焉，则是为尊性之学也。"(《生理虚势说》，《存言上》，《霞谷全集》卷8，第287页）

[2] 《太极主静中庸未发说》，《存言上》，《霞谷全集》卷8，第291页。

[3] 《与闵彦晖论辨言正术书》，《霞谷全集》卷1，第23页。

[4] 《睿照明睿说》，《存言上》，《霞谷全集》卷8，第286页。

[5] 《韩国象山学与阳明学》，第248—255页。

[6] 《正说》，《存言上》，《霞谷全集》卷8，第288页。

[7] 《正说》，《存言上》，《霞谷全集》卷8，第288页。

学者学此心之理也。古人之学不外于此心之天理则，所好所求者岂于此心之外别有他好求哉。"①他认为学问的最终目的在于追求天理，"道心凝聚，为天理，立大本凝至德去汗漫凝主宰，天理生"②，所以应扩充天理。反之，则"是皆形气之动，已私之潢，皆天理之蔽也"。③在这里，他又把形气看成是天理之蔽。

王阳明以理气一元论为基础，将性、心、理、道、气、天、良知、命、事、器视为一体，认为理与气是不可分的存在，并由此主张理气一体论。④郑齐斗也认为"理气不可分言"，心、性、理、气即形而上者与形而下者是同一的存在。⑤在这一点上，霞谷学与阳明学可以说是一致的。

郑齐斗又指出"湛一清明之体，流行恰好之用，莫非理气之合一者也"⑥，认为由本体的理与气所呈现出来的现象世界，就是理气的合一。这与朱子学理气"不相离不相杂"的观点有所区别。朱子学区分动与静，认为静时为理，动时为气。而郑齐斗则认为理与气不受动静的影响，时常合一，"理非静有而动无，气亦非静无而动有"。⑦可见，郑齐斗的理气论认为无论是动还是静，都是时常合一的存在。

朱熹还区分人心与道心，认为道心"原于性命之正"，人心"生于形气之私"，所以道心即理，人心即气。⑧而郑齐斗却指出："夫形气性命者，大体小体之谓也，于二者，俱有理气，非人心道心之谓也，非理气之分也。"⑨他认为动与静只是显与微、寂与感的关系。动是显、感之现象，静是在微、寂状态下的或屈或伸。然无论在何种状态下，理与气都是合一的存在，是兼存之状态，或显或微，或盈虚或消息，因而本质上

---

① 《学辩》，《存言上》，《霞谷全集》卷8，第282页。
② 《存言中》，《霞谷全集》卷9，第302页。
③ 《存言中》，《霞谷全集》卷9，第302页。
④ 《韩国象山学与阳明学》，第214—220页。
⑤ 郑齐斗："凡言理气两决者，诸子之支也。理气不可分言。……心者，性之主帝，皆理耳，不可以心言气性言虚以分理气也。"(《存言中》，《霞谷全集》卷9，第300页)
⑥ 《太极主静中庸未发说》，《存言上》，《霞谷全集》卷8，第292页。
⑦ 《太极主静中庸未发说》，《存言上》，《霞谷全集》卷8，第292页。
⑧ 朱熹《〈中庸章句〉序》："心之虚灵知觉，一而已矣，而以为有人心、道心之异者，则以其或生于形气之私，或原于性命之正，而所以为知觉者不同。"(《四书章句集注》，中华书局，1983年，第14页)
⑨ 《存言下》，《霞谷全集》卷9，第316页。

都不过是存在之变化。①郑齐斗还指出：

> 阴而阳，阳而阴；动而静，静而动；阴阳动静相循环之中也，其阴中有阳，阳中有阴；动中有静，静中有动；而其体也亦有用，而其用也亦有体，其体用显微常相俱而不离。②

由此可见，郑齐斗并没有将阴与阳、动与静、体与用看作是对立关系，而是一元关系。这种一元论的立场，与王阳明的"动中有静，静中有动"的动静一源论③、"有是体，即有是用"的体用一源论④相一致。

那么，理气合一的存在样态究竟如何呢？郑齐斗指出："理体自是理体，本无有变移也，即其所处包膜不蠲而障之，气质物欲翳其真而乱其源也。"⑤也就是说，"理体"本身是清净的，是纯粹的善，但会受到气质与物欲的影响。因此郑齐斗提出："如其静时，气道宁静，额其积秽浊不起，拘蔽少澄。"并以此为前提，主张"略可窥见其理体，而惟其包络之累着不去，则其不净一也，特其未动焉耳"。⑥由于理与气是合一的存在，静时"气道宁静"，受气质和物欲影响后，即被心气的病根遮蔽时，即使理"本无有变移"，气乃至理都会变成"不净"。郑齐斗又进一步指出：

> 气虽宁静，其心气病根常在，则全体也不得为理体者固矣。何者，其全体之有染累者，静时动时，依旧是一本，则此一时之静，虽以谓之理，非是理体。虽曰宁静，非为真静，虽谓之静而气未用事，是气之元本常在，何可以其未用事也而直谓之本体纯全而无累者邪。⑦

---

① 郑齐斗："盈虚消息，皆命也，元气，以流行言。……显微寂感，皆心也。……一气屈伸而为阴阳，一理隐显而为动静。"（《存言中》，《霞谷全集》卷9，第301页）
② 《动静体用理气解》，《存言上》，《霞谷全集》卷8，第290页。
③ 《传习录中》，《传习录》，第172页。
④ 《传习录上》，《传习录》，第48页。
⑤ 《道原》，《存言上》，《霞谷全集》卷8，第285页。
⑥ 《道原》，《存言上》，《霞谷全集》卷8，第285页。
⑦ 《太极主静中庸未发说》，《存言上》，《霞谷全集》卷8，第292页。

由于理与气是合一的关系，故而理不能与气的状态相分离，而独自保持其纯粹性。当然，建立在"理气合一"论上的"理体"，并非指事物之理——物理，而是指内心之理。郑齐斗指出：

> 以主于人心，则无论动静必心得理体，然后谓之理可谓大本。……然而及论其体，则静未发者为大本，作为虚物与在物之虚理同狀。盖不可外人而言理，离心而言大本，枯木理也，而不可为大本矣。睡着静也，而未得为大本矣。①

因此可以说，"理体"并不是作为现象世界形而上学之存在原理的事理，而是存在于人之内心的本质上的道德性。

亦因此，必须以"理体"为主体，以掌握主导权，发挥主导作用。即使是清净灵明之理，如受到气质与物欲的阻碍，就"是以即其所以失之者，以其心包之不净而大本不睿。若其所以得之者，以其心包清净而大本以昭也"。②故而"理气合一"的先决条件是消除"理体"的障碍——气质与物欲，从而使"理体"能够发挥主导作用。郑齐斗又说：

> 然其实只一理也，只一气也，不可以分二。其性之恶心之邪者，皆其理之不得其体者也。失其理也，则是谓之气，于是方可谓之气耳。若其不失其理者，则元无可以理气分焉者耳。③

也就是说，作为生理之本体的理，时常与气合一而不可分。如果本来的理被忽视，无法发挥主导作用，那么此时就可单指气，而此时所言之气，乃为失去正道的病理现象。所以郑齐斗说："其失其理焉者，何也。即以理之过不及也。其过不及者，为以其谬迷动气，分二妄伪故耳。为失其体已也，非非理也。"④可见，无论在何种情况下，郑

---

① 《太极主静中庸未发说》，《存言上》，《霞谷全集》卷8，第293页。
② 《道原》，《存言上》，《霞谷全集》卷8，第285页。
③ 《存言中》，《霞谷全集》卷9，第300页。
④ 《存言中》，《霞谷全集》卷9，第300页。

齐斗都认为理气合一。

然而，虽然郑齐斗主张"理气合一"论，但同时又认为"气之本体为理"[①]"以气主之明体者为之理"。[②] 这就使得他更注重理，将理看作是本体，看作是主体的自律之存在。总之，郑齐斗的"理气合一"论更加强调"理"的主导作用。

3. 性情合一论

郑齐斗的理气论是其心性论的基础。而在心性论上，他是以"理气合一"论为逻辑，展开自己独特的"性情合一"论。郑齐斗指出：

> 若推人生之本原，则人惟其有生气充满，故能有灵明，有灵明洞彻，故能有怵惕恻隐之心，发于其孺子也。如草木禽兽亦有生气充满，非无生生之恻隐，生生底道理，无其灵体也，无其明德也。故无怵惕恻隐之心发于孺子者也。[③]

在他看来，虽然人与其他动植物一样都具有生气，然而动植物并不具有灵明之本体——生理，只有人才具有灵明洞彻的恻隐之心，即生理。

郑齐斗认为，以生理为根据的生气，不同于动植物，只有人才具有。这个"本原生气"，不可混用于"情感发端"。他说："今者以其本原生气混用于其情感发端者谓之论先后，欲以格其次第，宜其所言之，为燕越也。"[④] 因此他反对朱子学的理气"先后"说，反对心性论以动静、体用来区分性情。在他看来，理与气是兼存、并行、合一的关系，理既是本体，同时又是作用。以这种"理气合一"论为基础，郑齐斗认为："怵惕羞恶是非之心情也，性之发也，仁义礼智者，性之德也。……心之性理全体充满，有是四者之德发用流行。"[⑤] 这实际上是在主张"性情合一"论。

因此，郑齐斗明确反对朱子学在心性论上所主张的人心与道心的二心说，认为："理非静有而动无，气亦非静无而动有，明矣。……湛一清明之体，流行恰好之用，莫

[①]《存言中》，《霞谷全集》卷9，第309页。
[②]《睿照明睿说》，《存言上》，《霞谷全集》卷8，第286页。
[③]《与闵彦晖论辨言正术书》，《霞谷全集》卷1，第29页。
[④]《与闵彦晖论辨言正术书》，《霞谷全集》卷1，第29页。
[⑤]《孟子解·四端章解》，《霞谷全集》卷15，第461页。

非理气之合一者也。"① "夫形气性命者，大体小体之谓也，于二者，俱有理气，非人心道心之谓也，非理气之分也。"② 他将动与静看作是心的显与微、寂与感的现象。在他看来，"一气屈伸而为阴阳，一理隐显而为动静"，无论在什么状态下，理与气都不是对立的关系，而是自始至终合一的存在。③

在心性论上，郑齐斗提出"性之质，是末；性之德，是本也"，主张应将性与情看作是本末关系。他认为，如果用时间的先后来区分人生之前与之后，将人生之前或静作为性，将人生之后的形气或动作为情是不合理的。④总之，郑齐斗的性情论与其说是体用论，不如说是本末论。他说："是有本有末者，其为德者，即其源头处言之矣。其实则其本体即无有也。"⑤

郑齐斗指出："性其犹鉴乎。鉴者，善应而不留。物来则应物，去则空，鉴何有焉。"⑥ 性本来虚却灵明，那么恶究竟源自何处？郑齐斗提出："湛一清明之体，流行恰好之用，莫非理气之合一者也。"⑦ 正如将本体发挥作用的现象世界看作是"理气合一"，在"理气合一"的正常情况下，恶是不可能产生的，只有受到病根之气的影响时，"生理"才会因"性之所由蔽"而流于恶。⑧尽管如此，也不是理（性）被气所遮蔽："夫气动而流于恶也，理亦何尝有一刻停息。但为气之所蔽，故理不得昭融透彻主张发挥尔。"⑨ 在郑齐斗看来，性（理）与情（气）并非是体与用的关系，而是合一的关系。

郑齐斗说："静是动体，性是情根，性为形主，理为气原，气亦理，理亦气，性亦情，情亦性。"⑩ 他从"理气合一"的逻辑出发，主张不仅是动静不可分，而且性情也不

---

① 《太极主静中庸未发说》，《存言上》，《霞谷全集》卷8，第292页。
② 《存言下》，《霞谷全集》卷9，第316页。
③ 郑齐斗："盈虚消息，皆命也，元气，以流行言。……显微寂感，皆心也。……一气屈伸而为阴阳，一理隐显而为动静。"（《存言中》，《霞谷全集》卷9，第301页）
④ 郑齐斗："性之质，是末；性之德，是本也。其以有是二者何也。以其人之生，必皆有是形气也。以其人之生，本以是天之生理也。性之体其本无有。"（《存言中》，《霞谷全集》卷9，第301页）
⑤ 《存言中》，《霞谷全集》卷9，第301页。
⑥ 《存言中》，《霞谷全集》卷9，第298页。
⑦ 《太极主静中庸未发说》，《存言上》，《霞谷全集》卷8，第292页。
⑧ 郑齐斗："性犹虚也，惟灵也，恶安从生，其生于蔽乎。气质者，性之所寓也，亦性之所由蔽也，气质异而性随之。"（《太极主静中庸未发说》，《存言上》，《霞谷全集》卷8，第292页）
⑨ 《太极主静中庸未发说》，《存言上》，《霞谷全集》卷8，第292页。
⑩ 《存言中》，《霞谷全集》卷9，第303—304页。

可分，从而确立了自己的"性情合一"论。

四、结语

以上考察了朝鲜朝阳明学的形成与发展过程。16世纪初（1521年左右）传入朝鲜半岛的阳明学，一开始就受到了李滉与其门人柳成龙等人的强烈排斥。但另一方面，以徐敬德门下的中畿学派为中心，却接受了阳明学。阳明学通过洪仁佑、南彦经、李瑶等人而在朝鲜半岛落地生根，并被奇大升、李珥、权得己、尹拯、尹镌等学者所接受，又经过张维、崔鸣吉等人，到郑齐斗时才发展成为具有朝鲜半岛特色的阳明学。

在朝鲜朝五百多年的历史中，程朱学自始至终占据主导地位。正是在这样的背景下，阳明学认为是"异端邪说""斯文乱贼"。因此，朝鲜朝接受与研究阳明学的主体，不是两班士林阶层，而是徘徊在权力边缘的庶子出身的学者。

学界对朝鲜朝阳明学的思想倾向和内容，大体上从以下三个方面展开研究：

第一，通过学者的著作和言论，能够确证某人接受了阳明学。

第二，表面上批判阳明学，但仔细分析其思想，却发现其实际上倾向于阳明学。

第三，虽然从不提及阳明学，只标榜朱子学，但考察其一生的思想主张，却可以发现其倾向于阳明学。

朝鲜阳明学的特征是：在程朱学的严厉控制下，虽然也有个别学者公开标榜阳明学，但是总体上都采取了"阳朱阴王"或贯通朱子学与阳明学的方法，而展开对阳明学之研究，从而维系了阳明学的命脉。

虽然在朝鲜朝阳明学受到了严重迫害，但是在"壬辰倭乱"和"丙子胡乱"的非常时期，为了打破困境，朝廷也任用了一批阳明学者，就连君王亦亲自倾听阳明学者的呼声。可见，阳明学在朝鲜朝的战乱时期是做出过贡献的。

朱子学在朝鲜朝时期发展成为义理学，而阳明学的发展方向却在事功方面，这是朝鲜朝儒学的又一特征。朝鲜阳明学虽然未能以正式身份登上历史舞台，但在朝鲜半岛实学思想的产生、天主教的接受、开化思想和启蒙思想的形成过程中，起到了重要作用。

（作者李红军系延边大学朝鲜半岛研究院哲学研究所教授）

学术信息

传承阳明心学　助力共同富裕

——2022世界阳明学大会会议综述

余柯嘉

2022年11月23日下午，由浙江省人民政府、国际儒学联合会主办，中共浙江省委宣传部、绍兴市人民政府、中国哲学史学会承办，以"阳明心学与共同富裕"为主题的世界阳明学大会在浙江绍兴市召开。来自全国各地的阳明学研究专家及全国阳明史迹地、行迹地单位代表等四百余人共同参与了此次大会。会议期间，与会代表围绕"阳明心学与共同富裕"这一主题，从阳明心学对共同富裕的启示、阳明心学与地方文化、互联网时代的阳明心学与乡村振兴等多个视角切入对阳明心学的深入研讨，创新地建构起阳明心学与共同富裕跨越时空的联系，打造了一场精彩的学术盛会、思想盛会。

一、主旨演讲：阳明心学对共同富裕的启示

发掘阳明心学所蕴含的优秀思想资源，探讨如何将其凝练为对共同富裕的有益启示，是本届主旨演讲的核心命题。

中国哲学史学会会长、华东师范大学资深教授杨国荣先生从良知说、心即理、万物一体与知行合一四个层次，论述了阳明心学在理论与实践两个方面对达成共同富裕的内在启示意义。首先，阳明良知说为共同富裕提供理论依据。良知所具有的责任意识，表达出对人的精神层面的尊重与物质层面的关切。这与共同富裕的内涵是一致的。其次，心即理肯定了个体意识与普遍规范之间的统一性，说明了个体权利与群体责任

之间并不互相排斥。个体权利应落实在个体意识之中,而普遍规范应落实到群体责任之上。因此"致吾心之良知于事事物物"就不仅成为个体自觉主动改善自身物质生活条件的内在哲学根据,也推动个体充分履行社会责任。第三,万物一体的天下情怀强调了普遍的仁爱与同理心,构成了超越人我界限、走向人我统一的情感基础。这使得个体走出封闭的自我,以仁道建构人际关系,为满足一切社会成员的生存和发展需要而努力,彰显出一种群体关怀,同时也为激发人的创造性提供动力。第四,以知行合一落实良知的责任意识与万物一体的天下情怀,在知行互动之中建构起一个意义世界。人的存在表现为做事的过程,人的日常生活便是在成己成物。这要求每个人必须超越旁观而身体力行,齐心协力走向共同富裕。

南京大学哲学系教授、南京图书馆名誉馆长徐小跃先生从"致良知"的维度,深入分析了实现共同富裕的必要性与可能性。阳明以"良知"与"天理"为对象赋能,使事事物物获得了性、情、理等本质,这表明人先天具有物质生理之欲、人的感性之情和人的德行之知。"致良知"便是要求人以真诚恻怛之心,召唤真正的生命情感,从而实现万物一体之仁的终极目的,建构起文明的世界、人文的世界、天下的世界。因此,无论是共同富裕、还是党的二十大报告所强调的中国式现代化,都是由人类的良知与世界的公义所决定的。换言之,现代化是全人类的权利。而王阳明的"致良知"建构起的圣人秩序、心性文明,就是要对峙资本、科技所带来的负面的结构性问题,以实现"万物并行而不相悖,万物并育而不相害"。这也是研究阳明思想的最大理论意义与现实意义。

浙江大学特聘教授、浙江省稽山王阳明研究院院长董平先生则通过反思儒学产生与诠释的历史,提出"共同富裕"应从古代文化中挖掘优秀的思想资源。共同富裕是对经济社会高度发展状态的描述,它代表着社会共同体实现了公共利益的最大化,同时也成为一种公共价值诉求,始终贯穿在中华文明的价值传承之中,尤其体现为"政治管理"所达成的终极境界。从《尚书》到《大学》所传递的以"平天下"作为终极目的的圣人之道,所蕴含的便是"共同富裕"的价值理念。遂有孔子以"庶之,富之,教之"作为国家管理的三个阶段,强调普遍的道德必须建立在充足的物质资料的前提之下。而阳明承继圣人道统,以"明德亲民"作为根本诉求。又创新性地提出良知包含一切个体真实存在的全部面向,要求人处于一切情境之中,都能坚持还原事物的本来面目,以实现真理。同时以致良知统摄人在具体情境之中行动展开的实现方式,这也使"共同富裕"成为特定人员在特定条件下所展开的必要道德表达。

二、"稽山论道"：阳明心学与地方文化

当前，阳明心学的影响早已超越地方走向世界，不仅鼓舞着人们进行物质财富的创造，同时也推动着精神文明的普遍提升，这也是共同富裕的基本内涵。本次"稽山论道"便旨在从阳明心学的发展传播历程之中，寻求其对于地方经济与文化发展的有效经验。

华东师范大学终身教授、复旦大学上海儒学院副院长高瑞泉先生认为，共同富裕包含精神富裕与物质富裕两层意蕴。就精神而言，阳明心学的出现，使得哲学风格与传播途径实现了平民化。阳明及其后学，将思想普及到了商人、樵夫等下层百姓之中，推动了普通百姓的精神提升。绍兴当地应利用充沛的文化资源，接续优秀的人文传统，大力进行文化推广与科普工作，形成良好和谐的社会氛围。就物质而言，阳明立德、立功、立言所展现出的经世精神，塑造了浙江商人所具有的积极进取的奋斗精神。

国际儒学联合会副理事长、湖南大学岳麓书院国学院院长朱汉民先生表示，儒学最早就是地方知识传统，即鲁学。宋代文化的兴起，也是从地方学术开始，而阳明心学在推动地方文化的发展上，步伐最大，走得最广阔、最深入，这与其内在的思想特质紧密相关。阳明游历各地讲学，使其学说快速传播，并在全国范围内普及。同时，阳明后学内部的分化，使之形成了不同的地域学派，对各自的地方文化产生了重要影响，使得阳明心学在地方上获得了多样化的发展。

复旦大学哲学学院教授、儒学文化研究中心主任徐洪兴先生谈到，文化从来都是具体的，总是具有地方性的。而阳明心学的最大特点是实事求是。心即理、知行合一与致良知，都是要求准确地把握当下具体的情况。与地方文化相结合，便是要对各地不同的文化背景、经济背景等有具体的把握，不能一概而论，要根据不同特点，抓住要害，才能获得真正的发展。而在实现共同富裕、实现中国式现代化的过程中，就是要效仿阳明心学尊重现实、注重实际、契合问题本身来解决问题的精神。

陕西师范大学哲学系教授、中国哲学史学会理事丁为祥先生则以阳明书信中的三句话表明了道德理性、知是知非的能力，对每一个人而言都是普遍而必然的。又以南大吉、冯从吾、李二曲三位关中士人与阳明心学的故事，说明阳明学自南大吉引入关

中，冯从吾以心学之精神开创关中书院，李二曲以陆王为体、程朱为用，阐发其全体大用之学之历程。因此，良知虽是人人本有，但能够真正把良知灌注于人生，需要内在之抉择，甚至需要付出生命的代价。所以，良知绝不是一道高尚的、飘逸的、让人挥舞的风景，而是一种沉甸甸的人生责任。

深圳大学哲学系教授、国学院院长景海峰先生表示，阳明心学自其产生以来，就已经远远超越了有限的地方形式，不仅仅是一种地方知识，而成为国际性的思想。它的普遍意义与价值从中华物质文明与精神文明的创造与传承中、政治哲学的讨论中、"五伦"的道德架构的建立，即其对于人的普遍文明的基础性提升上的推动之中得到了充分体现。尤其是15、16世纪，在世界各大文明处于变动的过程之中，区别于西方文明所形成的价值观，阳明心学成为中国文明的精神核心。时至今日，依然是我们进行实践与思考所能参考的重要文化资源。

湖学·江南儒学研究院院长、复旦大学特聘教授何俊先生作为主持人，总体评述了五位学者的发言：高瑞泉与徐洪兴着重说明阳明心学为什么能和地方文化密切高度相关联的特征和原因。朱汉民、丁为祥与景海峰则揭示了阳明心学既具有地方性的知识，同时又具有普遍性的意义。而从本次会议的主题"世界阳明学大会"来看，阳明学是一个中国的地方性的知识，但我们希望把作为地方性知识的阳明学发展出世界的意义，这也是我们今日所讨论的核心问题。因此，我们既要思考如何使源于中国的地方性思想产生世界性的意义，也要思考在人类命运共同体建立起共识的过程中，如何保留中华民族文化的根基、自信与活力。

三、圆桌对话：互联网时代的阳明心学与乡村振兴

今年大会的一大亮点，便是创新地将互联网、阳明心学与乡村振兴联系在一起。一个是新兴科技的代表，一个是传统文化的精华，一个是中国社会发展的底色，在新时代的熔炉里，这三者正突破时空的局限，融合在一起。本次对话将成为这一领域的重要开端，它为我们更好地对阳明心学进行具有现代化意义的转化与发展指明方向，并为乡村振兴与共同富裕注入新的能量。

中共绍兴市委常委、绍兴市委宣传部部长丁如新先生认为，21世纪是王阳明的世纪，也是互联网的世纪。以互联网为代表的新兴技术打破了空间，联通了彼此；以阳

明心学为代表的中华优秀传统文化打破了时间，联通了古今。阳明心学"讲仁爱、重民本、守诚信、崇正义、尚和合、求大同"的基本立场以及以《南赣乡约》为代表的基层治理模式，为推动共同富裕、助力乡村振兴提供了许多启示。在互联网时代，期望通过全新的传播形式、现代的演绎方式，让阳明心学更好地融入人民大众的日常生活，让更多绍兴IP在"触网"中焕发时代生机，为弘扬优秀传统文化、致力共同富裕开辟新的空间和路径。

腾讯公司副总裁陈发奋先生表示，在实现现代化强国、促进共同富裕的道路上，腾讯也在持续努力。为此，腾讯启动了"互联网+乡村"项目。作为领先的互联网公司，腾讯集团以用户价值为依归，将社会责任融入产品服务中，让阳明心学触网传力，为乡村振兴赋能，拓展乡村振兴和阳明心学的无限空间，为乡村振兴做出更突出的贡献。

贵州省人大常委会原副主任、贵州文史馆原馆长顾久先生从道与器两个层面，解读了互联网、阳明心学和乡村振兴这三个关键词。乡村振兴在一百年前就是"乡村建设"，以晏阳初先生为代表的仁人志士为此做出过巨大贡献。在乡村振兴的过程中，阳明心学代表着神圣的责任与担当、创造性的实践与平凡人所造的功德。而阳明后学陶行知、梁漱溟等人在乡村振兴中所进行的探索与努力，正是对阳明心学的发展与传承，使得阳明心学"士不可以不弘毅，任重而道远。仁以为己任，不亦重乎；死而后已，不亦远乎"的核心价值发扬光大、经久不衰。

华东师范大学哲学系教授、尼山世界儒学中心学术委员会副主任陈卫平先生指出，在新时代，没有乡村振兴，就没有中国式现代化。中国的现代化道路是具有示范性意义的，是人类文明的新形态。中国要在农业人口占绝大多数的情况下走向现代化，就必须通过乡村振兴来实现。阳明心学本身就关注乡村治理与乡村振兴，而其中德本财末、先富后教之观念，指引了共同富裕的基本方向。而阳明心学与互联网的内在精神是一致的，阳明通过讲学联通起各地学人与观念，本身就构成了一张"互联网"，实现了不见面、心相通的状态。因此，今天的互联网依旧可以作为"心学"的重要载体，心学的现实展开，可以在与互联网、乡村振兴的互动之中得以实现。

北京城乡基层社区治理促进会执行会长兼秘书长王峰先生通过视频进行了发言，他认为乡村治理需重视乡村管理和培养，需要结合道德引导的乡村法治建设，重视文化教育与乡村治理相结合。通过挖掘中国传统文化的精神，并加以制度化，实现村民管理与乡村振兴。

腾讯可持续社会价值事业部副总裁肖黎明先生以腾讯自身的实践为例，阐发了互联网产业对乡村振兴的重要影响。2015年，腾讯打造乡村数字化信息服务平台——腾讯为村，以"连接情感、连接信息、连接财富"为宗旨，搭建面向乡村的互联网社交、党群服务、基层治理、乡村服务的一体化综合平台，助力互联网时代的乡村振兴。

国际儒联教育传播普及委员会副主任、北京明德书院院长张顺平先生认为互联网、阳明心学与乡村振兴，三者的关系构成了一个三角形结构。阳明心学与乡村振兴，是"培根铸魂"的关系；互联网与乡村，是赋能促进的关系；而心学与互联网时代，是与时偕新的关系。

董平先生认为，互联网时代的到来，直接改变了人的生存方式。互联网展开了一个全新的生活世界，也展开了一个全新的道德世界，这对人格本身的自我塑造与表达提出了新的要求。而在新时代谈阳明心学，更需要主动自觉地对这一问题进行反思。就乡村振兴而言，它不仅要通过经济振兴改变农村面貌，还应关注到文化振兴、教育振兴。互联网时代的乡村振兴，开创了全新的形态与模式，构筑起了全新的生活空间架构，为人的存在带来新的机遇与便利，也产生了各种问题。而互联网企业如何介入乡村振兴进行扶贫工作，也成为当前所有关于阳明心学的现代意义与价值的讨论之中，最具有时代感和前瞻性的。

中共绍兴市上虞区陈溪乡党委书记郑哲军先生以上虞陈溪定位"阳明游学之地研学基地"，依托研学、游学等产业进行发展的成果，为绍兴打造具有强大影响力的心学圣地提供乡村元素和实践范例，作为阳明心学助力乡村振兴的有力佐证。

贵阳学院副校长、贵州省社科联副主席汪建初先生从"共"字出发，解读互联网、乡村振兴与阳明心学的关系。阳明心学从共同的良知出发，走向天地万物一体之仁的共同目的，互联网提供了实现"共"的无限可能性，而乡村振兴本质上就是追求"共同富裕"，共同分享物质产品、政治产品与文化产品。"共"是人类所有的道德诉求的落脚点。

总体而言，本次大会作为"阳明心学大会"永久会址落户绍兴的首次大会，将对推动"阳明心学"的全方位普及，助力"阳明心学"时代价值的彰显，使阳明心学能够持续在中国式现代化建设实践之中展现出蓬勃的生命力，产生十分深远的意义。

立足时代潮流　弘扬阳明心学

——2022阳明心学大会"天泉会讲"综述

韩书安

如何实现马克思主义基本原理同中华优秀传统文化相结合，是当代中国哲学社会科学面临的重大历史课题。2022年11月22日—24日，2022阳明心学大会在浙江省绍兴市越城区绍兴饭店隆重召开。本次会议由浙江省人民政府和国际儒学联合会主办，中共浙江省委宣传部、绍兴市人民政府、中国哲学史学会承办。其中，天泉会讲分会场以"阳明心学的当代价值"为论坛主题，旨在通过重新审视以阳明心学为代表的中华优秀传统文化之思想内涵与时代精神，为建设中国式现代化道路和实现中华民族伟大复兴事业提供有益借鉴。本次论坛收到来自复旦大学、南京大学、同济大学、华东师范大学、宁波大学、杭州师范大学、浙江省社会科学院等省内外高等院校和科研机构学者近50篇有关阳明心学研究的学术论文。现将其主要内容综述如下：

一、议题推进：阳明心学的深度耕犁

阳明心学是中国哲学研究的热点话题，一直吸引着研究者不断做出理论探索。

湖南大学朱汉民教授指出，王阳明在提出"知行合一""致良知"心学思想的同时，也以心学为教育理念，将学术创新、成人之道与书院讲学结合起来，努力实现书院精神的复兴。王阳明在他留下来的一些有关书院的历史文献中，提出了自己关于书院精神的心学理念，即他希望通过书院讲学以复兴儒家的圣贤之学，使书院成为儒家为己之学的心学基地。

华东师范大学朱承教授以礼教精神为考察线索,对阳明心学做了别开生面的诠释。在他看来,阳明心学良知学说与儒家礼教精神具有内在的一致性。王阳明从心性秩序、生活秩序、文明秩序三个方面将"以礼为教"的外在绳索转化为道德主体的内在灵明,在理论与实践层面都蕴含着丰富的价值观念和规范体系。

宁波大学何静教授从三个方面探讨了王阳明对程颐思想的借鉴。第一,程颐的圣人之志成为引导王阳明为人为学的价值观,对程颐"格物致知"成圣之方的体验促成了阳明心学的诞生;第二,程颐的本体论思考使得王阳明从心学的角度融合心、理,确立心本论的学理主旨,认为承载天理的心才是即主体即本体;第三《伊川易传》的哲理,尤其是其固守正道、扶正抑邪和自昭明德的人生智慧,给王阳明诸多哲理启发。

湖北大学姚才刚教授指出,作为中国传统哲学尤其是宋明儒学中的一个重要概念,"心学"在宋元明清时期以及现当代均较易产生歧义,不同学者对其内涵与外延的理解存在较大差异,因此有必要对其加以重新梳理与诠释。宋明儒学的心学概念有三个维度:首先,心学有广义心学与狭义心学之分疏;其次,心学是"传心"与"传道"的辩证统一;最后,心学与理学、道学、性学、气学等概念既有区别,又相互融通。

浙江省社会科学院李旭研究员以王阳明对《大学》之道的诠释变迁为中心,指出王阳明的致良知学说具有现代与古典的双重品格,其万物一体之仁的思想有助于克服现代原子化个体主义的弊病,是儒家传统实现现代化的重要契机。同时,他也指出阳明的《大学》诠释忽略了"事""物"之间的差别,在存在论的意义上低估了人生在世的历史性维度。

二、方法创新:阳明心学的多维诠释

如何在研究方法上突破旧有研究范式,也是本届天泉会讲关注的学术焦点。

复旦大学杨泽波教授以生生伦理学为理论方法,对阳明心学做出了"本是一偏"的历史地位重估。他认为,孔子思想内部包含仁性、智性、欲性三分结构。阳明"心即理"属于仁性的范畴,但其主张"良知之外更无知"则否定了智性的作用。"良知具足"的观念构成了其学理难以克服的困境。阳明的失误源于不了解孔孟心学事实上存在着严重的分歧,误以为顺着孟子的思路走便得孔子真传,其结果是同孟子一样的"一偏"。

同济大学陈畅教授反思了以概念范畴分析为基础的中国哲学研究范式，认为其虽然有澄清概念的意义，但容易导致"去脉络化"。在他看来，宋明理学是"三代之治"政教理学的产物，心性之学有其独特的作用机制。他从经史传统的政教实践视域出发，指出阳明心学的"生意论"形上学，既源于对社会政治秩序问题的最深层回应，也是将人类最真实纯粹的情感扩展为富有关联功能的根源性存在。

浙江万里学院张实龙教授指出，已有的阳明心学研究多是采用"个体—行动"的思路，而个体行动都是在一定的情境中的互动。如果进行一个格式塔转变，用"个体—情境—行动"的思路来解读阳明心学，会有更多的收获。从互动的视角解读阳明心学，首先有两个理论前提：互动是人存在的基本方式，互动与"致良知"同具"主体间性"。阳明心学客观存在两种互动，感应是隐性互动，讲学是显性互动。王阳明多是从互动立场来说话，我们也只有从互动立场来解读阳明心学。

广州中医药大学邱鸿钟、梁瑞琼教授运用现代现象学的方法，对王阳明解读经典儒家中的心、意、性、理几个元概念的合理性进行了跨文化比较，揭示出阳明心学具有与现象学旨趣相近的认识论取向，并强调这种跨文化的比较研究既可说明中国本土的现象学思想渊源已久，也揭示了阳明心学在现代仍具有的普遍意义。

宁波大学邹建锋教授通过对比28卷本和24卷本《阳明先生文录》的区别，从文献学的角度梳理出阳明心学早期传播现象，还原了阳明弟子对于王阳明思想的理解差异。他指出，28卷本与24卷本之争涉及黄绾、欧阳德、钱德洪、邹守益、王畿、程文德、胡宗宪等多位阳明心学著名学者和重要政府官员，他们对阳明思想传播态度的差异影响早期文献的传播。通过对《阳明先生文录》不同版本的校对，有助于丰富我们对阳明心学传播的了解。

郑州大学赵长海教授对王阳明字号的来源做了详细考证。他指出王守仁字"伯安"，乃出于《春秋繁露》"以仁安人，以义正我"。王守仁受浚县大伾山龙洞（又名阳明洞）启发而以阳明自号，有龙或龙子之寓意，有立功于世、时作霖雨济苍生之志，故终其一生不敢明言其自号之由来。

三、历史反响：阳明心学的明清演变

阳明心学之风靡天下及其激烈争辩是明清思想史中的核心问题。与会学者对阳明后学以及清初朱子学也多有探讨。

南京大学周群教授以颜山农为探讨对象，分析其在泰州学派传承与变异中的关键作用。他指出，颜山农视《大学》《中庸》《易传》等为孔子所作，以显示其直祧孔子学脉的意向，体现了其"大中仁学"的神圣性。"神莫论"是以陌生化的方式，对心斋"百姓日用即道"的诠释。山农的宗教神秘主义色彩与其直祧孔子以自期的心态有关，是其借助宗教而达至弘传与宗教相关的社会理念的途径。

天津市工会管理干部学院陈寒鸣教授指出，阳明一生以讲学为首务，并把讲学当作分内事。他的心学思想体系的形成发展及其影响日益强烈的过程，是与其不断讲学并不断形成弟子群体相伴随的。而在这样的过程中，阳明在滁州和留都的讲学，因其讲学而形成的南中弟子群，因其讲学而在这时发生的朱陆论辩，具有重要的意义。

江西财经大学彭树欣教授以江右王门之代表安福阳明学为例，探讨了阳明后学的实学特色。他认为主要体现在四个方面：一是价值之"实"：以个体生命意义的实现及觉民行道为人生价值追求；二是工夫之"实"：尤其以工夫论为其哲学思想的重点发展方向；三是讲学之"实"：以讲会为形式、以书院为道场展开思想交流与传播；四是传学之"实"：以家族为主体进行思想传播与学术传承。

华南师范大学陈椰教授以阳明后学薛侃在家乡揭阳行乡约为个案，探讨了阳明学派如何将儒家的信仰理想通过经世之术落实到庶民的教化实践之中。他强调，礼乐教化是儒家政治文明的终极目标所在，对今日乡治善俗之陶冶仍不无启示意义。

扬州大学程海霞教授以"大良知"的承续为问题意识，考察了中晚明王门经由内在超越之延展而不断走向调适的趋势。她指出，王门之"内在超越性"之具体取径有义理上的递进性，呈现出从"展开"、历"转折"到"调适"的三种基本走向，并强调"调适"具有丰富的意涵。

杭州师范大学张天杰教授指出，朱子学"即物穷理"被王阳明彻底质疑，"心即理"的理路与"致良知"的具体工夫论转向，事实上并未能说服朱子学者，从明中叶到清初都在不断做出新的辨析。以张履祥、张烈以及熊赐履、魏裔介为代表的清初朱子学者，在"即物穷理"与"心即理"之间的精细辨析，则为更好地理解朱子、阳明二学工夫论之异同，提供了丰富的思想资源。

四、时段延长：阳明心学的近代嬗变

本届天泉会讲的另一个显著特点，是放在更长的时段去考察阳明心学的发展历程。阳明心学的近代嬗变，是以往较为忽略的研究领域。

华东师范大学高瑞泉教授认为，发自先秦孔孟一系的观念前驱，"自由意志"在近代心学的演化中呈现其概念化的脉络。王国维的《原命》、梁漱溟的"意欲"（will）论文化哲学以及而后发生的"科玄论战"，使"自由意志"开始显题化。熊十力提示以康德的"自由意志"绾合本体论与伦理学的哲学路径。牟宗三以"良知是呈现"为纲，将"自由意志"收纳为"良知"之一大属性，并将其转变为"智的直觉"课题，助其建构"道德的形上学"。"自由意志"的显题化和概念化，扩张了传统哲学的问题域，也深化了对于主体能动性的认识。

同济大学朱义禄教授认为，近代中国有原创力且影响较大的哲学家大多沉浸在阳明心学之中。他以龚自珍、谭嗣同、梁启超、康有为、章太炎五人为例，指出他们借助阳明心学注重发挥人的主观意志的作用，在对"心力"作了不同特色的诠释中，形成了各殊的主张乃至于自成体系的学说，并将它们作为向旧社会、旧制度、旧风俗进行抗争的精神武器。他特别强调，与古代大儒们有别，阳明心学在近代中国的重振与发展中，炫动着异域的色彩，融合了西方学理，构成了近代中国哲学历史行程中的新形态。

黑龙江大学魏义霞教授指出，学界在对阳明学从明代到现代的传播历史研究中，近代一段是最为薄弱的环节，甚至有些处于空白状态。她认为，这种情况出现的主要原因是学界对于近代哲学家的阳明学很少问津，鲜有将阳明学作为独立对象予以研究的论作。在她看来，探究近代哲学家视界中的阳明学，无论对于阳明学研究还是近代哲学研究都是不可或缺的。近代哲学家解读阳明学有救亡图存、思想启蒙、西学东渐、国学理念四个维度，存在着孔教、孔学、西学、东方文化、心理建设、国粹六种视域，对今日阳明学研究不无启示意义。

五、空间拓展：宋明儒学的海外研究

宋明儒学作为一个开放性和多元性的思想体系，在欧美和日本也引起了不少学者的关注和研究。与会学者对海外宋明儒学的研究也有探讨。

武汉科技大学李森教授对美国汉学家田浩的宋代思想史研究做了反思。他指出，在宋代思想史的建构上，田浩有四个阶段、三个层次的论述。在思想立场上，田浩倾向于多元化，力图站在旁观者的立场上进行客观研究。在研究路径上，田浩从细致的文献梳理和开阔的学术视野出发，关注哲学思想与政治文化的互动影响，从而融合了思想史与政治史、文化史的多元化路径。

武汉大学连凡教授对宋明新儒学（Neo-confucianism）概念的容受及其研究做了较好的总结。他指出，Neo-confucianism概念在晚明到近代的流传过程中，经历了从程朱理学（狭义）到道学（基本义）再到宋学（广义）的意义演变，意味着必须从历史脉络与思想体系出发界定其意义和范围，同时也体现了宋明新儒学的研究视域从宗教观念、哲学义理到思想文化领域的扩展。

武汉大学焦堃教授对著名华裔学者余英时先生关于王阳明传道路线的观点提出了疑问。他通过详细的文献资料分析指出，王阳明的门人虽然来自上至官员、下至平民的各个社会阶层，但其中的绝大多数是地方上的中下层士人，即举人、生员这一阶层。所以，他认为与其说"觉民行道"不如说"觉士行道"更符合历史实情。

杭州师范大学申绪璐教授和日本东洋大学刘心奕博士生对2021年日本阳明学研究的现状做了综述报告。在中国明代阳明学方面，重点介绍了志村敦弘、土田秀明、鹤成久章、山路裕等人的文章；在日本江户阳明学方面，重点介绍了孙路易、高伟高、吾妻重二、船户雅也、吉田盛一、荒木龙太郎等人的文章；在明治维新以来的近代阳明学研究上，重点介绍了山村奖、永富青地等人的文章。

六、视域融合：阳明心学的时代价值

古为今用，推陈出新，是推动中华优秀传统文化传承创新的重要实践途径。与会学者对阳明心学的时代价值，展开了多方面的交流对话。

南京大学李承贵教授认为，阳明心学的基本任务之一是培养理想人格。王阳明继承了先秦儒家君子人格的论述和规定，对君子人格的内容与特质进行了丰富和发展。诚信务实、独立道中、自持节义、身任天下、自快其心、交接以德，是其君子人格的主要内容特质。王阳明所述君子人格不仅在理论上尝试了健康人格模式的探索，在实践上也为培养健康人格模式提示了方向，对当今社会的健全人格建设具有切实的启示意义。

余姚东海城市文化研究院华建新先生认为，良知亲民思想是王阳明心学体系的重要组成部分。它渊源于姚江地域虞舜文化孝道的滋养、先秦儒家民本思想的浸染、姚江秘图山王氏家族平民家风的濡养，具有亲民在心的主体性、亲民在安的生存性、亲民在政的有序性、亲民在导的教化性四个方面的特征，在今天仍然具有修己安民的道德自律价值、力保民生的社会有序价值、至善仁民的和合大同价值。

山东省平度市委党校王彬堂和周崎教授认为，《共产党宣言》中的思想与儒家文化提倡的"大道之行，天下为公"、王阳明提出的"利己则生，利他则久"是一致的。《共产党宣言》之所以能在中国生根、发芽、开花、结果，是因为大同世界的理想在中华民族有深厚的心理基础。因此，党的理论宣讲人要善于结合儒家文化、阳明心学诠释宣讲《共产党宣言》，将经典落实于行动，实现人生价值。

贵州龙场王阳明研究院李小龙先生指出，利用阳明心学资源，加强党性修养，是吸取中华优秀传统文化，实现马克思主义的中国化。在他看来，阳明心学是一种个人修养，而共产党人有一个非常重要的奋斗目标，就是民族的复兴、人民的幸福。所以，共产党人的心学要讲党性、讲组织性、讲民族性。

总体而言，2022阳明心学大会"天泉会讲"规模大、规格高、选题广泛、立意深远，既响应了党的二十大报告中自信自强、守正创新、踔厉奋发、勇毅前行的伟大建党精神，也彰显出中华优秀传统文化创造性转化与创新性发展的内在理论诉求。深入探析阳明心学的当代价值，有助于更好地理解中国人的宇宙观、天下观、社会观、道德观，夯实马克思主义中国化时代化的历史基础和群众基础，为谱写新时代中国特色社会主义更加绚丽的华章添砖加瓦。

编辑后记

2022年是王阳明先生诞辰550周年纪念，绍兴市人民政府与国际儒学联合会、中国哲学史学会圆满举办了第三届阳明心学大会，浙江省稽山王阳明研究院则顺利完成了本辑的编辑工作，为阳明先生诞辰献上了两份厚礼。

本辑设有四个学术专栏："儒家心学研究"专栏收录了陈卫平、汤颖的《心不违仁与富贵为人之所欲——孔子心学与共同富裕的理想》、陈立胜的《中国心学工夫论中的"实事"》、连凡的《宋明儒学名称概念的历史演变及其关系考辨》和徐儒宗的《杨慈湖的心学特色》四篇论文；"阳明心学研究"专栏收录了李承贵的《论王阳明心学格局的形成》、李旭的《心之本体与成德境界——从"孔颜乐处"看阳明心学的"乐"与"学"》、王永年的《试析王阳明的"说贞之道"》、山路裕的《"天泉证道"在王畿思想中的位置》和张崑将的《从阳明心学看当代"心灵领导"的趋势及其意义》五篇论文；"近代心学研究"专栏收录了张天杰的《罗泽南对朱子、阳明二学的辨析》和朱义禄的《论阳明心学在近代中国的重振与发展——以"心力"为核心的考察》两篇论文；"东亚心学研究"专栏收录了徐兴庆的《王阳明学说与东亚文明的发展》、赵熠玮的《西田哲学中的阳明心学影响考——以〈善的研究〉为中心》、辛正根的《性理学中本性实体化的远因及其样状》和李红军的《阳明学在朝鲜半岛的传播及其思想内容》四篇论文。

这十五篇论文，既有传统儒家心学，又有宋明新儒家心学，还有近现代心学和东亚心学。上述内容以孔子心学、心学工夫论、慈湖心学、阳明心学等为重点考察对象，对儒学中极为丰富的心学思想资源作了多视角、多层面的探查和发掘。各文主旨不同、方法各异，或侧重宏观理论，或偏重现实问题；或考辨文献，或量化分析。其中新设"东亚心学研究"专栏，台湾中国文化大学前校长徐兴庆的《王阳明学说与东亚文明的发展》是为阳明心学大会之"天泉会讲"所致的开幕词，加上韩国成均馆大学校教授辛正根和日本学者山路裕的两篇论文，使我们能借助"他者"的视角观察心学的核心价值和义理结构，细细品来，可知作者志趣与情愫。

  本辑中的其他论文则涉及颇为广泛的内容。心学之共性，有目共睹，解面甚广；心学之个性，显而易见，收获不菲。各位作者各以其独特视角而进入了一个公共的学术领域，从而使本辑以不多的篇幅呈现给学界相当厚重而又广阔的学术涵容度。不过作为执编，窃以为即使在心学热如火如荼的当下，依然是儒家心学谈得多，佛道心学谈得少，尤其是那种深入骨髓的解剖式分析和比较性透视仍显不足，亟待填补。

  《中国心学》已创办三年有余，还处在培育阶段，其间遇到的困惑和纠结自不待言，全凭各位学术委员和广大读者的关爱和支持，也离不开众多撰稿人及编辑的努力。《中国心学》要办得更好、更久，还需多多仰仗诸位！

  最后，要特别感谢商务印书馆李艳华女士！本辑得以顺利出版，是以李女士严谨的学术态度、负责任的工作精神及其所付出的诸多心血来保证的。

钱 明
2023年8月8日